國家社科基金重大招標項目“中外《史記》文學研究資料整理與研究”階段性成果

陝西師範大學優秀學術著作出版資助

史記論文

（上册）

〔清〕吴見思　編撰
劉彦青　整理
張新科　審定

陝西師範大學出版總社　西安

圖書代號：WX22N0522

圖書在版編目(CIP)數據

史記論文：上、中、下／(清) 吳見思編撰；劉彥青整理. — 西安：陝西師範大學出版總社有限公司, 2024. 5
ISBN 978-7-5695-3094-0

Ⅰ. ①史… Ⅱ. ①吳… ②劉… Ⅲ. ①《史記》—研究 Ⅳ. ①K204.2

中國版本圖書館 CIP 數據核字(2022)第 130841 號

史記論文(上中下)

SHIJI LUNWEN SHANG ZHONG XIA

〔清〕吳見思　編撰　劉彥青　整理

出版統籌／雷永利
責任編輯／馮新宏
責任校對／張俊勝
出版發行／陝西師範大學出版總社
(西安市長安南路 199 號　郵編 710062)
網　　址／http://www.snupg.com
印　　刷／西安報業傳媒集團
開　　本／880 mm×1230 mm　1/32
印　　張／42.5
字　　數／1050 千
版　　次／2024 年 5 月第 1 版
印　　次／2024 年 5 月第 1 次印刷
書　　號／ISBN 978-7-5695-3094-0
定　　價／158.00 圓(全三冊)

總　序

我國西漢時期偉大的史學家、思想家、文學家司馬遷撰寫的《史記》,展現了從黄帝到漢武帝時期中華民族三千年的歷史,它既是一部宏偉的史學巨著,也是具有不朽魅力的文學名著,被魯迅先生譽為"史家之絕唱,無韻之離騷",在中國文化史乃至世界文化史上都占有重要地位。兩千多年來,人們從不同的角度對《史記》進行全方位的研究,取得了豐碩成果,從而形成一門新的學科——"史記學"。就中國古代的《史記》文學研究而言,漢魏六朝時期就已經提出了一些重要的話題,如《史記》敘事問題,司馬遷"愛奇"問題,《史記》《漢書》比較問題,等等。此後,隨着史傳文學的獨立、唐宋古文運動的發展、明代復古文學的興起,以及宋代以來印刷技術的不斷提高、出版事業的逐漸繁榮等文化背景的變化,《史記》的文學地位不斷得以鞏固和加強,因而從文學角度研究所得之成果也日益豐富,直至清代,形成了《史記》文學研究的集大成期。在這一時段,產生了大量論著,對《史記》的文學價值進行多方面的探索。這種種研究,曾對建構《史記》的文學經典地位起到了積極作用,而時至今日仍具有其重要的學術價值,是促進《史記》文學研究更深入發展所必須借鑒利用的參考典籍。

但是,由於各種原因,許多有價值的《史記》文學研究著作至今沒有得到整理和研究。為了進一步挖掘這些古代學人《史記》文學研究著作的價值,系統地認識《史記》文學研究史,有必要對其中一些具有代表性的論著進行重新整理。本叢刊在較全面調查文獻資料的基礎上,選擇了十多種民國以前有關《史記》文學研究的重要典籍,加以校勘標點,整理成更便於閱讀和利用的新版本,目的在於為當代《史記》文學研究提供可靠的資料依據。本叢刊選擇典籍的基本原則是:

(一)着眼於文學性的研究著作。《史記》首先是史學著作,因而在《史記》研究史上,有大量從史學角度研究《史記》的著作,尤其是清代乾嘉學派的考據著作,但由於不合本叢刊的整理宗旨,所以,一般不在收録範圍内。《史記》不是虛構的文學作品,而是在歷史真實的基礎上充分施展了文學才華。因此,我們在着重於文學的同時,對有些具有文史交融性的研究著作,從大文學觀念出發,也適當予以選用。

(二)避免重復性的整理工作。近年來,《史記》研究不斷深入,資料整理工作也取得了較大成績。一些《史記》文學研究的著作,已經被學人們整理并出版,如姚苧田《史記菁華録》、牛運震《史記評注》、凌稚隆《史記纂》、湯諧《史記半解》、王又樸《史記七篇讀法》、儲欣《史記選》、李晚芳《讀史管見》、吳見思《史記論文》、李景星《史記評議》,等等。這些著作在《史記》文學研究方面雖各有其獨特之處，但為了避免重復整理、重復出版，本叢刊就不予收録了。所以，我們經過認真甄別，選擇那些未被整理及出版的《史記》文學研究典籍進行點校整理。

（三）注重多樣性的學術視角。古代《史記》文學研究著作，與今天的學術專著有所不同，或評點，或概說，或隨筆，或雜記，或感想，形式多樣，角度多種，層次多面，雖在理論體系上不夠完整，但都能給讀者及學人以諸多的啟發和思考。本叢刊所輯選的《史記》文學研究典籍，有的是對《史記》精彩語句的分類選録，有的是從文字辨識的方面對《史記》文學文本進行解讀，有的是以詩歌形式對《史記》的詠贊，有的是對《史記》讀後感的記録，有的則是既有個人的批語圈點，又有對他人的評論輯録，還有的是對《史記》《漢書》語言異同、敘寫優劣的比較。這些典籍，從宋代到近代，各有特色，對於認識《史記》的文學價值頗有意義，也能促使我們進一步反思《史記》的文學性問題。

本叢刊擬分多輯出版，其中既有原為單行本者，也有原非單行本而是由原書中抽出獨立成卷的涉及《史記》部分者。本叢刊所收的經過整理的《史記》文學研究典籍的新版本，在整理體例上有着原則性的統一安排，如擇用善本，忠實底本，校勘謹嚴，標點規範等。在此前提下，對於具體負責各書整理工作的整理者及審定者則採取充分尊重其學術特長的態度，不作整齊劃一的硬性要求，可以自由地處理在整理過程中出現的一些細節問題。為了幫助讀者較好地了解原著的思想和意義，每種書前都有"整理弁言"

或“前言”對其文學性特點和文獻學價值進行介紹分析。

本叢刊作為國家社科基金重大招標項目的階段性成果，得到陝西師範大學社科處的大力支持，陝西師範大學出版總社對本叢刊的出版也給予了多方面的幫助，我們一併表示衷心感謝！

張新科

2015 年 8 月 10 日

凡　　例

吳見思，字齊賢，清初江蘇武進人。據康熙壬子年(1672)吳氏《杜詩論文》自序云"今且五十，見解不益進"，知其生於公元1622年左右。康熙二十五年(1686)吳興祚《史記論文序》云："(余)乃自江左攜而入岷，移粵，十載間皇皇幾務，得以文籍娛悅之時絕少，不獲校讎其抄本字畫之訛，與鉤勒句讀之舛。及今丙寅之春，始訂正終卷，微參己私，付之剞劂。"又康熙丁卯年(1687)萬樹《史記論文跋》云："(吳興祚)謂門下萬樹等曰：'此故人手澤也。余嘗允所請，今忽忽十年。齊賢墓草宿矣！'"據此可知吳見思卒於1676至1686年間。《史記論文序》言"齊賢老生好學，至暮不倦"，《史記論文跋》稱："吳齊賢先生為吾郡名宿，多讀書論古，能自出手眼，識解獨高，與吳門金聖歎齊名，亦雅相善。"廖燕《金聖歎先生傳》云："先生歿，效先生所評書，如長洲毛始序、徐而庵，武進吳見思、許庶庵為最，至今學者稱焉。"由此可以看出吳見思是金聖歎之後卓有成就的評點大家。吳見思先後對《史記》和杜詩進行過評點，著有《杜詩論文》《史記論文》，前者收入《四庫全書存目》。值得說明的是《史記論文》一書最初並沒有確定的名字，萬樹《史記論文跋》提到吳興祚言"齊賢授余書而未有名"一事，門人萬樹對曰："齊賢嘗論列少陵集名曰《杜詩論文》，今請即以'論文'名，庶表其為齊賢書也。"

據萬樹所作跋文可知《史記論文》初刻於康熙丁卯年(1687)，其後被頻繁刻印，版本甚夥。國內現存《史記論文》版本主要有：清康熙26年(1687)刻本(20冊)、桂垣書局光緒丙申年(1896)刻本(24冊)、中華書局民國五年(1916)鉛印本(8冊)、廣益書局民國9年(1920)鉛印本(16冊)、中華書局民國二十五年(1936)鉛印本(8冊)，國家圖書館另藏有日本京都天保6年(1835)刻本一套(25冊)。1985年東北師範大學出版社出版中國社會科學院文學研究所陸永品點校整理本，該整理本後被上海古籍出版社於2008年再版。該整理本序言稱"只取每篇篇末總評和大部分太史公讚語予以分段標點整理"，而捨棄了大量的夾批與評點內容。《史記論文》目前仍未有完整的整理本，鑒於其在《史記》文法內容發掘上所取得的傑出成就以及在《史記》評點史上的里程碑式地位，筆者對此進行系統整理。

一、本次點校整理以陝西師範大學圖書館藏清康熙26年(1687)尺木堂刻本為底本，以民國五年(1916)中華書局鉛印本為校本。對底本《史記》正文中偶有的與今中華書局修訂本《史記》不同處，本次整理以註腳作了說明。

二、整理中對底本涉及清代避諱處，如"歷"，隨文以括弧注出其本字"曆"；底本將"胡"字剜去，本次整理亦據校本作了補充。

三、底本在文字下包含了大量圈點符號，其形式可分為◦、▹、▸以及以上三種符號的組合，圈點符號多具有強調、提示功能，與評論文字相呼應。此外，底本亦有◦、▸符號的句讀批點。經分析，表示強調、提示功能的◦符號並不單獨出現，單獨出現則為句讀。單獨出現的、符號兼有句讀和強調、提示的不同功能。為方便今人閱讀，也為盡可能保持原本面貌，本次整理中對所有、符號予以保留，而對◦符號則視具體情況區別對待：保留了具有強調、提示功能的◦符號，而採用新式標點替換了具有句讀意義的◦符號。

四、底本有◦、、符號的大量句讀批點。其對《史記》的斷句與今中華書局修訂本《史記》多有不同。為盡可能保持原本面貌，本次整理遵照底本對《史記》正文進行斷句，同時吸收今人研究成果，借鑒中華書局修訂本《史記》採用新式標點符號進行標注。

五、底本夾評及每篇篇末總評中包含有表示分段意义的○符號，本次整理中予以保留。

六、底本偶有"L"形式的分段符，校本則呈現為"—"，且數量遠大於底本。其分段多不同於今中華書局修訂本。出於今人習慣，本次整理按照中華書局修訂本《史記》進行分段，然亦保留底本的大量分段形式。本次整理本採用橫排版式，故將底本分段符號"L"改為"｜"形式呈現以期諧調美觀。

七、本次整理中《史記》文本採用宋體小四號字，吳見思評點文字採用仿宋體五號字。

目　録

史記論文序

文自六經以外,其是非鮮不謬于聖人者。班固以此譏史遷,而所撰《漢書》,則漢初之文,實仍遷舊。是固能彈遷是非之失,終不能呰毀其文之不工可知也。顧遷之爲此史也,亦不必文盡由己,乃襍采古史舊聞,以及《詩》《書》《左傳》《國語》《國策》諸書,而裁以己之法度,即能使讀者忘其舊,而衹見爲遷文之美,斯又非固之所能事也。惟是唐虞以前,在孔子亦患其荒昧,未敢述作,已棄置于删定之餘。遷則儼然成史,又隱然有孔子而後五百年在斯之負。後世守經之士不能不以此疑之。然遷史即非古今之信史,其文實爲古今之至文。試歷觀漢後自晉唐宋以迄有明,能文之家,莫不各抒己見,以爲牋隲論斷,其尊而信之,幾與六經相埒,如凌氏所彙《評林》一編可徵也。竊嘗歎之。固知譏遷之失,不知後之譏固,乃更甚于遷。苟因文誅意,必以聖人爲准,因而是非其人,以是非其文,彼三代而下,無完人,斯無完書矣。故知以是非論是非,不若以文論文之爲得也。

夫時閱數千年,讀其書而好之,其人又號稱能文者,不知幾十百輩,而要歸于一辭莫贊。若《評林》所載,自《史記》以還,誠罕有其比,謂非古今之至文而能然與?此毘陵吳齊賢之讀史有得,而“論文”之所由名也。

齊賢老生好學,至暮年不倦。余令梁溪時,特親造其廬,觀所著述,最後出此書,見屬曰:“是一生苦心所寄,願鏤版行之。”余悲其意而諾之。既受而歸,患鞅掌簿書,未遑卒讀,又竊意誦習家,業有凌氏之刻,以集大成。齊賢即精心鑽鑿,當無能別出手眼于昔人之外者,及退食之暇,時手一卷,紬繹其趣,見其條晰脈絡,剔劃指歸。一篇之中,闡發精藴。殆無片言隻字之不研索盡致。信有得乎史公文心之微詣,而能抉摘其手筆經營之妙者,不禁歎絕齊賢攻苦一生之言,良爲不誣。乃自江左攜而入閩移粤,十載間皇皇幾務,得以文籍娱悦之時絶少,不獲校讐其抄本字畫之訛,與鈎勒句讀之舛,及今丙寅之春,始訂正終卷,微參己私,付之剞劂,而論文之書出焉。

惜乎齊賢之不及見之也!噫!若余者,其奚足與于論文哉?持此以報齊賢,或不謬于史公然諾之義云爾。

旹

康熙二十五年歲次丙寅壯月總督兩廣

山陰吳興祚題于端署之運籌堂

史記論文跋

吳齊賢先生爲吾郡名宿,多讀書論古,能自出手眼,識解獨高,與吳門金聖歎齊名,亦雅相善。

今兩粵制府大司馬吳公昔宰錫山,時齊賢數從游。因以所論定《史記》一帙,屬爲授梓。公受而藏之。未幾,公遷閩臬,旋晉位開府,渡海討賊,以迄移節制粵,日倥傯軍事,未遑表章此書,然耿然於懷,每指架上所庋,謂門下萬樹等曰:"此故人手澤也。余嘗允所請,今忽忽十年,齊賢墓草宿矣!余安能免食言慚耶!"前年巡海歸,稍暇,取以授樹及錫山孫維,爲之讐校。顧齊賢當日,雖脱槁,而敘述發凡,俱所未備,編中字句,亦多訛脱。因詳悉訂補。公於繙閱時,有所得,亦命增入,又年餘而就,始付開雕。其凡例終亦缺然,弗敢擬作。公曰:"齊賢授余書而未有名,今將何以名其書者?"樹等對曰:"齊賢嘗論列少陵集名曰《杜詩論文》,今請即以'論文'名,庶表其为齊賢書也。"公稱善。

今年春,齊賢弟道賢來粵,而是書剞劂適成。樹因歎曰:"凡著述流通,亦有機會。今書成而著書者之同氣至,固無異于著書者之自至也。豈非齊賢以其生平精意所寄,故冥護默贊以迄於成,而復靈爽感通,俾其弟間關嶺嶠,來受此書於七千里之外乎?"

嗚呼,異矣！夫大司馬公不忘故交,克踐夙諾,亦延陵挂劍之意。今道賢捧書歸,設醴薦脯於家廟,以告于其兄。吾知齊賢在蓉城玉樓間亦笑慰而泣感也已。

康熙丁卯四月望宜興後學萬樹跋

五帝本紀

黄帝者，少典之子，姓公孫，名曰軒轅。生而神靈，弱而能言，幼而徇齊，長而敦敏，成而聰明。丨《史記》多排宕變化之筆，而開頭一章，獨用排調。此由生而成，順年歲排五句。

軒轅之時，神農氏世衰。諸侯相侵伐，暴虐百姓，而神農氏弗能征。於是軒轅乃習用干戈，以征不享，諸侯咸來賓從。黄帝止伐神農、伐蚩尤兩事，俱作兩層寫。先提神農立案。而蚩尤最爲暴，莫能伐。又提蚩尤立案。炎帝欲侵陵諸侯，諸侯咸歸軒轅。軒轅乃修德振兵，治五氣，蓺五種，撫萬民，度四方，又排四句，以數日敘。教熊羆貔貅貙虎，以與炎帝戰於阪泉之野。三戰，然後得其志。序完伐神農事。蚩尤作亂，不用帝命。於是黄帝乃徵師諸侯，與蚩尤戰於涿鹿之野，遂禽殺蚩尤。序完伐蚩尤事。"阪泉之野""涿鹿之野"對。而諸侯咸尊軒轅爲天子，代神農氏，是爲黄帝。一總。天下有不順者，黄帝從而征之，接上。平者去之，起下。披山通道，未嘗寧居。

東至於海，登丸山，及岱宗。西至於空桐，登雞頭。南至於江，登熊湘。北逐葷粥，排四段以東西南北序，末句變。合符釜山，而邑於涿鹿之阿。遷徙往來無常處，以師兵爲營衛。丨總四方而定

邑,偏又以遷徙出奇。官名皆以雲命,爲雲師。置左右大監,監於萬國。萬國和,而鬼神山川封禪,與爲多焉。| 獲寶鼎,迎日推策。奇句。"迎日",定時也。"推策",衍蓍也。日以逆測,故曰"迎"。策以順數,故曰"推"。舉風后、力牧、常先、大鴻,以治民。順天地之紀,幽明之占,死生之說,存亡之難。四句作一排。時播百穀草木,淳化鳥獸蟲蛾,傍羅日月星辰水波土石金玉,勞勤心力耳目,節用水火財①物。五句亦作一排,然中有變調。有土德之瑞,故號黃帝。又一總。黃帝二字亦作兩次寫。

黃帝二十五子,其得姓者十四人。虛。

黃帝居軒轅之丘,而娶於西陵之女,是爲嫘祖。嫘祖爲黃帝正妃,生二子,其後皆有天下:先提一句,直貫至高辛傳末。其一曰玄囂,是爲青陽,青陽降居江水;其二曰昌意,降居若水。玄囂、昌意雙序,而玄囂伏下,獨接昌意。○以帝子出封,故曰"降"。昌意娶蜀山氏女,曰昌僕,生高陽,高陽有聖德焉。黃帝崩,葬橋山。其孫昌意之子高陽立,是爲帝顓頊也。|

帝顓頊高陽者,黃帝之孫,而昌意之子也。高陽紀,即取黃帝紀收小。故序法畧而不詳,然包羅已盡,高辛紀同。靜淵以有謀,疏通而知事;神明聰明之類是也。養材以任地,披山通道,節用水火也。載時以象天,迎日推策,傍羅日星也。依鬼神以制義,幽明之占,死生之義也。治氣以教化,治五氣,順天紀也。潔誠以祭祀。鬼神、山川,封禪也。北至於幽陵,南至於交阯,西至於流沙,東至於蟠木。南北東西應前。動靜之物,大小之神,總鳥獸蟲蛾、山川日月等。日月所照,莫不砥屬。|

帝顓頊生子曰窮蟬。窮蟬伏。顓頊崩,而玄囂之孫高辛立,遙

① 財,中華書局本《史記》作"材"。

接玄囂。是爲帝嚳。丨

帝嚳高辛者,黄帝之曾孫也。高辛父曰蟜極,蟜極父曰玄囂,玄囂父曰黄帝。世系倒序,又一法。自玄囂與蟜極,皆不得在位,至高辛,即帝位。高辛於顓頊爲族子。接還顓頊,是此紀遞下之針線。

高辛生而神靈,自言其名。普施利物,不於其身。聰以知遠,明以察微。順天之義,知民之急。仁而威,惠而信,修身而天下服。取地之財而節用之,撫教萬民而利誨之,曆日月而迎送之,明鬼神而敬事之。其色郁郁,其德嶷嶷。其動也時,其服也士。四語奇俊。帝嚳溉執中而徧天下,日月所照,風雨所至,莫不從服。與顓頊一樣寫,俱約畧,《黄帝紀》不重注。

帝嚳娶陳鋒氏女,生放勳。娶娵訾氏女,生摯。帝嚳崩,而摯代立。帝摯立,不善,崩。而弟放勳立,是爲帝堯。丨帝摯、放勳,亦雙序。側入帝堯。

帝堯者,放勳。帝堯獨不重序世系,變法。其仁如天,其知如神。就之如日,望之如雲。奇俊。於《五帝紀》中,用六朝佳句,《史記》變調。富而不驕,貴而不舒。黄收純衣,彤車乘白馬。能明馴德,以親九族。九族既睦,便章百姓。百姓昭明,合和萬國。以上總敘帝堯之德,下乃入事。"彤車白馬"下,接入《尚書》文,絕無痕跡。

乃命羲、和,敬順昊天,數法日月星辰,敬授民時。下分命四段,此先總序。分命羲仲,居郁夷,曰暘谷。敬道日出,便程東作。日中星鳥,以殷中春。其民析,鳥獸字微。一段。申命羲叔,居南交。便程南譌,敬致日永星火,以正仲夏。其民因,鳥獸希革。二段。分命和仲,居西土,曰昧谷。敬道日入,便程西成。夜中星虛,以正中秋。其民夷易,鳥獸毛毨。三段。申命和叔,居北方,曰幽都。

便在伏物。日短星昴,以正中冬。其民燠,鳥獸氄毛。四段,竟作四比,其對偶之始乎?然對偶之中,更多變化。歲三百六十六日,以閏月正四時。信飭百官,衆功皆興。丨又作結,蓋起結。中作四比,另成一篇小文。

堯曰:"誰可順此事?"即頂授時下。放齊曰:"嗣子丹朱,開明。"堯曰:"吁!頑凶,不用。"此爲求賢禪天下張本,先借丹朱作一颺。堯又曰:"誰可者?"讙兜,曰:"共工,旁聚布功,可用。"堯曰:"共工,善言,其用僻,似恭漫天,不可。"此又借共工作一颺。堯又曰:"嗟,四嶽,湯湯洪水滔天,浩浩懷山襄陵,下民其憂,有能使治者?"皆曰:"鯀可。"堯曰:"鯀負命毀族,不可。"嶽曰:"異哉,試不可用而已。"此又借鯀作一颺。堯於是聽嶽用鯀。九歲,功用不成。丨凡作三段三颺,始入舜事。文章作法自古已然,於此益信。

堯曰:"嗟!四嶽:朕在位七十載,汝能庸命,踐朕位?"嶽應曰:"鄙德,忝帝位。"堯曰:"悉舉貴戚及疏遠隱匿者。"衆皆言於堯曰:"有矜,在民間,曰虞舜。"堯曰:"然,朕聞之。其何如?"嶽曰:"盲者子。父頑,母嚚,弟傲,能和以孝,烝烝治,不至姦。"堯曰:"吾其試哉。"於是堯妻之二女,觀其德於二女。舜飭下二女於嬀汭,如婦禮。堯善之,丨以上《堯典》,以下接《舜典》,合序舜事。乃使舜慎和五典,五典能從。乃徧入百官,百官時敘。賓於四門,四門穆穆,諸侯遠方賓客皆敬。又於"四門"上註一句。堯使舜入山林川澤,暴風雷雨,舜行不迷。堯以爲聖,總一句,接下乃順。召舜曰:"女謀事至而言可績,三年矣。女登帝位。"舜讓於德不懌。正月上日,舜受終於文祖。文祖者,堯大祖也。丨又於文祖註一句。

於是帝堯老,命舜攝行天子之政,以觀天命。又插一句,提直貫至篇末,皆攝政之事。舜乃在璿璣玉衡,以齊七政。正與羲和事相照。遂類於上帝,禋於六宗,望於山川,辯於群神。祭祀畧序,下巡狩乃詳,正詳畧相間之妙。揖五瑞,擇吉月日,見四嶽諸牧,班瑞。班瑞事少詳。歲二月,東巡狩,至於岱宗,句。柴,句。望秩於山川。遂見東方君長,合時月正日,同律度量衡,修五禮、五玉、三帛、二生一死爲摯,如五器,此巡狩之事。卒乃復。五月,南巡狩;八月,西巡狩;十一月,北巡狩:皆如初。授時事四段,俱詳。巡狩事亦四段,一詳三畧。正以照映間發爲奇。歸,句。至於祖禰廟,用特牛禮。五歲一巡狩,群后四朝。徧告以言,明試以功,車服以庸。總結巡狩班瑞事。肇十有二州,決川。分地濬川,去封山事。象以典刑,流宥五刑,鞭作官刑,扑作教刑,金作贖刑。五句。一總,四分;一虚,四實。眚烖過赦,怙終賊刑。欽哉欽哉,惟刑之靜哉!

讙兜進言共工①,堯曰不可而試之工師,共工果淫辟。四嶽舉鯀治洪水,堯以爲不可,嶽彊請試之,試之而無功,故百姓不便。三苗在江淮、荊州數爲亂。插一段,重序前事,帶出三苗以爲流放之故,是史公章法。於是舜歸而言於帝,有體。請流共工於幽陵,以變北狄;放驩兜於崇山,以變南蠻;遷三苗於三危,以變西戎;殛鯀於羽山,以變東夷:四罪而天下咸服。｜以變北狄等句,妙!放流中,具有仁厚,具有經濟,是五帝德。

堯立七十年,得舜,二十年而老,令舜攝行天子之政,薦之於天。堯辟位凡二十八年而崩。｜總括堯事,以歲數作一結。百姓悲哀,如喪父母。三年,四方莫舉樂,以思堯。｜以上序完堯事。堯知

---

① 共工,底本作"其工",疑誤,據校本改。

子丹朱之不肖，不足授天下，於是乃權授舜。授舜則天下得其利，而丹朱病；授丹朱，則天下病，而丹朱得其利。堯曰："終不以天下之病而利　人。"而卒授舜以天下。｜因禪受之際，故又提明丹朱一段。堯崩三年之喪畢，舜讓辟丹朱於南河之南。諸侯朝覲者，不之丹朱而之舜；獄訟者，不之丹朱而之舜；謳歌者，不謳歌丹朱而謳歌舜。舜曰"天也"。夫而後之中國，踐天子位焉，是爲帝舜。｜

虞舜者，名曰重華。重華父曰瞽叟，瞽叟父曰橋牛，橋牛父曰句望，句望父曰敬康，敬康父曰窮蟬，世系亦倒序，遙接窮蟬。窮蟬父曰帝顓頊，顓頊父曰昌意。直追至昌意，以應《黄帝紀》。以至舜七世矣。自從窮蟬以至帝舜，皆微爲庶人。又順序一段。

舜父瞽叟盲而舜母死，瞽叟更娶妻而生象，象傲。瞽叟愛後妻子，不言愛象，而曰"愛後妻子"，説得入情。常欲殺舜，舜避逃；及有小過，則受罪。順事父及後母與弟，日以篤謹匪有懈。頓住下又起一頭。舜，冀州之人也。點一句，先註明歷山、雷澤之地。舜耕歷山，漁雷澤，陶河濱，作什器於壽丘，就時於負夏。舜父瞽叟頑，母嚚，弟象傲，皆欲殺舜。舜順適不失子道，兄弟孝慈。欲殺，不可得；即求，嘗在側。殺舜事作兩層寫。

舜年二十，以孝聞。三十，而帝堯問可用者，四嶽咸薦虞舜，曰可。遙接。於是堯乃以二女妻舜，以觀其内；使九男與處，以觀其外。舜居嬀汭，内行彌謹。堯二女不敢以貴驕，事舜親戚，甚有婦道。堯九男皆益篤。｜舜耕歷山，間接。歷山之人皆讓畔；漁雷澤，雷澤上人皆讓居；陶河濱，河濱器皆不苦窳。一年而所居成聚，二年成邑，三年成都。三"皆"字，三"成"字，俱作叠句相應。堯乃賜舜絺衣與琴，爲築倉廩，予牛羊。先提衣、琴、倉廩、牛羊是。瞽叟尚復欲殺之，殺舜事作三層寫。使舜上塗廩，瞽叟從下縱火焚廩。舜乃以兩笠自扞而下，去，得不死。後瞽叟又使舜穿井，舜穿井爲匿空旁出。舜既入深，“入深”妙。瞽叟與象共下土實井，舜從匿空出，去。瞽叟、象喜，以舜爲已死。象曰：“本謀者象。”象與其父母分，於是曰：“舜妻堯二女，與琴，象取之。牛羊倉廩予父母。”雖不及《孟子》簡淨，然寫得另有情節。象乃止舜宫居，鼓其琴。舜往見之。象愕不懌曰：“我思舜正鬱陶！”舜曰：“然，爾其庶矣！”全與《孟子》異。舜復事瞽叟，愛弟，彌謹。丨又點一句，作一頓。於是堯乃試舜五典百官，皆治。丨遥應。

昔高陽氏有才子八人，世得其利，謂之“八愷”。高辛氏有才子八人，世謂之“八元”。此十六族者，世濟其美，不隕其名。至於堯，堯未能舉。顧堯一句。舜舉八愷，使主后土，以揆百事，莫不時序。舉八元，使布五教於四方，父義，母慈，兄友，弟恭，子孝，所布之五教也。内平外成。

昔帝鴻氏有不才子，掩義隱賊，好行凶慝，天下謂之“渾沌”。少皞氏有不才子，毁信惡忠，崇飭惡言，天下謂之“窮奇”。顓頊氏有不才子，不可教訓，不知話言，天下謂之檮杌。此三族，世憂之。四凶作兩段寫，少變其法。至於堯，堯未能去。又顧堯一句。縉雲氏有不才子，貪於飲食，冒於貨賄，天下謂之饕餮。天下惡之，比之三凶。另敘一段，上下呼應。舜賓於四門，乃流四凶族，遷於四裔，以御螭魅，於是四門辟，言毋凶人也。丨接前四門事夾序，章法。

舜入於大麓，烈風雷雨不迷。丨遥接前事。堯乃知舜之足授天下。堯老，使舜攝行天子政，巡狩。遥接。舜得舉用事二十年，而堯使攝政。攝政八年，而堯崩。三年喪畢，讓丹朱，天下歸舜。遥接堯紀，一篇約畧作數行妙。而禹、皋陶、契、后稷、伯夷、夔、龍、倕、益、彭祖，先列後序。自堯時而皆舉用，未有分職。丨又顧堯一筆。於是舜乃至於文祖，謀於四嶽，辟四門，明通四方耳目，又接入《尚書》事，前後插序變化之妙。命十二牧，論帝德，行厚德，遠佞人，則蠻彝率服。丨舜謂四嶽曰："有能奮庸美堯之事者，使居官相事？"皆曰："伯禹爲司空，可美帝功。"舜曰："然，嗟！禹，汝平水土，維是勉哉。"禹拜稽首，讓於稷、契與皋陶。舜曰："然，往矣。"命禹。舜曰："棄，黎民始饑，汝后稷播時百穀。"命稷，變法，簡淨。舜曰："契，百姓不親，五品不馴，汝爲司徒，而敬敷五教，在寬。"命契。舜曰："皋陶，蠻夷猾夏，寇賊姦軌，汝作士，五刑有服，五服三就；五流有度，五度三居：惟明能信。"命皋陶。舜曰："誰能馴予工？"皆曰垂可。於是以垂爲共工。命共工，變法。舜曰："誰能馴予上下草木鳥獸？"皆曰益可。於是以益爲朕虞。益拜稽首，讓於諸臣朱虎、熊羆。舜曰："往矣，汝諧。"遂以朱虎、熊羆爲佐。命益，帶朱虎、熊羆，變法。舜曰："嗟！四嶽，有能典朕三禮？"皆曰伯夷可。舜曰："嗟！伯夷，以汝爲秩宗，夙夜維敬，直哉維靜潔。"伯夷讓夔、龍。舜曰："然。"命伯夷，變法。下夔龍二段，皆接此"然"字而下。以夔爲典樂，教稚子，直而溫，寬而栗，剛而無虐，簡而無傲；詩言意，歌長言，聲依永，律和聲。八音能諧，毋相奪倫，神人以和。夔曰："於！予擊石拊石，百獸率舞。"命夔，變法。帶夔自序。舜曰："龍，朕畏忌讒說殄僞，振驚朕眾，命汝爲納言，夙夜出入朕命，惟信。"丨命龍。〇上九段，應前列名，而序法變換，如火如錦，然前多一彭祖未序。舜曰："嗟！女二十有二人，敬哉，惟時相天事。"總結上九段，合四岳十二牧，總結在內。三歲一考功，三考，絀陟遠近，眾功咸興。分北三苗。

此二十二人,咸成厥功:皋陶爲大理,平,民各伏得其實;伯夷主禮,上下咸讓;垂主工師,百工致功;益主虞,山澤辟;棄主稷,百穀時茂;契主司徒,百姓親和;龍主賓客,遠人至;十二牧行,而九州莫敢辟違;又將諸臣之功,總敘作一收,遺夔功不敘者,擊石、率舞已自敘在前也,亦見錯落變法。唯禹之功爲大,提禹獨敘,以爲禪天下張本。披九山,通九澤,決九河,定九州,各以其職來貢,不失厥宜。方五千里,至於荒服。南撫交阯、句。北發,句。西句。戎、句。析枝、句。渠廋、句。氐、句。羌,句。北句。山戎、句。發、句。息慎,句。東句。長、句。鳥夷,句。四海之內,咸戴帝舜之功。稱禹功而仍歸帝舜,是舜紀體。於是禹乃興《九招》之樂,致異物,鳳皇來翔。天下明德皆自虞帝始。歸功帝舜。

舜年二十,以孝聞。年三十,堯舉之。年五十,攝行天子事。年五十八,堯崩。年六十一,代堯踐帝位。踐帝位三十九年,南巡狩,崩於蒼梧之野。葬於江南九疑,又就年歲總序,收完舜事。是爲零陵。丨舜之踐帝位,載天子旗,往朝父瞽叟,夔夔維謹,如子道。封弟象爲諸侯。丨舜之明德,孝弟爲大,故又接踐帝位後補完。舜子商均,亦不肖,舜乃豫薦禹於天。十七年而崩。三年喪畢,禹亦乃讓舜子,如舜讓堯子。諸侯歸之,省法。然後禹踐天子位。堯子丹朱,舜子商均,皆有疆土,以奉先祀。服其服,禮樂如之。以客見天子,天子弗臣,示不敢專也。先收完堯、舜兩段。

自黄帝至舜、禹,皆同姓而異其國號,以章明德。故黄帝爲有熊,帝顓頊爲高陽,帝嚳爲高辛,帝堯爲陶唐,帝舜爲有虞。帝禹爲夏后,而别氏姓姒氏。契爲商,姓子氏。棄爲周,姓姬氏。丨總收五帝五段,因九臣,又帶序三代。

太史公曰:學者多稱五帝,尚矣。鎖一句,下即捷轉。然《尚書》獨載堯以來;二轉。而百家言黄帝,其文不雅馴,薦紳先生難言之。三轉。孔子所傳《宰予問五帝德》,及《帝繫姓》,儒者或不傳。四轉。余嘗西至空峒,北過涿鹿,東漸於海,南浮江淮矣,又點東南西北,與篇中作映帶。至長老,皆各往往稱黄帝、堯、舜之處,風教固殊焉,五轉。總之不離古文者近是。六轉,古文即《尚書》也。予觀《春秋》《國語》,其發明《五帝德》《帝繫姓》章矣,顧弟弗深考,其所表見皆不虚。七轉。書缺有間矣,其軼乃時時見於他説。八轉,將《尚書》《國語》等一總。非好學深思,心知其意,固難爲淺見寡聞道也。九轉,轉折層曲,往復回環,文筆文心,兩俱妙絶。余并論次,擇其言尤雅者,應"文不雅馴"。故著爲本紀書首。

史公作文,雖序許多人,其實只是一篇文字,中間自有神理貫串,線索通聯。如五帝一紀,大者止天地、山川、歲時、日月、禮樂、制度、設官、分職,有衍爲數百言者,有縮爲數字者,節節照應、處處融通,而互相映發處,機神尤浹。結處一總,收盡通篇,徹尾徹首竝無間斷也。〇序五帝世系,黄帝之後由玄囂而昌意,下接昌意、高陽,至高辛而復接玄囂,高陽生窮蟬,隔高辛、帝堯至舜,而復接窮蟬。章法原成一片,今本每紀作提行者非是,合傳做此。〇《史記》一書以參差错落、穿插變化爲奇,而筆法、句法絶無一律。乃開卷第一篇,純用莊重整練,隱其神奇,故排句學《國語》,而秀句用子書。堯、舜二紀,又采《尚書》古奥,覺另是一種筆墨,蓋因作五帝之紀,遂成五帝之文,亦有純氣守中也。〇堯、舜二紀,純用《尚書》《孟子》,畧改字而,便是太史公之文,不是《尚書》《孟子》之文。且既經删改,而運用插和,絶無痕跡,豈非神手?但《尚書》中一種古質古色,精采古奥,已俱減削。然時代所隔,天實爲之,史公奈之何哉!〇凡《史記》所引《尚書》《左》《國》諸書,有删潤者,有直述者,既在《史記》中,即就《史記》評隲。就文論文,法當如是。如明珠在握,但言其光氣,而不必問誰氏之寶也。

夏本紀

夏禹，名曰文命。禹之父曰鯀，鯀之父曰帝顓頊，顓頊之父曰昌意，昌意之父曰黄帝。世系亦倒序。禹者，黄帝之玄孫而帝顓頊之孫也。又提兩句順序。禹之曾大父昌意，及父鯀，皆不得在帝位，爲人臣。丨又提一句，明白之甚。

當帝堯之時，鴻水滔天，浩浩懷山襄陵，下民其憂。堯求能治水者，群臣四嶽，皆曰鯀可。堯曰："鯀爲人負命毁族，不可。"四嶽曰："等之，未有賢於鯀者，願帝試之。"於是堯聽四嶽，用鯀治水。九年而水不息，功用不成。於是帝堯乃求人，更得舜。舜登用，攝行天子之政，巡狩。行視鯀之治水，無狀，乃殛鯀於羽山以死。天下皆以舜之誅爲是。丨在《禹紀》中，序殛鯀之事，卻回護不得，故大書直筆，以著天下之公。於是舜舉鯀子禹，而使續鯀之業。丨即於殛鯀之下，便舉鯀子以著天下之公。

堯崩，帝舜問四嶽曰："有能成美堯之事者，使居官？"皆曰："伯禹爲司空，可成美堯之功。"舜曰："嗟，然！"命禹："女平水土，維是勉之。"禹拜稽首，讓於契、后稷、皋陶。舜曰："女其往視爾事矣。"丨引《尚書》一段，是續鯀業之註脚。

禹爲人敏給克勤;其德不違,其仁可親,其言可信;聲爲律,身爲度,稱以出;亹亹穆穆,爲綱爲紀。|一段序禹之德。

禹乃遂與益、后稷奉帝命,命諸侯百姓,興人徒以傅土,行山表木,定高山大川。|一段序禹之事。先畧提安放,下乃詳序。禹傷先人父鯀功之不成受誅,間接鯀事。乃勞身焦思,居外十三年,過家門不敢入。薄衣食,致孝於鬼神。卑宮室,致費於溝減。陸行乘車,水行乘船,泥行乘橇,山行乘檋。左準繩,右規矩,載四時,以開九州,通九道,陂九澤,度九山。令益予眾庶稻,可種卑濕。命后稷予眾庶難得之食。食調少,有餘相給①,以均諸侯。先總序一段,九州九道九澤九山,先提總,下乃應完。禹乃行相地宜所有以貢,及山川之便利。

禹行,自冀州始。先序九州。冀州:既載壺口,治梁及岐。既修太原,至於岳陽。覃懷致功,至于衡漳。其土白壤。賦上上錯,田中中,常、衛既從,大陸既爲。鳥夷皮服。夾右碣石,入于海。|

濟、河維沇州:九河既道,雷夏既澤,雍、沮會同,桑土既蠶,於是民得下丘居土。其土黑墳,草繇木條。田中下,賦貞,作十有三年乃同。其貢漆絲,其篚織文。浮於濟、漯,通于河。|

海、岱維青州:嵎夷既略,濰、淄既道。其土白墳,海濱廣潟,厥田斥鹵。田上下,賦中上。厥貢鹽絺,海物維錯,岱畎絲、枲、鉛、松、怪石,萊夷爲牧,其篚酓絲。浮于汶,通於濟。|

海、岱及淮維徐州:淮、沂其治,蒙、羽其藝。大野既都,東原底平。其土赤埴墳,草木漸包。其田上中,賦中中。貢維土五色,

① 中華書局本《史記》作"食少,調有餘相給"。

羽畎夏翟，嶧陽孤桐，泗濱浮磬，淮夷蠙珠、臮魚，其篚玄纖縞。浮于淮、泗，通于河。|

淮、海維揚州：彭蠡既都，陽鳥所居。三江既入，震澤致定。竹箭既布。其草惟夭，其木惟喬，其土塗泥。田下下，賦下上上雜。貢金三品，瑤、琨、竹箭，齒、革、羽、毛，島夷卉服，其篚織貝，其包橘柚，錫貢。均江海，通淮、泗。|

荊及衡陽維荊州：江、漢朝宗于海。九江甚中，沱、涔已道，雲土、夢爲治。其土塗泥。田下中，賦上下。貢羽、旄、齒、革，金三品，杶、榦、栝、栢，礪、砥、砮、丹，維箘簵、楛，三國致貢其名，包匭菁茅，其篚玄纁、璣組，九江入賜大龜。浮于江、沱、涔于漢，踰于雒，至于南河。|

荊、河維豫州：伊、雒、瀍、澗既入于河，滎播既都，道荷澤，被明都。其土壤，下土墳壚。田中上，賦雜上中。貢漆、絲、絺、紵，其篚纖絮，錫貢磬錯。浮于雒，達于河。|

華陽、黑水維梁州：汶、嶓既蓺，沱、涔既道，蔡、蒙旅平，和夷底績。其土青驪。田下上，賦下中，三錯。貢璆、鐵、銀、鏤、砮、磬，熊、羆、狐、狸、織皮。西傾因桓是來，浮于潛，踰于沔，入于渭，亂于河。|

黑水、西河維雍州：弱水既西，涇屬渭汭。漆、沮既從，灃水所同。荊、岐已旅，終南、敦物，至于鳥鼠。原隰底績，至于都野。三危既度，三苗大序。其土黄壤。田上上①，賦中下。貢璆、琳、琅玕。浮于積石，至于龍門西河，會于渭汭。織皮、昆侖、析支、渠

① 田上上，底本作“田上土”，疑誤，據校本改。

搜,西戎即序。丨序九州完。

道九山:以下序九山,其實隨山以道水也。汧及岐,至于荊山,踰于河;壺口、雷首,至于太嶽;砥柱、析城,至于王屋;太行、常山,至于碣石,入于海;西傾、朱圉、鳥鼠,至于太華;熊耳、外方、桐柏至于負尾;道嶓冢,至于荊山;內方至于大別;汶山之陽,至于衡山,過九江,至于敷淺原。丨序九山完。

道九川:以下序九川。弱水至于合黎,餘波入于流沙。道黑水,至于三危,入于南海。道河積石,至于龍門,南至華陰,東至砥柱,又東至于盟津,東過雒汭,至于大邳,北過降水,至于大陸,北播爲九河,同爲逆河,入于海。嶓冢道瀁,東流爲漢,又東爲蒼浪之水,過三澨,入于大別,南入于江,東匯澤爲彭蠡,東爲北江入于海。汶山道江,東別爲沱,又東至于醴,過九江,至于東陵,東迆北會于匯,東爲中江,入于海。道沇水東爲濟,入于河,泆爲滎,東出陶丘北,又東至于荷,又東北會于汶,又東北入于海。道淮自桐柏,東會于泗、沂,東入于海。道渭自鳥鼠同穴,東會于灃,又東北至于涇,東過漆、沮,入于河。道雒自熊耳,東北會于澗、瀍,又東會于伊,東北入于河。序九川完。

於是九州攸同,四奥既居,九山栞旅,九川滌原,九澤既陂,四海會同。又提九州、九山、九川、九澤作總結,完治水事,下乃入治賦。六府甚修,眾土交正,致慎財賦,咸則三壤,成賦中國。賜土姓:"祗台德先,不距朕行。"

令天子之國,以外五百里甸服:百里賦納緫,二百里納銍,三百里納秸服,四百里粟,五百里米。甸服外五百里侯服:百里采,二百里任國,三百里諸侯。侯服外五百里綏服:三百里揆文教,二百里奮武衛。綏服外五百里要服：三百里夷，二百里蔡。要服外五百里荒服：三百里蠻，二百里流。

東漸於海，西被於流沙，朔、南暨：聲教訖于四海。丨於是帝錫禹玄圭，以告成功于天下。天下於是太平治。以上訓譯《禹貢》全文，而提繳處，并九山、九川以外等字，史公添入，眉目更清楚。

皋陶作士，以理民。帝舜朝，禹、伯夷、皋陶相與語帝前。皋陶述其謀曰："信其道德，謀明輔和。"禹曰："然，如何？"皋陶曰："於！慎其身修，思長，敦序九族，衆明高翼，近可遠在已。"禹拜美言，曰："然。"皋陶曰："於！在知人，在安民。"禹曰："吁！皆若是，惟帝其難之。知人則智，能官人；能安民，則惠，黎民懷之。能知能惠，何憂乎驩兜，何遷乎有苗，何畏乎巧言善色佞人？"皋陶曰："然，於！亦行有九德，亦言其有德。"乃言曰："始事事，寬而栗，柔而立，愿而恭，治而敬，擾而毅，直而溫，簡而廉，剛而實，彊而義，章其有常吉哉。日宣三德，蚤夜翊明有家。日嚴振敬六德，亮采有國。翕受普施，九德咸事，俊乂在官，百吏肅謹。毋教邪淫奇謀。非其人，居其官，是謂亂天事。天討有罪，五刑五用哉。吾言底可行乎？"禹曰："女言致可績行。"皋陶曰："予未有知，思贊道哉。"丨以上刪《皋陶謨》。

帝舜謂禹曰："汝亦昌言。"禹拜曰："於，予何言！予思日孳孳。"皋陶難禹曰："何謂孳孳？"禹曰："洪水滔天，浩浩懷山襄陵，下民皆服於水。予陸行乘車，水行乘舟，泥行乘橇，山行乘檋，行山栞木。與益予衆庶稻鮮食。以決九川，致四海，浚畎澮致之川。與稷予衆庶難得之食。食少，調有餘補不足。徙居衆民乃定，萬國爲治。"皋陶曰："然，此而美也。"

禹曰:"於,帝慎乃在位,安爾止。輔德,天下大應清意,以昭待上帝命,天其重命用休。"帝曰:"吁,臣哉臣哉! 臣作朕股肱耳目。予欲左右有民,女輔之。余欲觀古人之象。日月星辰,作文繡服色,女明之。予欲聞六律五聲八音,來始滑,以出入五言,女聽。予即辟,女匡拂予。女無面諛,退而謗予。敬四輔臣。諸衆讒嬖臣,君德誠施,皆清矣。"禹曰:"然。帝即不時,布同善惡,則毋功。"

帝曰:"毋若丹朱傲,維慢游是好,毋水行舟,朋淫于家,用絕其世。予不能順是。"禹曰:"予辛壬娶塗山,癸甲生啓。予不子,以故能成水土功。輔成五服,至于五千里,州十二師,外薄四海,咸建五長,各道有功。苗頑不即功,帝其念哉。"帝曰:"道吾德,乃汝功序之也。"

皋陶於是敬禹之德,令民皆則禹。不如言,刑從之。舜德大明。

於是夔行樂,祖考至,群后相讓,鳥獸翔舞,《簫韶》九成,鳳皇來儀,百獸率舞,百官信諧。帝用此作歌曰:"陟天之命,維時維幾。"乃歌曰:"股肱喜哉,元首起哉,百工熙哉!"皋陶拜手稽首揚言曰:"念哉,率爲興事,慎乃憲,敬哉!"乃更爲歌曰:"元首明哉,股肱良哉,庶事康哉!"又歌曰:"元首叢挫哉,股肱惰哉,萬事墮哉!"帝拜曰:"然,往欽哉!" 丨以上删《益稷》篇。於是天下皆宗禹之明度數聲樂,爲山川神主。丨二句總上兩篇。

帝舜薦禹於天,爲嗣。十七年而帝舜崩。三年喪畢,禹辭辟舜之子商均於陽城。天下諸侯皆去商均而朝禹。禹於是遂即天子位,南面朝天下,國號曰夏后,姓姒氏。丨帝禹立,而舉皋陶薦之,且授政焉,而皋陶卒。封皋陶之後於英、六,或在許。丨而后舉益任之政。

十年,帝禹東巡狩,至於會稽而崩。以天下授益。三年之喪畢,益讓帝禹之子啓,而辟居箕山之陽。禹子啓賢,天下屬意焉。及禹崩,雖授益,益之佐禹日淺,天下未洽。故諸侯皆去益而朝啓,曰"吾君帝禹之子也"。於是啓遂即天子之位,是爲夏后帝啓。丨以上即用《孟子》事,史公自出己裁。

夏后帝啓,禹之子,其母塗山氏之女也。丨註一句,直應前篇。

有扈氏不服,啓伐之,大戰於甘。將戰,作《甘誓》,乃召六卿申之。啓曰:"嗟!六事之人,予誓告汝:有扈氏威侮五刑[①],怠棄三正,天用勦絕其命。今予維共行天之罰。左不攻于左,右不攻于右,女不共命。御非其馬之正,女不共命。用命,賞于祖;不用命,僇于社,予則帑僇女。"以上畧刪《甘誓》。遂滅有扈氏。天下咸朝夏后。丨結《甘誓》。

帝啓崩,子帝太康立。帝太康失國,昆弟五人,須于洛汭,作《五子之歌》。丨

太康崩,弟中康立,是爲帝中康。帝中康時,羲、和湎淫,廢時亂日。胤往征之,作《胤征》。丨《胤征》虚序。

中康崩,子帝相立。帝相崩,子帝少康立。帝少康崩,子帝予立。帝予崩,子帝槐立。帝槐崩,子帝芒立。帝芒崩,子帝泄立。帝泄崩,子帝不降立。帝不降崩,弟帝扃立。帝扃崩,子帝廑立。帝廑崩,立帝不降之子孔甲,是爲帝孔甲。丨帝孔甲立,好方鬼神

---

① 刑,中華書局本《史記》作"行"。

事,淫亂。夏后氏德衰,諸侯畔之。天降龍二,有雌雄,孔甲不能食,未得豢龍氏。陶唐既衰,其後有劉累,學擾龍於豢龍氏,以事孔甲。孔甲賜之姓,曰御龍氏,受豕韋之後。龍一雌死,以食夏后。夏后使求,懼而遷去。|

孔甲崩,子帝皋立。帝皋崩,子帝發立。帝發崩,子帝履癸立,是爲桀。|帝桀之時,自孔甲以來,而諸侯多畔,夏桀不務德,而武傷百姓,百姓弗堪。廼召湯而囚之夏臺,已而釋之。湯修德,諸侯皆歸湯,湯遂率兵以伐夏桀。桀走鳴條,遂放而死。桀謂人曰:"吾悔不遂殺湯於夏臺,使至此。"湯乃踐天子位,代夏朝天下。湯封夏之後,至周封於杞也。

太史公曰:禹爲姒姓,其後分封,用國爲姓,故有夏后氏、有扈氏、有男氏、斟尋氏、彤城氏、褒氏、費氏、杞氏、繒氏、辛氏、冥氏、斟氏、戈氏。孔子正夏時,學者多傳《夏小正》云。自虞、夏時,貢賦備矣。或言禹會諸侯江南計功而崩,因葬焉,命曰會稽。會稽者,會計也。閒閒借會稽一結,姿致天然。

此紀全述禹之明德,故《禹貢》《皋謨》《益稷》羅列於篇首,既重矣,故後只借《甘誓》一篇襯貼。自太康以後,一頓點次即完,局勢然也。故即少康、后羿之事,亦不及詳序。在文論文,法不得不如是也。若不論輕重,不論堆垛,一概排列,乃甲乙帳,而非史公之書矣。○《禹貢》一篇,是千古奇文,《尚書》中渾厚天然,前段如九州分劃,疆界井井,後段如衆流奔湊,氣勢洶洶,乃經史公加數字點次,便覺眉目分明,另是一種姿致,豈非奇才!

殷本紀

殷契母曰簡狄,有娀氏之女,爲帝嚳次妃。三人行浴,三人不詳。見玄鳥墮其卵,簡狄取吞之,因孕,生契。丨契長而佐禹治水,有功。帝舜乃命契曰:"百姓不親,五品不訓,汝爲司徒,而敬敷五教,五教在寬。"封于商,賜姓子氏。契興於唐、虞、大禹之際,功業著於百姓,百姓以平。契事只畧序。

契卒,子昭明立。昭明卒,子相土立。相土卒,子昌若立。昌若卒,子曹圉立。曹圉卒,子冥立。冥卒,子振立。振卒,子微立。微卒,子報丁立。報丁卒,子報乙立。報乙卒,子報丙立。報丙卒,子主壬立。主壬卒,子主癸立。主癸卒,子天乙立,是爲成湯。丨成湯以前世系。

成湯,自契至湯,八遷。湯始居亳,從先王居,作《帝誥》。《帝誥》虚。

湯征諸侯。葛伯不祀,湯始伐之。湯曰:"予有言:人視水見形,視民知治不。"伊尹曰:"明哉! 言能聽,道乃進。君國子民,爲善者皆在王官。勉哉勉哉!"湯曰:"汝不能敬命,予大罰殛之,無有攸赦。"作《湯征》。丨《湯征》畧。

伊尹,名阿衡。接上補出伊尹,作附傳。阿衡欲干湯而無由,乃爲有莘氏媵臣,負鼎俎,以滋味説湯,致于王道。或曰,伊尹,處士,湯使人聘迎之,五反,然後肯往,從湯言素王及九主之事。質序之中忽用虚致,是傳疑體。湯舉任以國政。伊尹去湯適夏。既醜有夏,復歸于亳。入自北門,遇女鳩、女房,作《女鳩》《女房》。|《女鳩》《女房》虚。

湯出,見野張網四面,祝曰:"自天下,四方,皆入吾網。"湯曰:"嘻,盡之矣!"乃去其三面,祝曰:"欲左,句。左。句。欲右,句。右。句。不用命,乃入吾網。""左右"句,删一"者"字,更古勁。諸侯聞之曰:"湯德至矣,及禽獸。"|

當是時,夏桀爲虐,政淫荒,而諸侯昆吾氏爲亂。湯乃興師,率諸侯,伊尹從湯,湯自把鉞,以伐昆吾,遂伐桀。湯曰:"格汝衆庶,來,女悉聽朕言。匪台小子敢行舉亂,有夏多罪,予維聞女衆言,夏氏有罪。予畏上帝,不敢不正。今夏多罪,天命殛之。今女有衆,女曰'我君不恤我衆,舍我嗇事,而割政'。女其曰'有罪,其奈何?'夏王率止衆力,率奪夏國。有衆率怠不和,曰'是日何時喪?予與女皆亡'!夏德若兹,今朕必往。爾尚及予一人,致天之罰,予其大理女。女毋①不信,朕不食言。女不從誓言,予則帑僇女,無有攸赦。"以告令師,作《湯誓》。《湯誓》畧。於是湯曰"吾甚武",號曰武王。桀敗於有娀之虚,桀犇於鳴條。|

夏師敗績。湯遂伐三嵕,俘厥寶玉,義伯、仲伯作《典寶》。|《典寶》虚。湯既勝夏,欲遷其社,不可,作夏社。|《夏社》虚。伊尹

① 毋,底本作"母",疑誤,據中華書局本《史記》改。

報。於是諸侯心服,湯乃踐天子位,平定海内。湯歸至於泰卷陶,中𦉪作誥。丨《中𦉪誥》虚。既絀夏命,還亳,作《湯誥》:"維三月,王自至于東郊。告諸侯群后:'毋不有功於民,勤力廼事。予乃大罰殛汝,毋予怨。'曰:'古禹、皋陶久勞於外,其有功乎民,民乃有安。東爲江,北爲濟,西爲河,南爲淮,四瀆已修,萬民乃有居。后稷降播,農殖百穀。三公咸有功于民,故后有立。昔蚩尤與其大夫作亂百姓,帝乃弗予,有狀。先王言不可不勉。'曰:'不道,毋之在國,女毋我怨。'"以令諸侯。丨《湯誥》畧。伊尹作《咸有一德》,丨《咸有一德》虚。咎單作《明居》。丨《明居》虚。

湯乃改正朔,易服色,上白,朝會以晝。丨一代制度,只三句點完。

湯崩,太子太丁未立而卒,於是乃立太丁之弟外丙,是爲帝外丙。帝外丙即位三年崩,立外丙之弟中壬,是爲帝中壬。帝中壬即位四年崩,伊尹廼立太丁之子太甲[①]。太甲,成湯適長孫也,點一句明。是爲帝太甲。帝太甲元年,伊尹作《伊訓》,作《肆命》,作《徂后》。丨《伊訓》《肆命》《徂后》三篇虚。

帝太甲既立三年,不明,暴虐,不遵湯法,亂德,於是伊尹放之於桐宫。三年,伊尹攝行政當國,以朝諸侯。

帝太甲居桐宫三年,悔過自責,反善,於是伊尹廼迎帝太甲而授之政。帝太甲修德,諸侯咸歸殷,百姓以寧。伊尹嘉之,廼作《太甲訓》三篇,《太甲訓》虚。襃帝太甲,稱太宗。丨

太宗崩,子沃丁立。帝沃丁之時,伊尹卒。完伊尹事。既葬伊

① 太甲,底本作"大甲",疑誤,據校本改。

尹於亳，咎單遂訓伊尹事，作《沃丁》。《沃丁》虛。

沃丁崩，弟太庚立，是爲帝太庚。帝太庚崩，子帝小甲立。帝小甲崩，弟雍己立，是爲帝雍己。殷道衰，諸侯或不至。｜殷道一衰。

帝雍己崩，弟太戊立，是爲帝太戊。帝太戊立，伊陟爲相。亳有祥桑穀，共生於朝，一暮大拱。帝太戊懼，問伊陟。伊陟曰："臣聞妖不勝德，帝之政其有闕與？帝其修德。"太戊從之，而祥桑枯死而去。｜伊陟贊言於巫咸。巫咸治王家有成，作《咸艾》，作《太戊》。帝太戊贊伊陟于廟，言弗臣，伊陟讓，作《原命》。《咸艾》《太戊》《原命》三篇虛。殷復興，諸侯歸之，殷道再興。故稱中宗。｜

中宗崩，子帝中丁立。帝中丁遷于隞。河亶甲居相。祖乙遷于邢。帝中丁崩，弟外壬立，是爲帝外壬。中丁書闕不具。帝外壬崩，弟河亶甲立，是爲帝河亶甲。河亶甲時，殷復衰。｜殷道再衰。

河亶甲崩，子帝祖乙立。帝祖乙立，殷復興。巫咸任職。｜殷道三興。

祖乙崩，子帝祖辛立。帝祖辛崩，弟沃甲立，是爲帝沃甲。帝沃甲崩，立沃甲兄祖辛之子祖丁，是爲帝祖丁。帝祖丁崩，立弟沃甲之子南庚，是爲帝南庚。帝南庚崩，立帝祖丁之子陽甲，是爲帝陽甲。帝陽甲之時，殷衰。

自中丁以來，廢適而更立諸弟子，弟子或爭相代立，比九世亂，於是諸侯莫朝。｜殷道三衰。

帝陽甲崩，弟盤庚立，是爲帝盤庚。帝盤庚之時，殷已都河北，盤庚渡河南，復居成湯之故居，廼五遷，無定處。殷民咨胥皆

怨,不欲徙。盤庚乃告諭諸侯大臣曰:“昔高后成湯,與爾之先祖,俱定天下,法則可修。舍而弗勉,何以成德!”乃遂涉河南,治亳,行湯之政,然後百姓由寧,殷道復興。諸侯來朝,以其遵成湯之德也。|殷道四興。

帝盤庚崩,弟小辛立,是爲帝小辛。帝小辛立,殷復衰。|殷道四衰。百姓思盤庚,迺作《盤庚》三篇。|《盤庚》虛,所傳異。帝小辛崩,弟小乙立,是爲帝小乙。

帝小乙崩,子帝武丁立。帝武丁即位,思復興殷,而未得其佐。三年不言,政事決定于冢宰,以觀國風。武丁夜夢得聖人,名曰說。以夢所見,視群臣百吏,皆非也。於是乃使百工營求之野,得說於傅險中。是時說爲胥靡築於傅險。見於武丁,武丁曰是也。得而與之語,果聖人,舉以爲相,殷國大治。故遂以傅險姓之,號曰傅說。|

帝武丁祭成湯,明日,有飛雉登鼎耳而呴,武丁懼。祖己曰:“王勿憂,先修政事。”祖己乃訓王曰:“唯天監下典厥義,降年有永,有不永,非天夭民,中絕其命。民有不若德,不聽罪,天既附命正厥德,乃曰其奈何。嗚呼!王嗣敬民,罔非天繼,常祀毋①禮於棄道。”武丁修政行德,天下咸驩,殷道復興。|殷道五興。

帝武丁崩,子帝祖庚立。祖己嘉武丁之以祥雉爲德,立其廟爲高宗,遂作《高宗肜日》及《訓》。|《高宗肜日》虛。

帝祖庚崩,弟祖甲立,是爲帝甲。帝甲淫亂,殷復衰。|殷道五衰。

帝甲崩,子帝廩辛立。帝廩辛崩,弟庚丁立,是爲帝庚丁。帝

① 毋,底本作“母”,疑誤,據中華書局本《史記》改。

庚丁崩,子帝武乙立。殷復去亳,徙河北。丨

帝武乙無道,爲偶人,謂之天神。與之博,令人爲行。天神不勝,乃僇辱之。爲革囊盛血,仰[①]而射之,命曰“射天”。丨武乙獵于河渭之間,暴雷,武乙震死。丨子帝太丁立。帝太丁崩,子帝乙立。帝乙立,殷益衰。丨殷道五衰之後,竟不復振。

帝乙長子曰微子啓,啓母賤,不得嗣。少子辛,辛母正后,辛爲嗣。帝乙崩,子辛立,是爲帝辛,天下謂之紂。丨

帝紂資辨捷疾,聞見甚敏;材力過人,手格猛獸;知足以拒諫,言足以飾非;矜人臣以能,高天下以聲,奇句。以爲皆出己之下。好酒淫樂,嬖於婦人。愛妲己,妲己之言是從。於是使師涓作新淫聲,北里之舞,靡靡之樂。厚賦稅,以實鹿臺之錢,而盈鉅橋之粟。益收狗馬奇物,充牣宫室。益廣沙丘苑臺,多取野獸蜚鳥置其中。慢於鬼神。大最樂戲於沙丘,以酒爲池,縣肉爲林,使男女倮,相逐其間,爲長夜之飲。

百姓怨望,而諸侯有畔者,於是紂乃重辟刑,有炮烙之法。丨中以許多“之”字,長短錯落掩映。〇紂事先虚序,下乃實序。以西伯昌、九侯、鄂侯爲三公。九侯有好女,入之紂。九侯女不憙淫,紂怒殺之,而醢九侯。鄂侯爭之彊,辨之疾,并脯鄂侯。西伯昌聞之竊歎。崇侯虎知之,以告紂,紂囚西伯羑里。西伯之臣閎夭之徒,求美女奇物善馬,以獻紂,紂乃赦西伯。西伯出而獻洛西之地,以請除炮烙之刑。紂乃許之,賜弓矢斧鉞,使得征伐,爲西伯。丨而用費中爲政。費中善諛,好利,殷人弗親。紂又用惡來。惡來善毁讒,諸侯以此益疏。丨

① 仰,中華書局本《史記》作“卬”。

西伯歸,乃陰修德行善,諸侯多叛紂而往歸西伯。西伯滋大,紂由是稍失權重。王子比干諫,弗聽。商容,賢者,百姓愛之,紂廢之。|及西伯伐飢國,滅之,紂之臣祖伊,聞之而咎周,恐,奔告紂曰:"天既訖我殷命,假人元龜,無敢知吉,非先王不相我後人,維王淫虐,用自絕,故天棄我,不有安食,不虞知天性,不迪率典。今我民罔不欲喪,曰'天曷不降威,大命胡不至?'今王其奈何?"紂曰:"我生不有命在天乎!"祖伊反曰:"紂不可諫矣。"|西伯既卒,周武王之東伐,至盟津,諸侯叛殷,會周者八百。諸侯皆曰:"紂可伐矣。"武王曰:"爾未知天命。"乃復歸。|

紂愈淫亂不止。微子數諫不聽,乃與太師、少師謀,遂去。比干曰:"爲人臣者,不得不以死爭。"迺強諫紂。紂怒曰:"吾聞聖人心有七竅。"剖比干,觀其心。箕子懼,乃佯狂爲奴,紂又囚之。殷之太師、少師,乃持其祭器奔周。|周武王於是遂率諸侯伐紂。紂亦發兵距之牧野。甲子日,紂兵敗。紂走入,登鹿臺,衣其寶玉衣,赴火而死。周武王遂斬紂頭,縣之白旗。殺妲己。釋箕子之囚,封比干之墓,表商容之閭。封紂子武庚、祿父,以續殷祀,令修行盤庚之政。殷民大說。於是周武王爲天子。其後世貶帝號,號爲王。周以前俱稱帝,稱王當自文王始也。而封殷後爲諸侯,屬周。|

周武王崩,武庚與管叔、蔡叔作亂,成王命周公誅之,而立微子於宋,以續殷後焉。

太史公曰:余以《頌》次契之事,自成湯以來,采于《書》《詩》。契爲子姓,其後分封以國爲姓,有殷氏、來氏、宋氏、空桐氏、稚氏、北殷氏、目夷氏。孔子曰,殷路車爲善,而色尚白。

《殷本紀》以"興衰"二字作眼目,中以五興五衰,一起一伏,經緯通篇,中則簡質明晰,收束淨盡,無瑕可指,亦是一篇好文字。

周本紀

周后稷名棄。其母有邰氏女，曰姜原。姜原爲帝嚳元妃。姜原出野，見巨人跡，心忻然說，句。欲踐之，句。踐之而身動，句。如孕者。句。居期而生子，以爲不祥，棄之隘巷，馬牛過者，皆辟不踐；徙置之林中，適會山林多人，句。遷之；句。而棄渠中冰上，飛鳥以其翼覆薦之。姜原以爲神，遂收養長之。初欲棄之，因名曰棄。丨句法錯落古峭，以七“之”字作致。

棄爲兒時，屹如巨人之志。其游戲，好種樹麻、菽，麻、菽美。及爲成人，遂好耕農，相地之宜，宜穀者稼穡焉，民皆法則之。帝堯聞之，舉棄爲農師，天下得其利，有功。帝舜曰：“棄，黎民始飢，爾后稷播時百穀。”封棄于邰，號曰后稷，别姓姬氏。后稷之興，在陶唐、虞、夏之際，皆有令德。丨后稷頂陶唐、虞、夏以下逐節追頂，作序法。○作一小束。

后稷卒，子不窋立。不窋末年，夏后氏政衰，去稷不務，不窋以失其官而犇戎狄之間。丨不窋卒，子鞠立。鞠卒，子公劉立。公劉雖在戎狄之間，復修后稷之業，公劉頂后稷。務耕種，行地宜，自漆、沮渡渭，取材用，行者有資，居者有畜積，民賴其慶。百姓懷

之，多徙而保歸焉。周道之興自此始，故詩人歌樂思其德。｜作一束。公劉卒，子慶節立，國於豳。｜

慶節卒，子皇僕立。皇僕卒，子差弗立。差弗卒，子毀隃立。毀隃卒，子公非立。公非卒，子高圉立。高圉卒，子亞圉立。亞圉卒，子公叔祖類立。公叔祖類卒，子古公亶父立。古公亶父復修后稷、公劉之業，古公亶父又頂后稷、公劉。積德行義，國人皆戴之。薰育戎狄攻之，欲得財物，予之。已復攻，欲得地與民。民皆怒，欲戰。作"民怒欲戰"，添一倍色澤。古公曰："有民立君，將以利之。今戎狄所爲攻戰，以吾地與民。民之在我，與其在彼何異。民欲以我故戰，殺人父子而君之，予不忍爲。"《左氏》佳句。乃與私屬，遂去豳，度漆、沮，踰梁山，止于岐下。豳人舉國扶老携弱，盡復歸古公於岐下。及他旁國，聞古公仁，亦多歸之。於是古公乃貶戎狄之俗，而營築城郭室屋，而邑別居之。作五官有司。民皆歌樂之，頌其德。｜作一束。

古公有長子，曰太伯，次曰虞仲。太姜生少子季歷，季歷娶太任，皆賢婦人，生昌有聖瑞。古公曰："我世當有興者，其在昌乎？"長子太伯、虞仲，知古公欲立季歷，以傳昌，乃二人亡，如荊蠻，文身斷發，以讓季歷。｜

古公卒，季歷立，是爲公季。公季修古公遺道，公季頂古公。篤于行義，諸侯順之。｜公季卒，子昌立，是爲西伯。西伯曰文王，遵后稷、公劉之業，則古公、公季之法，西伯又頂后稷、公劉、古公、公季。篤仁，敬老慈少。禮下賢者，日中不暇食以待士，士以此多歸之。伯夷、叔齊，在孤竹，聞西伯善養老，盍往歸之。太顛、閎夭、散宜生、鬻子、辛甲大夫之徒，皆往歸之。｜

崇侯虎譖西伯於殷紂曰:"西伯積善累德,諸侯皆嚮之,將不利於帝。"帝紂乃囚西伯於羑里。閎夭之徒患之。乃求有莘氏美女,驪戎之文馬,有熊九駟,他奇怪物,因殷嬖臣費仲,而獻之紂。紂大說,曰:"此一物足以釋西伯,況其多乎!"乃赦西伯,賜之弓矢斧鉞,使西伯得征伐。曰:"譖西伯者,崇侯虎也。"西伯乃獻洛西之地,以請紂去炮烙之刑。紂許之。|

西伯陰行善,諸侯皆來決平。於是虞、芮之人,有獄不能決,乃如周。入界,耕者皆讓畔,民俗皆讓長。虞、芮之人未見西伯,作"未見西伯"妙！潛移默奪,又勝在朝讓列一層。皆慚,相謂曰:"吾所爭,周人所恥,何往爲,衹取辱耳。"遂還俱讓而去。諸侯聞之曰"西伯蓋受命之君"。輕輕點出"受命"二字,爲下文作引,勢已積,機已動,遙遙挑逗,事勢如此,文勢如此。

明年,伐犬戎。|明年,伐密須。|明年,敗耆國。|殷之祖伊,聞之,懼以告帝紂。紂曰:"不有天命乎?是何能爲!"|明年,伐邘。明年,伐崇侯虎。而作豐邑,自岐下而徙都豐。|明年,西伯崩,太子發立,是爲武王。西伯蓋即位五十年。其囚羑里,蓋益《易》之八卦爲六十四卦。詩人道西伯,蓋受命之年稱王,而斷虞芮之訟。後十年而崩,謚爲文王。改法度,制正朔矣。追尊古公爲太王,公季爲王季:蓋王瑞自太王興。|就文王總序一遍,借追王事結到太王、王季,是前一段大收束處。

武王即位,太公望爲師,周公旦爲輔,召公、畢公之徒,左右王師,修文王緒業。|武王又頂文王。九年武王上祭于畢。東觀兵,至于盟津。爲文王木主,載以車中軍。武王自稱太子發,言奉文王以伐,不敢自專。乃告司馬、司徒、司空、諸節:"齋栗,信哉！予

無知,以先祖有德,臣小子受先功,畢力賞罰,以定其功。"遂興師。師尚父號曰:"總爾衆庶,與爾舟楫,後至者斬。"武王渡河,中流,白魚躍入王舟中,武王俯取以祭。既渡,有火自上復於下,至于王屋流爲烏,其色赤,其聲魄云。是僞《太誓》,文法雋永可觀。是時諸侯不期而會盟津者,八百諸侯。諸侯皆曰:"紂可伐矣。"武王曰:"女未知天命,未可也。"乃還師歸。丨一頓,伐紂作兩層寫。

居二年,聞紂昏亂暴虐滋甚,殺王子比干,囚箕子。太師疵、少師彊抱其樂器而犇周。於是武王徧告諸侯曰:"殷有重罪,不可以不畢伐。"乃遵文王,遂率戎車三百乘,虎賁三千人,甲士四萬五千人,以東伐紂。十一年十二月戊午,師畢渡盟津,諸侯咸會。曰:"孳孳無怠!"武王乃作《太誓》,《太誓》虚。下乃檃括《太誓》《牧誓》,而自爲章法。告於衆庶:"今殷王紂,乃用其婦人之言,自絕于天,毁壞其三正,離逷其王父母弟,乃斷棄其先祖之樂,乃爲淫聲,用變亂正聲,怡說婦人。故今予發,維共行天罰。勉哉夫子,不可再,不可三!"丨

二月甲子昧爽,武王朝至于商郊牧野,乃誓。下乃《牧誓》全文。武王左杖黄鉞,右秉白旄,以麾。曰:"遠矣西土之人!"武王曰:"嗟!我有國冢君,司徒、司馬、司空,亞旅、師氏,千夫長、百夫長,及庸、蜀、羌、髳、微、纑、彭、濮人,稱爾戈,比爾干,立爾矛,予其誓。"起如風雨,亦有千人萬人之勢,如見當日軍容。王曰:"古人有言'牝雞無晨。牝雞之晨,惟家之索'。今殷王紂,維婦人言是用,自棄其先祖肆祀不答,昏棄其家國,遺其王父母弟不用,乃惟四方之多罪逋逃,是崇是長,是信是使,四"是"字俊。俾暴虐於百姓,以姦軌于商國。今予發維共行天之罰。今日之事,不過六步七步,乃

止齊焉,夫子勉哉!不過於四伐五伐六伐七伐,乃止齊焉,勉哉夫子!“夫子”兩句顛倒成法。尚桓桓,如虎如羆,如豺如離,于商郊,不禦克犇,以役西土,“六步七步”“四伐五伐”“如虎如羆”等俱以疊句應還前段。勉哉夫子!又疊一句,精神之極。爾所不勉,其于爾身有戮。”誓已,諸侯兵會者,車四千乘,陳師牧野。

帝紂聞武王來,亦發兵七十萬人,距武王。武王使師尚父,與百夫致師,以大卒馳帝紂師。紂師雖眾,皆無戰之心,心欲武王亟入。紂師皆倒兵以戰,以開武王。忙處偏用閒筆。武王馳之,紂兵皆崩,畔紂。紂走,反入,登于鹿臺之上,蒙衣其珠玉,自燔于火而死。完紂事。武王持太白旗以麾諸侯,諸侯畢拜武王,武王乃揖諸侯,諸侯畢從武王至商國,商國百姓,咸待於郊。一路四“諸侯”,兩“商國”字,連絡而下。於是武王使群臣告語商百姓曰:“上天降休!”商人皆再拜稽首,武王亦答拜。“太白”①至此一氣,是一樣文法。遂入至紂死所。武王自射之,三發,而後下車,以輕劍擊之,以黃鉞斬紂頭,縣太白之旗。已而至紂之嬖妾二女,二女皆經自殺。武王又射三發,擊以劍,斬以玄鉞,縣其頭小白之旗。又用對法,句法變。武王已乃出復軍。

其明日,除道,修社,及商紂宮。及期,百夫荷罕旗以先驅。武王弟叔振鐸,奉陳常車;周公旦,把大鉞;畢公,把小鉞,以夾武王。散宜生、太顛、閎夭,皆執劍以衛武王。一段是外邊鹵簿輔衛。既入,立于社南,大卒之左右畢從。毛叔鄭,奉明水。衛康叔封,布茲。召公奭,贊采。師尚父,牽牲。尹佚,筴祝,一段是裏邊奔走

① 太白,底本及校本皆作“太自”,據文意校改。

贊襄。曰:"殷之末孫季紂,殄廢先王明德,侮蔑神祇,不祀,昏暴商邑百姓,其章顯聞於天皇上帝。"於是武王再拜稽首,曰:"膺更大命,革殷,受天明命。"武王又再拜稽首乃出。拜稽作兩層寫,讀祝至"上帝"句,武王拜稽,又讀完"武王又拜稽"也,是夾序法。

封商紂子祿父殷之餘民。武王爲殷初定未集乃使其弟管叔鮮、蔡叔度,相祿父治殷。先提封祿父,不與下同序。已而命召公,釋箕子之囚。命畢公,釋百姓之囚,表商容之閭。命南宮括,散鹿臺之財,發鉅橋之粟,以振貧弱萌隸。命南宮括、史佚,展九鼎保玉。命閎夭,封比干之墓。命宗祝,享祠于軍。乃罷兵西歸。多少"命"字層疊句寫。○自陳師牧野至此,本《汲冢書》。行狩,記政事,作《武成》。丨插《武成》虛。封諸侯,班賜宗彝,作《分殷之器物》。武王追思先聖王,乃褒封神農之後於焦,黄帝之後於祝,帝堯之後於薊,帝舜之後於陳,大禹之後於杞。於是封功臣謀士,而師尚父爲首封。封尚父於營丘,曰齊。封弟周公旦於曲阜,曰魯。封召公奭於燕。封弟叔鮮於管,弟叔度於蔡。餘各以次受封。丨以上四段,一段翼衛,一段贊襄,一段命召公,一段分封,皆逐人點次,一樣文法,濟濟楚楚,班次而前。

武王徵九牧之君,登豳之阜,以望商邑。武王至於周,自夜不寐。周公旦即王所曰:"曷爲不寐?"王曰:"告女:維天不饗殷,自發未生,於今六十年,麋鹿在牧,蜚鴻滿野。忽用奇俊句。天不饗殷,乃今有成。維天建殷,其登名民三百六十夫,不顯亦不賓滅,以至今。我未定天保,何暇寐!"王曰:"定天保,依天室,六字佳。悉求夫惡,貶從殷王受。日夜勞來我西土,我維顯服,及德方明。自洛汭延於伊汭,居易無固,其有夏之居。我南望三塗,北望嶽鄙,顧詹有河,粤詹雒、伊,毋遠天室。”兩“天室”正指商邑。營周居于雒邑而後去。｜自“九牧”至此,本《汲冢書》。縱馬于華山之陽,放牛於桃林之虚;偃干戈,振兵釋旅:示天下不復用也。｜借縱馬、放牛事,結完。觀兵盟津至此,一大段。

武王已克殷,後二年,問箕子殷所以亡。箕子不忍言殷惡,以存亡國宜告。武王亦醜,故問以天道。《洪範》虚寫。

武王病。天下未集,群公懼,穆卜,周公乃祓齋,自爲質,欲代武王,武王有瘳。《金縢》事虚寫。後而崩,太子誦代立,是爲成王。

成王少,周初定天下,周公恐諸侯畔,周公乃攝行政,當國。管叔、蔡叔群弟,疑周公,與武庚作亂畔周。周公奉成王命,伐誅武庚、管叔,放蔡叔。以微子開代殷後,國於宋。頗收殷餘民,以封武王少弟封爲衛康叔。晉唐叔得嘉穀,獻之成王,成王以歸周公于兵所。周公受禾東土,魯天子之命。魯,《尚書序》作“旅”。初,管、蔡畔周,周公討之,三年而畢定,故初作《大誥》,次作《微子之命》,次《歸禾》,次《嘉禾》,次《康誥》《酒誥》《梓材》,其事在周公之篇。｜《大誥》《微子命》《歸禾》《嘉禾》《康誥》《酒誥》《梓材》虚。周公行政十年[①],成王長,周公反政成王,北面就群臣之位。

成王在豐,使召公復營洛邑,如武王之意。應前。周公復卜申視,卒營築,居九鼎焉。曰:“此天下之中,四方入貢,道里均。”作《召誥》《洛誥》。《召誥》《洛誥》以下七段,皆以書名序。成王既遷殷遺民,周公以王命告,作《多士》《無佚》。《多士》《無佚》虚。召公爲保,周公爲師,東伐淮夷,殘奄,遷其君薄姑。成王自奄歸,在宗

① 底本及其校本皆作“十年”,中華書局本《史記》作“七年”。

周,作《多方》。《多方》虛。既絀殷命,襲淮夷,歸在豐,作《周官》。《周官》虛。興正禮樂,度制於是改,而民和睦,頌聲興。成王既伐東夷,息慎來賀,王賜榮伯作《賄息慎之命》。《息慎之命》虛。

成王將崩,懼太子釗之不任,乃命召公、畢公,率諸侯以相太子,而立之。成王既崩,二公率諸侯,以太子釗見於先王廟,申告以文王、武王之所以,爲王業之不易,務在節儉,毋多欲,以篤信臨之,作《顧命》。|《顧命》虛。太子釗遂立,是爲康王。康王即位,徧告諸侯,宣告以文武之業以申之,作《康誥》。《康誥》虛。故成康之際,天下安寧,刑錯四十餘年不用。康王命作策,畢公分居里成周郊,作《畢命》。|《畢命》虛。

康王卒,子昭王瑕立。昭王之時,王道微缺。昭王南巡狩不返,卒于江上。其卒不赴告,諱之也。|立昭王子滿,是爲穆王。穆王即位,春秋已五十矣。王道衰微,穆王閔文武之道缺,乃命伯䍮申誡太僕國之政,作《䍮命》。復寧。《䍮命》虛,以下用《國語》。

穆王將征犬戎,祭公謀父諫曰:"不可。先王耀德不觀兵。一句主。夫兵戢而時動,一句頂。動則威,觀則玩,兩句雙承。玩則無震。是故周文公之頌曰:'載戢干戈,載櫜弓矢,我求懿德,肆于時夏,允王保之。'先王之於民也,茂正其德,而厚其性;阜其財求,而利其器用,明利害之鄉,以文修之,使之務利而辟害,懷德而畏威,故能保世以滋大。頂《周頌》,再提先王,總序一段。昔我先王世后稷,以服事虞、夏。及夏之衰也棄稷不務,我先王不窋,用失其官,而自竄於戎狄之間。不敢怠業,時序其德,遵修其緒,修其訓典,朝夕恪勤,守以敦篤,奉以忠信,奕世載德,不忝前人。至于文王、武王,昭前之光明而加之以慈和,事神保民,無不欣喜。此是"耀德不

觀兵”。商王帝辛,大惡於民,庶民不忍,訢戴[①]武王,以致戎于商牧。是故先王非務武也,勤恤民隱而除其害也。此是“兵以時動”。夫先王之制,邦內甸服,邦外侯服,侯衛賓服,彝蠻要服,戎翟荒服。一層。甸服者祭,侯服者祀,賓服者享,要服者貢,荒服者王。二層。日祭,月祀,時享,歲貢,終王。三層。先王之順祀也,有不祭,則修意;有不祀,則修言;有不享,則修文;有不貢,則修名;有不王,則修德;序成而有不至,則修刑。四層。於是有刑不祭,伐不祀,征不享,讓不貢,告不王。五層。於是有刑罰之辟,有攻伐之兵,有征討之備,有威讓之命,有文告之辭。六層。一層頂一層,有排句,有變句,有長句,有短句,逐段脫卸,不覺其煩重,是千古妙文。布令陳辭而有不至,則增修于德,無勤民於遠。頂“耀德不觀兵”。是以近無不聽遠無不服。頂“甸服”一段。今自大畢、伯士之終也,犬戎氏以其職來王,天子曰“天子”應“先王”。‘予必以不享征之,且觀之兵’,無乃廢先王之訓,而王幾頓乎?凡四段,四呼“先王”,至此結穴。吾聞犬戎樹敦,率舊德而守終純固,其有以禦我矣。”說實事只此一掉,竝不實說。王遂征之,得四白狼、四白鹿以歸。自是荒服者不至。|

諸侯有不睦者,甫侯言於王,作修刑辟。王曰:“吁,來!有國有土,告汝祥刑。在今爾安百姓,何擇非其人,何敬非其刑,何居非其宜與?兩造具備,師聽五辭。五辭簡信,正於五刑。五刑不簡,正於五罰。五罰不服,正於五過。五過之疵,官獄內獄,閱實其罪,惟鈞其過。上一段頂一段,此一句頂一句,一樣文心,偏作兩樣用

---

① 訢戴,中華書局本《史記》作“訢載”。

法。五刑之疑,有赦;五罰之疑,有赦,其審克之。簡信有衆,惟訊有稽。無簡不疑,共嚴天威。黥辟疑赦,其罰百率,閲實其罪。劓辟疑赦,其罰倍灑,閲實其罪。臏辟疑赦,其罰倍差,閲實其罪。宮辟疑赦,其罰五百率,閲實其罪。大辟疑赦,其罰千率,閲實其罪。排五段,句法不換。墨罰之屬千,劓罰之屬千,臏罰之屬五百,宮罰之屬三百,大辟之罰其屬二百:五刑之屬三千。"又排五句。命曰《甫刑》。|《甫刑》畧。

穆王立五十五年崩,子共王繄扈立。共王游于涇上,密康公從,有三女奔之。其母曰:"必致之王。先立一句,下承明。夫獸三爲群,人三爲衆,女三爲粲。王田不取群,公行不下衆,《國語》無"不"字是。王御不參一族。夫粲,美之物也。衆以美物歸女,而何德以堪之?王猶不堪,況爾之小醜乎!小醜備物,終必亡。"康公不獻,一年,共王滅密。|共王崩,子懿王囏立。懿王之時,王室遂衰,詩人作刺。|詩刺虚。

懿王崩,共王弟辟方立,是爲孝王。孝王崩,諸侯復立懿王太子燮,是爲夷王。

夷王崩,子厲王胡立。厲王即位三十年,好利近榮夷公。大夫芮良夫諫厲王曰:"王室其將卑乎?夫榮公好專利而不知大難。先立一句,同前。夫利,百物之所生也,天地之所載也,而有專之,其害多矣。天地百物,皆將取焉,何可專也?所怒甚多,而不備大難。以是教王,王其能久乎?轉。夫王人者,將導利而布之上下者也。使神人百物,無不得極,猶日怵惕,懼怨之來也。故《頌》曰'思文后稷,克配彼天,立我蒸民,莫匪爾極'。《大雅》曰'陳錫載周'。是不布利而懼難乎,故能載周以至于今。今王學專利,其可乎？又轉。匹夫專利，猶謂之盜，王而行之，其歸鮮矣。榮公若用，周必敗也。”厲王不聽，卒以榮公爲卿士，用事。

王行暴虐，侈傲，國人謗王。召公諫曰：“民不堪命矣。”王怒，得衛巫，使監謗者，以告，則殺之。其謗鮮矣，諸侯不朝。｜三十四年，王益嚴，國人莫敢言，道路以目。厲王喜，告召公曰：“吾能弭謗矣，乃不敢言。”召公曰：“是鄣之也。防民之口，甚於防水。水壅而潰，傷人必多，民亦如之。是故爲水者決之使導，爲民者宣之使言。忽作一譬，兩掉意義已完，下乃再作莊語起，法好。故天子聽政，使公卿至于列士獻詩，瞽獻興[①]，史獻書，師箴，瞍賦，矇誦，百工諫，庶人傳語，近臣盡規，親戚補察，瞽史教誨，耆艾修之，而後王斟酌焉，多少短句，錯落可聽。是以事行而不悖。民之有口也，猶土之有山川也，財用於是乎出。猶其有原隰衍沃也，衣食於是乎生。口之宣言也，善敗於是乎興。上有防川一喻，此又作山川原隰兩喻，上反下，此三平，文法佳勝。行善而備敗，所以產財用衣食者也。夫民慮之于心而宣之于口，成而行之。若壅其口，其與能幾何？”作商量語結，不說煞，意味無盡。王不聽。於是國莫敢出言。三年，乃相與畔，襲厲王。厲王出奔於彘。｜

厲王太子靜，匿召公之家，國人聞之，乃圍之。召公曰：“昔吾驟諫王，王不從，以及此難也。今殺王太子，王其以我爲讎，而懟怒乎？夫事君者，險而不讎懟，怨而不怒，況事王乎！”乃以其子代王太子，太子竟得脫。

召公、周公二相行政，號曰“共和”。明說周、召二相行政故名“共

---

① 興，校本作“典”，中華書局本《史記》作“曲”。

和”。《汲冢》《竹書》《魯連》，何聚訟也。共和十四年，厲王死于彘。太子靜長于召公家，二相乃共立之爲王，是爲宣王。宣王即位，二相輔之，修政，法文、武、成、康之遺風，諸侯復宗周。丨十二年，魯武公來朝。丨

宣王不修籍于千畝，虢文公諫曰不可，王弗聽。籍千畝，虚寫。三十九年，戰于千畝，王師敗績於姜氏之戎。丨

宣王既亡南國之師，乃料民于太原。仲山甫諫曰："民不可料也。"宣王不聽，卒料民。丨料民事亦虚寫。

四十六年，宣王崩，子幽王宫涅立。幽王二年，西周三川皆震。伯陽甫曰："周將亡矣。先立一句，《國語》多用此法。夫天地之氣，不失其序，若過其序，民亂之也。一層。陽伏而不能出，陰迫而不能蒸，於是有地震。二層。今三川實震，是陽失其所而填陰也。陽失而在陰，原必塞；原塞，國必亡。三層。夫水土演而民用也。土無所演，民乏財用，不亡何待！四層。昔伊、洛竭而夏亡，河竭而商亡。今周德若二代之季矣，其川原又塞，塞必竭。五層。夫國必依山川，山崩川竭，亡國之徵也。川竭必山崩。六層。若國亡不過十年，數之紀也。天之所棄，不過其紀。"七層。逐層説入，平序無淩駕，又是一法。是歲也，三川竭，岐山崩。丨

三年，幽王嬖愛褒姒。褒姒生子伯服，幽王欲廢太子。太子母申侯女，而爲后。後幽王得褒姒，愛之，欲廢申后，并去太子宜臼，以褒姒爲后，以伯服爲太子。周太史伯陽讀史記曰："周亡矣。"先點褒姒、伯服，後乃補入史記夏后事，妙矣！乃借伯陽一歎，亦曰"周亡矣"。禍成無可奈何，只一句耳，乃分作兩半，中嵌史記夏后氏一段，作夾序法，關鎖前後，不益奇邪？昔自夏后氏之衰也，有二神龍，止於夏帝

庭而言曰:"余,褒之二君。"夏帝卜殺之,與去之,與止之,三叠,句法好。莫吉。卜請其漦而藏之,乃吉。於是布幣而策告之,龍亡而漦在,櫝而去之。夏亡,傳此器殷。殷亡,又傳此器周。比三代,莫敢發之,至厲王之末,發而觀之。漦流于庭,不可除。厲王使婦人裸而譟之。漦化爲玄黿,以入王後宫。後宫之童妾既齔而遭之,既笄而孕,無夫而生子,懼而棄之。宣王之時,童女謡曰:"檿弧箕服,實亡周國。"於是宣王聞之,有夫婦賣是器者,宣王使執而戮之。逃于道,而見鄉者後宫童妾所棄妖子,出於路者,聞其夜啼,哀而收之,夫婦遂亡,犇于褒。褒人有罪,請入童妾所棄女子者于王以贖罪。棄女子出于褒,是爲褒姒。當幽王三年,王之後宫,見而愛之,一段文法,另出手裁,似《史記》原文,殺之,去之,止之,藏之,告之,去之,發之,觀之,譟之,遭之,棄之,聞之,戮之,收之,愛之,十五"之"字住句,以爲章法。生子伯服,竟廢申后及太子,以褒姒爲后,伯服爲太子。太史伯陽曰:"禍成矣,無可奈何!"丨接前句,作章法。褒姒不好笑,幽王欲其笑,萬方,故不笑。幽王爲烽燧大鼓,有寇至,則舉烽火。諸侯悉至,至而無寇,褒姒乃大笑。幽王説之,爲數舉燧[①]火。其後不信,諸侯益亦不至。丨先提案,且頓住。

幽王以虢石父爲卿,又起一頭。用事,國人皆怨。石父爲人佞巧、善諛、好利,王用之。補明國人怨之之故。又廢申后,去太子也。歸到申后,接前。申侯怒,與繒、西夷犬戎攻幽王。幽王舉烽火徵兵,兵莫至。應前。遂殺幽王驪山下,虜褒姒,盡取周賂而去。於是諸侯乃即申侯而共立故幽王太子宜臼,是爲平王,以奉周祀。丨

① 燧,中華書局本《史記》作"爕"。

平王立,東遷于雒邑,辟戎寇。平王之時,周室衰微,諸侯彊并弱,齊、楚、秦、晉始大,政由方伯。丨

四十九年,魯隱公即位。丨借《春秋》爲提綱,後"世家"同。

五十一年,平王崩,太子洩父蚤死,立其子林,是爲桓王。桓王,平王孫也。找明一句。

桓王三年,鄭莊公朝,桓王不禮。五年,鄭怨,與魯易許田。許田,天子之用事太山田也。丨八年,魯殺隱公,立桓公。弑君附見,周政從此不綱矣。十三年,伐鄭,鄭射傷桓王,桓王去歸。

二十三年,桓王崩,子莊王他立。莊王四年,周公黑肩,欲殺莊王,而立王子克。辛伯告王,王殺周公。王子克奔燕。丨

十五年,莊王崩,子釐王胡齊立。釐王三年,齊桓公始霸。丨插齊桓事,王衰而霸起,世運變易之大端也。

五年,釐王崩,子惠王閬立。惠王二年。初,莊王嬖姬姚,生子穨,穨有寵。及惠王即位,奪其大臣園以爲囿,故大夫邊伯等五人作亂,謀召燕、衛師伐惠王。惠王犇溫,已居鄭之櫟。立釐王弟穨爲王。樂及徧舞,鄭、虢君怒。四年,鄭與虢君伐殺王穨,復入惠王。惠王十年,賜齊桓公爲伯。丨

二十五年,惠王崩,子襄王鄭立。襄王母蚤死,後母曰惠后。惠后生叔帶,有寵於惠王,襄王畏之。三年,叔帶與戎、翟謀伐襄王,襄王欲誅叔帶,叔帶奔齊。丨叔帶事,作三節寫,此叔帶奔。齊桓公使管仲平戎於周,使隰朋平戎於晉。王以上卿禮管仲。管仲辭曰:"臣,賤有司也,有天子之二守國、高在。若節春秋來承王命,何以禮焉。陪臣敢辭。"詞命佳。王曰:"舅氏,余嘉乃勳,毋逆朕命。"管仲卒受下卿之禮而還。丨九年,齊桓公卒。丨十二年,叔帶

復歸于周。叔帶復歸。

十三年，鄭伐滑，王使游孫、伯服請滑，鄭人囚之。鄭文公怨惠王之入，不與厲公爵，又怨襄王之與衛滑，以滑與衛事補出。故囚伯服。王怒，將以翟伐鄭。富辰諫曰："凡我周之東徙，晉、鄭焉依。子頹之亂，又鄭之由定。今以小怨棄之！"王不聽。十五年，王降翟師以伐鄭。丨王德翟人，將以其女爲后。富辰諫曰："平、桓、莊、惠，皆受鄭勞，王棄親親翟，不可從。"王不聽。丨十六年，王絀翟后，翟人來誅，殺譚伯。富辰曰："吾數諫不從。如是不出，王以我爲懟乎？"乃以其屬死之。

初惠后欲立王子帶，故以黨開翟人，此叔帶乃亂。翟人遂入周。襄王出奔鄭，鄭居王於氾。子帶立爲王，取襄王所絀翟后，與居温。丨十七年，襄王告急於晉，晉文公納王，而誅叔帶。襄王乃賜晉文公珪鬯弓矢爲伯，以河内地與晉。二十年，晉文公召襄王，襄王會之河陽、踐土，諸侯畢朝，書諱曰"天王狩於河陽"。丨

二十四年，晉文公卒。丨

三十一年，秦穆公卒。丨插晉秦事。

三十二年，襄王崩，子頃王壬臣立。頃王六年崩，子匡王班立。匡王六年崩，弟瑜立，是爲定王。丨

定王元年，楚莊王伐陸渾之戎，次洛，使人問九鼎。王使王孫滿應，設以辭，楚兵乃去。問鼎事虚寫。十年，楚莊王圍鄭，鄭伯降，已而復之。十六年，楚莊王卒。

二十一年，定王崩，子簡王夷立。簡王十三年，晉殺其君厲

公，弒君附見。迎子周於周，立爲悼①公。

十四年，簡王崩，子靈王泄心立。靈王二十四年，齊崔杼弒其君莊公。弒君附見。

二十七年，靈王崩，子景王貴立。景王十八年，后太子聖而早卒。二十年，景王愛子朝，欲立之，一節。會崩，子丐之黨與爭立，國人立長子猛爲王，二節。子朝攻殺猛。猛爲悼王。三節。晉人攻子朝而立丐，是爲敬王。四節。

敬王元年，晉人入敬王，子朝自立，敬王不得入，居澤。五節。四年，晉率諸侯入敬王於周，子朝爲臣，諸侯城周。六節。十六年，子朝之徒復作亂，敬王犇於晉。七節。十七年，晉定公遂入敬王於周。八節。八節事序得詳明簡淨。

三十九年，齊田常殺其君簡公。弒君附見。

四十一年，楚滅陳。插楚事。孔子卒。插魯事。

四十二年，敬王崩，子元王仁立。元王八年，崩，子定王介立。

定王十六年，三晉滅智伯，分有其地。插晉事。

二十八年，定王崩，長子去疾立，是爲哀王。哀王立三月，弟叔襲殺哀王而自立，是爲思王。思王立五月，少弟嵬攻殺思王而自立，是爲考王。此三王皆定王之子。｜註一句明。

考王十五年崩，子威烈王午立。考王封其弟于河南，是爲桓公，以續周公之官職。桓公卒，子威公代立。威公卒，子惠公代立，乃封其少子于鞏，以奉王，號東周惠公。｜

威烈王二十三年，九鼎震。命韓、魏、趙爲諸侯。｜

① 悼，底本作“棹”，疑誤，據校本改。

二十四年崩,子安王驕立。是歲,盜殺楚聲王。丨插楚事。

安王立二十六年崩,子烈王喜立。烈王二年,周太史儋,見秦獻公曰:"始周與秦國合而別,別五百載,復合,合十七歲而霸王者出焉。"丨

十年,烈王崩,弟扁立,是爲顯王。顯王五年,賀秦獻公,獻公稱霸。九年,致文武胙于秦孝公。二十五年,秦會諸侯于周。二十六年,周致伯于秦孝公。三十三年,賀秦惠王。三十五年,致文武胙於秦惠王。四十四年,秦惠王稱王。其後諸侯皆爲王。

四十八年,顯王崩,子慎靚王定立。慎靚王立六年崩,子赧王延立。王赧時,東西周分治。王赧徙都西周。

西周武公之共太子死,有五庶子,毋適立。司馬翦謂楚王曰:"不如以地資公子咎,爲請太子。"左成曰:"不可。周不聽,是公之知困,而交疏於周也。不如請周君孰欲立,以微告翦,翦請令楚賀之以地。"果立公子咎爲太子。即美珥之智,文法亦俊捷。

八年,秦攻宜陽,楚救之。而楚以周爲秦故,將伐之。蘇代爲周說楚王曰:"何以周爲秦之禍也?一掉。言周之爲秦,甚於楚者,欲令周入秦也,故謂'周秦'也。二掉。周知其不可解,必入于秦,此爲秦取周之精者也。三掉。爲王計者,周於秦,因善之;不於秦,亦言善之,以疏之於秦。周絕於秦,必入郢矣。"丨結得委蛇,與上一樣文法。

秦借道兩周之間,將以伐韓,周恐借之,畏於韓,不借畏於秦。史厭謂周君曰:"何不令人謂韓公叔曰'秦之敢絕周而伐韓者,信東周也。公何不與周地,發質使之楚'?秦必疑楚不信周,是韓不伐也。又謂秦曰'韓彊與周地,將以疑周於秦也,周不敢不受'。

秦必無辭而令周不受,是受地于韓而聽于秦。”住語孤峭。

秦召西周君,西周君惡往,故令人謂韓王曰:“秦召西周君,將以使攻王之南陽也,王何不出兵於南陽?周君將以爲辭於秦。周君不入秦,秦必不敢踰河而攻南陽矣。”|短盡簡俊,是一篇小文字。

東周與西周戰,韓救西周。或爲東周說韓王曰:“西周,故天子之國,多名器重寶。王按兵毋出,可以德東周,而西周之寶,必可以盡矣。”|與上節一樣文法。

王赧謂成君。楚圍雍氏,韓徵甲與粟於東周,東周君恐,召蘇代而告之。代曰:“君何患於是。臣能使韓毋徵甲與粟於周,又能爲君得高都。”先作一縱。周君曰:“子苟能,請以國聽子。”代見韓相國曰:“楚圍雍氏,期三月也,今五月不能拔,是楚病也。今相國乃徵甲與粟於周,是告楚病也。”兩“楚病也”,激轉相應。韓相國曰:“善。使者已行矣。”代曰:“何不與周高都?”又作一縱。韓相國大怒曰:“吾毋徵甲與粟於周,亦已多矣,何故與周高都也?”代曰:“與周高都,是周折而入於韓也,秦聞之必大怒,忿周,即不通周使,是以弊高都得完周也。曷爲不與?”相國曰:“善。”果與周高都。兩縱之後,分兩層寫,兩山迤邐,一起一伏,峯回岫轉,各成奇觀。

三十四年,蘇厲謂周君曰:“秦破韓、魏,扑師武,北取趙藺、離石者,皆白起也。是善用兵,又有天命。今又將兵出塞攻梁,梁破,則周危矣。君何不令人說白起乎?曰‘楚有養由基者,善射者也。去柳葉百步而射之,百發而百中之。左右觀者數千人,皆曰善射。有一夫立其旁,曰“善,可教射矣”。養由基怒,釋弓搤劍曰“客安能教我射乎”?客曰:“非吾能教子支左詘右也。夫去柳葉百步而射之,百發而百中之,不以善息,少焉氣衰力倦,弓撥矢鉤,一發不中者，百發盡息”。今破韓、魏，扑師武，北取趙藺、離石者，公之功多矣。今又將兵出塞，過兩周，倍韓，攻梁，一舉不得，前功盡棄。公不如稱病而無出’。”養由基事，虛寫。說白起事，亦虛寫。即此便佳妙！

四十二年，秦破華陽約。馬犯謂周君曰：“請令梁城周。”乃謂梁王曰：“周王病，若死，則犯必死矣。犯請以九鼎自入於王，王受九鼎而圖犯。”梁王曰：“善。”遂與之卒，言戍周。亦先作一縱。因謂秦王曰：“梁非戍周也，將伐周也。王試出兵境以觀之。”秦果出兵。又謂梁王曰：“周王病甚矣，犯請後可而復之。今王使卒之周，諸侯皆生心，後舉事且不信。不若令卒爲周城，以匿事端。”梁王曰：“善。”遂使城周。先一縱，此一挽，與前一樣文法。

四十五年，周君之秦客謂周最曰：“公不若譽秦王之孝，因以應爲太后養地，秦王必喜，是公有秦交。交善，周君必以爲公功。交惡，勸周君入秦者必有罪矣。”秦攻周，而周最謂秦王曰：“爲王計者不攻周。先立一句，下以轉勝。攻周，實不足以利，聲畏天下。一轉。天下以聲畏秦，必東合於齊。二轉。兵弊於周。合天下於齊，則秦不王矣。三轉。天下欲弊秦，勸王攻周。四轉。秦與天下弊，則令不行矣。”｜數句中多少轉折。

五十八年，三晉距秦。周令其相國之秦，以秦之輕也，還其行。客謂相國曰：“秦之輕重未可知也。秦欲知三國之情。公不如急見秦王曰‘請爲王聽東方之變’，秦王必重公。一折。重公，是秦重周，周以取秦也；二折。齊重，則固有周聚以收齊：是周常不失重國之交也。”秦信周，發兵攻三晉。｜

五十九年，秦取韓陽城負黍，西周恐，倍秦，與諸侯約從，將天下鋭師,出伊闕,攻秦,令秦無得通陽城。秦昭王怒,使將軍摎攻西周。西周君奔秦,頓首受罪,盡獻其邑三十六,口三萬。秦受其獻,歸其君於周。

周君王赧卒,周民遂東亡。秦取九鼎寶器,而遷西周公於𢣷狐。後七歲,秦莊襄王滅東西周。東西周皆入於秦,周既不祀。

太史公曰:學者皆稱周伐紂,居洛邑,綜其實,不然。武王營之,成王使召公卜居,居九鼎焉,而周復都豐、鎬。至犬戎敗幽王,周乃東徙于洛邑。所謂"周公葬我畢",畢在鎬東南杜中。秦滅周。漢興九十有餘載,天子將封泰山,東巡狩,至河南求周苗裔,封其後嘉三十里地,號曰周子南君,比列侯,以奉其先祭祀。

世運至周,文盛事煩矣。乃八百餘年,收入于丈尺之簡牘,而或煩或簡,或正説或倒序,或自出己裁,或泛引他書,行自爲行,隊自爲隊,分之各爲一章,合之共爲一篇,摶捖之妙,有神力存焉。豈非大手筆乎! ○前段引《尚書》,古奥離奇;後段引《國策》,流利簡淨。而删裁之中,自出手眼,所當細看。

秦本紀

秦之先,帝顓頊之苗裔,孫曰女脩。女脩織,玄鳥隕卵,女脩吞之,生子大業。大業取少典之子曰女華。女華生大費,與禹平水土。已成,帝錫玄圭。禹受曰:"非予能成,亦大費爲輔。"帝舜曰:"咨爾費,贊禹功,其賜爾皁游。爾後嗣將大出。"乃妻之姚姓之玉女。大費拜受,佐舜調馴鳥獸,鳥獸多馴服,爲後好馬畜伏案。是爲柏翳。舜賜姓嬴氏。大業至此一結。

大費生子二人:一曰大廉,實鳥俗氏;二曰若木,實費氏。秦世系自大業至此分作兩枝。其玄孫曰費昌,單頂費氏一枝。子孫或在中國,或在彝狄。費昌當夏桀之時,去夏歸商,爲湯御,以敗桀於鳴條。費氏一枝至此止,下單頂大廉一枝。大廉玄孫曰孟戲中衍,鳥身人言。帝太戊聞而卜之使御,吉,遂致使御而妻之。前有女脩、女華、姚姓玉女,故以"妻之"接上,下有造父之御,故以"使御"啟下。自太戊以下,中衍之後,遂世有功,以佐殷國,故嬴姓多顯,遂爲諸侯。丨一結,秦初盛。

其玄孫曰中潏,在西戎,保西垂。丨此二句一篇之根。生蜚廉。蜚廉生惡來。惡來有力,蜚廉善走,父子俱以材力事殷紂。周武王之伐紂，并殺惡來。是時蜚廉爲紂石北方，還，無所報，爲壇霍太山，而報得石棺，銘曰“帝令處父，不與殷亂，賜爾石棺以華氏”。句。死，句。遂葬於霍太山。蜚廉復有子曰季勝。又分出一枝。季勝生孟增。孟增幸於周成王，是爲宅皋狼。皋狼生衡父，衡父生造父。造父以善御，幸於周繆王，得驥、溫驪、驊駵、騄耳之駟，西巡狩，樂而忘歸。徐偃王作亂，造父爲繆王御，長驅歸周，以救亂[①]。繆王以趙城封造父，造父族由此爲趙氏。自蜚廉生季勝已下五世，至造父，別居趙。趙衰其後也。｜自季勝以下一枝至此收。另作一段。惡來革者，蜚廉子也，間接。蚤死。有子曰女防。女防生旁皋，旁皋生太几，太几生大駱，大駱生非子。以造父之寵，皆蒙趙城，姓趙氏。

非子居犬丘，好馬及畜，善養息之。犬丘人言之周孝王，孝王召使主馬于汧渭之間，馬大蕃息。孝王欲以爲大駱適嗣。申侯之女爲大駱妻，生子成爲適。申侯乃言孝王曰：“昔我先酈山之女，爲戎胥軒妻，生中潏，以親故歸周，保西垂，西垂以其故和睦。今我復與大駱妻生適子成。申駱重婚，西戎皆服，所以爲王。王其圖之。”於是孝王曰：“昔伯翳爲舜主畜，畜多息，故有土，賜姓嬴。今其後世，亦爲朕息馬，朕其分土爲附庸。”邑之秦，使復續嬴氏祀，號曰秦嬴。亦不廢申侯之女子爲駱適者，以和西戎。｜女防至此，又分出一枝。○秦再盛。

秦嬴生秦侯。秦侯立十年卒。生公伯。公伯立三年卒。生秦仲。

---

① 中華書局本《史記》作“一日千里以救亂”。

秦仲立三年，周厲王無道，諸侯或叛之。西戎反王室，滅犬丘大駱之族。完大駱一枝。周宣王即位，乃以秦仲爲大夫，誅西戎。西戎殺秦仲。秦仲立二十三年，死於戎。｜有子五人，其長者曰莊公。周宣王乃召莊公昆弟五人，與兵七千人，使伐西戎，破之。於是復與秦仲後，及其先大駱地，犬丘并有之，爲西垂大夫。｜一結。○秦三盛。

莊公居其故西犬丘，生子三人，其長男世父。世父曰："戎殺我大父仲，我非殺戎王，則不敢入邑。"遂將擊戎，讓其弟襄公。襄公爲太子。莊公立四十四年，卒，太子襄公代立。｜襄公元年，以女弟繆嬴爲豐王妻。襄公二年，戎圍犬①丘世父②，世父擊之，爲戎人所虜。歲餘，復歸世父。七年春，周幽王用褒姒廢太子，立褒姒子爲適，數欺諸侯，諸侯叛之。西戎犬戎與申侯伐周，殺幽王酈山下。而秦襄公將兵救周，戰甚力，有功。周避犬戎難，東徙雒邑，襄公以兵送周平王。平王封襄公爲諸侯，賜之岐以西之地。曰："戎無道，侵奪我岐、豐之地，秦能攻逐戎，即有其地。"與誓，封爵之。襄公於是始國，與諸侯通使聘享之禮，乃用騮駒、黄牛、羝羊各三，祠上帝西畤。｜一結。○秦四盛。十二年，伐戎而至岐，句。卒。句。生文公。

文公元年，居西垂宮。｜三年，文公以兵七百人東獵。四年，至汧渭之會。曰："昔周邑我先秦嬴於此，後卒獲爲諸侯。"乃卜居之，占曰吉，即營邑之。十年，初爲鄜畤，用三牢。｜十三年，初有史以紀事，民多化者。十六年，文公以兵伐戎，戎敗走。於是文公

---

① 犬，底本作"大"，疑誤，據校本改。

② 中華書局本此句無"世父"二字。

遂收周餘民有之，地至岐，岐以東，獻之周。｜一結〇秦五盛。十九年，得陳寶。二十年，法初有三族之罪。｜二十七年，伐南山大梓，豐大特。四十八年，文公太子卒，賜謚爲竫公。未立而謚公，故曰賜也。竫公之長子爲太子，是文公孫也。五十年，文公卒，葬西山。竫公子立，是爲寧公。｜

寧公二年，公徙居平陽。｜遣兵伐蕩社。三年，與亳戰，亳王奔戎，遂滅蕩社。四年，魯公子翬弑其君隱公。弑君附見，同"世家"體。十二年，伐蕩氏，取之。寧公生十歲立，立十二年卒，葬西山。生子三人，長男武公，爲太子。武公弟德公，同母。魯姬子生出子。因下有三人事，先於此總提，法好。寧公卒，大①庶長弗忌、威壘、三父廢太子而立出子爲君。｜出子六年，三父等復共令人賊殺出子。出子生五歲立，立六年卒。三父等乃復立故太子武公。

武公元年，伐彭戲氏，至于華山下，居平陽封宮。三年，誅三父等而夷三族，以其殺出子也。鄭高渠眛殺其君昭公。弑君附見。十年，伐邽、冀戎，初縣之。十一年，初縣杜、鄭。滅小虢。

十三年，齊人管至父、連稱等殺其君襄公，弑君附見。而立公孫無知。晉滅霍、魏、耿。齊雍廩殺無知、管至父等而立齊桓公。齊、晉爲彊國。

十九年，晉曲沃始爲晉侯。齊桓公伯於鄄。齊晉事插序。

二十年，武公卒，葬雍平陽。初以人從死，從死者六十六人。有子一人，名曰白，白不立，封平陽。立其弟德公。

德公元年，初居雍城，大鄭宮。以犧三百牢祠鄜畤。卜居雍。

① 大，底本作"犬"，疑誤，據校本改。

後子孫飲馬於河。丨一結。○秦六盛。梁伯、芮伯來朝。二年，初伏，以狗禦蠱。德公生三十三歲而立，立二年卒。生子三人：長子宣公，中子成公，少子穆公。長子宣公立。丨總提，法與前同。

宣公元年，衛、燕伐周，出惠王，立王子頹。三年，鄭伯、虢叔殺子頹而入惠王。周事插序。四年，作密畤。與晉戰河陽，勝之。十二年，宣公卒。生子九人，莫立，立其弟成公。

成公元年，梁伯、芮伯來朝。齊桓公伐山戎，次于孤竹。齊事插序。

成公立四年卒。子七人，莫立，立其弟繆公。

繆公任好元年，自將伐茅津，勝之。四年，迎婦於晉，晉太子申生姊也。其歲，齊桓公伐楚，至邵陵。齊事插序。

五年，晉獻公滅虞、虢，虜虞君與其大夫百里傒，以璧馬賂於虞故也。既虜百里傒，以爲秦繆公夫人媵於秦。百里傒亡秦，走宛，楚鄙人執之。繆公聞百里傒賢，欲重贖之，恐楚人不與，乃使人謂楚曰："吾媵臣百里傒在焉，請以五羖羊皮贖之。"楚人遂許與之。當是時，百里傒年已七十餘。繆公釋其囚，與語國事。謝曰："臣亡國之臣，何足問！"繆公曰："虞君不用子，故亡，非子罪也。"固問，語三日，繆公大説，授之國政，號曰五羖大夫。百里傒讓曰："臣不及臣友蹇叔，蹇叔賢而世莫知。臣常遊，困於齊而乞食銍人，蹇叔收臣。臣因而欲事齊君無知，蹇叔止臣，臣得脱齊難，遂之周。周王子頹好牛，臣以養牛干之。及頹欲用臣，蹇叔止臣，臣去，得不誅。事虞君，蹇叔止臣。臣知虞君不用臣，臣誠私利禄爵，且留。再用其言，得脱，一不用，及虞君難：上三段，此以兩語結，文陗淨。是以知其賢。"於是穆公使人厚幣迎蹇叔，以爲上大

夫。|

秋,繆公自將伐晉,戰於河曲。晉驪姬作亂,太子申生死新城,重耳、夷吾出犇。因伐晉,帶序晉,即起下送夷吾等事,文法神化。

九年,齊桓公會諸侯於葵丘。齊事插序。

晉獻公卒。立驪姬子奚齊,間接。其臣里克殺奚齊。荀息立卓子,克又殺卓子及荀息。夷吾使人請秦,求入晉。於是繆公許之,使百里傒將兵送夷吾。夷吾謂曰:"誠得立,請割晉之河西八城與秦。"及至,已立,而使丕鄭謝秦,背約不與河西城而殺里克。簡序處,文法嚴淨。丕鄭聞之,句。恐,句。因與繆公謀曰:"晉人不欲夷吾,實欲重耳。今背秦約而殺里克,皆呂甥、郤芮之計也。願君以利急召呂、郤,呂、郤至,則更入重耳,句。便。句。"繆公許之,使人與丕鄭歸,召呂、郤。呂、郤等疑丕鄭有間,乃言夷吾,殺丕鄭。丕鄭子丕豹犇秦,說繆公曰:"晉君無道,百姓不親,可伐也。"繆公曰:"百姓苟不便,何故能誅其大臣?能誅其大臣,此其調也。"不聽,而陰用豹。|

十二年,齊管仲、隰朋死。

晉旱,來請粟。丕豹說繆公勿與,因其饑而伐之。繆公問公孫支,支曰:"饑穰更事耳,不可不與。"問百里傒,傒曰:"夷吾得罪於君,其百姓何罪?"於是用百里傒、公孫支言,卒與之粟。以船漕車轉,自雍相望,至絳。倒句,好!

十四年,秦饑,請粟於晉。晉君謀之群臣。虢[①]射曰:"因其饑伐之,可有大功。"晉君從之。十五年,興兵將攻秦。繆公發兵使

① 虢,校本及中華書局本《史記》作"號"。

丕豹將，自往擊之。九月壬戌，與晉惠公夷吾合戰於韓地。晉君棄其軍，與秦爭利，還而馬鷙。繆公與麾下馳追之，不能得晉君，反爲晉軍所圍。晉擊繆公，繆公傷。於是岐下食善馬者三百人馳冒晉軍，晉軍解圍，遂脱繆公，而反生得晉君。丨繁冗之處，序得簡妙。初，繆公亡善馬，岐下野人共得而食之者三百餘人，"食善馬"一句不明，而忙時不及回筆，故於此插入一段，《史記》正於此等處見才。吏逐得，欲法之。繆公曰："君子不以畜産害人。吾聞食善馬肉，不飲酒，傷人。"乃皆賜酒而赦之。三百人者，聞秦擊晉，皆求從，從而見繆公窘，亦皆推鋒爭死，以報食馬之德。丨結完食馬事。於是繆公鹵晉君以歸，間接，即以"於是"二字兜轉，何等敏捷。令於國，齊宿，吾將以晉君祠上帝。周天子聞之，曰"晉，我同姓"，爲請晉君。夷吾姊亦爲繆公夫人，夫人聞之，乃衰絰跣曰："妾兄弟不能相救，以辱君命。"繆公曰："我得晉君，以爲功，今天子爲請，夫人是憂。"乃與晉君盟，許歸之，更舍上舍，而饋之七牢。十一月，歸晉君夷吾，夷吾獻其河西地，使太子圉爲質於秦。秦妻子圉以宗女。是時秦地東至河。丨一結。〇秦七盛。

十八年，齊桓公卒。齊事插序。二十年，秦滅梁、芮[①]。

二十二年，晉公子圉聞晉君病，曰："梁，我母家也，而秦滅之。我兄弟多，即君百歲後，秦必留我，而晉輕，亦更立他子。"而"晉輕"者，蓋曰"晉以我無母家而輕我也"映上方有情。子圉乃亡歸晉。二十三年，晉惠公卒，子圉立爲君。秦怨圉亡去，乃迎晉公子重耳於楚，而妻以故子圉妻。重耳初謝，後乃受。繆公益禮厚遇之。二

---

① 芮，底本作"丙"，疑誤，據校本改。

十四年春，秦使人告晉大臣，欲入重耳。晉許之，於是人送重耳。① 序事簡淨。二月，重耳立爲晉君，是爲文公。文公使人殺子圉。子圉是爲懷公。丨

其秋，周襄王弟帶，以翟伐王，王出居鄭。二十五年，周王使人告難於晉、秦。秦繆公將兵助晉文公，入襄王，殺王弟帶。丨二十八年，晉文公敗楚於城濮。丨晉事插序。晉之盛，秦之力也，且與上下文照映。三十年，繆公助晉文公圍鄭。鄭使人言繆公曰："亡鄭厚晉，於晉而得矣，而秦未有利。晉之强，秦之憂也。"繆公乃罷兵歸。晉亦罷。丨三十二年冬，晉文公卒。丨晉事插序，伏下滅滑事。

鄭人有賣鄭於秦，曰："我主其城門，鄭可襲也。"繆公問蹇叔、百里傒，對曰："徑數國，千里而襲人，希有得利者。且人賣鄭，庸知我國人，不有以我情告鄭者乎？不可。"繆公曰："子不知也，吾已決矣。"遂發兵，使百里傒子孟明視，蹇叔子西乞術，及白乙丙將兵。行日，百里傒、蹇叔二人哭之。繆公聞，怒曰："孤發兵，而子沮哭吾軍，何也？"二老曰："臣非敢沮君軍。軍行，臣子與往。臣老，遲還恐不相見，故哭耳。"二老退，謂其子曰："汝軍即敗，必於殽阨矣。"三十三年春，秦兵遂東，更晉地，過周北門。周王孫滿曰："秦師無禮，不敗何待！"兵至滑，鄭販賣賈人弦高，持十二牛將賣之周，見秦兵，恐死虜，因獻其牛曰："聞大國將誅鄭，鄭君謹修守禦備，使臣以牛十二勞軍士。"秦三將軍相謂曰："將襲鄭，鄭今已覺之，往無及矣。"用近調，全不襲《左》，收束簡淨。滅滑。滑，晉之邊邑也。

---

① 中華書局本《史記》作"於是使人送重耳"。

當是時，晉文公喪尚未葬。太子襄公怒曰："秦侮我孤，因喪破我滑。"遂墨衰絰，發兵，遮秦兵於殽，擊之，大破秦軍，無一人得脱者。鹵秦三將以歸。文公夫人，秦女也，爲秦三囚將請，曰："繆公之怨此三人，入於骨髓，願令此三人歸，令我君得自快烹之。"晉君許之，歸秦三將。三將至，繆公素服郊迎，嚮三人哭曰："孤以不用百里傒、蹇叔言，以辱三子，三子何罪乎？子其悉心雪恥，毋怠。"遂復三人官秩如故，愈益厚之。丨同上，收束簡淨。

三十四年，楚太子商臣，弑其父成王代立。楚事插序。

繆公於是復使孟明視等，將兵伐晉，戰於彭衙。秦不利，引兵歸。且頓住，下插由余事。

戎王使由余於秦。由余，其先晉人也，亡入戎，能晉言。由余附傳。聞繆公賢，故使由余觀秦。秦繆公示以宫室、積聚。由余曰："使鬼爲之，則勞神矣。使人爲之，亦苦民矣。"繆公怪之，問曰："中國以詩書禮樂法度爲政，然尚時亂，今戎夷無此，何以爲治，不亦難乎？"由余笑曰："此乃中國所以亂也。夫自上聖黄帝，作爲禮樂法度，身以先之，僅以小治。及其後世，日以驕淫。阻法度之威，以責督於下，下罷極則以仁義怨望於上，上下交爭怨，而相篡弑，至於滅宗，皆以此類也。夫戎夷不然。上含淳德以遇其下，下懷忠信以事其上①，一國之政，猶一身之治，不知所以治，此真聖人之治也。"於是繆公退而問内史廖曰："孤聞鄰國有聖人，敵國之憂也。今由余賢，寡人之害，將奈之何？"内史廖曰："戎王處僻匿，未聞中國之聲。君試遺其女樂，以奪其志；爲由余請，以疏

① 上，底本作"土"，疑誤，據校本改。

其間;留而莫遣,以失其期。戎王怪之,必疑由余。君臣有間,乃可虜也。且戎王好樂,必怠於政。”繆公曰:“善。”因與由余曲席而坐,傳器而食,問其地形,與其兵勢,盡詧,而後令內史廖以女樂二八,遺戎王。戎王受而說之,終年不還。於是秦乃歸由余。由余數諫不聽,繆公又數使人間要由余,由余遂去降秦。繆公以客禮禮之,問伐戎之形。丨由余事又頓住。

三十六年,繆公復益厚孟明等,使將兵伐晉,間接孟明事。渡河,焚船,大敗晉人,取王官及鄗,以報殽之役。晉人皆城守不敢出。於是繆公乃自茅津渡河,封殽中尸,爲發喪,哭之三日。乃誓於軍曰:“嗟,士卒!聽無譁,余誓告汝。古之人謀黄髮番番,則無所過。”以申思不用蹇叔、百里傒之謀,故作此誓,令後世以記余過。君子聞之,皆爲垂涕,曰:“嗟乎!秦繆公之與人周也,卒得孟明之慶。”丨序法簡淨。

三十七年,秦用由余謀間接由余事。伐戎王,益國十二,開地千里,遂霸西戎。天子使召公過,賀繆公以金鼓。丨一結。〇秦八盛。三十九年,繆公卒,葬雍。從死者百七十七人,秦之良臣子輿氏三人,名曰奄息、仲行、鍼虎,亦在從死之中。秦人哀之,爲作歌《黄鳥》之詩。君子曰:“秦繆公廣地益國,東服彊晉,西霸戎夷,然不爲諸侯盟主,亦宜哉。死而棄民,收其良臣而從死。且先王崩,尚猶遺德垂法,況奪之善人良臣,百姓所哀者乎?是以知秦不能復東征也。”丨間入論贊一段,結上起下。穆公子四十人,其太子罃代立,是爲康公。

康公元年。往歲繆公之卒,晉襄公亦卒。襄公之弟名雍,秦出也,在秦。晉趙盾欲立之,使隨會來迎雍,秦以兵送至令狐。晉立襄公子，而反擊秦師，秦師敗，隨會來奔。｜二年，秦伐晉於武城[①]，報令狐之役。四年，晉伐秦，取少梁。六年，秦伐晉，取羈馬。戰於河曲，大敗晉軍。晉人患隨會在秦爲亂，乃使魏讎餘詳反，合謀會，詐而得會，會遂歸晉。康公立十二年卒，子共公立。｜

共公二年，晉趙穿弒其君靈公。弒君附見。三年，楚莊王彊，北兵至雒，問周鼎。楚事插序。共公立五年卒，子桓公立。

桓公三年，晉敗我一將。十年，楚莊王服鄭，北敗晉兵於河上。當是之時，楚霸，爲會盟，合諸侯。楚事插序。二十四年，晉厲公初立，與秦桓公夾河而盟。歸而秦倍盟，與翟合謀擊晉。二十六年，晉率諸侯伐秦，秦軍敗走，追至涇而還。桓公立二十七年卒，子景公立。

景公四年，晉欒書弒其君厲公。弒君附見。十五年，救鄭，敗晉兵於櫟。是時晉悼公爲盟主。十八年，晉悼公彊，數會諸侯，率以伐秦，敗秦軍。秦軍走，晉兵追之，遂渡涇，至棫林而還。二十七年，景公如晉，與平公盟，已而背之。三十六年，楚公子圍弒其君而自立，是爲靈王。弒君附見。景公母弟后子鍼，有寵，景公母弟富，或譖之，恐誅，乃奔晉，車重千乘。晉平公曰："后子富如此，何以自亡？"對曰："秦公無道，畏誅，欲待其後世乃歸。"三十九年，楚靈王彊，會諸侯於申，爲盟主，殺齊慶封。楚事插序。景公立四十年卒，子哀公立。后子復來歸秦。

哀公八年，楚公子棄疾弒靈王而自立，是爲平王。弒君附見。十一年，楚平王來求秦女爲太子建妻。至國，女好而自娶之。十

① 中華書局本《史記》作"秦伐晉，取武城"。

五年,楚平王欲誅建,建亡。伍子胥奔吴。丨晉公室卑而六卿彊,欲内相攻,是以久秦晉不相攻。丨結上秦晉相伐之案。三十一年,吴王闔閭與伍子胥伐楚,楚王亡奔隨,吴遂入郢。楚大夫申包胥來告急,七日不食,日夜哭泣。於是秦乃發五百乘救楚,敗吴師。吴師歸,楚昭王乃得復入郢。哀公立三十六年卒。太子夷公,夷公蚤死,不得立,立夷公子,是爲惠公。丨

惠公元年,孔子行魯相事。以孔子相魯提綱,後諸世家皆然。五年,晉卿中行、范氏反晉,晉使智氏、趙簡子攻之,范、中行氏亡奔齊。晉事插序。惠公立十年卒,子悼公立。丨

悼公二年,齊臣田乞弑其君孺子,立其兄陽生,爲悼公。六年,吴敗齊師。齊人弑悼公,立其子簡公。弑君附見。九年,晉定公與吴王夫差盟,爭長於黄池,卒先吴。吴彊,陵中國。吴事插序。十二年,齊田常弑簡公,立其弟平公,常相之。弑君附見。十三年,楚滅[1]陳。楚事插序。秦悼公立十四年卒,子厲共公立。孔子以悼公十二年卒。插序法變。

厲共公二年,蜀人來賂。十六年,壍河傍[2]。以兵二萬伐大荔,取其王城。二十一年,初縣頻陽。晉取武成。二十四年,晉亂,殺智伯,分其國與趙、韓、魏。晉事插序。二十五年,智開與邑人來奔。三十三年,伐義渠,虜其王。三十四年,日食。厲共公卒,子躁公立。

躁公二年,南鄭反。十三年,義渠來伐,至渭南。十四年,躁

① 滅,底本作“减”,疑誤,據校本改。

② 傍,中華書局本《史記》作“旁”。

公卒，立[①]其弟懷公。

懷公四年，庶長鼂與大臣圍懷公，懷公自殺。懷公太子曰昭子，蚤死，大臣乃立太子昭子之子，是爲靈公。靈公，懷公孫也。丨

靈公六年，晉城少梁，秦擊之。十三年，城籍姑。靈公卒，子獻公，不得立，立靈公季父悼子，是爲簡公。簡公，昭子之弟，而懷公子也。丨世系明白。

簡公六年，令吏初帶劍。塹洛。城重泉。十六年卒，子惠公立。

惠公十二年，子出子生。十三年，伐蜀，取南鄭。惠公卒，出子立。

出子二年，庶長改迎靈公之子獻公于河西而立之。殺出子，及其母，沈之淵旁。秦以往者數易君，君臣乖亂，故晉復彊，奪秦河西地。丨秦晉事又作一束。

獻公元年，止從死。二年，城櫟陽。四年正月庚寅，孝公生。十一年，周太史儋，見獻公曰："周故與秦國合而別，別五百歲，復合，合七十七歲[②]而霸王出。"十六年，桃冬花。十八年，雨金櫟陽。二十一年，與晉戰於石門斬首六萬，天子賀以黼黻。二十三年，與魏晉戰少梁，虜其將公孫痤。二十四年，獻公卒，子孝公立，年已二十一歲矣。丨

孝公元年，河山以東彊國六，與齊威、楚宣、魏惠、燕悼、韓哀、趙成侯並。淮泗之間，小國十餘。楚、魏與秦接界。魏築長城，自

① 立，底本作"上"，疑誤，據校本改。

② 七十七歲，《周本紀》作"十七歲"。

鄭濱洛以北，有上郡[①]。楚自漢中，南有巴、黔中。周室微，諸侯力政，爭相併。秦僻在雍州，不與中國諸侯之會盟，夷翟遇之。另作議論一段，起下。孝公於是布惠，振孤寡，招戰士，明功賞。下令國中曰："昔我穆公，自岐雍之間，修德行武，東平晉亂，以河爲界，西霸戎翟，廣地千里，天子致伯，諸侯畢賀，爲後世開業，甚光美。會往者厲、躁、簡公、出子之不寧，國家内憂，未遑外事，三晉攻奪我先君河西地，諸侯卑秦，醜莫大焉。獻公即位，鎮撫邊境，徙治櫟陽，且欲東伐，復穆公之故地，修穆公之政令。寡人思念先君之意，當痛於心。賓客羣臣有能出奇計彊秦者，吾且尊官，與之分土。"於是乃出兵東圍陜城，西斬戎之獂王。

衛鞅聞是令下，間接。西入秦因景監求見孝公。|

二年，天子致胙。

三年，衛鞅説孝公變法修刑，内務耕稼，外勸戰死之賞罰，孝公善之。甘龍、杜摯等弗然，相與爭之。卒用鞅法，百姓苦之。居三年，百姓便之。乃拜鞅爲左庶長。其事在商君語中。|

七年，與魏惠王會杜平。八年，與魏戰元里，有功。十年，衛鞅爲大良造，將兵圍魏安邑，降之。十二年，作爲咸陽，築冀闕，秦徙都之。并諸小鄉聚，集爲大縣，縣一令，四十一縣。爲田開阡陌。東地渡洛。十四年，初爲賦。十九年，天子致伯。二十年，諸侯畢賀。秦使公子少官，率師會諸侯逢澤，朝天子。| 一結。○秦九盛，自繆公卒，不復能東征，至此又盛。

二十一年，齊敗魏馬陵。齊事插序。

① 上郡，底本作"土郡"，疑訛，據校本改。

二十二年，衛鞅擊魏，虜魏公子卬。封鞅爲列侯，號商君。

二十四年，與晉戰鴈門，虜其將魏錯。

孝公卒，子惠文君立。是歲誅衛鞅。先提綱，下倒序，又是一法。鞅之初爲秦施法，法不行，太子犯禁。鞅曰："法之不行，自於貴戚。君必欲行法，先於太子。太子不可黥，黥其傅師。"於是法大用，秦人治。及孝公卒，太子立，宗室多怨鞅，鞅亡，因以爲反，而卒車裂以殉[①]秦國。丨

惠文君元年，楚、韓、趙、蜀人來朝。二年，天子賀。三年，王冠。四年，天子致文武胙。齊、魏爲王。齊魏事插序，下即稱齊王、魏王矣。

五年，陰晉人犀首爲大良造。六年，魏納陰晉，陰晉更名寧秦。七年，公子卬與魏戰，虜其將龍賈，斬首八萬。八年，魏納河西地。九年，渡河，取汾陰、皮氏。與魏王會應。圍焦，降之。十年，張儀相秦。魏納上郡十五縣。十一年，縣義渠。歸魏焦、曲沃。義渠君爲臣。更名少梁，曰夏陽。十二年，初臘。十三年四月戊午[②]，魏君爲王，韓亦爲王。魏韓事插序，魏前已爲王矣，因韓而重序也。使張儀伐取陜，出其人與魏。

十四年，更爲元年。丨二年，張儀與齊、楚大臣會齧桑。三年，韓、魏太子來朝。張儀相魏。五年，王游至北河。七年，樂池相秦。韓、趙、魏、燕、齊帥匈奴共攻秦。秦使庶長疾與戰修魚，虜其將申差，敗趙公子渴、韓太子奐，斬首八萬二千。八年，張儀復相秦。九年，司馬錯伐蜀，滅之。伐取趙中都、西陽十年，韓太子蒼

---

① 殉，中華書局本《史記》作"徇"。

② 戊午，底本作"戊牛"，疑誤，據校本改。

來質。伐取韓石章。伐敗趙將泥。伐取義渠二十五城。十一年，樗里疾攻魏焦，降之。敗韓岸門，斬首萬，其將犀首走。公子通封於蜀。燕君讓其臣子之。燕事插序。十二年，王與梁王會臨晉。庶長疾攻趙，鹵趙將莊。張儀相楚。十三年，庶長章擊楚於丹陽，鹵其將屈匄，斬首八萬；又攻楚漢中，取地六百里，置漢中郡。楚圍雍氏，秦使庶長疾，助韓而東攻齊，到滿助魏攻燕。十四年，伐楚，取召陵。丹、犂臣，蜀相壯殺蜀侯來降。

惠王卒，子武王立。韓、魏、齊、楚、越皆賓從。丨

武王元年，與魏惠王會臨晉。誅蜀相壯。張儀、魏章皆東出之魏。伐義渠、丹、犂。二年，初置丞相，樗里疾、甘茂爲左右丞相。張儀死於魏。三年，與韓襄王會臨晉外。南公揭卒，樗里疾相韓。武王謂甘茂曰："寡人欲容車通三川，窺周室，死不恨矣。"其秋，使甘茂、庶長封，伐宜陽。四年，拔宜陽，斬首六萬。涉河，城武遂。魏太子來朝。武王有力，好戲，力士任鄙、烏獲、孟說皆至大官。王與孟說舉鼎，絕臏。八月，武王死。族孟說。武王取魏女爲后，無子。立異母弟，是爲昭襄王。昭襄母楚人，姓羋氏，號宣太后。武王死時，昭襄王爲質于燕，燕人送歸，得立。丨補序明淨。

昭襄王元年，嚴君疾爲相。甘茂出之魏。二年，彗星見。庶長壯與大臣、諸侯、公子爲逆，皆誅，及惠文后皆不得良死。悼武王后出歸魏。三年，王冠。與楚王會黃棘，與楚上庸。四年，取蒲坂。彗星見。五年，魏王來朝應亭，復與魏蒲坂。六年，蜀侯煇反，司馬錯定蜀。庶長奐伐楚，斬首二萬。涇陽君質於齊。日食，晝晦。七年，拔新城。樗里子卒。八年，使將軍芈戎攻楚，取新市。

齊使章子,魏使公孫喜,韓使暴鳶共攻楚方城,取唐眛。趙破中山,其君亡,竟死齊。魏公子勁、韓公子長爲諸侯。齊、魏、韓、趙等事插序。八年,孟嘗君薛文來相秦。奐攻楚,取八城,殺其將景快。十年,楚懷王入朝秦,秦留之。薛文以金受免。樓緩爲丞相。十一年,齊、韓、魏、趙、宋、中山五國共攻秦,至鹽氏而還。秦與韓、魏河北及封陵以和。彗星見。楚懷王走之趙,趙不受,還之秦,即死,歸葬。十二年,樓緩免,穰侯魏冉[①]爲相。予楚粟五萬石。

十三年,向壽伐韓,取武始。左更白起攻新城。五大夫禮出亡奔魏。任鄙爲漢中守。十四年,左更白起,攻韓、魏於伊闕,斬首二十四萬,虜公孫喜,拔五城。十五年,大良造白起,攻魏,取垣,復予之。攻楚,取宛。十六年,左更錯,取軹及鄧[②]。冉免。封公子市宛、公子悝鄧、魏冉陶,爲諸侯。十七年,城陽君入朝,及東周君來朝。秦以垣爲蒲坂、皮氏。王之宜陽。十八年,錯攻垣、河雍,決橋取之。十九年,王爲西帝,齊爲東帝,皆復去之。呂禮來自歸。齊破宋,宋王在魏,死溫。齊事插序。任鄙卒。二十年,王之漢中,又之上郡、北河。二十一年,錯攻魏河內。魏獻安邑,秦出其人,募徙河東,賜爵,赦罪人遷之。涇陽君封宛。二十二年,蒙武伐齊。河東,爲九縣。與楚王會宛。與趙王會中陽。二十三年,尉斯離與三晉、燕伐齊,破之濟西。王與魏王會宜陽,與韓王會新城。二十四年,與楚王會鄢,又會穰。秦取魏安城,至大梁,燕、趙救之,秦軍去。魏冉免相。二十五年,拔趙二城。與韓王會新城,與魏王會新明邑。二十六年,赦罪人遷之。穰侯冉復相。

---

① 魏冉,中華書局本《史記》作"魏冄"。后同。

② 鄧,底本作"郢",疑誤,據校本改。

二十七年,錯攻楚。赦罪人,遷之南陽。白起攻趙,取代光狼城。又使司馬錯發隴西,因蜀攻楚黔中,拔之。二十八年,大良造白起攻楚,取鄢、鄧,赦罪人遷之。二十九年,大良造白起攻楚,取郢爲南郡,楚王走。周君來。王與楚王會襄陵。白起爲武安君。三十年,蜀守若伐取丕郡,[1]及江南爲黔中郡。三十一年,白起伐魏,取兩城。楚人反我江南。三十二年,相穰侯攻魏,至大梁,破暴鳶,斬首四萬,鳶走,魏入三縣請和。三十三年,客卿胡傷,攻魏卷、蔡陽、長社,取之。擊芒卯華陽,破之,斬首十五萬。魏入南陽以和。三十四年,秦與魏、韓上庸地爲一郡,南陽免臣遷居之。三十五年,佐韓、魏、楚伐燕。初置南陽郡。三十六年,客卿竈攻齊,取剛、壽,予穰侯。三十八年,中更胡傷攻趙閼與,不能取。四十年,悼太子死魏,歸葬芷陽。四十一年夏,攻魏,取邢丘、懷。四十二年,安國君爲太子。十月,宣太后薨,葬芷陽酈山。九月,穰侯出之陶。四十三年,武安君白起攻韓,拔九城,斬首五萬。四十四年,攻韓南郡,取之。四十五年,五大夫賁攻韓,取十城。葉陽君悝出之國,未至而死。四十七年,秦攻韓上黨,上黨降趙,秦因攻趙,趙發兵擊秦,相距。秦使武安君白起擊,大破趙於長平,四十餘萬盡殺之。四十八年十月,韓獻垣雍。秦軍分爲三軍。武安君歸。王齕將伐趙武安、皮牢,拔之。司馬梗北定太原,盡有韓上黨。正月,兵罷,復守上黨。其十月,五大夫陵,攻趙邯鄲。四十九年正月,益發卒佐陵。陵戰不善,免,王齕代將。其十月,將軍張唐攻魏,爲蔡尉,捐弗守,還斬之。五十年十月,武安君白起有

---

① 此句校本作"蜀守若伐取巫郡",中華書局本《史記》作"蜀守若伐楚,取巫郡"。

罪,爲士伍,遷陰密。張唐攻鄭,拔之。十二月,益發卒,軍汾城旁。武安君白起,有罪死。齕攻邯鄲,不拔,去,還奔汾軍。二月餘,攻晉軍,斬首六千,晉楚流死河二萬人。攻汾城,即從唐拔寧新中,寧新中更名安陽。初作河橋。

五十一年,將軍摎攻韓,取陽城、負黍,斬首四萬。攻趙,取二十餘縣,首虜九萬。西周君背秦,與諸侯約從,將天下鋭兵,出伊闕,攻秦,令秦毋得通陽城。於是秦使將軍摎攻西周。西周君走,來自歸,頓首受罪,盡獻其邑三十六城,口三萬。秦王受獻,歸其君於周。五十二年,周民東亡,其器九鼎入秦。周初亡。

五十三年,天下來賓。魏後,秦使摎伐魏,取吳城。韓王入朝,魏委國聽令。五十四年,王郊見上帝於雍。五十六年秋,昭襄王卒,子孝文王立。尊唐八子爲唐太后,而合其葬於先王。韓王衰絰入弔祠,諸侯皆使其將相來弔祠,視喪事。

孝文王元年,赦罪人,修先王功臣,褒厚親戚,弛苑囿。孝文王除喪,十月己亥即位,三日辛丑卒,子莊襄王立。

莊襄王元年,大赦罪人,修先王功臣,施德厚骨肉,而布惠於民。東周君與諸侯謀秦,秦使相國呂不韋誅之,盡入其國。秦不絕其祀,以陽人地賜周君,奉其祭祀。使蒙驁伐韓,韓獻成皋、鞏。秦界至大梁,初置三川郡。二年,使蒙驁攻趙,定太原。三年,蒙驁攻魏高都、汲,拔之。攻趙榆次、新城、狼孟,取三十七城。四月,日食。四年,王齕攻上黨。初置太原郡。魏將無忌,率五國兵擊秦,秦卻於河外。蒙驁敗,解而去。五月丙午,莊襄王卒,子政立,是爲秦始皇帝。

秦王政立二十六年,初并天下爲三十六郡,號爲始皇帝。|—

結。○秦十盛。始皇帝五十一年而崩，子胡亥立，是爲二世皇帝。三年，諸侯並起叛秦，趙高殺二世，立子嬰。子嬰立月餘，諸侯誅之，遂滅秦。其語在《始皇本紀》中。另作一段小結。

太史公曰：秦之先，爲嬴姓。其後分封，以國爲姓，有徐氏、郯氏、莒氏、終黎氏、運奄氏、菟裘氏、將梁氏、黄氏、江氏、修魚氏、白冥氏、蜚廉氏、秦氏。然秦以其先造父封趙城，爲趙氏。

本紀是提綱之體法，不得詳序。詳序便累墜矣。其中必插列國事相照映者，正與《周紀》諸世家扭成一片也。然近秦而與秦爲難者，無如晉，與秦同大而足以難秦者，無如楚。故插晉、楚之事爲多。○篇首序世系分支派處，極其明晰，逐節逐段，所宜細看。○秦之自微而盛，凡作十結。至始皇并天下，號皇帝，已極盛矣，而偏作一小段，以極敗興數語結之，盛極而衰。亡也忽焉，使英雄之心灰冷。○《秦》與《始皇紀》原應作一篇，止因事太多，篇牘太長，不能盡收，故分作兩篇耳。諸先生以爲不應爲秦立本紀者，未免太泥。

秦始皇本紀

秦始皇帝者,秦莊襄王子也。莊襄王爲秦質子於趙,見呂不韋姬,説而取之,生始皇。以秦昭王四十八年正月,生於邯鄲。及生,名爲政,姓趙氏。年十三歲,莊襄王死,政代立爲秦王。|當是之時,秦地已并巴蜀、漢中、越、宛、有郢,置南郡矣;北收上郡以東,有河東、太原、上黨郡;東至滎陽,滅二周,置三川郡。總敘一段,接上篇,單敘南北東者,秦在西偏也。呂不韋爲相,封十萬戶,號曰文信侯。招致賓客游士,欲以并天下。|先提一句,爲并天下總領。李斯爲舍人。蒙驁、王齮、麃公等爲將軍。|王年少,初即位,委國事大臣。

晉陽反,元年,將軍蒙驁擊定之。|二年,麃公將卒攻卷,斬首三萬。|三年,蒙驁攻韓,取十三城。|王齮死。|十月,將軍蒙驁攻魏氏𣸰、有詭。歲大饑。|四年,拔𣸰、有詭。|三月,軍罷。|秦質子歸自趙,趙太子出歸國。|十月庚寅,蝗蟲從東方來,蔽天。天下疫。|百姓內粟千石,拜爵一級。|五年,將軍驁攻魏,定酸棗、燕虛、長平、雍丘、山陽城,皆拔之,取二十城。初置東郡。冬雷。|六年,韓、魏、趙、衛、楚共擊秦,取壽陵。秦出兵,五國兵

罷。｜拔衛，迫東郡，其君角，率其支屬，徙居野王阻其山，以保魏之河內。｜因廹東郡，衛所以徙而近魏也。七年，彗星先出東方，見北方，五月見西方。將軍驁死。以攻龍、孤、慶都，還兵攻汲。｜彗星復見西方十六日。夏太后死。八年，王弟長安君成蟜，將軍擊趙，句。反，句。死屯留，軍吏皆斬死，遷其民於臨洮。將軍壁死，卒屯留、蒲鶮反，戮其屍。｜卒在屯留，與蒲鶮者以反而戮其尸也。河魚大上，輕車重馬東就食。｜

嫪毐封爲長信侯。予之山陽地，令毐居之。宮室、車馬、衣服、苑囿、馳獵恣毐。事無大小，皆決於毐。又以河西太原郡，更爲毐國。｜九年，彗星見，或竟天。｜攻魏垣、蒲陽。四月，上宿雍。｜己酉，王冠，帶劍。｜長信侯毐作亂而覺，矯王御璽及太后璽，以發縣卒及尉[①]卒、官騎、戎翟君公、舍人，將欲攻蘄年宮爲亂。王知之，令相國昌平君、昌文君發卒攻毐。戰咸陽，斬首數百，皆拜爵，及宦者皆在戰中，亦拜爵一級。毐等敗走。即令國中：有生得毐，賜錢百萬；殺之，五十萬。盡得毐等。衛尉竭、內史肆、佐弋竭、中大夫令齊等二十人皆梟首。車裂以殉[②]，滅其宗。及其舍人，輕者爲鬼薪。及奪爵遷蜀四千餘家，家房陵。｜此亦舍人之更輕者，奪爵遷蜀，而使之家于房陵也。四月，寒凍，有死者。｜楊端和攻衍氏。｜彗星見西方，又見北方，從斗以南八十日。｜十年，相國呂不韋坐嫪毐免。｜桓齮爲將軍。｜齊、趙來置酒。｜齊人茅焦說秦王曰："秦方以天下爲事，而大王有遷母太后之名，恐諸侯聞之，由此倍秦也。"秦王乃迎太后於雍，而入咸陽，復居甘泉宮。｜

---

① 尉，中華書局本《史記》作"衛"。

② 殉，中華書局本《史記》作"徇"。

大索,逐客。李斯上書說,乃止逐客令。| 李斯因說秦王,請先取韓,以恐他國,於是使斯下韓。韓王患之。與韓非謀弱秦。| 大梁人尉繚來,說秦王曰:"以秦之彊,諸侯譬如郡縣之君臣,但恐諸侯合從,翕而出不意,此乃智伯、夫差、湣王之所以亡也。願大王毋愛財物,賂其豪臣,以亂其謀,不過亡三十萬金,則諸侯可盡。"秦王從其計,見尉繚亢禮,衣服食飲與繚同。繚曰:"秦王爲人,蜂準,長目,摯鳥膺,豺聲,少恩而虎狼心,居約易出人下,得志,亦輕食人。我布衣,然見我,常身自下我。誠使秦王得志於天下,天下皆爲虜矣。不可與久游。"乃亡去。秦王覺,固止,以爲秦國尉,卒用其計策。而李斯用事。尉繚無傳,故于此詳之,仍帶李斯一句者,并天下之謀,出於李斯,而不專是尉繚之謀也。

十一年,王翦、桓齮、楊端和攻鄴,取九城。王翦攻閼與、橑楊,皆并爲一軍。翦將十八日,軍歸,斗食以下,什推二人從軍。斗食,官名。斗食十人,推二人從軍耳,《索隱》注是。取鄴安陽,桓齮將。| 十二年,文信侯不韋死,竊葬。其舍人臨者,晉人也,逐出之;秦人六百石以上,奪爵,遷;五百石以下不臨,遷,勿奪爵。舍人之臨喪者,晉人逐,秦人奪爵,是一樣。五百石以下,官小,雖臨,亦與不臨者遷,而不奪爵也,是一樣。自今以來,操國事不道,如嫪毐、不韋者籍其門,視此。秋,復嫪毐舍人遷蜀者。| 當是之時,天下大旱,六月至八月乃雨。|

十三年,桓齮攻趙平陽,殺趙將扈輒,斬首十萬。| 王之河南。| 正月,彗星見東方。| 十月,桓齮攻趙。十四年,攻趙軍於平陽,取宜安,破之,殺其將軍。桓齮定平陽、武城。| 韓非使秦,秦用李斯謀,留非,非死雲陽。| 應前謀弱秦句。韓王請爲臣。|

十五年,大興兵,一軍至鄴,一軍至太原取狼孟。地動。十六年九月,發卒受地韓南陽假守騰。初令男子書年。|魏獻地於秦。秦置麗邑。|十七年,內史騰攻韓,得韓王安,盡納其地,以其地爲郡,命曰潁川。地動。|華陽太后卒。|民大饑。|

十八年,大興兵攻趙,王翦將上地,下井陘,端和將河內,羌瘣伐趙,端和圍邯鄲城。十九年,王翦、羌瘣盡定取趙地東陽,得趙王。三路伐趙,端和圍城,翦瘣定地,而於東陽得趙王也。引兵欲攻燕,屯中山。秦王之邯鄲,諸嘗與王生趙時母家有仇怨,皆阬之。秦王還,從太原、上郡歸。|始皇帝母太后崩。|趙公子嘉,率其宗數百人之代,自立爲代王,東與燕合兵,軍上谷。大饑。|

二十年,燕太子丹患秦兵至國,恐,使荆軻刺秦王。秦王覺之,體解軻以狥①,而使王翦、辛勝攻燕。燕、代發兵擊秦軍,秦軍破燕易水之西。二十一年,王賁攻薊。乃益發卒詣王翦軍,遂破燕太子軍,取燕薊城,得太子丹之首。燕王東收遼東而王之。|王翦謝病老歸。|新鄭反。昌平君徙於郢。|大雨雪,深二尺五寸。|

二十二年,王賁攻魏,引河溝灌大梁,大梁城壞,其王請降,盡取其地。

二十三年,秦王復召王翦,彊起之,使將擊荆。取陳以南,至平輿,虜荆王。秦王游,至郢陳。荆將項燕立昌平君爲荆王,反秦於淮南。|昌平君,秦所立,故稱反。二十四年,王翦、蒙武攻荆,破荆軍,昌平君死,項燕遂自殺。|

---

① 狥,中華書局本《史記》作"徇"。

二十五年，大興兵，使王賁將，攻燕遼東，得燕王喜。|還攻代，虜代王嘉。|王翦遂定荊江南地；降越君，置會稽郡。|五月，天下大酺。|

二十六年，齊王建與其相后勝，發兵守其西界，不通秦。秦使將軍王賁從燕南攻齊，得齊王建。|

秦初并天下，六國既畢，一句總收。令丞相、御史曰："異日韓王納地效璽，請爲藩臣，已而倍約，與趙、魏合從畔秦，故興兵誅之，虜其王。一段定韓。寡人以爲善，庶幾息兵革。中頓一句。趙王使其相李牧來約盟，故歸其質子。已而倍盟，反我太原，故興兵誅之，得其王。趙公子嘉乃自立爲代王，故舉兵擊滅之。一段定趙。魏王始約服入秦，已而與韓、趙謀襲秦，秦兵吏誅，遂破之。一段定魏。荊王獻青陽以西，已而畔約，擊我南郡，故發兵誅，得其王，遂定其荊地。一段定楚。燕王昏亂，其太子丹乃陰令荊軻爲賊，兵吏誅，滅其國。一段定燕。齊王用后勝計，絕秦使，欲爲亂，兵吏誅，虜其王，平齊地。一段定齊。六段文法一樣，中句法變換。寡人以眇眇之身，興兵誅暴亂，賴宗廟之靈，六王咸伏其辜，天下大定。今名號不更，無以稱成功，傳後世。其議帝號。"并天下後，借此一令，收完六國事。丞相綰、御史大夫劫、廷尉斯等皆曰："昔者五帝地方千里，其外侯服夷服諸侯，或朝或否，天子不能制。今陛下興義兵，誅殘賊，平定天下，海內爲郡縣，法令由一統，自上古以來未嘗有，五帝所不及。臣等謹與博士議曰：'古有天皇，有地皇，有泰皇，泰皇最貴。'臣等昧死上尊號，王爲'泰皇'。命爲'制'，令爲'詔'，天子自稱曰'朕'。"王曰："去'泰'，著'皇'，采上古'帝'位號，號曰'皇帝'。他如議。"制曰："可。"|文字簡古有法，其推崇始皇處，只言

功業,不言德政。○一段尊號。追尊莊襄王爲太上皇。制曰:"朕聞太古有號毋謚,中古有號,死而以行爲謚。如此,則子議父,臣議君也,甚無謂,朕弗取焉。自今已來,除謚法。朕爲始皇帝。後世以計數,二世三世,至於萬世,傳之無窮。"一段謚議。

始皇推終始五德之傳,以爲周得火德,秦代周,德從所不勝。方今水德之始,改年始,朝賀,皆自十月朔。衣服旄旌節旗皆上黑。數以六爲紀,符、法冠皆六寸,而輿六尺,六尺爲步,乘六馬。更名河曰德水,以爲水德之始。剛毅戾深,事皆決於法,刻削毋仁恩和義,然後合五德之數。於是急法,久者不赦。丨一段正朔、服色、法令。

丞相綰等言:"諸侯初破,燕、齊、荊地遠,不爲置王,毋以填之。請立諸子,唯上幸許。"始皇下其議於群臣,群臣皆以爲便。廷尉李斯議曰:"周文武所封子弟同姓甚衆,然後屬疏遠,相攻擊如仇讎,諸侯更相誅伐,周天子弗能禁止。今海内賴陛下神靈一統,皆爲郡縣,諸子功臣以公賦税重賞賜之,甚足,易制。天下無異意,則安寧之術也。置諸侯不便。"始皇曰:"天下共苦戰鬬不休,以有侯王。賴宗廟,天下初定,又復立國,是樹兵也,而求其寧息,豈不難哉!廷尉議是。"

分天下以爲三十六郡,郡置守、尉、監。丨一段郡縣。更名民曰"黔首"。大酺。收天下兵,聚之咸陽,銷以爲鍾鐻,金人十二,重各千石,置廷宫中。一法度、衡石、丈尺。車同軌。書同文字。地東至海暨朝鮮,西至臨洮、羌中,南至北嚮户,北據河爲塞,並陰山,至遼東。徙天下豪富於咸陽十二萬户。諸廟及章臺、上林皆在渭南。秦每破諸侯,寫放其宫室,作之咸陽北阪上,南臨渭,自

雍門以東至涇、渭,殿屋複道周閣相屬。所得諸侯美人鍾鼓,以充入之。|又快寫一段,極言秦之盛,篇首至此作一結。

二十七年,始皇巡隴西、北地,出雞頭山,過回中焉。作信宮渭南,已。更命信宮爲極廟,象天極。自極廟道通酈山,作甘泉前殿。築甬道,自咸陽屬之。是歲,賜爵一級。治馳道。|

二十八年,始皇東行郡縣,上鄒嶧山。立石,與魯諸儒生議,刻石頌秦德,先提立石,後乃著詞。議封禪望祭山川之事。乃遂上泰山,立石,句。封,句。祠。句。下,句。風雨暴至,休於樹下,因封其樹爲五大夫。禪梁父。刻所立石,應前。其辭曰:

皇帝臨位,作制明法,臣下脩飭。二十有六年,初并天下,罔不賓服。親巡遠方黎民,登茲泰山,周覽東極。從臣思迹,本原事業,祗誦功德。治道運行,諸產得宜,皆有法式。大義休明,垂于後世,順承勿革。一章。皇帝躬聖,既平天下,不懈於治。夙興夜寐,建設長利,專隆教誨。訓經宣達,遠近畢理,咸承聖志。貴賤分明,男女禮順,慎遵職事。昭隔內外,靡不清淨,施于後嗣。化及無窮,遵奉遺詔,永承重戒。|二章。碑詞古質,三句一韻。

於是乃竝勃海以東,過黃、腄,窮成山,登之罘,立石頌秦德焉而去。|此立石頌秦德,乃成山之罘,亦皆有石,而不著其詞也。

南登琅邪,此"南"字,蓋之罘之南,亦東陲也。大樂之,留三月。乃徙黔首三萬戶琅邪臺下,復十二歲。作琅邪臺,立石,刻頌秦德,明得意。曰:

維二十六年,皇帝作始。端平法度,萬物之紀。以明人事,合同父子。聖智仁義,顯白道理。東撫東土,以省卒士。

事已大畢,乃臨于海。一章。皇帝之功,勤勞本事。上農除末,黔首是富。普天之下,摶心揖志。器械一量,同書文字。日月所照,舟輿所載。皆終其命,莫不得意。應時動事,是維皇帝。匡飭異俗,陵水經地。憂恤黔首,朝夕不懈。除疑定法,咸知所辟。方伯分職,諸治經易。舉錯必當,莫不如畫。二章。皇帝之明,臨察四方。尊卑貴賤,不踰次行。姦邪不容,皆務貞良。細大盡力,莫敢怠荒。遠邇辟隱,專務肅莊。端直敦忠,事業有常。三章。皇帝之德,存定四極。誅亂除害,興利致福。節事以時,諸產繁殖。黔首安寧,不用兵革。六親相保,終無寇賊。驩欣奉教,盡知法式。四章。六合之內,皇帝之土。西涉流沙,南盡北戶。東有東海,北過大夏。人迹所至,無不臣者。功蓋五帝,澤及牛馬。莫不受德,各安其宇。五章,凡用五韻,兩句一韻。

維秦王兼有天下,立名爲皇帝,乃撫東土,至于琅邪。列侯武城侯王離、列侯通武侯王賁、倫侯建成侯趙亥、倫侯昌武侯成、倫侯武信侯馮毋擇、丞相隗林、丞相王綰、卿李斯、卿王戊、五大夫趙嬰、五大夫楊樛從,與議於海上。曰:又散序一段,法變。"古之帝者,地不過千里,諸侯各守其封域,或朝或否,相侵暴亂,殘伐不止,猶刻金石,以自爲紀。又一章,兩句一韻。古之五帝三王,知教不同,法度不明,假威鬼神,以欺遠方,實不稱名,故不久長。其身未没,諸侯倍叛,法令不行。二章。首一句,一韻,"明""方""長"兩句一韻,"行"字三句一韻,法變。古韻"明"音芒,"行"音杭也。

今皇帝并一海內,以爲郡縣,天下和平。昭明宗廟,體道行德，尊號大成。群臣相與誦皇帝功德，刻于金石，以爲表經。"丨三章。三句一韻。

既已，東巡之事完也。齊人徐市等上書言，海中有三神山，名曰蓬萊、方丈、瀛洲，僊人居之。請得齋戒，與童男女求之。於是遣徐市，發童男女數千人，入海求僊人。丨此東巡之餘事。

始皇還，過彭城，頂東巡之事，已而還也。齋戒禱祠，欲出周鼎泗水。使千人没水求之，弗得。乃西南渡淮水，自東而至西南也。之衡山、南郡。浮江，至湘山祠。逢大風，幾不得渡。上問博士曰："湘君何神？"博士對曰："聞之，堯女，舜之妻，而葬此。"於是始皇大怒，使刑徒三千人，皆伐湘山樹，赭其山。上自南郡，由武關歸。結東巡事。

二十九年，始皇東游。又東游。至陽武博狼沙中，爲盜所驚。句。求，句。弗得，乃令天下大索十日。丨

登之罘，刻石。其辭曰：

維二十九年，時在中春，陽和方起。皇帝東游，巡登之罘，臨照於海。從臣嘉觀，原念休烈，追誦本始。大聖作治，建定法度，顯著綱紀。外教諸侯，光施文惠，明以義理。六國回辟，貪戾無厭，虐殺不已。一章。皇帝哀衆，遂發討師，奮揚武德。義誅信行，威燀旁達，莫不賓服。烹滅彊暴，振救黔首，周定四極。普施明法，經緯天下，永爲儀則。大矣哉！宇縣之中，承順聖意。群臣颂①功，請刻於石，表垂於當式。二章。三句一韻。

其東觀曰：

① 颂，中華書局本《史記》作"誦"。

維二十九年，皇帝春遊，覽省遠方。逮於海隅，遂登之罘，昭臨朝陽。觀望廣麗，從臣咸念，原道至明。聖法初興，清理疆內，外誅暴彊。武威旁暢，振動四極，禽滅六王。闡并天下，菑害絕息，永偃戎兵。一章。皇帝明德，經理宇內，視聽不怠。作立大義，昭設備器，咸有章旗。職臣遵分，各知所行，事無嫌疑。黔首改化，遠邇同度，臨古絕尤。常職既定，後嗣循業，長承聖治。群臣嘉德，祗誦聖烈，請刻之罘。｜二章。俱三句一韻。旋，句。遂之琅邪，道上黨入。｜完東游之罘事。

三十年，無事。｜無事而書者，爲《始皇紀》異也。

三十一年十二月，更名臘曰"嘉平"。｜賜黔首，里，六石米，二羊。始皇爲微行咸陽，與武士四人俱，夜出，逢盜蘭池，見窘，武士擊殺盜，關中大索二十日。｜米石千六百。｜

三十二年，始皇之碣石，｜又東游。使燕人盧生，求羨門、高誓。｜刻碣石門。壞城郭，決通隄防。其辭曰：

遂興師旅，誅戮無道，爲逆滅息。武殄暴逆，文復無罪，庶心咸服。惠論功勞，賞及牛馬，恩肥土域。一章。皇帝奮威，德并諸侯，初一泰平。墮壞城郭，決通川防，夷去險阻。地勢既定，黎庶無繇，天下咸撫。男樂其疇，女修其業，事各有序。惠被諸產，久未[①]來田，莫不安所。群臣誦烈，請刻此石，垂著儀矩。｜二章，俱三句一韻。

因使韓終、侯公、石生，求仙人不死之藥。｜始皇巡北邊，從上

① 未，中華書局本《史記》作"並"。

郡入。|燕人盧生使入海,句。還,句。以鬼神事,因奏錄圖書,曰“亡秦者胡也”。始皇乃使將軍蒙恬,發兵三十萬人北擊胡,畧取河南地。|用兵北方。

三十三年,發諸嘗逋亡人、贅壻、賈人,畧取陸梁地,爲桂林、象郡、南海,以適遣戍。|用兵南方。西北斥逐匈奴。自榆中並河以東,屬之陰山,以爲三十四縣,城河上爲塞。|用兵西北方。又使蒙恬渡河,取高闕、陶山、北假,中築亭障,以逐戎人。徙謫實之,初縣。|禁不得祠。|明星出西方。|三十四年,適治獄吏不直者,築長城,及南越地。|

始皇置酒咸陽宫,博士七十人前爲壽。僕射周青臣進頌曰:“他時秦地不過千里,賴陛下神靈明聖,平定海内,放逐蠻彝,日月所照,莫不賓服。以諸侯爲郡縣,人人自安樂,無戰爭之患,傳之萬世。自上古不及陛下威德。”始皇悅。一段正。博士齊人淳于越進曰:“臣聞殷周之王,千餘歲,封子弟功臣,自爲枝輔。今陛下有海内,而子弟爲匹夫,卒有田常、六卿之臣,無輔拂,何以相救哉?事不師古,而能長久者,非所聞也。今青臣又面諛,以重陛下之過,非忠臣。”一段反,歸到李斯。始皇下其議。丞相李斯曰:“五帝不相復,三代不相襲,各以治,非其相反,時變異也。應殷周之王。今陛下創大業,建萬世之功,固非愚儒所知。指淳于越也。且越言,乃三代之事,何足法也?異時諸侯竝爭,厚招遊學。今天下已定,法令出一,百姓當家則力農工,士則學習法令辟禁。今諸生不師今而學古,以非當世,惑亂黔首。頓住,下又起,覺古質,是章奏體。丞相斯昧死言:古者天下散亂,莫之能一,是以諸侯竝作,語皆道古以害今,飾虛言以亂實,人善其所私學,以非上之所建立。今皇帝并有天下,別黑白而定一,尊私學而相與非法教人,聞令下,則各以其學議之,入則心非,出則巷議,夸主以爲名,異取以爲高,率群下以造謗。如此弗禁,則主勢降乎上,黨與成乎下。禁之便。通篇不說建諸侯,單說禁古學,止破淳于越"三代之王"一句也。臣請史官非秦記,皆燒之。非博士官所職,天下敢有藏《詩》《書》、百家語者,悉詣守、尉雜燒之。有敢偶語《詩》《書》,棄市。以古非今者,族。吏見知不舉者,與同罪。令下三十日,不燒,黥爲城旦。所不去者,醫藥卜筮種樹之書。若欲有學法令,以吏爲師。"制曰:"可。"丨一段文移體,亦古湛。

三十五年,除道,道九原,抵雲陽,塹山堙谷,直通之。丨於是始皇以爲咸陽人多,先王之宫廷小,吾聞周文王都豐,武王都鎬,豐鎬之間,帝王之都也。乃營作朝宫渭南上林苑中。先作前殿阿房,東西五百步,南北五十丈,上可以坐萬人,下可以建五丈旗。周馳爲閣道,自殿下直抵南山。表南山之顛以爲闕。爲復道,自阿房渡渭,屬之咸陽,句。以象天極閣道絶漢抵營室也。句。長句好。馳道,大道也。複道,夾道,兩邊築牆,人行其中也。阿房宫未成;句。成,句。欲更擇令名名之。作宫阿房,故天下謂之阿房宫。又注一句,詳。隱宫徒刑者七十餘萬人,乃分作阿房宫,或作麗山。發北山石椁,頂麗山。乃寫蜀、荊地材,皆至。頂阿房。關中計宫三百,關外四百餘。於是立石東海上朐界中,以爲秦東門。因徙三萬家麗邑,五萬家雲陽,皆復不事十歲。丨

盧生説始皇曰:"臣等求芝奇藥,仙者常弗遇,類物有害之者。方中,人主時爲微行,以辟惡鬼,惡鬼辟,真人。至人主所居,而人臣知之,則害於神。真人者,入水不濡,入火不爇,陵雲氣,與天地

久長。今上治天下,未能恬淡。願上所居宮,毋令人知,然後不死之藥,殆可得也。"丨於是始皇曰:"吾慕真人,自謂'真人',不稱'朕'。"丨乃令咸陽之旁,二百里內,宮觀二百七十,復道甬道相連,幃帳鐘鼓美人充之,各案署不移徙。行所幸,有言其處者,罪死。"乃令"以下,皆"弗令人知"之號令也。始皇帝幸梁山宮,從山上,見丞相車騎眾,弗善也。中人或告丞相,丞相後損車騎。始皇怒曰:"此中人泄吾語。"案問莫服。當是時,詔捕諸時在旁者,皆殺之。自是後,莫知行之所在。丨此段,是"弗令人知"注腳。聽事,群臣受決事,悉於咸陽宮。

侯生、盧生相與謀曰:"始皇爲人,天性剛戾自用,起諸侯,并天下,意得欲從,以爲自古莫及己。丨詳數始皇之過,性情暴戾一事。耑任獄吏,獄吏得親幸。丨耑任獄吏一事。博士雖七十人,特備員,弗用。不用博士一事。丞相諸大臣,皆受成事,倚辦于上。上樂以刑殺爲威,天下畏罪持祿,莫敢盡忠。上不聞過而日驕,下懾伏謾欺以取容。丨臣下持祿取容一事。秦法不得兼方,不驗,輒死。不得兼方一事。然候星氣者,至三百人,皆良士,畏忌諱句。諛,句。不敢端言其過。丨星古忌諛一事。天下之事,無大小皆決於上,上至以衡石量書,日夜有呈,不中呈,不得休息。丨法令苛細一事,而神仙不與焉。貪于權勢至如此,未可爲求仙藥。"於是乃亡去。始皇聞亡,乃大怒曰:"吾前收天下書,不中用者,盡去之。悉召文學方術士甚眾,欲以興太平,方士欲練以求奇藥。今聞韓眾去,不報,徐市等,費以巨萬計,終不得藥,徒姦利相告日聞。韓眾、徐市補。盧生等,吾尊賜之甚厚,今乃誹謗我,以重吾不德也。諸生在咸陽者,吾使人廉問,或爲訞言以亂黔首。"於是使御史悉案問諸生,諸

生傳相告引,乃自除犯禁者,四百六十餘人,皆阬之咸陽,使天下知之以懲後。益發謫徙邊。| 始皇長子扶蘇諫曰:"天下初定,遠方黔首未集,諸生皆誦法孔子,今上皆重法繩之,臣恐天下不安。唯上察之。"始皇怒,使扶蘇北監蒙恬於上郡。|

三十六年,熒惑守心。有墜星下東郡,至地爲石,黔首或刻其石曰"始皇帝死而地分"。始皇聞之,遣御史逐問,莫服,盡取石旁居人誅之,因燔銷其石。始皇不樂,使博士爲《仙真人詩》,及行所游天下,傳令樂人歌弦之。| 秋,使者從關東,夜過華陰平舒道,有人持璧遮使者曰:"爲吾遺滈池君。"因言曰:"今年祖龍死。"使者問其故,因忽不見,置其璧去。使者奉璧,具以聞。始皇默然良久,曰:"山鬼固不過知一歲事也。"退言曰:"祖龍者,人之先也。"使御府視璧,乃二十八年行渡江所沉璧也。於是始皇卜之,卦得游徙吉。遷北河榆中三萬家。拜爵一級。|

三十七年十月癸丑,始皇出遊。接上"游徙吉"。左丞相斯從,右丞相去疾守。少子胡亥愛慕,請從,上許之。十一月,行至雲夢,望祀虞舜於九疑山。浮江下觀,籍柯,渡海渚。過丹陽,至錢唐。臨浙江,水波惡,乃西百二十里,從狹中渡。上會稽,祭大禹,望于南海,而立石刻頌秦德。其文曰:

> 皇帝休烈,平一宇內,德惠修長。三十有七年,親巡天下,周覽遠方。遂登會稽,宣省習俗,黔首齋莊。群臣誦功,本原事迹,追首高明。秦聖臨國,始定刑名,顯陳舊章。初平法式,審別職任,以立恒常。一章。六王專倍,貪戾慠猛,率眾自彊。暴虐恣行,負力而驕,數動甲兵。陰通閒使,以事合從,行爲辟方。內飾詐謀,外來侵邊,遂起禍殃。義威誅之,

殄熄暴悖,亂賊滅亡。聖德廣密,六合之中,被澤無疆。二章。皇帝并宇,兼聽萬事,遠近畢清。運理群物,考驗事實,各載其名。貴賤并通,善否陳前,靡有隱情。飾省宣義,有子而嫁,倍死不貞。防隔內外,禁止淫泆,男女絜誠。夫爲寄豭,殺之無罪,男秉義程。妻爲逃嫁,子不得母,咸化廉清。大治濯俗,天下承風,蒙被休經。皆遵度軌,和安敦勉,莫不順令。黔首修潔,人樂同則,嘉保太平。後敬奉法,常治無極,輿舟不傾。從臣誦烈,請刻此石,光垂休銘。三章。俱三句一韻。

還過吳,從江乘渡。并海上,北至琅邪。從吳而來,故自南至北也。方士徐市等,入海求神藥,數歲不得,費多,恐譴,乃詐曰:"蓬萊藥可得,然常爲大鮫魚所苦,故不得至,願請善射與俱,句。見,句。則以連弩射之。"|始皇夢與海神戰,如人狀。問占夢,博士曰:"水神不可見,以大魚蛟龍爲候。今上禱祠備謹,而有此惡神,當除去,而善神可致。"乃令入海者,齎捕巨魚具,而自以連弩,候大魚出,射之。自琅邪北至榮成山,弗見。至之罘,見巨魚,射殺一魚。遂並海。

西至平原津而病。從琅邪而北,後從海而西歸也。始皇惡言死,群臣莫敢言死事。上病益甚,乃爲璽書,賜公子扶蘇曰:"與喪會咸陽而葬。"書已,句。封在中車府令趙高行符璽事所,句。未授使者。七月丙寅,始皇崩於沙丘平臺。丞相斯爲上崩在外,恐諸公子,及天下有變,乃秘之,不發喪。棺載轀涼車中,故幸宦者參乘,所至上食。百官奏事如故,宦者輒從轀涼車中,可其奏事。獨子胡亥、趙高,及所幸宦者五六人知上死。|趙高故嘗教胡亥書,及獄律令法事,胡亥私幸之。高乃與公子胡亥、丞相斯陰謀,句。破

去始皇所封書賜公子扶蘇者，句。而更詐爲丞相斯受始皇遺詔沙丘，句。立子胡亥爲太子。更爲書，賜公子扶蘇、蒙恬，數以罪，其賜死。語具在李斯傳中。只數長句，法簡而事盡。行，句。遂從井陘抵九原。會暑，上輼車臭，乃詔從官，令車載一石鮑魚，以亂其臭。行。句。

從直道至咸陽，發喪。丨太子胡亥襲位，爲二世皇帝。九月，葬始皇酈山。始皇初即位，穿治酈山，及并天下，天下徒送詣七十餘萬人，穿三泉，下銅而致椁，宮觀、百官、奇器、珍怪徙臧滿之。令匠作機弩矢，有所穿近者，輒射之。以水銀爲百川江河大海，機相灌輸，上具天文，下具地理。以人魚膏爲燭，度不滅者久之。一段補序酈山，乃始皇時事。二世曰："先帝後宮，非有子者，出焉不宜。"皆令從死，死者甚眾。葬既已下，或言工匠爲機藏，皆知之，藏重即泄。大事畢，已藏，閉中羨，下外羨門，盡閉工匠藏者，無復出者。樹草木以象山。丨此段乃葬始皇時事也。

二世皇帝元年，年二十一。趙高爲郎中令，任用。事二世下詔，增始皇寢廟犧牲，及山川百祀之禮。令群臣議尊始皇廟。群臣皆頓首言曰："古者天子七廟，諸侯五，大夫三，雖萬世，世不軼毀。今始皇爲極廟，四海之內，皆獻貢職，增犧牲，禮咸備，毋以加。先王廟，或在西雍，或在咸陽。天子儀，當獨奉酌祠始皇廟。自襄公以下軼毀。所置凡七廟。群臣以禮進祠，以尊始皇廟，爲帝者祖廟。皇帝復自稱'朕'。"丨以始皇稱真人也。

二世與趙高謀曰："朕年少，初即位，黔首未集附。先帝巡行郡縣，以示彊，威服海內。今晏然不巡行，即見弱，毋以臣畜天下。"春，二世東行郡縣，李斯從。到碣石，竝海，南至會稽，而盡刻始皇所立刻石,石旁著大臣從者名,以章先帝成功盛德焉:丨此是二世自刻石,著始皇石傍也。

皇帝曰:“金石刻盡始皇帝所爲也。今襲號而金石刻辭,不稱始皇帝,其於久遠也,如後嗣爲之者,不稱成功盛德。”丞相臣斯、臣去疾、御史大夫臣德,昧死言:“臣請具刻詔書,刻石,因明白矣。臣昧死請。”制曰:“可。”丨此乃改刻始皇石也。

遂至遼東而還。

於是二世乃遵用趙高,申法令。乃陰與趙高謀曰:“大臣不服,官吏尚彊,及諸公子,必與我爭,爲之柰何?”高曰:“臣固願言而未敢也。先帝之大臣,皆天下累世名貴人也,積功勞,世以相傳久矣。今高素小賤,陛下幸稱舉,令在上位,管中事。大臣鞅鞅,特以貌從臣,其心實不服。今上出,不因此時,案郡縣守尉有罪者,誅之,上以振威天下,下以除去上生平所不可者。今時不師文而決於武力,願陛下遂從時,毋疑,即群臣不及謀。明主收舉餘民,賤者貴之,貧者富之,遠者近之,則上下集而國安矣。”二世曰:“善。”乃行誅大臣,及諸公子,以罪過連逮,少近官,三郎無得立者,而六公子戮死於杜。公子將閭昆弟三人,囚於內宮,議其罪獨後。二世使使令將閭曰:“公子不臣,罪當死,吏致法焉。”將閭曰:“闕廷之禮,吾未嘗敢不從賓贊也;廊廟之位,吾未嘗敢失節也;受命應對,吾未嘗敢失辭也。何謂不臣?願聞罪而死。”《國策》調好。使者曰:“臣不得與謀,奉書從事。”將閭乃仰天,大呼天者三,曰:“天乎!吾無罪!”昆弟三人,皆流涕,拔劍自殺。宗室振恐。群臣諫者,以爲誹謗,大吏持祿取容,黔首振恐。丨

四月,二世還至咸陽,曰:“先帝爲咸陽朝廷小,故營阿房宮爲

室堂。未就,會上崩,罷其作者,復土酈山。因上崩,故停阿房作者,使之蓋土酈山也。酈山事大畢,今釋阿房宮弗就,則是章先帝舉事過也。"復作阿房宮。外撫四彝,如始皇計。以上是始皇舊事,以下乃二世新政也。盡徵其材士五萬人,爲屯衛咸陽,令教射狗馬禽獸。當食者多,度不足,下調郡縣轉輸菽粟芻藁,皆令自齎糧食,咸陽三百里內,不得食其穀。用法益刻深。|只數語,寫胡亥暴虐之甚,下便接陳涉起兵矣。

七月,戍卒陳勝等,反故荊地,爲"張楚"。勝自立爲楚王,居陳,遣諸將狗[1]地。山東郡縣少年,苦秦吏,皆殺其守尉令丞反,以應陳涉,相立爲侯王,合從西鄉,名爲伐秦,不可勝數也。|謁者使東方來,秦居西陲,凡天下皆東方也。以反者聞二世。二世怒,下吏。後使者至,上問,對曰:"群盜,郡守尉方逐捕,今盡得,不足憂。"上悅。|武臣自立爲趙王,魏咎爲魏王,田儋爲齊王。沛公起沛。項梁舉兵會稽郡。|

二年冬,陳涉所遣周章等將,西至戲,兵數十萬。二世大驚,與群臣謀,曰:"柰何?"少府章邯曰:"盜已至,眾彊,今發近縣不及矣。酈山徒多,請赦之,授兵以擊之。"二世乃大赦天下,使章邯將,擊破周章軍而走,遂殺章曹陽。|二世益遣長史司馬欣、董翳佐章邯擊盜,殺陳勝城父,破項梁定陶,滅魏咎臨濟。楚地盜名將已死,章邯乃北渡河,擊趙王歇等於鉅鹿。正可爲之時,頓住。下接趙高,以著權臣在內,而大將不能立功于外也。○一段外事。

趙高說二世曰:"先帝臨制天下久,故群臣不敢爲非,進邪說。今陛下富於春秋,初即位,柰何與公卿廷決事?事即有誤,示群臣

① 狗,中華書局本《史記》作"徇"。

短也。天子稱朕,固不聞聲。"於是二世常居禁中,與高決諸事。其後公卿希得朝見,頓住,下又接盜賊事,此正是盜賊之病根也。○一段外事。盜賊益多,而關中卒發東擊盜者無已。一段外事。右丞相去疾、左丞相斯、將軍馮劫進諫曰:"關東群盜並起,秦發兵誅擊,所殺亡甚衆,然猶不止。盜多,皆以戍漕轉作事苦,賦稅大也。請且止阿房宮作者,減省四邊戍轉。"言簡而事盡,文法高老。二世曰:"吾聞之韓子曰:'堯舜采椽不刮,茅茨不翦,飯土塯,啜土形,雖監門之養,不觳於此。禹鑿龍門,通大夏,決河亭水,放之海,身自持築臿,脛毋毛,臣虜之勞,不烈於此矣。'凡所爲貴有天下者,得肆意極欲,主重明法,下不敢爲非,以制御海内矣。夫虞、夏之主,貴爲天子,親處窮苦之實,以狥百姓,尚何於法?朕尊萬乘,毋其實,吾欲造千乘之駕,萬乘之屬,充吾號名。且先帝起諸侯,兼天下,天下已定,外攘四彝以安邊境[①],作宮室以章得意,而君觀先帝功業有緒。今朕即位二年之間,群盜並起,君不能禁,又欲罷先帝之所爲,是上毋以報先帝,次不爲朕盡忠力,何以在位?"下去疾、斯、劫吏,案責他罪。去疾、劫曰:"將相不辱。"自殺。斯卒囚,就五刑。一段內事。

三年,章邯等將其卒,圍鉅鹿。楚上將軍項羽,將楚卒,往救鉅鹿。一段外事。冬,趙高爲丞相,竟案李斯,殺之。明趙高殺之也。○一段外事。夏,章邯等戰數却,二世使人讓邯,邯恐,使長史欣請事。趙高弗見,又弗信。欣恐,亡去,高使人捕追,不及。欣見邯曰:"趙高用事於中,將軍有功亦誅,無功亦誅。"項羽急擊秦軍,虜

① 境,中華書局本《史記》作"竟"。

王離,邯等遂以兵降諸侯。一段外事。八月己亥,趙高欲爲亂,恐群臣不聽,乃先設驗,持鹿獻于二世,曰:"馬也。"二世笑曰:"丞相誤邪? 謂鹿爲馬。"問左右,左右或默,或言馬,以阿順趙高。或言鹿者,高因陰中諸言鹿者以法。後群臣皆畏高。一段內事。

高前數言"關東盜毋能爲也",及項羽虜秦將王離等鉅鹿下,而前章邯等軍數却,上書請益助,燕、趙、齊、楚、韓、魏皆立爲王,自關以東,大氐盡畔秦吏,應諸侯,諸侯咸率其衆西鄉。沛公將數萬人,已屠武關,使人私於高,一段外事。高恐二世怒,誅及其身,乃謝病不朝見。|二世夢白虎齧其左驂馬,殺之,心不樂,怪問占夢。卜曰:"涇水爲祟。"二世乃齋於望夷宮,欲祠涇,沈四白馬。使使責讓高以盜賊事。高懼,乃陰與其壻咸陽令閻樂、其弟趙成謀,曰:"上不聽諫,今事急,欲歸禍於吾宗。吾欲易置上,更立公子嬰。子嬰仁儉,百姓皆載其言。"使郎中令爲內應,郎中令即趙成。詐爲有大賊,令樂召吏發卒追,劫樂母置高舍。遣樂將吏卒千餘人,至望夷宮殿門,縛衛令僕射,曰:"賊入此,何不止?"衛令曰:"周廬設卒甚謹,安得賊敢入宮?"樂遂斬衛令,直將吏入,行射,郎宦者大驚,或走或格,格者輒死,死者數十人。郎中令與樂俱入,射上幄坐幃。二世怒,召左右,左右皆惶擾不鬬。旁有宦者一人,侍不敢去。二世入內,謂曰:"公何不早告我? 乃至於此!"宦者曰:"臣不敢言,故得全。使臣早言,皆已誅,安得至今?"閻樂前,即二世數曰:"足下驕恣,誅殺無道,天下共畔足下,足下其自爲計。"二世曰:"丞相可得見否?"樂曰:"不可。"二世曰:"吾願得一郡爲王。"弗許。又曰:"願爲萬戶侯。"弗許。曰:"願與妻子爲黔首,比諸公子。"閻樂曰:"臣受命於丞相,爲天下誅足下,足下雖多

言,臣不敢報。”麾其兵進。二世自殺。

閻樂歸報趙高,趙高乃悉召諸大臣公子,告以誅二世之狀,曰:“秦故王國,始皇君天下,故稱帝。今六國復自立,秦地益小,乃以空名爲帝,不可。宜爲王如故,便。”立二世之兄子公子嬰爲秦王。以黔首葬二世杜南宜春苑中。令子嬰齋,當廟見,受玉[①]璽。齋五日,子嬰與其子二人謀,曰:“丞相高殺二世望夷宫,恐群臣誅之,乃詳以義立我。我聞趙高,乃與楚約,滅秦宗室而王關中。今使我齋見廟,此欲因廟中殺我。我稱病不行,丞相必自來,來則殺之。”高使人請子嬰數輩,子嬰不行,高果自往,曰:“宗廟重事,王柰何不行?”子嬰遂刺殺高於齋宫,三族高家,以狥咸陽。|子嬰爲秦王四十六日,楚將沛公破秦軍,入武關,遂至霸上,使人約降子嬰。子嬰即係頸以組,白馬素車,奉天子璽符,降軹道傍[②]。沛公遂入咸陽,封宫室府庫,還軍霸上。居月餘,諸侯兵至,項籍爲從長,殺子嬰及秦諸公子宗族。遂屠咸陽,燒其宫室,虜其子女,收其珍寶貨財,諸侯共分之。一段內事。○自陳涉起兵以來,與趙高之事,內外逐段夾寫,以至秦亡,皆趙高之罪也。滅秦之後,各分其地爲三,名曰雍王、塞王、翟王,號曰三秦。項羽爲西楚霸王,主命,分天下王諸侯,秦竟滅矣。只四字,結完兩篇。秦之蠶食諸侯,暴虐黔首,提喝一句,爲天下吐氣也。後五年,天下定於漢。

太史公曰:秦之先伯翳,嘗有勳於唐虞之際,受土賜姓。及殷夏之間微散。至周之衰,秦興,邑於西垂。自繆公以來,稍蠶食諸侯,竟成始皇。始皇自以爲功過五帝,地廣三王,而羞與之侔。只

① 玉,中華書局本《史記》作“王”。

② 傍,中華書局本《史記》作“旁”。

此頓住，好！孰知萬世，有公論哉？善哉乎賈生推言之也！丨曰：

《過秦論》第三篇起。秦并兼諸侯山東三十餘郡，繕津關，據險塞，修甲兵而守之。然陳涉以戍卒散亂之衆數百，奮臂大呼，不用弓戟之兵，鉏櫌白梃，望屋而食，横行天下。秦人阻險不守，關梁不闔，長戟不刺，彊弩不射。楚師深入，戰于鴻門，曾無藩籬之艱。於是山東大擾，諸侯並起，豪俊相立。秦使章邯將而東征，章邯因以三軍之衆要市於外，以謀其上。群臣之不信，可見於此矣。子嬰立，遂不寤。籍使子嬰有庸主之材，僅得中佐，山東雖亂，秦之地可全而有，宗廟之祀未當絕也。

秦地被山帶河以爲固，四塞之國也。自繆公以來，至於秦王，二十餘君，常爲諸侯雄。豈世世賢哉？其勢居然也。且天下嘗同心并力而攻秦矣。當此之世，賢智並列，良將行其師，賢相通其謀，然困於阻險而不能進，秦乃延入戰而爲之開關，百萬之徒逃北而遂壞。豈勇力智慧不足哉？形不利，勢不便也。秦小邑并大城，守險塞而軍，高壘毋戰，閉關據阨，荷戟而守之。諸侯起於匹夫，以利合，非有素王之行也。其交未親，其下未附，名爲亡秦，其實利之也。彼見秦阻之難犯也，必退師。安土息民，以待其敝，收弱扶罷，以令大國之君，不患不得意于海内。貴爲天子，富有天下，而身爲禽者，其救敗非也。

秦王足己不問，遂過而不變。二世受之，因而不改，暴虐以重禍。子嬰孤立無親，危弱無輔。三主惑而終身不悟，亡，不亦宜乎？當此時也，世非無深慮知化之士也，然所以不敢盡忠拂過者，秦俗多忌諱之禁，忠言未卒於口而身爲戮沒矣。故使天下之士，傾耳而聽，重足而立，拑口而不言。是以三主失道，忠臣不敢諫，智士不敢謀，天下已亂，奸不上聞，豈不哀哉！先王知雍蔽之傷國也，故置公卿大夫士，以飾法設刑，而天下治。其彊也，禁暴誅亂而天下服。其弱也，五伯征而諸侯從。其削也，內守外附而社稷存。故秦之盛也，繁法嚴刑而天下振；及其衰也，百姓怨望而海內畔矣。故周五序得其道，而千餘歲不絕。秦本末並失，故不長久。由此觀之，安危之統相去遠矣。野諺曰“前事之不忘，後事之師也”。是以君子爲國，觀之上古，驗之當世，參以人事，察盛衰之理，審權勢之宜，去就有序，變化有時，故曠日長久而社稷安矣。

第一篇起。秦孝公據殽函之固，擁雍州之地，君臣固守而窺周室，有席卷天下，包舉宇內，囊括四海之意，并吞八荒之心。當是時，商君佐之，內立法度，務耕織，修守戰之備，外連衡而鬭諸侯，於是秦人拱手而取西河之外。

孝公既沒，惠王、武王蒙故業，因遺冊，南兼漢中，西舉巴、蜀，東割膏腴之地，收要害之郡。諸侯恐懼，會盟而謀弱秦，不愛珍器重寶肥美之地，以致天下之士，合從締交，相與爲一。當是時，齊有孟嘗，趙有平原，楚有春申，魏有信陵。此四君者，皆明知而忠信，寬厚而愛人，尊賢重士，約從離衡，并韓、魏、燕、楚、齊、趙、宋、衛、中山之衆。於是六國之士有寧越、徐尚、蘇秦、杜赫之屬爲之謀，齊明、周最、陳軫、昭滑、樓緩、翟景、蘇厲、樂毅之徒通其意，吳起、孫臏、帶佗、兒良、王廖、田忌、廉頗、趙奢之朋制其兵。常以十倍之地，百萬之衆,叩關而攻秦。秦人開關延敵,九國之師逡巡遁逃而不敢進。秦無亡矢遺鏃之費,而天下諸侯已困矣。於是從散約解,爭割地而奉秦。秦有餘力而制其敝,追亡逐北,伏尸百萬,流血漂鹵。因利乘便,宰割天下,分裂河山,彊國請服,弱國入朝。延及孝文王、莊襄王,享國日淺,國家無事。

及至秦王,續六世之餘烈,振長策而御宇內,吞二周而亡諸侯,履至尊而制六合,執棰拊以鞭笞天下,威振四海。南取百越之地,以爲桂林、象郡,百越之君俛首係頸,委命下吏。乃使蒙恬北築長城而守藩籬,却匈奴七百餘里,胡人不敢南下而牧馬,士不敢彎弓而報怨。於是廢先王之道,焚百家之言,以愚黔首。墮名城,殺豪俊,收天下之兵聚之咸陽,銷鋒鑄鐻,以爲金人十二,以弱黔首之民。然後斬華爲城,因河爲津,據億丈之城,臨不測之谿以爲固。良將勁弩守要害之處,信臣精卒陳利兵而誰何,天下以定。秦王之心,自以爲關中之固,金城千里,子孫帝王萬世之業也。

秦王既沒,餘威振於殊俗。陳涉,甕牖繩樞之子,甿隸之人,而遷徙之徒,才能不及中人,非有仲尼、墨翟之賢,陶朱、猗頓之富,躡足行伍之間,而倔起什伯之中,率罷散之卒,將數百之衆,而轉攻秦。斬木爲兵,揭竿爲旗,天下雲集嚮應,贏糧而景從,山東豪俊遂並起而亡秦族矣。

且夫天下非小弱也,雍州之地,殽函之固自若也。陳涉之位,非尊於齊、楚、燕、趙、韓、魏、宋、衛、中山之君;鉏櫌棘矜,非銛於句戟長鎩也;適戍之衆,非抗於九國之師;深謀遠慮,行軍用兵之道,非及鄉時之士也。然而成敗異變,功業相反也。試使山東之國與陳涉度長絜大,比權量力,則不可同年而語矣。然秦以區區之地,千乘之權,招八州而朝同列,百有餘年矣。然後以六合爲家,殽函爲宫,一夫作難而七廟隳,身死人手,爲天下笑者,何也?仁義不施而攻守之勢異也。

第二篇起。秦并海内,兼諸侯,南面稱帝,以養四海,天下之士斐然鄉風,若是者何也?曰:近古之無王者久矣。周室卑微,五霸既歿,令不行於天下,是以諸侯力政,彊侵弱,衆暴寡,兵革不休,士民罷敝。今秦南面而王天下,是上有天子也。既元元之民冀得安其性命,莫不虚心而仰上,當此之時,守威定功,安危之本在於此矣。

秦王懷貪鄙之心,行自奮之智,不信功臣,不親士民,廢王道,立私權,禁文書而酷刑法,先詐力而後仁義,以暴虐爲天下始。夫并兼者高詐力,安定者貴順權,此言取與守不同術也。秦離戰國而王天下,其道不易,其政不改,是其所以取之守之者異也。孤獨而有之,故其亡可立而待。借使秦王計上世之事,並殷周之迹,以制御其政,後雖有淫驕之主而未有傾危之患也。故三王之建天下,名號顯美,功業長久。

今秦二世立,天下莫不引領而觀其政。夫寒者利裋褐而饑者甘糟糠,天下之嗷嗷,新主之資也。此言勞民之易爲仁也。鄉使二世有庸主之行,而任忠賢,臣主一心而憂海内之患,縞素而正先帝之過,表地分民以封功臣之後,建國立君以禮天下,虚囹圄而免刑戮,除去收帑汙穢之罪,使各返其鄉里,發倉廩,散財幣,以振孤獨窮困之士,輕賦少事,以佐百姓之急,約法省刑以持其後,使天下之人皆得自新,更節修行,各慎其身,塞萬民之望,而以威德與天下,天下集矣。即四海之內,皆讙然各自安樂其處,唯恐有變,雖有狡猾之民,無離上之心,則不軌之臣無以飾其智,而暴亂之奸止矣。二世不行此術,而重之以無道,壞宗廟與民,更始作阿房宮,繁刑嚴誅,吏治刻深,賞罰不當,賦斂無度,天下多事,吏弗能紀,百姓困窮而主弗收恤。然後奸僞並起,而上下相遁,蒙罪者衆,刑戮相望於道,而天下苦之。自君卿以下至于衆庶,人懷自危之心,親處窮苦之實,咸不安其位,故易動也。是以陳涉不用湯武之賢,不藉公侯之尊,奮臂於大澤而天下響應者,其民危也。故先王見始終之變,知存亡之機,是以牧民之道,務在安之而已。天下雖有逆行之臣,必無響應之助矣。故曰"安民可與行義,而危民易與爲非",此之謂也。貴爲天子,富有天下,身不免於戮殺者,正傾非也。是二世之過也。

襄公立,享國十二年。初爲西畤。葬西垂。生文公。

文公立,居西垂宮。五十年,死,葬西垂。生靜公。

靜公不饗國而死。生憲公。

憲公饗國十二年,居西新邑。死,葬衙。生武公、德公、出子。

出子饗國六年,居西陵。庶長弗忌、威累、參父三人,率賊賊出子鄙衍,葬衙。武公立。

武公饗國二十年。居平陽封宮。葬宣陽聚東南。三庶長伏其罪。德公立。

德公饗國二年。居雍大鄭宮。生宣公、成公、繆公。葬陽。初伏,以御蠱。

宣公饗國十二年。居陽宮。葬陽。初志閏月。

成公饗國四年,居雍之宫。葬陽。齊伐山戎、孤竹。

繆公饗國三十九年。天子致霸。葬雍。繆公學著人。生康公。

康公饗國十二年。居雍高寢。葬竘社。生共公。

共公饗國五年,居雍高寢。葬康公南。生桓公。

桓公饗國二十七年。居雍太寢。葬義里丘北。生景公。

景公饗國四十年。居雍高寢,葬丘里南。生畢公。

畢公饗國三十六年。葬居里[①]北。生夷公。

夷公不饗國。死,葬左宫。生惠公。

惠公饗國十年。葬車里康景。生悼公。

悼公饗國十五年。葬僖公西。城雍。生剌龔公。

剌龔公饗國三十四年。葬入里。生躁公、懷公。其十年,彗星見。

躁公饗國十四年。居受寢。葬悼公南。其元年,彗星見。

懷公從晉來。饗國四年。葬櫟圉氏。生靈公。諸臣圍懷公,懷公自殺。

肅靈公,昭子子也。居涇陽。饗國十年。葬悼公西。生簡公。

簡公從晉來。饗國十五年。葬僖公西。生惠公。其七年。百姓初帶劍。

惠公饗國十三年。葬陵圉。生出公。

出公饗國二年。出公自殺,葬雍。

---

① 居里,中華書局本《史記》作“車里”。

獻公饗國二十三年。葬囂圉。生孝公。

孝公饗國二十四年。葬弟圉。生惠文王。其十三年,始都咸陽。

惠文王饗國二十七年。葬公陵。生悼武王。

悼武王饗國四年,葬永陵。

昭襄王饗國五十六年。葬茝陽。生孝文王。

孝文王饗國一年。葬壽陵。生莊襄王。

莊襄王饗國三年。葬茝陽。生始皇帝。呂不韋相。

獻公立七年,初行爲市。十年,爲戶籍相伍。

孝公立十六年。時桃李冬華。

惠文王生十九年而立。立二年,初行錢。有新生嬰兒曰"秦且王"。

悼武王生十九年而立。立三年,渭水赤三日。

昭襄王生十九年而立。立四年,初爲田開阡陌。

孝文王生五十三年而立。

莊襄王生三十二年而立。立二年,取太原地。莊襄王元年,大赦,修先王功臣,施德厚骨肉,布惠于民。東周與諸侯謀秦,秦使相國不韋誅之,盡入其國。秦不絕其祀,以陽人地賜周君,奉其祭祀。

始皇饗國三十七年。葬酈邑。生二世皇帝。始皇生十三年而立。

二世皇帝饗國三年。葬宜春。趙高爲丞相安武侯。二世生十二年而立。

右秦襄公至二世,六百一十歲。

孝明皇帝十七年十月十五日乙丑,曰:

周歷(曆)已移,仁不代母。秦直其位,吕政殘虐。然以諸侯十三,并兼天下,極情縱欲,養育宗親。三十七年,兵無所不加,制作政令,施于後王。蓋得聖人之威,河神授圖,據狼、狐,蹈參、伐,佐政驅除,距之稱始皇。

始皇既没,胡亥極愚,酈山未畢,復作阿房,以遂前策。云"凡所爲貴有天下者,肆意極欲,大臣至欲罷先君所爲"。誅斯、去疾,任用趙高。痛哉言乎! 人頭畜鳴。不威不伐,惡不篤不虚亡,距之不得留,殘虐以促期,雖居形便之國,猶不得存。

子嬰度次得嗣,冠玉冠,佩華紱,車黄屋,從百司,謁七廟。小人乘非位,莫不怳忽失守,偷安日日,獨能長念却慮,父子作權,近取于户牖之間,竟誅猾臣,爲君討賊。高死之後,賓婚未得盡相勞,餐未及下咽,酒未及濡脣,楚兵已屠關中,真人翔霸上,素車嬰組,奉其符璽,以歸帝者。鄭伯茅旌鸞刀,嚴王退舍。河決不可復壅,魚爛不可復全。賈誼、司馬遷曰:"向使嬰有庸主之才,僅得中佐,山東雖亂,秦之地,可全而有,宗廟之祀,未當絕也。"秦之積衰,天下土崩瓦解,雖有周旦之材,無所復陳其巧,而以責一日之孤,誤哉! 俗傳秦始皇起罪惡,胡亥極,得其理矣。復責小子,云秦地可全,所謂不通時變者也。紀季以酅,《春秋》不名。吾讀《秦紀》,至于子嬰車裂趙高,未嘗不健其决,憐其志。嬰死生之義備矣。

編年序事,固本紀體,而中間嫪毐反叛處,并天下後,改制易服處,置酒咸陽宫處,作阿房處,盧生說始皇處,陳涉起兵後與趙高夾序處,俱極精神。

○紀中載諸侯詔書、石刻、奏辭俱極古雅渾樸,足爲篇中生色。○秦始皇爲人性情,篇中不序,前借尉繚後借盧生,口中補出,尤爲神妙。○太史公以賈生推言一句,全載《過秦》三論,另是一格。其先載第三篇者,論始皇興衰,應贊中"始皇自以爲"三句。次載第一篇者,論秦之先公,應贊中"興邑于西垂"等句。末載第二篇者,總論其大勢,歸到二世結。其三論文法,另有批本,兹不具。○後"襄公立"一段,不過載諸公生卒、葬地,想係《秦紀》,偶編于此,不足重輕。而孝明一段,傳係班固之論,久附于末,故不去也。

項羽本紀

項籍者，下相人也，字羽。初起時年二十四。｜其季父項梁，梁父即楚將項燕，爲秦將王翦所戮者也。｜項籍、項梁並提，以下互序。項氏世世爲楚將，立義帝之案。封於項，故姓項氏。｜雙頂項籍、項梁，此下單承項籍。

項籍少時，學書，不成，句。去，句。學劍，又不成。項梁怒之。籍曰："書句。足以記名姓而已。句。劍，句。一人敵，不足學，學萬人敵。"於是項梁乃教籍兵法，籍大喜，畧知其意，又不肯竟學。｜頓住，以下單序項梁。項梁嘗有櫟陽逮，乃請蘄獄掾曹咎書，伏。抵櫟陽獄掾司馬欣，伏。以故，事得已。項梁殺人，與籍避讎於吳中。吳中賢士大夫，皆出項梁下。每吳中有大繇役，及喪，項梁常爲主辦，陰以兵法，部勒賓客及子弟，以是知其能。｜吳中賢士大夫、吳中子弟，此舉事之資也。○以下又單序項籍。秦始皇帝游會稽，渡浙江，梁與籍俱觀。籍曰："彼可取而代也。"梁掩其口曰："毋妄言，族矣！"梁以此奇籍。｜籍長八尺餘，力能扛鼎，才氣過人，雖吳中子弟皆已憚籍矣。忽於此序出籍之才力，亦從"奇籍"二字帶下。○以上極寫梁、籍處，語雖不多，而神采煥發。

秦二世元年七月，陳涉等起大澤中。以下人事，梁與籍合序。其九月，會稽守通，殷通。謂梁曰：“江西皆反，此亦天亡秦之時也。吾聞先即制人，後則爲人所制。吾欲發兵，使公及桓楚將。”又折出一事。是時桓楚亡在澤中。梁曰：“桓楚亡，人莫知其處，獨籍知之耳。”梁乃出，誡籍，持劍居外待。梁復入，與守坐，曰：“請召籍，使受命，召桓楚。”守曰：“諾。”梁召籍入。序事曲折詳盡。須臾，梁眴籍曰：“可行矣！”於是籍遂拔劍斬守頭。項梁持守頭，佩其印綬。門下大驚，擾亂，籍所擊殺數十百人。一府中皆慴伏，莫敢起。丨皆“慴服”足矣，又加“莫敢起”三字，一時“慴伏”神情乃見。梁乃召故所知豪吏，諭以所爲起大事，遂舉吳中兵。使人收下縣，得精兵八千人。梁部署吳中豪傑，爲校尉、候、司馬。“所知豪吏”，及“吳中豪傑”“吳中兵”，應“吳中賢士大夫”，“吳中子弟”。有一人不得用，自言於梁。梁曰：“前時某喪，使公主某事，不能辦，以此不任用公。”應“部勒知其能”。衆乃皆服。丨“皆慴服”，“皆已憚籍”，“衆乃皆服”，照應成文。於是梁爲會稽守，接法。籍爲裨將，徇下縣。丨

廣陵人召平。忽分出一頭，是召平狥廣陵。於是爲陳王狥[①]廣陵，未能下。聞陳王敗走，秦兵又且至，乃渡江，矯陳王命，拜梁爲楚王上柱國。召平與項梁合。曰：“江東已定，急引兵西，擊秦。”項梁乃以八千人渡江而西。丨自此一路往西擊秦，篇中“東西”二字，是眼目。聞陳嬰已下東陽，又分出一頭，是陳嬰下東陽。使使與連和俱西。陳嬰者，故東陽令史，居縣中，素信謹，稱爲長者。東陽少年殺其令，相聚數千人，欲置長，無適用，乃請陳嬰。嬰謝不能，遂彊立嬰

① 狥，中華書局本《史記》作“徇”。

爲長,縣中從者,得二萬人。少年欲立嬰便爲王,〡"便"字妙,爲王如此之易,極寫一時草草。異軍倉[1]頭特起。六字疑有脱悞,諸解恐未確。陳嬰母謂嬰曰:"自我爲汝家婦,未嘗聞汝先古之有貴者。今暴得大名,不祥。不如有所屬,事成,猶得封侯,事敗,易以亡,非世所指名也。"嬰乃不敢爲王。謂其軍吏曰:"項氏世世將家,有名於楚。今欲舉大事,將非其人,不可。陳嬰與項梁合。我倚名族,亡秦必矣。"於是衆從其言,以兵屬項梁。〡項梁渡淮,黥布、蒲將軍,亦以兵屬焉。黥布、蒲將軍事省。凡六七萬人,初八千,今六七萬。軍下邳。〡

當是時,秦嘉已立景駒爲楚王,又分出一頭,是秦嘉立景駒。軍彭城東,欲距項梁。項梁謂軍吏曰:"陳王先首事,戰不利,未聞所在。今秦嘉倍陳王而立景駒,逆無道。"乃進兵擊秦嘉。秦嘉與項梁事合。秦嘉軍敗,走追之,至胡陵。嘉還戰一日,嘉死,軍降。景駒走死梁地。〡項梁已并秦嘉軍,直接。軍胡陵,將引軍而西。章邯軍至栗,項梁使别將朱鷄石、餘樊君與戰。餘樊君死。朱雞石軍敗,亡走胡陵。項梁軍胡陵也。項梁乃引兵入薛,誅鷄石。〡項梁前使項羽别攻襄城,襄城堅守不下。已拔,皆阬之。還報項梁。〡上二節,項梁、項羽分序。項梁聞陳王定死,應上"聞陳王敗,未聞所在",遥接。召諸别將會薛計事。此時沛公亦起沛,往焉。〡沛公乘便,一句即插入。〇沛公、項羽合。

居鄛人范增,又分出一頭是范增好奇計。年七十,素居家,好奇計,往説項梁曰:"陳勝敗固當。夫秦滅六國,楚最無罪。自懷王

---

[1] 倉,中華書局本《史記》作"蒼"。

入秦不返,楚人憐之至今,故楚南公曰'楚雖三户,亡秦必楚'也。今陳勝首事,不立楚後而自立,其勢不長。今君起江東,楚蠭起之將,皆爭附君者,以君世世楚將,爲能復立楚之後也。"於是項梁然其言,范增與項梁合。乃求楚懷王孫心,民間爲人牧羊,立以爲楚懷王,孫冒祖號,生襲死謚。寫一時草草可笑。從民所望也。以見非項氏本意。陳嬰爲楚上柱國,封五縣,與懷王都盱台。項梁自號爲武信君。|

居數月,引兵攻亢父,與齊田榮、又分出一頭,是田榮起齊,其前事不序。司馬龍且軍,救東阿,大破秦軍於東阿。田榮即引兵歸,逐其王假。假亡走楚。假相田角亡走趙。角弟田間,故齊將,居趙不敢歸。田榮立田儋子市爲齊王。帶序齊事。項梁已破東阿下軍,間接。遂追秦軍。數使使趣齊兵,欲與俱西。田榮與項梁事合。田榮曰:"楚殺田假,趙殺田角、田間,乃發兵。"項梁曰:"田假爲與國之王,窮來從我,不忍殺之。"趙亦不殺田角、田間以市於齊。齊遂不肯發兵助楚。|項梁使沛公及項羽別攻城陽,沛公、項羽合。屠之。西破秦軍濮陽東,秦兵收入濮陽。沛公、項羽乃攻定陶。定陶未下,句。去,句。西略地至雝丘,大破秦軍,斬李由。還攻外黄,外黄未下。又别序項羽,時項羽尚在外黄未去。

項梁起東阿,間接東阿事。西北至定陶,再破秦軍,此下單序項梁。項羽等又斬李由,又點一句,是項梁心上事。益輕秦,有驕色。宋義乃諫項梁曰:"戰勝而將驕卒惰者敗。今卒少惰矣,本言將驕諱而言卒,辭令之妙。秦兵日益,臣爲君畏之。"又忽插一宋義,筆墨便捷。項梁弗聽。乃使宋義使於齊。道遇齊使者高陵君顯,又插一高陵君,遥遥伏脉。曰:"公將見武信君乎?"曰:"然。"曰:"臣論武信君

軍必敗。公徐行即免死,疾行則及禍。”秦果悉起兵益章邯,應“秦兵日益”。擊楚軍,大破之定陶,項梁死。|完項梁事。前以項梁作主,項羽附序,分序。此後乃主項羽。沛公、項羽去外黄。間接,向攻外黄,不在定陶也。攻陳留,陳留堅守不能下。沛公、項羽相與謀曰:“今項梁軍破,士卒恐。”乃與呂臣軍俱引兵而東。一路向西,引而東,暫也以兵敗而退。呂臣軍彭城東,項羽軍彭城西,沛公軍碭。|頓住。

章邯已破項梁軍,提句。下雙接。一接章邯擊趙,一接懷王并軍。則以爲楚地兵不足憂,乃渡河擊趙,大破之。當此時,百忙中又分出一頭序趙事。趙歇爲王,陳餘爲將,張耳爲相,皆走入鉅鹿城。章邯令王離、涉間圍鉅鹿,章邯軍其南,築甬道而輸之粟。陳餘爲將,將卒數萬人,而軍鉅鹿之北,此所謂河北之軍也。|

楚兵已破於定陶,又提一句,接懷王并軍。懷王恐,從盱台之彭城,并項羽、呂臣軍,自將之。以呂臣爲司徒,以其父呂青爲令尹。以沛公爲碭郡長,封爲武安侯,將碭郡兵。|頓住。

初,宋義所遇齊使者高陵君顯,遙接宋義。在楚軍,見楚王曰:“宋義論武信君之軍必敗,居數日,軍果敗。兵未戰而先見敗徵,此可謂知兵矣。”王召宋義,與計事而大説之,因置以爲上將軍,項羽爲魯公,爲次將,范增爲末將,救趙。突出“救趙”二字,間接圍鉅鹿,後乃序救趙事,奇文。諸別將皆屬宋義,號爲卿子冠軍。行至安陽,留四十六日不進。項羽曰:“吾聞秦軍圍趙王鉅鹿,疾引兵渡河,楚擊其外,趙應其内,破秦軍必矣。”宋義曰:“不然。夫搏牛之蝱,不可以破蟣蝨。言欲破秦者,不可以救趙挫其鋒也。今秦攻趙,戰勝則兵罷,我承其敝;不勝,則我引兵鼓行而西,必舉秦矣。故不如先鬬秦趙。夫被堅執鋭,義不如公;坐而運策,公不如義。”只此住,寫得驕恣不堪。因下令軍中曰:"猛如虎,狠如羊,貪如狼,彊不可使者,皆斬之。"接手又下一令,使人不堪之極,然令語自奇,爲項羽先留一像贊。乃遣其子宋襄相齊,身送之,至無鹽,飲酒高會。天寒大雨,士卒凍饑。寫宋義不堪。項羽曰:項羽不答宋義,而序於高會之下,蓋一腔怨憤,昔猶耐住,至此便難耐也。"將僇力而攻秦,久留不行。今歲饑民貧,士卒食芋菽,《漢書》作"半菽"。軍無見糧,前士卒凍飢,天寒大雨,止說得"凍"字,此又找"飢"字。一字之間,何可輕放,不及悉舉,幸讀者詳之。乃飲酒高會,不引兵渡河,因趙食,與趙併力攻秦,乃曰'承其敝'。一轉。夫以秦之彊,攻新造之趙,其勢必舉趙。趙舉而秦彊,何敝之承!二轉。且國兵新破,王坐不安席,掃境内而專屬於將軍,國家安危,在此一舉。三轉。今不恤士卒而狥其私,非社稷之臣。"詞氣侃侃,可使宋義無詞。項羽晨朝上將軍宋義,又寫一句,正名定分。即其帳中,斬宋義頭,出令軍中,應前令軍中,曰:"宋義與齊謀反楚,楚王陰令羽誅之。"此時猶推戴楚王。當是時,諸將諸別將屬宋義也。皆慴服,莫敢枝梧。與前"莫敢起"同。皆曰:"首立楚者,將軍家也。今將軍誅亂。"只一句妙絕,想當時誅亂之下,所以立羽者,必更有辭,因匆匆中,只聽得此一句,下雖有言,不及盡、不及聽矣。〇只說立楚誅亂,並不言楚王,明知其不然也。乃相與共立羽爲假上將軍。"假"字,猶有楚王。使人追宋義子,及之齊,殺之。使桓楚,桓楚至此乃見。報命於懷王。懷王因使項羽爲上將軍,當陽君、蒲將軍皆屬項羽。丨楚王遣沛公,并羽軍,置宋義,亦能有爲,自此則項羽日彊,懷王失勢,以至於亡。

項羽已殺卿子冠軍,先提一句。威震楚國,名聞諸侯。又贊兩句。乃遣當陽君、蒲將軍,將卒二萬,渡河,救鉅鹿。下有一篇大文,先出兩句作引。戰少利，陳餘復請兵。項羽乃悉引兵渡河，自此復一路向西。皆沈船，破釜甑，燒廬舍，持三日糧，以示士卒必死，無一還心。於是至則圍王離，與秦軍遇，九戰，絶其甬道，應築甬道輸粟。大破之，殺蘇角，虜王離。涉間不肯降，自燒殺。①正忙時忽截住，於空處總寫，四面俱動。當是時，楚兵冠諸侯。又提一句。諸侯軍救鉅鹿下者十餘壁，莫敢縱兵。一層。及楚擊秦，諸將皆從壁上觀。二層。楚戰士無不一以當十，楚兵呼聲動天，三層。諸侯軍無不人人惴恐。四層。〇一面寫楚兵，一面寫諸軍，分作四層，逐層寫來，方爲盡致。於是，已破秦軍，又總一句。項羽召見諸侯將，入轅門，無不膝行而前，莫敢仰視。又寫諸侯將一句，以上兩"莫敢"、三"無不"，淋漓頓挫，妙甚。項羽由是始爲諸侯上將軍，諸侯皆屬焉。丨又總收一句，應上三提。

章邯軍棘原，項羽軍漳南，相持未戰。一語頓住，接入章邯事。秦軍數却，二世使人讓章邯。章邯恐，使長史欣請事。至咸陽，留司馬門三日，趙高不見，有不信之心。長史欣恐，還走其軍，不敢出故道，趙高果使人追之，不及。欣至軍，報曰："趙高用事於中，下無可爲者。今戰能勝，高必嫉妒吾功；戰不能勝，不免於死。願將軍孰計之。"陳餘亦遺章邯書曰：章邯事後即接陳餘一書，情事適湊。"白起爲秦將，南征鄢郢，北阬馬服，攻城略地，不可勝計，而竟賜死。蒙恬爲秦將，北逐戎人，開榆中地數千里，竟斬陽周。何者？功多，秦不能盡封，因以法誅之。有功尚然，況無功乎？今將軍爲秦將，三歲矣，所亡失以十萬數，而諸侯並起，滋益多。彼趙高素諛，

① 中華書局本《史記》作"涉間不降楚，自燒殺"。

日久,今事急,亦恐二世誅之,故欲以法誅將軍,以塞責,使人更代將軍,以脱其禍。夫將軍居外久,多內郤,有功亦誅,無功亦誅。又説趙高句句是章邯心上語,句句是司馬欣口中語,寫得章邯心動。且天之亡秦,無愚智皆知之。今將軍內不能直諫,外爲亡國將,孤特獨立,而欲常存,豈不哀哉!將軍何不還兵,與諸侯爲從,約共攻秦,分王其地,南面稱孤;此孰與身伏鈇質,妻子爲僇乎?"章邯狐疑,一頓。陰使候始成使項羽,欲約。約未成,又一頓。項羽使蒲將軍,日夜引兵渡三戶,"三戶"亡秦之讖。軍漳南,與秦戰,再破之。項羽悉引兵擊秦軍汙水上,大破之。

章邯使人見項羽,欲約。項羽召軍吏謀曰:"糧少,欲聽其約。"軍吏皆曰:"善。"項羽乃與期洹水南殷墟上。已盟,章邯見項羽而流涕,爲言趙高。"流涕"二字,寫羞慚在此,駑鈍亦在此,爲言趙高,即司馬欣、陳餘所云也。項羽乃立章邯爲雍王,置楚軍中。使長史欣爲上將軍,將秦軍爲前行。丨到新安。前破秦一段奇妙,今伐秦,必更有一段奇妙文字,乃又插入阬卒一事,而畧定秦地,函谷守開,只一句點以成奇觀。諸侯吏卒,異時故繇使屯戍過秦中,秦中吏卒,遇之多無狀,及秦軍降諸侯,諸侯吏卒乘勝,多奴虜使之,輕折辱秦吏卒。疊一句。秦吏卒多竊言曰:"章將軍等,詐吾屬降諸侯,今能入關破秦,大善;即不能,諸侯虜吾屬而東,秦必盡誅吾父母妻子。"諸將微聞其計,以告項羽。項羽乃召黥布、蒲將軍計曰:"秦吏卒尚眾,其心不服,至關中不聽,事必危,不如擊殺之,而獨與章邯、長史欣、都尉翳入秦。"於是楚軍夜擊阬秦卒二十餘萬人新安城南。

行畧定秦地。丨函谷關有兵守關,不得入。只一句,省整頓精神,寫鴻門一段也。又聞沛公已破咸陽,項羽大怒,沛公、項羽至此分。

使當陽君等擊關。項羽遂入，至於戲西。沛公軍霸上，未得與項羽相見。先提一句。沛公左司馬曹無傷，使人言於項羽曰：“沛公欲王關中，使子嬰爲相，珍寶盡有之。”項羽大怒，曰：“旦日享士卒，爲擊破沛公軍！”又提一句，危急之甚。當是時，項羽兵四十萬，在新豐鴻門，沛公兵十萬，在霸上。又提兩句，校兵力，是萬萬不敵者，正寫危急。范增說項羽曰：“沛公居山東時，貪於財貨，好美姬。今入關，財物無所取，婦女無所幸，此其志不在小。吾令人望其氣，皆爲龍虎，成五采，此天子氣也。急擊勿失。”丨又添范增一促，若必不可解者，下乃徐徐颺入項伯，用多少層疊。

楚左尹項伯者，項羽季父也，項梁配。素善留侯張良。張良是時從沛公，項伯乃夜馳之沛公軍，私見張良，具告以事，欲呼張良與俱去。曰：“毋從俱死也。”張良曰：“臣爲韓王送沛公，沛公今事有急，亡去，不義，不可不語。”良乃入，具告沛公。沛公大驚，曰：“爲之柰何？”張良曰：“誰爲大王爲此計者？”一邊驚惶，一邊埋怨。寫得十分危急，其妙乃爾。曰：“鯫生，說我曰‘距關，毋內諸侯，秦地可盡王也’，故聽之。”良曰：“料大王士卒，足以當項王乎？”四十萬、十萬，前已提明。沛公默然，曰：“固不如也，且爲之柰何？”兩“爲之柰何”，寫惶急之甚。張良曰：“請往謂項伯，言沛公不敢背項王也。”沛公曰：“君安與項伯有故？”張良曰：“秦時與臣游，項伯殺人，臣活之。今事有急，故幸來告良。”素善留侯，至此說明。沛公曰“孰與君少長？”良曰：“長於臣。”沛公曰“君爲我呼入，吾得兄事之。”正急時說閒話，非閒話也，正寫其惶急之態。張良出，要項伯。項伯即入見沛公。沛公奉卮酒爲壽，約爲婚姻，曰：“吾入關，秋毫不敢有所近，籍吏民，封府庫，而待將軍。所以遣將守關者，備他盜之出入與非常也。情事已盡。日夜望將軍至，豈敢反乎！接一句，足見其急。願伯具言臣之不敢倍德也。”又叮嚀一句，足見其急。項伯許諾。謂沛公曰：“旦日不可不蚤自來謝項王。”沛公曰：“諾。”於是項伯復夜去，至軍中，具以沛公言報項王。因言曰：“沛公不先破關中，公豈敢入乎？今人有大功而擊之，不義也，不如因善遇之。”項王許諾。

沛公旦日從百餘騎，來見項王，“旦日享士”，“夜馳”，“旦日自謝”，“夜去”，“旦日見項王”，一夜一旦，序得歷歷。至鴻門，謝曰：“臣與將軍僇力而攻秦，將軍戰河北，臣戰河南，然不自意能先入關破秦，得復見將軍於此。今者有小人之言，令將軍與臣有郤。一件驚天動地事，數語說得雪淡，若無意於此者，故項羽死心塌地，曰“籍何以至此也”。辭令之妙。項王曰：“此沛公左司馬曹無傷言之；不然，籍何以至此。”項王即日“旦日”餘波。因留沛公與飲。項王、項伯東嚮坐。是時東嚮爲尊，見項王自大。亞父南嚮坐。亞父者，范增也。從未有“亞父”字，故注一筆然亦變法。沛公北嚮坐，張良西鄉侍。蓋項王上坐；沛公客，居右；亞父陪，居左。是時尚右也。張良侍，朝上，侍亦坐也。下噲從良坐。可見四面楚楚如畫。范增數目項王，舉所佩玉玦以示之者三，項王默然不應。范增起，出，召項莊，謂曰：“君王爲人不忍，若入前爲壽，壽畢，請以劍舞，因擊沛公於坐，殺之。不者，若屬皆且爲所虜。”莊則入爲壽，“則”字寫得快捷。壽畢，曰：“君王與沛公飲，軍中無以爲樂，請以劍舞。”項王曰：“諾。”項莊拔劍起舞，項伯亦拔劍起舞，常以身翼蔽沛公，莊不得擊。於是張良至軍門，見樊噲。樊噲曰：“今日之事何如？”噲先問，妙！寫得顒望急切。良曰：“甚急。今者項莊拔劍舞，其意常在沛公也。”噲曰：“此迫矣，臣請入,與之同命。"噲即帶劍擁盾,入軍門。交戟之衛士,欲止不内,樊噲側其盾以撞衛士,仆地,噲遂入,披帷西嚮立,向項王,立良後也。瞋目視項王,頭髮上指,目眦盡裂。此段寫樊噲神色如生。項王按劍而跽曰:"客何爲者?"寫項羽心驚。張良曰:"沛公之參乘樊噲者也。"者,者也,句調矯健。項王曰:"壯士,只二字,妙!寫項王心折。賜之卮酒。"則與斗卮酒。噲拜謝,起,立而飲之。項王曰:"賜之彘肩。"則與一生彘肩。兩"則"字,以"但"字解,輕也。樊噲覆其盾於地,加彘肩上,拔劍切而啗之。寫樊噲,神色俱動。項王曰:"壯士,兩"壯士",寫項王心折。能復飲乎?"樊噲曰:"臣死且不避,卮酒安足辭!一路設色,至此緊接入。夫秦王有虎狼之心,殺人如不能舉刑人如恐不勝,天下皆叛之。懷王與諸將約曰'先破秦,入咸陽者,王之'。今沛公先破秦,入咸陽,毫毛不敢有所近,封閉宫室,還軍霸上,以待大王來。故遣將守關者,備他盜出入,與非常也。此數語對項伯言之,對項王未言也,反從樊噲口中補出,文情之妙。勞苦而功高如此,未有封侯之賞,而聽細説,欲誅有功之人。此亡秦之續耳,應前"秦"字。竊爲大王不取也。"項王未有以應,一片至理,真令項王無辭。曰:"坐。"前兩"壯士"字,此一"坐"字,别無他言,寫項王心折之極。樊噲從良坐。前"從良立",此"從良坐",亦西向也。坐須臾,沛公起如廁,因招樊噲出。

沛公已出,項王使都尉陳平召沛公。沛公曰:"今者出,未辭也,爲之柰何?"樊噲曰:"大行不顧細謹,大禮不辭小讓。如今人方爲刀俎,我爲魚肉,何辭爲。"妙語。於是遂去。乃令張良留謝。良問曰:"大王來,何操?"曰:"我持白璧一雙,欲獻項王,玉斗一雙,欲與亞父,會其怒,不敢獻。公爲我獻之"寫一時匆匆,情景神似。

張良曰:“謹諾。”當是時,項王軍在鴻門下,沛公軍在霸上,相去四十里。又提一句,點出四十里關鎖前後。沛公則置車騎,應完“從百餘騎”。此“則”字作“且”字解,忙也。脱身獨騎,與樊噲、夏侯嬰、靳彊、紀信等四人持劍盾,應“劍盾”。步走,從酈山下,道芷陽,間行。沛公謂張良曰:“從此道至吾軍,不過二十里耳。度我至軍中,公乃入。”前點“四十里”,爲此故耳,安頓之妙。沛公已去,間至軍中,一騎四步,如風而行,頃刻間耳。張良入謝,曰:“沛公不勝桮杓,不能辭。謹使臣良奉白璧一雙,再拜獻大王足下;玉斗一雙,再拜奉大將軍足下。”項王曰:“沛公安在?”良曰:“聞大王有意督過之,脱身獨去,已至軍矣。”項王則受璧,置之坐上。此“則”字,作“就”字解,直也。多少“則”字,字字不同,用字之妙,偶爲點出,餘不及悉。亞父受玉斗,置之地,與“坐上”照。拔劍,撞而破之,曰:“唉!豎子不足與謀。奪項王天下者,必沛公也,吾屬今爲之虜矣。”應“若屬且爲所虜”。沛公至軍,立誅殺曹無傷。|

居數日,項羽引兵西屠咸陽,殺秦降王子嬰,燒秦宫室,火三月不滅;收其貨寶婦女而東。應“婦女無幸,財貨無取,并封府庫,待將軍”。○自此東歸。人或説項王曰:“關中阻山河,四塞,東函谷關,南武關,西散關,北蕭關。地肥饒,可都以霸。”項王見秦宫室皆以燒殘破,又心懷思欲東歸,曰:“富貴不歸故鄉,如衣繡夜行,誰知之者!”説者曰:“人言楚人沐猴猴名。而冠耳,果然。”項王聞之,烹説者。|

項王使人致命懷王。懷王曰:“如約。”乃尊懷王爲義帝。項王欲自王,先王諸將相。點一句項羽心事。謂曰:“天下初發難時,假立諸侯後以伐秦。然身披堅執鋭,首事,暴露於野,三年,滅秦,定天下者，皆將相諸君與籍之力也。義帝雖無功，故當分其地而王之。”諸將皆曰：“善。”乃分天下，立諸將爲侯王。項王、范增，疑沛公之有天下，業已講解，又惡負約，恐諸侯叛之，寫項羽心事，四句四層，添出范增，其主謀也。乃陰謀曰：“巴、蜀道險，秦之遷人，皆居蜀。”乃曰：“巴、蜀，亦關中地也。”兩“乃曰”，寫陰謀心口商度之詞妙。故立沛公爲漢王，王巴、蜀、漢中，都南鄭。而三分關中，“而”字接上，爲漢王也。王秦降將，以距塞漢王。項王乃立章邯爲雍王，王咸陽以西，都廢丘。新。長史欣者，故爲櫟陽獄掾，嘗有德於項梁；都尉董翳者，本勸章邯降楚。欣、翳獨雙序。故立司馬欣爲塞王，王咸陽以東至河，都櫟陽；新。立董翳爲翟王，王上郡，都高奴。新。徙魏王豹爲西魏王，王河東，都平陽。舊。瑕丘申陽者，張耳嬖臣也，先下河南郡，迎楚河上，故立申陽爲河南王，都洛陽。新。韓王成，因故都，都陽翟。舊。趙將司馬卬，定河內，數有功，故立卬爲殷王，王河內，都朝歌。新。徙趙王歇爲代王。舊。趙相張耳，素賢，又從入關，故立耳爲常山王，王趙地，都襄國。新。當陽君黥布，爲楚將，常冠軍，故立布爲九江王，都六。新。鄱君吳芮，率百越，佐諸侯，又從入關，故立芮爲衡山王，都邾。新。義帝柱國共敖，將兵擊南郡，功多，因立敖爲臨江王，都江陵。新。徙燕王韓廣爲遼東王。舊。燕將臧荼從楚救趙，因從入關，故立荼爲燕王，都薊。新。徙齊王田市爲膠東王。舊。齊將田都從共救趙，因從入關，故立都爲齊王，都臨菑。新。故秦所滅齊王建孫田安，項羽方渡河救趙，田安下濟北數城，引其兵降項羽，故立安爲濟北王，都博陽。新。田榮者，數負項梁，又不肯將兵從楚擊秦，以故不封。伏齊叛案。成安君陳餘，棄將印去，不從入關，然素聞其賢，有功於趙聞其在南皮,故因環封三縣。伏趙叛案。番君將梅鋗功多,故封十萬户侯。項王自立爲西楚霸王,王九郡,都彭城。義帝先立而後序,諸侯先序而後立,序法極爲整齊,亦極爲變化。○"因立","因封","因",其舊也。餘"自王","自立","故立","乃立","故不封",只平序去,而不平處自見。○徙趙而封張耳,徙燕以封臧荼,徙齊以封田都,尤極不堪,故兩兩相比,以形容之。此作者眼目。

漢之元年四月,此後皆用漢之年月爲提綱。諸侯罷戲下,各就國。|分封事畢,總結一句,天下自此定矣,而孰知其不然也哉? 項王出之國,使人徙義帝曰:"古之帝者地方千里,必居上游。"乃使使徙義帝長沙郴縣。義帝封地,至此序出。趣義帝行,其群臣稍稍背叛之,乃陰令衡山、吴芮。臨江王柱國共敖。擊殺之江中。|韓王成,無軍功,項王不使之國,與俱至彭城,廢以爲侯,已又殺之。|臧荼之國,因逐韓廣之遼東,廣弗聽,荼擊殺廣無終,并王其地。|分封後補出一事,是臧荼并燕。

田榮聞項羽徙齊王市膠東,而立齊將田都爲齊王,乃大怒,不肯遣齊王之膠東,因以齊反,迎擊田都。田都走楚。齊王市畏項王,乃亡之膠東就國。田榮怒,追擊殺之即墨。榮因自立爲齊王,而西擊殺濟北王田安,并王三齊。榮與彭越將軍印,令反梁地。|又補出一事,是田榮反齊。陳餘陰使張同、夏説,説齊王田榮曰:"項羽爲天下宰,不平。今盡王故王於醜地,而王其群臣諸將善地,逐其故主趙王,乃北居代,餘以爲不可。聞大王起兵,且不聽不義,願大王資餘兵,請以擊常山,以復趙王,請以國爲扞蔽。"齊王許之,因遣兵之趙。陳餘悉發三縣兵,與齊并力擊常山,大破之。張耳走歸漢。陳餘迎故趙王歇於代,反之趙。趙王因立陳餘爲代王。|又補出一事,是陳餘反趙。

是時，漢還定三秦。分封以後，諸事紛紛，幾與本文隔絕，故提一句，㪷接入，而定三秦一事，反藏起在《高祖紀》中，章法之妙。項羽聞漢王皆已并關中，且東，收歸項羽。齊、趙叛之：又疊一句，并收上齊、趙事。大怒。乃以故吴令鄭昌爲韓王，分封餘波。以距漢。令蕭公角等擊彭越。彭越敗蕭公角等。丨漢使張良狥韓，乃遺項王書曰："漢王失職，欲得關中，如約即止，不敢東。"又以齊、梁反書遺項王曰："齊欲與趙并滅楚。"楚以此故無西意，而北擊齊。徵兵九江王布。布稱疾不往，使將將數千人行。項王由此怨布也。丨百忙中又插一事，頓住伏脈。漢之二年冬，項羽遂北至城陽，田榮亦將兵會戰。田榮不勝，走至平原，平原民殺之。遂北燒夷齊城郭室屋，皆阬田榮降卒，係虜其老弱婦女。狥齊，至北海，多所殘滅。齊人相聚而畔之。於是田榮弟田横，收齊亡卒，得數萬人，反城陽。項王因留，連戰未能下。丨又頓住疾接漢王事。

春，漢因秦，十月爲正朔，故春在冬後。漢王部五諸侯兵，常山、河南、韓、魏、殷。凡五十六萬人，東伐楚。項王聞之，即令諸將擊齊，而自以精兵三萬人，南從魯，出胡陵。四月，漢皆已入彭城，收其貨寶美人，應收秦貨寶、婦女而東。日置酒高會。項王乃西從蕭，晨擊漢軍，而東至彭城，日中，大破漢軍。漢軍皆走，相隨入穀、泗水，殺漢卒十餘萬人。漢卒皆南走山，晨擊、日中、入水、走山，序得如畫。楚又追擊至靈壁東睢水上[①]。漢軍却，爲楚所擠，多殺漢卒十餘萬人，皆入睢水，睢水爲之不流。極寫項王氣勢。圍漢王三匝。於是大風從西北而起，折木，發屋，揚沙石，窈冥晝晦，逢迎楚軍。

① 上，底本作"土"，疑誤，據校本改。

"逢迎"二字,寫得風雨有意。楚軍大亂,壞散,而漢王乃得與數十騎遁去,欲過沛收家室而西;楚亦使人追之沛,取漢王家:家皆亡,不與漢王相見。漢王道逢得孝惠、魯元乃載行。楚騎追漢王,漢王急,推墮孝惠、魯元車下,滕公常下收載之。滕公爲太僕馭車。如是者三。曰:"雖急,不可以驅,柰何棄之?"於是遂得脱。求太公、吕后,不相遇。審食其從太公、吕后,間行求漢王,反遇楚軍。楚軍遂與歸報項王,項王常置軍中。丨又頓住伏。

是時吕后兄周吕侯吕泽。爲漢將兵居下邑,又補出一事,是周吕侯居下邑。漢王間往從之,稍稍收其士卒。至滎陽,諸敗軍皆會,蕭何亦發關中老弱未傅,悉詣滎陽,復大振。楚起於彭城常乘勝逐北,與漢戰滎陽南京、索間,漢敗楚,楚以故不能過滎陽而西。丨又截住。自此一路往西下雙接:一接田横,分脈也;一接漢王,正脈也。

項王之救彭城,追漢王,至滎陽,田横亦得收齊,立田榮子廣爲齊王。丨别將擊齊,幾爲忘御,乘便插入一筆。漢王之敗彭城,諸侯皆復與楚而背漢。漢軍滎陽,築甬道,屬之河,以取敖倉粟。漢之三年,項王數侵奪漢甬道,漢王食乏,恐,請和,割滎陽以西爲漢。

項王欲聽之。歷陽侯范增曰:坐中補出亞父,此處補出歷陽侯,附傳必詳,然穿插使人不覺。"漢易與耳,今釋弗取,後必悔之。"項王乃與范增急圍滎陽。丨漢王患之,乃用陳平計,間項王。項王使者來,爲太牢具,舉欲進之。見使者,佯驚愕曰:"吾以爲亞父使者,乃反項王使者。"兩使者,句調輕捷。更持去,以惡食食項王使者。使者歸報項王,項王乃疑范增與漢有私,稍奪之權。范增大怒曰:"天下事大定矣,君王自爲之。願賜骸骨歸卒伍。"項王許之。行未至彭城,疽發背而死。丨便中序完范增事,是附傳體。

漢將紀信説漢王曰："事已急矣，間接急圍滎陽。請爲王誑楚爲王，句法奇，然已詳盡。王可以間出。"於是漢王夜出女子滎陽東門，被甲二千人，楚兵四面擊之。紀信乘黄屋車，傅左纛，曰："城中食盡，漢王降。"楚軍皆呼萬歲。漢王亦與數十騎，從城西門出，走成皋。中有九江王事，後補序。項王見紀信，問："漢王安在？"信曰："漢王已出矣。"項王燒殺紀信。丨又截住。

漢王使御史大夫周苛、樅公、魏豹，守滎陽。又補出一事，是周苛死節。周苛、樅公謀曰："反國之王，難與守城。"乃共殺魏豹。楚下滎陽城，生得周苛。項王謂周苛曰："爲我將，我以公爲上將軍，封三萬戶。"周苛罵曰："若不趣降漢，漢今鹵若，若非漢敵也。"項王怒，烹周苛，并殺樅公。

漢王之出滎陽，間接。南走宛、葉，得九江王布，行收兵，復入保成皋。丨此補序出西門之後，走成皋之前。漢之四年，項王進兵圍成皋。漢王逃，獨與滕公出成皋北門，渡河走修武，從張耳、韓信軍。諸將稍稍得出成皋，從漢王。楚遂拔成皋，欲西。漢使兵距之鞏，令其不得西。丨

是時，彭越渡河，擊楚東阿，殺楚將軍薛公。又補出一事，是彭越擊楚，遥接上敗蕭公角事。時事亂紛，一手獨運，而逐節寫來，一絲不亂。項王乃自東擊彭越。自西忽東，暫也，爲彭越也。漢王得淮陰侯兵，欲渡河南。鄭忠説漢王，乃止壁河內。使劉賈將兵佐彭越，燒楚積聚。漢王、彭越合序。項王東擊破之，走彭越。漢王則引兵渡河，此"則"，作"遂"字解。復取成皋，軍廣武，就敖倉食。丨又頓住。項王已定東海來，句。西，復自東而西，總提一句。與漢俱臨廣武而軍，相守數月。

當此時，彭越數反梁地，絶楚糧食，又插彭越。項王患之。爲高俎，置太公其上，告漢王曰："今不急下，吾烹太公。"漢王曰："吾與項羽俱北面受命懷王，曰'約爲兄弟'，約爲兄弟事補。吾翁即若翁，必欲烹而翁，則幸分我一桮羹。""則"又作"亦"字解。項王怒，欲殺之。項伯曰："天下事未可知，且爲天下者，不顧家，雖殺之，無益，祇益禍耳。"項伯前爲張良，此與漢王，約爲婚姻也。項王從之。兵鈍糧絶，項王爲此，乃急著也，已爲漢王窺破，必不敢没太公，故爲大言，而羽亦自止，上文明甚。

楚漢久相持未決，數葉以來，事多文繁，恐人未辨，故又總提一句，以見前後皆相持未決之事也。丁壯苦軍旅，老弱罷轉漕。項王謂漢王曰："天下匈匈數歲者，徒以吾兩人耳，願與漢王挑戰，決雌雄，毋徒苦天下之民父子爲也。"漢王笑謝曰："吾寧鬭智，不能鬭力。"項王令壯士出挑戰。漢有善騎射者樓煩，楚挑戰三合，樓煩輒射殺之。先寫樓煩，所以反襯項羽。項王大怒，乃自被甲持戟挑戰。樓煩欲射之，項王瞋目叱之，樓煩目不敢視，手不敢發，遂走還入壁，不敢復出。連用三"不敢"寫得生動。漢王使人間問之，乃項王也。漢王大驚。｜於是項王乃即漢王，相與臨廣武，間而語。漢王數之，略。項王怒，欲一戰。漢王不聽，項王伏弩，射中漢王。漢王傷，走入成皋。｜

項王聞淮陰侯已舉河北，破齊、趙，且欲擊楚，又補出一事，是淮陰侯舉河北。乃使龍且往擊之。淮陰侯與戰，騎將灌嬰擊之，大破楚軍，殺龍且。韓信因自立爲齊王。項王聞龍且軍破，則恐，"則"又作"乃"字解。使盱台人武涉，往説淮陰侯。淮陰侯弗聽。｜不重説，止寫項王窘急故略。是時，彭越復反，下梁地，絶楚糧。又遥接彭越千縷萬絲，一毫不亂。○凡三提彭越，以見楚項之病根。項王乃謂海春侯大司馬曹咎等曰："謹守成皋，則漢欲挑戰，"則"又作"如"字解。慎勿與戰，毋令得東而已。我十五日，必誅彭越，定梁地，復從將軍。"乃東行，自西復東，爲彭越也。擊陳留、外黄。

外黄不下。數日，已降，項王怒，悉令男子年十五已上，詣城東，"十五"，正爲"十三"作波。欲阬之。外黄令舍人兒年十三，往說項王曰："彭越彊刧外黄，外黄恐，故且降，待大王。大王至，又皆阬之，百姓豈有歸心？從此以東，梁地十餘城，皆恐，莫肯下矣。"項王然其言，乃赦外黄當阬者。東至睢陽，聞之，皆爭下項王。丨截住。

漢果數挑楚軍戰，楚軍不出。間接。使人辱之，五六日，大司馬怒，渡兵汜水。士卒半渡，漢擊之，大破楚軍，盡得楚國貨賂。大司馬咎、長史翳、塞王欣，皆自剄汜水上。大司馬咎者，故蘄獄掾，長史欣，亦故櫟陽獄吏，兩人嘗有德於項梁，是以項王信任之。丨獄掾凡兩應，分封一點，見其私也。此處一點，見不用賢而任其私，項羽之所以敗也。當是時，項王在睢陽，又接睢陽事合入。聞海春侯軍敗，則引兵還。復自東歸西。漢軍方圍鍾離昧於滎陽東，補序一句，簡。項王至，漢軍畏楚，盡走險阻。丨

是時，漢兵盛食多，項王兵疲食絕。漢遣陸賈說項王，請太公，項王弗聽。漢王復使侯公往說項王，項王乃與漢約，中分天下，割鴻溝以西者爲漢，鴻溝而東者爲楚。項王許之，此范增之所不聽者也。即歸漢王父母妻子。軍皆呼萬歲。漢王乃封侯公爲平國君。匿弗肯復見。曰："此天下辨士，所居傾國，故號爲平國君。"忙中又入此閒事作波。項王已約，乃引兵解而東歸。自此解兵東歸，項

羽不復西矣。

漢欲西歸,張良、陳平說曰:"漢有天下大半,巴蜀、三秦、燕、趙、韓、魏、齊、梁。而諸侯皆附之。楚兵罷食盡,此天亡楚之時也,"天亡"二字引起。不如因其機而遂取之。今釋弗擊此所謂'養虎自遺患'也。"漢王聽之。丨良、平一說,對照范增。漢五年漢王乃追項王,至陽夏南,止軍,與淮陰侯韓信、建成侯彭越,信、越,方爲齊王、梁王侯乃史公追敘。期,會而擊楚軍。至固陵,而信、越之兵不會。楚擊漢軍,大破之。漸近垓下,又縱一筆,爲項羽生色。漢王復入壁,深塹而自守。謂張子房曰:"諸侯不從約,爲之柰何?"對曰:"楚兵且破,信、越未有分地,其不至固宜。君王能與共分天下,今可立致也。即不能,事未可知也。君王能自陳以東,傅海,盡與韓信;睢陽以北,至穀城,以與彭越:使各自爲戰,則楚易敗也。"漢王曰:"善。"於是乃發使者告韓信、彭越曰:"并力擊楚。楚破,自陳以東,傅海,與齊王,睢陽以北,至穀城,與彭相國。"使者至,韓信、彭越皆報曰:"請今進兵。"丨韓信乃從齊往,劉賈軍從壽春,並行,屠城父,至垓下。大司馬周殷,叛楚,以舒屠六,舉九江兵,隨劉賈、彭越,皆會垓下,垓下再點,見四路軍馬畢集,氣勢洶湧。詣項王。

項王軍壁垓下,兵少食盡,兵食凡三點,是項王致敗處,回護項王,"非戰之罪",或其然乎?漢軍及諸侯兵,一句總收上漢王、信、越、劉賈、周殷等。圍之數重。夜聞漢軍四面皆楚歌,正戰陣中,忽寫漢軍歌、楚王歌,點綴幽細,另換一種筆墨。項王乃大驚曰:"漢皆已得楚乎?是何楚人之多也!"項王則夜起,飲帳中。有美人名虞,常幸從;駿馬名騅,常騎之。寫得幽秀清倩,非戰陣語,妙。於是項王乃悲歌慷慨,自爲詩曰:"力拔山兮氣蓋世,時不利兮騅不逝。騅不逝兮可柰何,虞兮虞兮柰若何!”“可柰何”,“柰若何”,若無意義,乃一腔怨憤,萬種低徊,地厚天高,托身無所。寫英雄失路之悲,至此極矣。○歌詞清新俊逸,不作粗鹵倔強語,妙!歌數闋,美人和之。項王泣數行下,寫項王如許風流,絶不是喑嚜叱咤氣質。左右皆泣,莫能仰視。丨又就傍人寫一筆。○前寫壯勇,令人神飛;此寫悲涼,令人淚下。昔所云“莫敢仰視”,“莫敢枝梧”者,果何在哉?

於是項王乃上馬騎,麾下壯士騎從者,八百餘人,應八千人渡江。直夜潰圍,南出,馳走。平明,漢軍乃覺之,令騎將灌嬰,以五千騎追之。項王渡淮,騎能屬者,百餘人耳。忽而百餘。項王至陰陵,迷失道,問一田父,田父紿曰“左”。左乃陷大澤中。以故漢追及之。完直夜潰圍,平明乃覺。項王乃復引兵而東,至東城,乃有二十八騎。至二十八騎。漢騎追者數千人。項王自度不得脱。謂其騎曰:“吾起兵至今,八歲矣,身七十餘戰,所當者破,所擊者服,未嘗敗北,遂霸有天下。一篇大文字,必有總結,此即就項羽口中結出。然今卒困於此,此天之亡我,非戰之罪也。一呼。今日固決死,願爲諸君快戰①,必三勝之,爲諸君潰圍,斬將,刈旗,此三勝也。令諸君知天亡我,非戰之罪也。”又呼,歷落頓挫,豪憤語,以三曲折寫之。乃分其騎以爲四隊,四嚮。漢軍圍之數重。項王謂其騎曰:“吾爲公取彼一將。”令四面騎馳下,期山東爲三處。山,前未點明。於是項王大呼馳下,漢軍皆披靡,遂斬漢一將。斬將事,亦分兩段寫,中插赤泉侯間之,章法。是時赤泉侯楊喜此時未封。爲騎將,追項王,項王瞋目而叱之,赤泉侯人馬俱驚,辟易數里,前借樓煩,此借赤泉侯,反襯項羽,是一樣文法。與其騎會爲三處。漢軍不知項王所在,乃分軍爲

① 快戰,校本及中華書局本作“决戰”。

三,復圍之。項王乃馳,復斬漢一都尉,殺數十百人,復聚其騎,亡其兩騎耳。乃謂其騎曰:"何如?"只兩字,反寫得意之語,極寫項羽豪邁。騎皆伏曰:"如大王言。"丨君驕臣諂,一倡一和,極是當時口角,至死未悟。

於是項王乃欲東渡烏江。烏江亭長檥船待,謂項王曰:"江東雖小,地方千里,衆數十萬人,亦足王也。願大王急渡。今獨臣有船,漢軍至,無以渡。"項王笑曰:"天之亡我,天亡餘波。我何渡爲!且籍與江東子弟八千人,渡江而西,直掉至篇首呼應,是通篇章法。今無一人還,縱江東父兄,應"子弟"。憐而王我,我何面目見之?縱彼不言,籍獨不愧於心乎?"作一頓,躊躇四顧,曲盡情景。乃謂亭長曰:"吾知公長者。吾騎此馬五歲,所當無敵,常①一日行千里,不忍殺之,又就馬上模寫一番,不知其人,視其物,正襯寫項羽也。以賜公。"乃令騎皆下馬,步行,持短兵接戰。獨籍所殺漢軍數百人。項王身亦被十餘創。顧見漢騎司馬呂馬童曰:"若非吾故人乎?"馬童面之,解冑露面也,字新。指王翳曰:"此項王也。"又傍寫一筆,想當時指目項王,神色俱動。項王乃曰:"吾聞漢購我頭,千金,邑萬戶,吾爲若德。"乃自刎而死。王翳取其頭,餘騎相蹂踐,爭項王,相殺者數十人。最其後,郎中騎楊喜,騎司馬呂馬童,郎中呂勝、楊武,各得其一體。五人,先寫王翳,後序四人,小小中亦具章法。五人共會其體,皆是。分其地爲五:縣購萬戶之地也。封呂馬童爲中水侯,封王翳爲杜衍侯,封楊喜爲赤泉侯,封楊武爲吳防侯,封呂勝爲涅陽侯。詳序,作分王一段餘波,可爲三嘆。

---

① 常,中華書局本《史記》作"嘗"。

項王已死，楚地皆降漢，獨魯不下。漢乃引天下兵，寫得氣勢，然正以襯魯之不下也。欲屠之，爲其守禮義，爲主死節，乃持項王頭視魯，魯父兄乃降。"父兄"字好，是守禮之國。始楚懷王初封項籍爲魯公，及其死，魯最後下，以魯事作餘波，乃借魯直掉至懷王初封，收盡通篇。神妙乃爾。故以魯公禮葬項王穀城。漢王爲發哀，泣之而去。丨約爲兄弟故邪！然盛衰之感，何得無之。

諸項氏枝屬，漢王皆不誅。乃封項伯爲射陽侯。完項伯事。桃侯、平皋侯、玄武侯，皆項氏，賜姓劉氏。又引三侯，以陪項伯。

太史公曰：吾聞之周生曰"舜目蓋重瞳子"，又聞項羽亦重瞳子。羽豈其苗裔邪？何興之暴也！史公論贊往往從閒处寫，最爲生色，極有豐神。夫秦失其政，陳涉首難，豪傑蠭起，相與並爭，不可勝數。然羽非有尺寸，乘勢起隴畝之中，三年，遂將五諸侯，齊、趙、韓、魏、燕。滅秦，分裂天下，而封王侯，政由羽出，號爲"霸王"，位雖不終，近古以來，未嘗有也。極贊項羽。及羽背關懷楚，放逐義帝而自立，怨王侯叛己，難矣。自矜功伐，奮其私智，而不師古，謂霸王之業欲以力征，經營天下，五年，卒亡其國，身死東城，尚不覺悟①，而不自責，過矣。乃引"天亡我，非用兵之罪也"，豈不謬哉！一贊中，五層轉折，唱歎不窮，而一紀之神情已盡。

項羽力拔山，氣蓋世，何等英雄！何等力量！太史亦以全神付之，成此英雄力量之文，如破秦軍處、斬宋義處、謝鴻門處、分王諸侯處、會垓下處，精神筆力，直透紙背，靜而聽之，殷殷闐闐，如有百萬之軍藏於蹁麈汗青之中，令人神動。〇當時四海鼎沸，時事紛紜，乃操三寸之管，以一手獨運，豈非難事！他於分封以前如召平、如陳嬰、如秦嘉、如范增、如田榮、如章邯諸事，逐

① 悟，中華書局本《史記》作"寤"。

段另起一頭,合到項氏,百川之歸海也。分封以後,如田榮反齊、如陳餘反趙、如周呂侯居下邑、如周苛殺魏豹、如彭越下梁、如淮陰侯舉河北,逐段追序前事,合到本文,千山之起伏也。而中間總處、提處、間接處、遙接處,多用"於是","當時是",等字,神理一片。○項羽起兵伐秦,是自東而西,伐齊,則自西而東,與漢王戰又自東而西,解而歸,至烏江,則又自西而東。"東西"字,是一篇眼目。○八千人渡江而西,忽化而爲二萬、六七萬、數十萬、忽化而爲八百餘人、百餘人、二十八騎、至無一人還。其興也如江湧,其亡也如雪消,令人三嘆。○項梁、項伯、范增是附傳,蓋紀其始,并序其終者,附傳法也。忽然而來者,插序法也。餘倣此。○中間帶序義帝處,亦頗英武,不是避賢割席一流,故堪爲沛公縞素。

高祖本紀

高祖,沛豐邑中陽里人,姓劉氏,字季。父曰太公,高祖太公不著名,諱也,餘《本紀》同。母曰劉媼。丨其先劉媼嘗息大澤之陂,夢與神遇。是時雷電晦冥,太公往視,則見蛟龍於其上。高紀前半通敘其神異,以爲帝王受命之符,此其一。已而有身,遂產高祖。丨

高祖爲人,隆準而龍顏,美須髯,左股有七十二黑子。仁而愛人,喜施,意豁如也。常有大度,不事家人生產作業。先寫其形貌氣度,是得天下之本,先揚之,句亦疎古。及壯,試爲吏,爲泗水亭長,廷中吏無所不狎侮。好酒及色。丨此則少抑之,狎侮諸吏狀。常從王媼、武負,貰酒,醉臥,武負、王媼,見其上常有龍,怪之。高祖每酤,留飲酒,讎數倍。丨神異二。或來酤,或留飲,則倍售也,作兩項解。及見怪,歲竟,此兩家常折券棄責。

高祖常繇咸陽,縱觀,觀秦皇帝,喟然太息曰:"嗟乎,大丈夫當如此也!"丨雄渾冠冕,氣局闊大。項羽亦嘗爲此語,未免天淵。

單父人呂公,善沛令,避仇,從之客,因家沛焉。沛中豪傑吏,聞令有重客皆往賀。蕭何爲主吏,主進,令諸大夫曰:"進不滿千錢,坐之堂下。"高祖爲亭長,素易諸吏,應無不狎侮。乃紿爲謁曰

"賀錢萬",實不持一錢。謁入,呂公大驚,句。起,句。迎之門。先突作態,下乃寫明。呂公者,好相人,見高祖狀貌,因重敬之,引入坐。蕭何曰:"劉季固多大言,少成事。"呂公一揚,蕭何又一抑,塵埃之中,人不易識,蕭何尚然,可爲一嘆。高祖因狎侮諸客,遂坐上坐,無所詘。極力寫高祖氣度,已有籠蓋萬夫氣象,并應狎侮諸吏。酒闌,呂公因目固留高祖。高祖竟酒,句。後。句。"竟酒"而又後出也。呂公曰:"臣少好相人,相人多矣,無如季相,願季自愛。臣有息女,願爲季箕帚妾。"不寫高祖作謙讓語,妙!酒罷,呂媼怒呂公曰:"公始常欲奇此女,與貴人。沛令善公,求之不與,何自妄許與劉季?"呂公曰:"此非兒女子所知也。"呂公許女心事,未曾說出,故借呂媼一跌,乃呂公終不說出,而意已明甚,妙!卒與劉季。呂公女,乃吕后也,生孝惠、魯元公主。丨倒插一筆,結呂公事。

高祖爲亭長時,接亭長提綱。常告歸之田。吕后與兩子居田中耨,有一老父過請飲,吕后因餔之。老父相吕后,先有一相者,此又出一相者,一虛一實,一主一陪。曰:"夫人,天下貴人。"令相兩子見孝惠,曰:"夫人所以貴者,乃此男也。"相魯元,亦皆貴。老父已去,高祖適從傍舍來,吕后具言,客有過,相我子母,皆大貴。高祖問,曰:"未遠。"乃追及問老父。老父曰:"鄉者夫人嬰兒,皆似君,君相貴不可言。"先吕后,次兩子,次魯元,中作一飀,乃出高祖,逐段逼入,小小段落中,亦具如許文法。高祖乃謝曰:"誠如父言,不敢忘德。"及高祖貴,遂不知老父處。丨神異三。

高祖爲亭長,接亭長提綱。乃以竹皮爲冠,令求盜之薛治之,時時冠之,及貴,常冠,所謂"劉氏冠",乃是也。丨正忙中插入閒事作致。

高祖以亭長接亭長提綱。爲縣送徒酈山,徒多道亡。自度[①]比至,皆亡之,到豐西澤中,止飲,夜乃解縱所送徒。曰:"公等皆去,吾亦從此逝矣!"兩句寫得磊落豪邁,酷似高祖氣度。徒中壯士,願從者十餘人。高祖被酒,夜徑澤中,令一人行前。行前者還報曰:"前有大蛇當徑,願還。"高祖醉,點明"醉"字。曰:"壯士行,何畏!"乃前,拔劍擊斬蛇。蛇遂分爲兩,徑開。蛇横徑上,既斬之後,蛇分爲兩,負痛而豁,開數尺,故徑開,數字亦不輕下。行數里,醉,因臥。始則被酒,繼則醉,此則醉臥,後乃覺,一步不亂。後人來,至蛇所,行前一人,後來一人,相對作章法。有一老嫗夜哭。人問何哭,嫗曰:"人殺吾子,故哭之。"人曰:"嫗子何爲見殺?"嫗曰:"吾子白帝子也,化爲蛇,當道,今爲赤帝子斬之,故哭。"人乃以嫗爲不誠,欲笞之,嫗因忽不見。神異四。"赤帝子""白帝子"不可解,止以不可解爲異。後人至,高祖覺。後人告高祖,高祖乃心獨喜自負。諸從者日益畏之。|先言至,而後告,先言覺,而後喜,喜而自負,而從者日益畏,數語中,步趨不亂。

秦始皇帝常曰:"東南有天[②]子氣",於是因東遊以厭之。高祖即自疑,正寫其自負處。亡匿,隱於芒碭山澤巖石之間。吕后與人俱求,常得之。高祖怪問之。吕后曰:"季所居上常有雲氣,故從往常得季。"神異五。自匿奇,求得更奇,天子氣奇,雲氣更奇,相映成文,一絲不亂。高祖心喜。沛中子弟或聞之,多欲附者矣。|先日益畏之,後多欲附之,步步緊入。○序高祖,先于虚處,序其瑣事,俱用疑鬼疑神之筆,其實一紀提綱,後乃序其實事。

---

① 自度,底本作"自塵",疑誤,據校本改。
② 天,底本作"大",疑誤,據校本改。

秦二世元年,以下用秦紀年,紀實也。秋,陳勝等起蘄,至陳而王,號爲“張楚”。諸郡縣皆多殺其長吏以應陳涉。沛令恐,欲以沛應涉。掾主吏蕭何、曹參,乃曰:“君爲秦吏,今欲背之,率沛子弟,恐不聽。願君召諸亡在外者,可得數百人,因刼衆,衆不敢不聽。”乃令樊噲召劉季。劉季之衆已數十百人矣。丨結一句應前。

於是樊噲從劉季來。間一句接上。沛令後悔,恐其有變,乃閉城,城守,欲誅蕭、曹。蕭、曹恐,踰城保劉季。劉季乃書帛射城上,謂沛父老曰:“天下苦秦久矣。今父老雖爲沛令守,諸侯並起,今屠沛。一段是爲秦守。沛今共誅令,擇子弟可立者立之,以應諸侯,則家室完。一段是背秦誅令。不然,父子俱屠,無爲也。”丨又緊一句收,以促之,小文中亦具章法。父老乃率子弟共殺沛令,開城門,迎劉季,欲以爲沛令。劉季曰:“天下方擾,諸侯竝起,今置將不善,壹敗塗地。吾非敢自愛,恐能薄,不能完父兄子弟。此大事,願更相推擇可者。”蕭、曹等皆文吏,自愛,恐事不就,後秦種族其家,盡讓劉季。又爲蕭、曹補寫一筆,筆力完繕。諸父老皆曰:“平生所聞劉季諸珍怪,當貴,且卜筮之,莫如劉季最吉。”珍怪,頂上五段神異,作一句結,卜筮虛。於是劉季數讓。衆莫敢爲,又虛寫一筆,詳。乃立季爲沛公。祠黄帝,祭蚩尤於沛庭,而釁鼓,旗幟皆赤。寫一時創興,氣象闊大,便不是草竊一流。由所殺蛇白帝子,殺者赤帝子,故上赤。丨百忙中又閑找一筆,結完赤帝子事。於是少年豪吏,如蕭、曹、樊噲等,間接。皆爲收沛子弟二三千人,攻胡陵、方與,還守豐。丨

秦二世二年,陳涉之將周章軍,間接陳涉。西至戲,而還。丨燕、趙、齊、魏,皆自立爲王。丨項氏起吳。丨插陳涉、燕、趙、齊、魏、項氏事,只畧寫,是高紀體。秦泗川監平,將兵圍豐,間接守豐事。二日,

出與戰,破之。命雍齒守豐,引兵之薛。泗川守壯,敗於薛,走至戚,沛公左司馬,得泗川守壯,殺之。丨完泗川守事。沛公還軍亢父至方與,周市来攻方與。未戰。陳王使魏人周市畧地。周市使人謂雍齒曰:"豐,故梁徙也。今魏地已定者數十城。齒今下魏,魏以齒爲侯,守豐。不下且屠豐。"雍齒雅不欲屬沛公,及魏招之,即反,爲魏守豐。沛公引兵攻豐,不能取。沛公病,還之沛。丨完守豐事,頓住。沛公怨雍齒,與豐子弟叛之,緊接。聞東陽甯君、秦嘉,立景駒爲假王,在留,因攻豐事,生出景駒事。乃往從之,欲請兵以攻豐。頓住。是時秦將章邯,從陳別將司馬尼,又目景駒事,生出章邯、尼事,枝葉遍布之妙。將兵北定楚地,屠相,至碭。東陽甯君、沛公,引兵西,與戰蕭西,不利。還收兵聚留,引兵攻碭,三日,乃取碭。因收碭兵,得五六千人。從甯君,欲爲攻豐之地,實則止有收兵事,點明。攻下邑,拔之。還軍豐。丨聞項梁在薛,從騎百餘,往見之。項梁益沛公卒五千人,五大夫將十人。沛公還,引兵攻豐。丨始完攻豐事。

從項梁月餘,項羽已拔襄城,還。項梁盡召別將居薛。沛公亦在其中。聞陳王定死,因立楚後懷王孫心,爲楚王,治盱台。項梁號武信君。居數月,北攻亢父,救東阿,破秦軍。齊軍歸,楚獨追北,以上俱項梁事,沛公正從項梁,則亦沛公事也,故詳序。使沛公、項羽別攻城陽,屠之。以上從項梁,至此分出沛公,與項羽共事。軍濮陽之東,與秦軍戰,破之。

秦軍復振,守濮陽環水。楚軍去,而攻定陶,定陶未下。沛公與項羽西畧地,至雍丘之下,與秦軍戰,大破之,斬李由。還攻外黄,外黄未下。丨一路戰功,至此頓住,下乃插項梁、宋義事。

項梁再破秦軍,有驕色。宋義諫,不聽。秦益章邯兵,夜銜枚擊項梁,大破之定陶,項梁死。沛公與項羽方攻陳留,間接。聞項梁死,引兵與呂將軍俱東。呂臣軍彭城東,項羽軍彭城西,沛公軍碭。丨又頓住。

章邯已破項梁軍,間接。則以爲楚地兵不足憂,乃渡河,北擊趙,大破之。當是之時,趙歇爲王,忙中欲插入趙王,故用"當是之時",便安放得好,下同。秦將王離,圍之鉅鹿城,此所謂河北之軍也。丨又頓住。

秦二世三年,楚懷王見項梁軍破,間接。恐,句。徙盱台,都彭城,并呂臣、項羽軍,自將之。以沛公爲碭郡長,封爲武安侯,將碭郡兵。封項羽爲長安侯,號爲魯公。呂臣爲司徒,其父呂青爲令尹。丨

趙數請救,間接。兩事雙寫,看其接換之妙。懷王乃以宋義爲上將軍,項羽爲次將,范增爲末將北救趙。丨令沛公西畧地入關。項羽救趙,是客,沛公入關是主,必點項羽者,爲下破趙不歸報而入關也。與諸將約,先入定關中者,王之。

當是時,秦兵彊,常乘勝逐北,諸將莫利先入關。獨項羽怨秦破項梁軍,句。奮,句。願與沛公西入關。提項羽,伏案。懷王諸老將,皆曰:"項羽爲人,僄悍猾賊。項羽嘗攻襄城,襄城無遺類,皆阬之,諸所過,無不殘滅。此言羽之暴。且楚數進取,前陳王、項梁皆敗。此言楚之不利,陳涉、楚王、項梁、楚將也,與上兩意。不如更遣長者,扶義而西,告諭秦父兄。秦父兄苦其主久矣,今誠得長者往,毋侵暴,宜可下。今項羽僄悍,今不可遣。獨沛公素寬大長者,可遣。"結兩段雙收。卒不許項羽,而遣沛公西畧地,收陳王、項梁散

卒。丨乃道碭，至成陽，與杠里，秦軍夾壁，破魏二軍。楚軍出兵擊王離，大破之。

沛公引兵西，遇彭越昌邑，因與俱攻秦軍，戰不利。還至栗，遇剛武侯，奪其軍，可四千餘人，并之。與魏將皇欣、魏申屠[①]武蒲之軍并攻昌邑，昌邑未拔。丨先序沛公不利，所以託出酈食其。西過高陽。酈食其謂監門曰："諸將過此者多，吾視沛公，大人長者。"乃求見說沛公。沛公方踞牀，使兩女子洗足。酈生不拜，長揖曰："足下必欲誅無道秦，不宜踞見長者。"於是沛公起，攝衣謝之，延上坐。食其說沛公襲陳留，說詞詳酈傳，此不詳寫，是本紀體，下同。得秦積粟。乃以酈食其爲廣野君，酈商爲將，將陳留兵，與偕攻開封，開封未拔。西與秦將楊熊戰白馬，又戰曲遇東，大破之。楊熊走之滎陽，二世使使者斬以狥。插一句，完楊熊事。南攻潁陽，屠之。因張良遂畧韓地轘轅。丨

當是時，趙別將司馬卬，方欲渡河入關，從旁突插一句，爲促沛公入關也。沛公乃北攻平陰，絕河津南。戰雒陽東，軍不利，還，至陽城，收軍中馬騎，與南陽守齮，戰犨東，破之。畧南陽郡，南陽守齮，走保城守宛。丨寫一路戰爭，所以托出張良、陳恢。沛公引兵過而西。張良諫曰："沛公雖欲急入關，爲司馬卬也。秦兵尚眾，距險。今不下宛，宛從後擊，彊秦在前，此危道也。"於是沛公乃夜引兵從他道還，更旗幟，黎明，圍宛城三匝。南陽守欲自剄。其舍人陳恢曰："死，未晚也。"乃踰城見沛公，曰："臣聞足下約，先入咸陽者王之。今足下留守宛。宛，大郡之都也，連城數十，人民眾，積蓄多，

① 屠，中華書局本《史記》作"徒"。

吏人自以爲降必死,故皆堅守乘城。今足下盡日止攻,士死傷者必多;引兵去宛,宛必隨足下後:即應張良所云,正中沛公心坎。足下前則失咸陽之約,後又有彊宛之患。爲足下計,莫若約降,封其守,因使止守,引其甲卒,與之西。諸城未下者,聞聲,爭開門而待,足下通行無所累。"沛公曰:"善。"乃以宛守爲殷侯,封陳恢千戶。引兵西,無不下者。應"通行無累"。至丹水,高武侯鰓、襄侯王陵,降西陵。還攻胡陽,遇番君别將梅鋗,與皆降析、酈。丨二段是"無不下者",註脚。遣魏人甯昌使秦,使者未來。是時章邯已以軍降項羽於趙矣。斗插一句,又疾接入項羽,文法敏妙。

初,項羽與宋義北救趙,及項羽殺宋義,代爲上將軍,諸將黥布皆屬,破秦將王離軍,降章邯,諸侯皆附。及趙高已殺二世,使人來,欲約分王關中。沛公以爲詐,乃用張良計,使酈生、陸賈,往說秦將,啗以利,因襲攻武關,破之。又與秦軍戰於藍田南,益張疑兵旗幟,諸所過,毋得掠鹵,秦人憙,秦軍解,因大破之。又戰其北,大破之。乘勝,遂破之。"破之","因大破之","大破之","乘勝遂破之"接連寫來,聲勢赫奕,正爲入關之地。

漢元年十月,以下用漢紀年,體也。沛公兵遂先諸侯至霸上。丨"遂"字,直接上酈食其、陳恢一段,至此一收。"先諸侯"者止應項羽、司馬卬也。秦王子嬰,素車白馬,係頸以組,封皇帝璽符節,降軹道旁。諸將或言誅秦王。沛公曰:"始懷王遣我,固以能寬容;且人已服降,又殺之,不祥。"乃以秦王屬吏,丨以下事事寫高祖王業,處處與項王對照。不殺秦子嬰一。遂西入咸陽。欲止宮休舍,樊噲、張良諫,乃封秦重寶財物府庫,還軍霸上。丨還軍霸上二。召諸縣父老豪傑曰:"父老苦秦苛法,久矣,誹謗者族,偶語者棄市。吾與諸侯約,先入關者王之,吾當王關中。與父老約,法三章耳:殺人者死,傷人及盜,抵罪。餘悉除去秦法。諸吏人皆案堵如故。凡吾所以來,爲父老除害,非有所侵暴,無恐!且吾所以還軍霸上,待諸侯至而定約束耳。丨除秦苛法三。"乃使人與秦吏,行縣鄉邑,告諭之。秦人大喜,爭持牛羊酒食,獻饗軍士。沛公又讓不受,曰:"倉粟多,非乏,不欲費人。"人又益喜,惟恐沛公不爲秦王。丨一句總收上數節,先言"秦人喜",後言"秦人大喜",又"益喜",步步緊入。

或說沛公曰:"秦富十倍天下,地形彊。今聞章邯降項羽,項羽乃號爲雍王,王關中。今則來,沛公恐不得有此。可急使兵守函谷關,無内諸侯軍,稍徵關中兵以自益,距之。"沛公然其計,從之。内而秦人歸心,外而發兵守關,以爲高祖王關中定矣,孰知其不然哉?此反剔法也。十一月中,項羽果率諸侯兵西,欲入關,"果"字,直從"項羽怨秦,欲與沛公入關,及沛公遂先至""遂"字相應。關門閉。聞沛公已定關中,大怒,使黥布等攻破函谷關。十二月中,遂至戲。沛公左司馬曹無傷,聞項王怒,欲攻沛公,使人言項羽曰:"沛公欲王關中,令子嬰爲相,珍寶盡有之。"欲以求封。亞父勸項羽擊沛公。方饗士,旦日合戰。是時項羽兵四十萬,號百萬。沛公兵十萬,號二十萬,力不敵。先提明力不及,爲高祖出脱。會項伯欲活張良,夜往見良,因以文諭項羽,項羽乃止。沛公從百餘騎,驅之鴻門,見謝項羽。項傳千言,此則數語,彼既不減,此亦不增,而情事俱盡,豈非大手筆!項羽曰:"此沛公左司馬曹無傷言之。不然,籍何以至①此!"鴻門事,高祖大受虧處,約畧序去,止一句,放倒項羽,不説壞高祖,是本紀體。沛公以樊噲、張良故,得解歸。歸,立誅曹無傷。丨結鴻門事。

① 至,中華書局本《史記》作"生"。

項羽遂西,屠燒咸陽秦宫室,所過無不殘破。秦人大失望,然恐,不敢不服耳。丨與前對照。

項羽使人還報懷王。懷王曰:"如約。"項羽怨懷王不肯令與沛公俱西入關而北救趙,後天下約。長句。遥接前事,一并提來。乃曰:"懷王者,吾家項梁所立耳,非有功伐,何以得主約! 本定天下,諸將及籍也。"乃佯尊懷王爲義帝,實不用其命。丨

正月,項羽自立爲西楚霸王,王梁、楚地,九郡,都彭城。負約,更立沛公爲漢王,於立沛公上,明著"負約"二字,正爲沛公不平也。王巴、蜀、漢中,都南鄭。三分關中,立秦三將:章邯爲雍王,都廢丘;司馬欣爲塞王,都櫟陽;董翳爲翟王[①],都高奴。楚將瑕丘申陽爲河南王,都雒陽。趙將司馬卬爲殷王,都朝歌。趙王歇徙王代。趙相張耳爲常山王,都襄國。當陽君黥布爲九江王,都六。懷王柱國共敖爲臨江王,都江陵。番君吳芮爲衡山王,都邾。燕將臧荼爲燕王,都薊。故燕王韓廣,徙王遼東。廣不聽,臧荼攻殺之無終。封成安君陳餘河間三縣,居南皮。封梅鋗十萬戶。分封事,羽傳亦如此寫,然羽傳是爲項羽稱快,此紀是爲沛公聲屈,字句如一,而看去神理,自是不同。

四月,兵罷戲下,諸侯各就國。丨漢王之國,項王使卒三萬人從,楚與諸侯之慕從者數萬人,寫漢王得人心處,只暗寫。從杜南入蝕中。去輒燒絕棧道,以備諸侯盜兵襲之,亦示項羽無東意。至南鄭,諸將及士卒多道亡歸,士卒皆歌思東歸。韓信說漢王曰:"項羽王諸將之有功者,而王獨居南鄭,是遷也。軍吏士卒,皆山東之人也,日夜跂而望歸,及其鋒而用之,可以有大功。天下已

---

① 王,底本作"玉",疑誤,據校本改。

定,人皆自寧,不可復用。不如決策東鄉,爭權天下。”丨韓信說詞,亦只畧寫,重本紀也。忽又頓住。

項羽出關,使人徙義帝。韓信說詞未完,緊接項羽失策,事機適湊,文機亦適湊。曰:“古之帝者,地方千里,必居上游。”乃使使徙義帝長沙郴縣,趣義帝行,群臣稍背叛之,乃陰令衡山王、臨江王,擊之,殺義帝江南。丨項羽怨田榮,立齊將田都爲齊王。又横出一事。田榮怒,因自立爲齊王,殺田都,而反楚;予彭越將軍印,令反梁地。楚令蕭公角擊彭越,彭越大破之。丨陳餘怨項羽之弗王己也,又横出一事。令夏說說田榮,請兵擊張耳。齊予陳餘兵,擊破常山王張耳,張耳亡歸漢。迎趙王歇於代,復立爲趙王。趙王因立陳餘爲代王。項羽大怒,北擊齊。丨韓信之計未成,而項羽之事齊起。四面紛挐,正爲韓信之地,故一齊序入。

八月,漢王用韓信之計,頂上三節,間接說詞,直瀉而下,所謂數節之後,迎刃而解也。從故道還,襲雍王章邯。邯迎擊漢陳倉,雍兵敗,還走;止戰好畤,又復敗,走廢丘。漢王遂定雍地。東至咸陽,引兵圍雍王廢丘,而遣諸將畧定隴西、北地、上郡。令將軍薛歐、王吸,出武關,因王陵兵南陽,以迎太公、吕后於沛。楚聞之,發兵距之陽夏,不得前。令故吳令鄭昌爲韓王,距漢兵。丨一段散序事,是本紀體。

二年,漢王東畧地,間接上畧地事。塞王欣、翟王翳、河南王申陽,皆降。韓王昌不聽,接上鄭昌爲韓王距漢兵。使韓信擊破之。於是置隴西、北地、上郡、渭南、河上、中地郡;關外,置河南郡。更立韓太尉信爲韓王。丨韓王昌已破也。諸將以萬人,若以一郡降者,封萬戶。丨插一句,是漢王檄文。繕治河上塞。丨諸故秦苑囿園池,

皆令人得田之,｜正月,虜雍王弟章平。｜大赦罪人。｜

漢王之出關,至陝,撫關外父老,句。還,句。張耳來見,間接張耳亡歸漢。漢王厚遇之。｜

二月,令除秦社稷,更立漢社稷。｜

三月,漢王從臨晉渡,魏王豹將兵從。下河内,虜殷王,置河内郡。南渡平陰津,至雒陽。｜新城三老董公,遮説漢王以義帝死故。應上義帝之弒。漢王聞之,袒而大哭。遂爲義帝發喪,臨三日。發使者告諸侯,曰:"天下共立義帝,北面事之。今項羽放殺義帝於江南,大逆無道。寡人親爲發喪,諸侯皆縞素。悉發關内兵,收三河士,南浮江漢以下,願從諸侯王擊楚之殺義帝者。"｜詞雄渾而不勁,刻入而不深,簡淨而不佻,字字精綻,是漢人第一篇文字。

是時項王北擊齊,漢王正欲發兵,布告天下,正匆忙時,忽然放去,重接入項羽,章法神化。田榮與戰城陽。田榮敗,走平原,平原民殺之。齊皆降楚。楚因焚燒其城郭,繫虜其子女。齊人叛之。田榮弟横,立榮子廣爲齊王,項羽又生出一事。齊王反楚城陽。項羽雖聞漢東,既已連齊兵,欲遂破之而擊漢。三曲折,從項羽心上寫,即乘便接入漢事,敏妙如此。漢王以故得劫五諸侯兵,遂入彭城。項羽聞之,乃引兵去齊,從魯,出胡陵,至蕭,與漢大戰彭城,靈壁東睢水上,大破漢軍,多殺士卒,睢水爲之不流。乃取漢王父母妻子於沛,置之軍中,以爲質。當是時,諸侯見楚彊,漢敗還,皆去漢,復爲楚。塞王欣亡入楚。｜百忙中又插寫諸侯、塞王一筆,四面照耀,以取勢也。

呂后兄周呂侯,爲漢將兵,居下邑。漢王從之,稍收士卒,軍碭。漢王乃西過梁地,至虞。使謁者隨何,之九江王布所,曰:"公能令布舉兵叛楚，項羽必留擊之。得留數月，吾取天下必矣。”隨何往說九江王布，布果背楚。楚使龍且往擊之。丨忙中又復頓住。

漢王之敗彭城而西，行使人求家室，間接彭城及取漢王家室事。家室亦亡，不相得。敗後，乃獨得，孝惠，六月，立爲太子，大赦罪人。令太子守櫟陽，諸侯子在關中者，皆集櫟陽，爲衛。引水灌廢丘，廢丘降，章邯自殺。更名廢丘爲槐里。丨於是令祠官祀天地四方上帝山川，以時祀之。丨興關內卒，乘塞。丨

是時九江王布，與龍且戰，重回筆寫英布、龍且戰事，筆法如龍。不勝，與隨何間行歸漢。漢王稍收士卒，與諸將及關中卒，益出，是以兵大振滎陽，破楚京、索間。丨頓住。

三年，魏王豹謁歸，視親疾，至，即絕河津，反爲楚。漢王使酈生說豹，豹不聽。漢王遣將軍韓信擊，大破之，鹵豹。遂定魏地，置三郡，曰河東、太原、上黨。丨漢王乃令張耳與韓信，遂東下井陘，擊趙，斬陳餘、趙王歇。其明年，立張耳爲趙王。丨

漢王軍滎陽南，間接，上大振滎陽京索之間，以下重寫項羽戰事。築甬道，屬之河，以取敖倉。與項羽相距，歲餘。項羽數侵奪漢甬道，漢軍乏食，遂圍漢王。漢王請和，割滎陽以西者爲漢。項王不聽。漢王患之，乃用陳平之計，予陳平金四萬斤，以間疎楚君臣。於是項羽乃疑亞父。亞父是時勸項羽遂下滎陽，及其見疑，乃怒，辭老，願賜骸骨歸卒伍，未至彭城而死。丨

漢軍絕食，間接漢軍乏食。乃夜出女子東門，二千餘人，被甲，楚因四面擊之。將軍紀信，乃乘王駕，詐爲漢王，誑楚，楚皆呼萬歲，之城東觀，以故漢王得與數十騎出西門遁。令御史大夫周苛、魏豹、樅公，守滎陽。諸將卒不能從者，盡在城中。周苛、樅公相

謂曰："反國之王，難與守城。"因殺魏豹。|

漢王之出滎陽，漢王既遁，內寫城中一筆，即回寫漢王出滎陽一筆，兩邊夾寫，寫者筆不停揮，讀者目不暇轉。入關，收兵，欲復東。袁生說漢王曰："漢與楚相距滎陽數歲，漢常困。願君王出武關，項羽必引兵南走，王深壁，令滎陽成皋間且得休。使韓信等輯河北趙地，連燕齊，君王乃復走滎陽，未晚也。如此則楚所備者多力分，漢得休，復與之戰，破楚必矣。"漢王從其計，出軍宛、葉間，與黥布行收兵。

項羽聞漢王在宛，果引兵南。漢堅壁不與戰。|頓住。是時彭越渡睢水，又接入彭越。與項聲、薛公戰下邳，彭越大破楚軍。項羽乃引兵東擊彭越。漢王亦引兵北軍成皋。|項羽已破走彭越，聞漢王復軍成皋，四句夾序，雙接彭越、漢王。乃復引兵西拔滎陽，誅周苛、樅公，而虜韓王信，遂圍成皋。

漢王跳，獨與滕公共車，出成皋玉門，北渡河，馳宿修武。自稱使者，晨馳入張耳、韓信壁，而奪之軍。間接張耳、韓信下井陘擊趙事，前兩人合，此下兩人分。乃使張耳北益收兵趙地，使韓信東擊齊。|漢王得韓信軍，則復振。引兵臨河南，饗軍小修武南，欲復戰。上插收趙擊齊，客。復收入與楚戰，本文。郎中鄭忠，乃說止漢王，使高壘深塹，勿與戰。漢王聽其計，|正欲與戰，又頓住，下復插下梁、破齊事，文如織錦。使盧綰、劉賈，將卒二萬人，騎數百，渡白馬津入楚地，與彭越復擊破楚軍燕郭西，遂復下梁地十餘城。|

淮陰已受命東，間接。未渡平原。漢王使酈生往說齊王田廣，廣叛楚，與漢和，共擊項羽。韓信用蒯通計，遂襲破齊。齊王烹酈生，東走高密。|項羽聞韓信已舉河北兵，破齊、趙，且欲擊楚，則

使龍且、周蘭往擊之。韓信與戰,騎將灌嬰擊,大破楚軍殺龍且。齊王廣犇彭越。當此時,彭越將兵居梁地,往來苦楚兵,絕其糧食。丨又點彭越,雙收上兩段。

四年,項羽乃謂海春侯大司馬曹咎曰:"謹守成皋。若漢挑戰,慎勿與戰,無令得東而已。我十五日,必定梁地,復從將軍。"乃行,擊陳留、外黃、睢陽下之。漢果數挑楚軍,楚軍不出,使人辱之五六日,大司馬怒,度兵汜水。士卒半渡,漢擊之,大破楚軍,盡得楚國金玉貨賂。大司馬咎、長史欣,皆自剄汜水上。項羽至睢陽,聞海春侯破,乃引兵還。漢軍方圍鍾離眛於滎陽東,項羽至,盡走險阻。丨兩邊正欲合時,偏又頓住。

韓信已破齊,又插韓信事。使人言曰:"齊邊楚,權輕,不爲假王,恐不能安齊。"漢王欲攻之。留侯曰:"不如因而立之,使自爲守。"乃遣張良操印綬,立韓信爲齊王。丨

項羽聞龍且軍破,則恐,因韓信,插入項羽說信事,何等輕便。使盱台人武涉,往說韓信。韓信不聽。丨

楚漢久相持未決,又回接本文。丁壯苦軍旅,老弱罷轉饟。漢王、項羽,相與臨廣武之間而語。項羽欲與漢王獨身挑戰。漢王數項羽曰:"始與項羽俱受命懷王,曰:先入定關中者王之,項羽負約,王我於蜀漢,罪一。項羽矯殺卿子冠軍,而自尊,罪二。項羽已救趙,當還報,而擅刼諸侯兵入關,罪三。懷王約入秦無暴掠,項羽燒秦宮室,掘始皇帝冢,私收其財物,罪四。又彊殺秦降王子嬰,罪五。詐阬秦子弟新安二十萬,王其將,罪六。項羽皆王諸將善地,而徙逐故主,令臣下爭叛逆,罪七。項羽出逐義帝彭城,自都之,奪韓王地,并王梁楚,多自予,罪八。項羽使人陰弒義帝江

南，罪九。夫爲人臣而弑其主，殺已降，爲政不平，主約不信，天下所不容，大逆無道，罪十也。第一罪即説負約事，足見豁達，而第十罪，即總數事，用"也"字作結，奇文。吾以義兵，從諸侯誅殘賊，使刑餘罪人，擊殺項羽，何苦乃與公挑戰！"用"刑餘罪人"更添色澤。項羽大怒，伏弩射中漢王。漢王傷胷，乃捫足曰："虜中吾指！"漢王病創臥，張良彊請漢王，起行勞軍，以安士卒，毋令楚乘勝於漢。漢王出行軍，病甚，因馳入成皋。

病癒，西入關，至櫟陽，存問父老，置酒，梟故塞王欣頭櫟陽市。留四日，復如軍，軍廣武。關中兵益出。|

當此時，彭越將兵居梁地，往來苦楚兵，絶其糧食。田横往從之。項羽數擊彭越等，齊王信又進擊楚。雙插入彭越、韓信事。項羽恐，乃與漢王約，中分天下，割鴻溝而西者，爲漢，鴻溝而東者，爲楚。項王歸漢王父母妻子，軍中皆呼萬歲，乃歸而别去。|

項羽解而東歸。漢王欲引而西歸，用留侯、陳平計，乃進兵追項羽，至陽夏南，止軍，與齊王信、建成侯彭越，期會而擊楚軍至固陵，不會。楚擊漢軍，大破之。漢王復入壁，深塹而守之。用張良計，於是韓信、彭越皆往。| 及劉賈入楚地，圍壽春，漢王敗固陵，乃使使者召大司馬周殷，舉九江兵而迎之，武王行屠城父，隨何、劉賈、齊梁諸侯，皆大會垓下。| 寫其氣勢，爲下困羽地。立武王布爲淮南王。|

五年，高祖與諸侯兵共擊楚軍，與項羽決勝垓下。提一句，頂上一段下。淮陰侯將三十萬，自當之，獨單寫一句，極予韓信也。孔將軍居左，費將軍居右，皇帝在後，絳侯、柴將軍在皇帝後。敘置明白，皇帝在中軍耳，兩"後"字作致。項羽之卒可十萬。淮陰先合，不利，句。

却。句。孔將軍、費將軍縱,楚兵不利,淮陰侯復乘之,垓下之戰,淮陰自當前陣,必以爲一戰破楚,偏寫不利而却,孔費再戰,淮陰復乘,作三層寫。大敗垓下。項羽卒聞漢軍之楚歌,以爲漢盡得楚地,項羽乃敗而走,是以兵大敗。前作三層寫,此大敗垓下,乃敗而走,是以大敗,亦作三層寫,妙!使騎將灌嬰追殺項羽東城,斬首八萬,遂畧定楚地。魯爲楚堅守不下。漢王引諸侯兵北,示魯父老項羽頭,魯乃降。遂以魯公號,葬項羽穀城。|"三年,軍滎陽以來",至此楚漢之戰乃畢。還至定陶,馳入齊王壁,奪其軍。|

正月,諸侯及將相,相與共請尊漢王爲皇帝。漢王曰:"吾聞帝,賢者有也,空言虛語,非所守也,吾不敢當帝位。"群臣皆曰:"大王起微細,誅暴逆,平定四海,有功者輒裂地而封爲王侯。大王不尊號,皆疑不信。臣等以死守之。"漢王三讓,不得已,曰:"諸君必以爲便,便國家。"甲午,乃即皇帝位汜水之陽。|

皇帝曰:即武王未下車而封唐虞之後意,接寫,見漢王大畧。義帝無後。齊王韓信習楚風俗,徙爲楚王,都下邳。立建成侯彭越爲梁王,都定陶。故韓王信爲韓王,都陽翟。徙衡山王吳芮爲長沙王,都臨湘。番君之將梅鋗,有功,從入武關,故德番君。淮南王布、燕王臧荼、趙王敖,皆如故。|前寫項羽分封一段,此又寫漢王分封一段,兩處照耀,不見重沓。

天下大定。勒一句,總結上半篇。高祖都雒陽諸侯皆臣屬。故臨江王驩,爲項羽叛漢,令盧綰、劉賈圍之,不下。數月而降,殺之雒陽。|

五月,兵皆罷歸家。接天下大定、臨江定楚事餘波。諸侯子在關中者,復之十二歲,其歸者復之六歲,食之一歲。

高祖置酒雒陽南宫。高祖曰:“列侯諸將無敢隱朕,皆言其情。吾所以有天下者何?項氏之所以失天下者何?”高起、王陵對曰:“陛下慢而侮人,項羽仁而愛人。然陛下使人攻城畧地,所降下者,因以予之,與天下同利也。項羽妬賢嫉能,有功者害之,賢者疑之,戰勝而不予人功,得地而不予人利,此所以失天下也。”先出一段淺。高祖曰:“公知其一,未知其二。夫運籌策帷帳之中,決勝於千里之外,吾不如子房。鎮國家,撫百姓,給餽饟,不絕糧道,吾不如蕭何。連百萬之軍,戰必勝,攻必取,吾不如韓信。此三者,皆人傑也,吾能用之,此吾所以取天下也。項羽有一范增而不能用,此其所以爲我擒也。”楚漢兩爭,一篇大文,至此已畢,不可寂然便住,故即高祖一問,先高起、王陵提論一番,後即高祖自己提論一番,兩兩相比,一篇文字,至此收盡。

高祖欲長都雒陽,齊人劉敬説,及留侯勸上入都關中,高祖是日駕入都關中。丨六月,大赦天下。

十月燕王臧荼反,攻下代地。高祖自將擊之,得燕王臧荼。即立太尉盧綰爲燕王。使丞相噲將兵攻代。丨

其秋,利幾反,高祖自將兵擊之,利幾走。利幾者,項氏之將。項氏敗,利幾爲陳公,不隨項羽亡,降高祖,高祖侯之潁川。高祖至雒陽,舉通侯籍召之,而利幾恐故反。利幾亦是項事餘波,故詳寫。

六年,此下半篇起處,天下既定,事體既少,只挨年平序去,是本紀體。高祖五日一朝太公,如家人父子禮。太公家令説太公曰:“天無二日,土無二王。今高祖雖子,人主也;太公雖父,人臣也。奈何令人主拜人臣!如此則威重不行。”後高祖朝,太公擁篲,迎門,却行。高祖大驚,下扶太公。太公曰:“帝,人主也,奈何以我亂天下

法!”於是高祖乃尊太公爲太上皇。心善家令言,賜金五百斤。|

十二月,人有上變事,告楚王信謀反,上問左右,左右爭欲擊之。先借左右,襯出陳平。用陳平計,乃僞遊雲夢,會諸侯於陳,楚王信迎,即因執之。是日,大赦天下。|“是日”好。恐天下之疑懼也,寫高祖滿心不安。田肯賀,因說高祖曰:“陛下得韓信,又治秦中。秦,形勝之國,帶河山之險,縣隔千里,持戟百萬,秦得百二焉。地勢便利,其以下兵於諸侯,譬猶居高屋之上建瓴水也。夫齊,東有琅琊、即墨之饒,南有泰山之固,西有濁河之限,北有勃海之利。地方二千里,持戟百萬,縣隔千里之外,齊得十二焉。故此東西秦也。非親子弟,莫可使王齊矣。”高祖曰:“善。”賜黄金五百斤。|

後十餘日,封韓信爲淮陰侯,“十餘日”,頂大赦之“是日”也,寫高祖滿心慚愧。分其地爲二國。高祖曰:“將軍劉賈,數有功。”以爲荊王,王淮東。弟交爲楚王,王淮西。子肥爲齊王,王七十餘城,民能齊言者,皆屬齊。因執信分國事,接封賈、交事,因封賈、交,接封齊王事,即接田肯云云,何等神速! 乃論功,與諸列侯剖符行封。徙韓王信太原。|

七年,匈奴攻韓王信馬邑,信因與同①謀反太原。白土、曼丘臣、王黄,立故趙將趙利爲王,以反,高祖自往擊之。會天寒,士卒墮指者什二三,先爲圍平城解嘲。遂至平城。匈奴圍我平城,七日,而後罷去。|令樊噲止定代地。|立兄劉仲爲代王。|

二月,高祖自平城,過趙、雒陽,至長安。長樂宮成,丞相以下,徙治長安。|

---

① 中華書局本无“同”字。

八年,高祖東擊韓王信餘反寇於東垣。|

蕭丞相營作未央宫,立東闕、北闕、前殿、武庫、太倉。高祖還,見宫闕壯甚,怒謂蕭何曰:"天下匈匈,苦戰數歲,成敗未可知,是何治宫室過度也?"蕭何曰:"天下方未定,故可因遂就宫室。且夫天子以四海爲家,非壯麗無以重威,且無令後世有以加也。"高祖乃說。|

高祖之東垣,過柏人,趙相貫高等謀弒高祖,高祖心動,因不留。|代王劉仲,棄國亡,自歸雒陽,廢以爲合陽侯。|

九年,趙相貫高等事發覺,夷三族。廢趙王敖爲宣平侯。|是歲,徙貴族,楚昭、屈、景、懷、齊田氏,關中。|

未央宫成。高祖大朝諸侯群臣,置酒未央前殿。高祖奉玉卮,起爲太上皇壽,曰:"始大人常以臣無賴,不能治產業,不如仲力。今某之業,所就孰與仲多?"殿上群臣皆呼萬歲,大笑爲樂。高祖微時一段,未有照應,故借此數語以結之,寫英雄得志,可浮大白。

十年,十月,淮南王黥布、梁王彭越、燕王盧綰、荊王劉賈、楚王劉交、齊王劉肥、長沙王吳芮,皆來朝長樂宫。|春夏無事。

七月,太上皇崩櫟陽宫。楚王、梁王,皆來送葬。|赦櫟陽囚。更命酈邑曰新豐。|

八月,趙相國陳豨反代地。上曰:"豨嘗爲吾使,甚有信。代地吾所急也,故封豨爲列侯,以相國守代,今乃與王黃等刼掠代地!代地吏民,非有罪也。其赦代吏民。"九月,上自東往擊之。至邯鄲,上喜曰:"豨不南據邯鄲,而阻漳水,吾知其無能爲也。"聞豨將,皆故賈人也,上曰:"吾知所以與之。"乃多以金啗豨將,豨將多降者。|

十一年，高祖在邯鄲，誅豨等未畢，提一句接上。豨將侯敞，將萬餘人游行，王黄軍曲逆，張春渡河擊聊城。漢使將軍郭蒙，與齊將擊，大破之。太尉周勃，道太原入定代地。至馬邑，馬邑不下，即攻殘之。｜

豨將趙利，守東垣，高祖攻之，不下。月餘，卒罵高祖，高祖怒。城降，令出罵者斬之，不罵者原之。於是乃分趙山北，立子恒以爲代王，都晉陽。｜

春，淮陰侯韓信，謀反關中，"謀反關中"好。關中帝都。身在朝廷，豈能反哉？夷三族。

夏，梁王彭越謀反，廢，遷蜀。復欲反，｜"復欲反"好。既已廢遷身在陷穽，豈能復反哉？史筆。遂夷三族。｜立子恢爲梁王，子友爲淮陽王。｜

秋七月，淮南王黥布反，東并荊王劉賈地，北渡淮，楚王交走入薛。高祖自往擊之。｜立子長爲淮南王。｜

十二年十月，高祖已擊布軍，會甀，布走，令别將追之。

高祖還歸，過沛，留。置酒沛宫，悉召故人父老子弟，縱酒，發沛中兒，得百二十人，教之歌。酒酣，高祖擊筑，自爲歌詩，曰："大風起兮雲飛揚，威加海内兮歸故鄉，安得猛士兮守四方！"令兒皆和習之。高祖乃起舞，慷慨傷懷，泣數行下。謂沛父兄曰："游子悲故鄉。吾雖都關中，萬歲後，吾魂魄猶樂思沛。且朕自沛公以誅暴逆，遂有天下，其以沛爲朕湯沐邑，復其民，世世無有所與。"未央之語樂，此語悲壯，極寫英雄氣概，使人神往。沛父兄，諸母，故人，日樂飲，極驩，道舊故爲笑樂。高祖起沛一段未有照映，故借此以結之。十餘日，高祖欲去，沛父兄固請留高祖。高祖曰："吾人眾多，父兄不能給。”乃去。沛中空縣，皆之邑西獻。高祖復留止張，飲三日。沛父兄皆頓首曰：“沛幸得復，豐未復，唯陛下哀憐之。”高祖曰：“豐，吾所生長，極不忘耳，吾特爲其以雍齒故，反我爲魏。”沛父兄固請，乃并復豐，比沛。直應篇首對照。於是拜沛侯劉濞爲吳王。｜爲沛爲湯沐邑，故改封濞也。

漢將別擊布軍洮水南北，皆大破之，追得，斬布鄱陽。｜

樊噲別將兵定代，斬陳豨當城。｜

十一月，高祖自布軍至長安。｜十二月，高祖曰：“秦始皇帝、楚隱王，陳涉、魏安釐王、齊緡王、趙悼襄王，皆絕，無後，予守冢，各十家，秦皇帝二十家，魏公子無忌五家。”｜赦代地吏民，爲陳豨、趙利所刦掠者，皆赦之。陳豨降將，言豨反時，燕王盧綰，使人之豨所，與陰謀。上使辟陽侯迎綰，綰稱病。辟陽侯歸，具言綰反有端矣。二月，使樊噲、周勃，將兵擊燕王綰，赦燕吏民與反者。立皇子建爲燕王。｜

高祖擊布時，爲流矢所中，行，道病。病甚，吕后迎良醫，醫入見，高祖問醫，醫曰：“病可治。”於是高祖嫚罵之曰：“吾以布衣，持①三尺劍，取天下，此非天命乎？命乃在天，雖扁鵲何益！”英雄氣概，又寫一番。遂不使治病，賜金五十斤，罷之。｜已而吕后問：“陛下百歲後，蕭相國即死，令誰代之？”上曰：“曹參可。”問其次，上曰：“王陵可。然陵少戇，陳平可以助之。陳平智有餘，然難以獨任。周勃重厚少文，然安劉氏者，必勃也，可令爲太尉。”吕后復問其次，上曰：“此後亦非而所知也。”

---

① 持，中華書局本《史記》作“提”。

盧綰與數千騎居塞下候伺,幸上病癒自入謝。先作不了語,頓住。

四月甲辰,高祖崩長樂宫。四日不發喪。吕后與審食其謀曰:"諸將與帝爲編户民,今北面爲臣,此常怏怏,今乃事少主,非盡族是,天下不安。"人或聞之,語酈將軍。酈將軍往見審食其曰:"吾聞帝已崩四日,不發喪,欲誅諸將。誠如此,天下危矣。陳平、灌嬰將十萬守滎陽,樊噲、周勃將二十萬定燕、代,此聞帝崩,諸將皆誅,必連兵還鄉,以攻關中。大臣内叛,諸侯外反,亡可翹足而待也。"審食其入言之,乃以丁未發喪,大赦天下。|

盧綰聞高祖崩,遂亡入匈奴。間補接前事。

丙寅葬。|己巳,立太子,至太上皇廟。|在上皇廟立太子也。群臣皆曰:"高祖起微細,撥亂世反之正,平定天下,"高祖起微細",直應至篇首。高起、王陵述一遍,高祖未央宫自述一遍,過沛時自述一遍,死時自述一遍,此群臣又述一遍,凡作五層收束。爲漢太祖,功最高。"上尊號爲高皇帝。太子襲號爲皇帝,孝惠帝也。令郡國諸侯各立高祖廟,以歲時祠。|

及孝惠五年,思高祖之悲樂沛,以沛宫爲高祖原廟。高祖所教歌兒百二十人,皆令爲吹樂,後有缺,輒補之。|

高帝八男:長庶,齊悼惠王肥;次孝惠,吕后子;次戚夫人子,趙隱王如意;次代王恒,已立爲孝文帝,薄太后子;次梁王恢,吕太后時徙爲趙共王;次淮陽王友,吕太后時徙爲趙幽王;次淮南厲王長;次燕王建。紀後嗣住,暗起文帝一紀,諸王世家。

太史公曰:夏之政忠。忠之敝,小人以野,故殷人承之以敬。敬之敝,小人以鬼,故周人承之以文。文之敝,小人以僿,故救僿莫若以忠。三王之道,若循環,終而復始。周,秦之間,可謂文敝矣。秦政不改,反酷刑法,豈不繆乎?故漢興承敝易變,使人不倦,得天統矣。高祖一紀甚詳,贊中只言其治道大畧,而以"天統"終,得體之甚。朝以十月。車服黄屋左纛。葬長陵。

高祖開創之時,事務極多,多則便難摶捖矣。看他東穿西插,縱横不亂,如繡錯,如花分;突起忽住,絡驛不絶,如馬跡,如蛛絲。或一齊亂起,如野火,如驟雨;或一段獨下,如澄波,如浩月。萬餘字,組成一片,非有神力安能辨此?○先寫項羽一紀,接手又寫高祖一紀,一節事分兩處寫安得不同?乃《羽紀》中字字是寫項羽,《高紀》中字字是寫高祖。兩篇對看,始見其妙。○項羽每事爲一段,插入合來,猶好下手。《高紀》則將諸事紛紛抖碎,組織而成,整中見亂,亂中見整,絶無痕跡,更爲難事。○《高紀》一篇,俱紀實事,不及寫其英雄氣概。只于篇首寫之,如慢易諸吏處,斬白蛇處;篇後寫之,如未央上壽處,沛中留飲處,病時却醫處,寫其豁達本色,語語入神。○紀中插入諸事亦用"是時""當是時","及於是"等字,則與《項紀》同之。

呂后本紀

呂太后者，高祖微時妃也，生孝惠帝、孝惠附紀。女魯元太后。丨及高祖爲漢王，得定陶戚姬，愛幸，生趙隱王如意。一紀許多人，惟呂后、戚姬、孝惠、趙王爲要，故先提明。孝惠爲人，仁弱，高祖以爲不類我，常欲廢太子，立戚姬子如意，如意類我。兩"類我"，呼應。先將孝①惠、趙王對寫。戚姬幸，常從上之關東，日夜啼泣，欲立其子代太子。呂后年長，常留守，希見上，益疎。又將戚姬、呂后對寫，形容情事乃盡。如意立爲趙王，後幾代太子者數矣，賴大臣爭之，及留侯策，太子得毋廢。丨"留侯策"暗寫。

呂后爲人至此始入呂后事。剛毅，佐高祖定天下，所誅大臣多呂后力。丨誅信、越事亦暗寫，蓋有三傳在也，爲呂后諱，故只一筆帶過。呂后兄二人，皆爲將。長兄周呂侯，死事，封其子呂台爲酈侯，子産爲交侯；次兄呂釋之爲建成侯。丨带序諸呂事。

高祖十二年四月甲辰，崩長樂宫，太子襲號爲帝。呂后縱恣于高帝崩後，故前畧後詳，此乃入破處也。是時高祖八子：長男肥，孝惠兄

① 孝，底本作"老"，據校本改。

也，異母，肥爲齊王；餘皆孝惠弟，戚姬子，如意爲趙王，薄夫人子恒爲代王，諸姬子，子恢爲梁王，子友爲淮陽王，子長爲淮南王，子建爲燕王。高祖八子，除孝文有本紀，齊、淮南有世家，餘皆附此，故就孝惠襲號時，一齊點出，後乃便于插序。高祖弟交爲楚王，兄子濞爲吳王。非劉氏功臣番君吳芮子臣，爲長沙王。｜三人因八王帶序。

呂后最怨戚夫人，及其子趙王，遥接上易太子事。乃令永巷囚戚夫人，而召趙王。使者三反，趙相建平侯周昌謂使者曰："高帝屬臣趙王，趙王年少。竊聞太后怨戚夫人，欲召趙王，並誅之，臣不敢遣王。王且亦病，不能奉詔。"王病只作一掉，語奇肆。呂后大怒，廼使人召趙相。趙相徵至長安，廼使人復召趙王。王來，未到。孝惠帝慈仁，知太后怒，自迎趙王霸上，與入宫，自挾，與趙王起居飲食。太后欲殺之，不得間。先作一頓。孝惠元年十二月，帝晨出射。趙王少，不能蚤起。太后聞其獨居，使人持酖飲之。犂明，孝惠還，趙王已死。於是乃徙淮陽王友爲趙王。插淮陽王事。夏，詔賜酈侯父，追謚爲令武侯。｜頂上酖趙王，中插酈侯父一句，紀體如此。太后遂斷戚夫人手足，去眼，煇耳，飲瘖藥，使居厠中，命曰"人彘"。名奇。居數日，廼召孝惠帝觀人彘。孝惠見，句。問，句。知其戚夫人，廼大哭，因病，歲餘不能起。使人請太后曰："此非人所爲。臣爲太后子，終不能治天下。"孝惠以此日飲爲淫樂，不聽政，故有病也。｜完趙王如意事。

二年，楚元王、齊悼惠王皆來朝。插楚王、齊王事。十月，孝惠與齊王燕飲太后前，孝惠以爲齊王兄，置上坐，如家人之禮。太后怒，廼令酌兩卮酖，置前，令齊王起爲壽。齊王起，孝惠亦起取卮，欲俱爲壽。太后乃恐，自起泛孝惠卮。"酌卮""取卮""泛卮"連絡有色澤。齊王恈之,因不敢飲,詳醉去。句。問,句。知其酖,齊王恐,自以爲不得脱長安,句。憂。短句促節,寫其忙亂。齊内史士説王曰:“太后獨有孝惠與魯元公主,今王有七十餘城,而公主乃食數城。王誠以一郡上太后,爲公主湯沐邑,太后必喜,王必無憂。”於是齊王乃上城陽之郡,尊公主爲王太后。此是偃未王也。吕后喜,許之。迺置酒齊邸,樂飲,句。罷,句。歸齊王。插齊王事。三年,方築長安城,四年就半,五年、六年城就。就半、城就,作兩層寫。諸侯來會。丨十月朝賀。

七年秋八月戊寅,孝惠帝崩。發喪,太后哭,泣不下。留侯子張辟彊,爲侍中,年十五,謂丞相曰:“太后獨有孝惠,今崩,哭不悲,君知其解乎?”丞相曰:“何解?”辟彊曰:“帝毋壯子,太后畏君等。君今請拜吕台、吕產、吕禄爲將,將兵居南北軍,及諸吕皆入宫,居中用事,如此,則太后心安,君等幸得脱禍矣。”一言喪邦,非良子也。丞相乃如辟彊計。太后説,其哭乃哀。吕氏權由此起。丨吕后縱恣,在高帝崩後,諸吕縱恣,在惠帝崩後,逐層跌入。迺大赦天下。九月辛丑葬。太子即位爲帝,謁高廟。元年,號令一出太后。

太后稱制,丨歸到太后,是《吕后紀》體。議欲立諸吕爲王,問右丞相王陵。王陵曰:“高帝刑白馬盟曰‘非劉氏而王,天下共擊之’。今王吕氏,非約也。”太后不悦。問左丞相陳平、絳侯周勃。勃等對曰:“高帝定天下,王子弟,今太后稱制,王昆弟諸吕,無所不可!”太后喜,罷朝。王陵讓陳平、絳侯曰:“始與高帝啑血盟,諸君不在邪?今高帝崩,太后女主,欲王吕氏,諸君縱①欲阿意背約,

① 縱,中華書局本《史記》作“從”。

何面目見高帝地下?"陳平、絳侯曰:"於今面折廷爭,臣不如君;夫全社稷,定劉氏之後,君亦不如臣。"王陵無以應之。丨十一月,太后欲廢王陵,乃拜爲帝太傅,奪之相權。王陵遂病免歸。丨迺以左丞相平爲右丞相,以辟陽侯審食其爲左丞相。左丞相不治事,令監宮中,如郎中令。食其故得幸太后,常用事,公卿皆因而決事。呂后專制,突接王諸呂一事,得王陵一諫頓住,忽又接平、勃從諛,下可王諸呂矣,偏又頓住,寫王陵讓平、勃,寫廢王陵,寫辟陽侯爲丞相。間隔頗遠,下又迤運而起,章法之妙。迺追尊酈侯父爲悼武王,欲以王諸呂爲漸。

四月,太后欲侯諸呂,欲王之,先侯之,欲侯之,先封功臣朱虛等,所謂迤運而起也。迺先封高祖之功臣,郎中令無擇爲博城侯。魯元公主薨,賜謚爲魯元太后。子偃爲魯王。魯王父,宣平侯張敖也。封齊悼惠王子章爲朱虛侯,以呂祿女妻之。齊丞相壽爲平定侯。少府延爲梧侯。乃封呂種爲沛侯,呂平爲扶柳侯,張買爲南宮侯。丨兩"乃"字接得好,兩樣意思,兩樣用法。

太后欲王呂氏,又接前欲王呂氏,乃先王後宮子,與前對寫,節節入情。先立孝惠後宮子彊爲淮陽王,子不疑爲常山王,子山爲襄城侯,子朝爲軹侯,子武爲壺關侯。太后風大臣,大臣請立酈侯呂台爲呂王,太后許之。丨前"乃"字,此"風"字、"請"字。侯尚輕,故趣勢獨斷,王是創,故示意待請也。建成康侯釋之卒,嗣子有罪廢,立其弟呂祿爲胡陵侯,續康侯後。丨二年,常山王薨,以其弟襄成[①]侯山,爲常山王,更名義。丨十一月,呂王台薨,謚爲肅王,太子嘉代立爲王。丨三年,無事。丨四年,封呂嬃爲臨光侯,呂他爲俞侯,呂更始爲贅其侯,呂忿爲呂城侯,及諸侯丞相五人。丨數段接連俱寫諸呂

---

① 成,中華書局本《史記》作"城"。

事,正見其不堪。

宣平侯女爲孝惠皇后時,無子,詳爲有身,取美人子名之,殺其母,立所名子爲太子。"名之""所名子"點得奇峭。孝惠崩,太子立爲帝。帝壯,或聞其母死,非真皇后子,廼出言曰:"后安能殺吾母而名我?"名我"尤妙。我未壯,壯即爲變。"太后聞而患之,恐其爲亂,廼幽之永巷中,言帝病甚,左右莫得見。太后曰:"凡有天下治爲萬民命者,蓋之如天,容之如地,上有懽心,以安百姓,百姓欣然以事其上,懽欣交通,而天下治。兩對一總,遣調亦俊逸。今皇帝病,久不已,廼失惑惛亂,不能繼嗣奉宗廟祭祀,不可屬天下,其代之。"群臣皆頓首言:"皇太后爲天下齊民,計所以安宗廟社稷甚深,群臣頓首奉詔。"帝廢位,太后幽殺之。五月丙辰立常山王義爲帝,更名曰弘。不稱元年者,以太后制天下事也。丨又點太后一筆,是正傳體。以軹侯朝爲常山王。丨置太尉官,絳侯勃爲太尉。丨五年八月,淮陽王薨,以弟壺關侯武爲淮陽王。丨六年十月,太后曰呂王嘉居處驕恣,廢之,以肅王台弟呂產爲呂王。丨夏,赦天下。封齊悼惠王子興居爲東牟侯。丨

七年正月,太后召趙王友。插淮陽王事。友以諸呂女爲后,弗愛,愛他姬,諸呂女妒,怒去,讒之于太后,誣以罪過,曰:"呂氏安得王!太后百歲後,吾必擊之。"太后怒,以故召趙王。趙王至,置邸不見,令衛圍守之,弗與食。其群臣或竊饋,輒捕論之,趙王餓,乃歌曰:"諸呂用事兮劉氏危,迫脅王侯兮彊授我妃。我妃既妒兮誣我以惡,讒女亂國兮上曾不寤。我無忠臣兮何故棄國?自決中野兮蒼天舉直!于嗟不可悔兮寧蚤自財。爲王而餓死兮誰者憐之!呂氏絕理兮託天報仇。"歌亦插抑鬱、倔彊,楚風也。丁丑,趙王

幽死,以民禮葬之長安民冢次。| 完淮陽王反事。

己丑,日食,晝晦。太后惡之,心不樂,乃謂左右曰:“此爲我也。”|

二月,徙梁王恢爲趙王。| 插梁王事。呂王產徙爲梁王,梁王不之國,爲帝太傅。立皇子平昌侯太爲呂王。更名梁曰呂,呂曰濟川。| 太后女弟呂嬃,有女爲營陵侯劉澤妻,澤爲大將軍。太后王諸呂,恐即崩後劉將軍爲害,乃以劉澤爲琅琊王,以慰其心。| 曲寫太后心事。

梁王恢之徙王趙,心懷不樂。插梁王事。太后以呂產女爲趙王后。王后從官皆諸呂,擅權,微伺趙王,趙王不得自恣。王有所愛姬,王后使人酖殺之。王乃爲歌詩四章,令樂人歌之。前歌明,此暗寫,蓋疊載兩歌,便累墜不好看矣。王悲,六月即自殺。太后聞之,以爲王用婦人,棄宗廟禮,廢其嗣。| 完梁王恢事。

宣平侯張敖卒,以子偃爲魯王,敖賜謚爲魯元王。|

秋,太后使使告代王,欲徙王趙。代王謝願守代邊。| 三趙王皆不終,故代王不徙。

太傅產、丞相平等,言武信侯呂祿上侯,位次第一,請立爲趙王。太后許之,追尊祿父康侯爲趙昭王。九月,燕靈王建薨,有美人子,太后使人殺之,無後,國除。完燕王建事。高祖八男,除孝惠外,呂后殺其三,殺其嗣,國除者一,備寫慘酷。八年十月,立呂肅王子東平侯呂通爲燕王,封通弟呂莊爲東平侯。|

三月中,呂后祓,還,過軹道,見物如蒼犬,據高后掖,忽弗復見。卜之,云趙王如意爲祟。高后遂病掖傷。| 寫得與彭生一樣。冥報之說,自古有之,不必辨其果否,然讀至此,使人一快。

高后爲外孫魯元王偃年少，蚤失父母，孤弱，廼封張敖前姬兩子，侈爲新都侯，壽爲樂昌侯，以輔魯元王偃。及封中大謁者張釋爲建陵侯，呂榮爲祝茲侯。諸中宦者令丞，皆爲關內侯，食邑五百戶。丨寫呂后善後施恩之計。

七月中，高后病甚，乃令趙王呂祿爲上將軍，軍北軍；呂王產居南軍。呂太后誡產、祿曰："高帝已定天下，與大臣約曰'非劉氏王者，天下共擊之'。今呂氏王，大臣弗平。我即崩，帝年少，大臣恐爲變。必據兵衛宮，慎毋送喪，毋爲人所制。"丨寫呂后權變。辛巳，高后崩，遺詔賜諸侯王各千金，將相列侯郎吏，皆以秩賜金。大赦天下。丨呂后死後恩澤，以收服人心，長王諸呂，此老嫗奸甚。以呂王產爲相國，以呂祿女爲帝后。丨

高后已葬，以左丞相審食其爲帝太傅。丨以呂王爲相國者，遺詔也。以審食其爲帝太傅者，高后葬後也，非太后之意也。

朱虛侯劉章，有氣力，東牟侯興居，其弟也。皆齊哀王弟，居長安。忽提朱虛，文章上下關鍵處。當是時，諸呂用事擅權，欲爲亂，畏高帝故大臣絳、灌等，未敢發。一層。朱虛侯婦呂祿女，陰知其謀。恐見誅，二層。乃陰令人告其兄齊王，欲令發兵西，誅諸呂而立。朱虛侯欲從中與大臣爲應。三層。一層寫諸呂，兩層寫朱虛，一時情事紛撓，故以三層分寫。齊王欲發兵，其相弗聽。八月丙午，齊王欲使人誅相，相召平，乃反舉兵欲圍王，王因殺其相，遂發兵東，詐奪琅邪王兵，并將之而西。語在齊王語中。丨省筆。

齊王乃遺諸侯王書曰："高帝平定天下，王諸子弟，悼惠王王齊。悼惠王薨，孝惠帝使留侯良，立臣爲齊王。孝惠崩，高后用事，春秋高，聽諸呂，擅廢帝更立，又比殺三趙王，滅梁、趙、燕，以

王諸呂，分齊爲四。忠臣進諫，上惑亂弗聽。一段數高后時事。今高后崩，而帝春秋富，未能治天下，固恃大臣諸侯。而諸呂又擅自尊官，聚兵嚴威，劫列侯忠臣，矯制以令天下，宗廟所以危。一段數高后崩後事，雖無多語，而詳盡嚴正，是一篇筋節文字。寡人率兵入誅不當爲王者。"即用高帝縞素詔法。漢聞之，相國呂產等，乃遣潁陰侯灌嬰，將兵擊之。灌嬰至滎陽，乃謀曰："諸呂權兵關中，欲危劉氏而自立。今我破齊還報，此益呂氏之資也。"語簡悉。乃留屯滎陽，使使諭齊王及諸侯，與連和，以待呂氏變，共誅之。齊王聞之，乃還兵西界待約。丨

呂祿、呂產欲發亂關中，内憚絳侯、朱虛等，外畏齊、楚兵，又恐灌嬰畔之，欲待灌嬰兵與齊合而發，猶豫未決。丨諸呂心事前已序過一遍，此再序一遍，寫其惶惑不定，無策可施。〇待灌嬰未發接上，歸功灌嬰。當是時，濟川王太、淮陽王武、常山王朝，名爲少帝弟，與前"所名子"應。及魯元王呂后外孫，皆年少，未之國，居長安。又應魯元等一筆。趙王祿、梁王產，各將兵居南北軍，皆呂氏之人。先寫呂氏氣勢赫奕，正爲平、勃成功之地，是倒提作襯之法。列侯羣臣莫自堅其命。寫列侯羣臣無可奈何。

太尉絳侯勃，不得入軍中主兵。并寫絳侯，亦無可奈何，萬分危急，逼出下文。曲周侯酈商老病，其子寄與呂祿善。絳侯乃與丞相陳平謀，使人劫酈商。令其子寄往紿說呂祿曰："高帝與呂后共定天下，劉氏所立九王，呂氏立三王，皆大臣之議，事已布告諸侯，諸侯皆以爲宜。先安其心。今太后崩，帝少，而足下佩趙王印，不急之國守藩，乃爲上將，將兵留此，爲大臣諸侯所疑。又中其忌，兩路一逼，說乃得入。足下何不歸將印，以兵屬太尉？請梁王歸相國印，與

大臣盟而之國，齊兵必罷，大臣得安，足下高枕而王千里，此萬世之利也。”呂祿信然其計，欲歸將印，以兵屬太尉。丨一頓。使人報呂產及諸呂老人，或以爲便，或曰不便，計猶豫未有所決。丨危急之中得此一說，閱者至此，必曰“賴有此耳”，乃又作一颺，急中倍急。呂祿信酈寄，時與出游獵。過其姑呂嬃，嬃大怒曰：“若爲將而棄軍，呂氏今無處矣。”乃悉出珠玉寶器散堂下，曰：“毋爲他人守也”丨寫呂嬃權術，竟與高后一樣。

左丞相食其免。丨

八月庚申旦，平陽侯窋行御史大夫事，見相國產計事。郎中令賈壽使從齊來，因數產曰：“王不蚤之國，今雖欲行，尚可得耶？”具以灌嬰與齊楚合從，欲誅諸呂告產，乃趣產急入宮。前有呂產猶豫、呂嬃一怒，急矣，今又有賈壽一促，萬分危急，斷不可爲，乃下文一轉急出事機，以見一路逼仄之妙！文機如此，事機如此。平陽侯頗聞其語，乃馳告丞相、太尉。太尉欲入北軍，不得入。襄平侯通，尚符節。乃令持節矯內太尉北軍。一面矯入北軍。太尉復令酈寄與典客劉揭先說呂祿曰：“帝使太尉守北軍，欲足下之國，急歸將印，辭去，不然，禍且起。”一面再說呂祿。呂祿以爲酈兄不欺己，遂解印屬典客，而以兵授太尉。太尉將之，入軍門，前矯內，太尉至此乃入軍門也。入軍門即發令，正見其急。行令軍中曰：“爲呂氏右襢，爲劉氏左襢。”軍中皆左襢，爲劉氏。太尉行至，將軍呂祿亦已解上將印去，前太尉矯節、呂祿歸印，兩節對起，太尉入軍門止承矯節一節，故追序一筆，承還歸印事，匆忙之中，故用夾序法。太尉遂將北軍。丨

然尚有南軍。又補出南軍。平陽侯聞之，以呂產謀告丞相平，接賈壽促呂產入宮事，百忙之中一絲不漏。丞相平乃召朱虛侯佐太尉。

太尉令朱虛侯監軍門。令平陽侯告衛尉:"毋入相國產殿門。"|不令其入宮也。呂產不知呂祿已去北軍,又應一句,詳。迺入未央宮,欲爲亂,殿門弗得入,徘徊往來。平陽侯恐弗勝,馳語太尉。又增一筆,正寫其匆忙。太尉尚恐不勝諸呂,未敢訟言誅之,迺遣朱虛侯謂曰:"急入宮衛帝。"匆急之中偏能細寫其心事,想其文心如髮。朱虛侯請卒,太尉予卒千餘人。入未央宮門遂見產庭中。日餔時,遂擊產。產走,天風大起,寫天應,想是高帝之神靈。以故其從官亂,莫敢鬭。逐產,殺之郎中府吏廁中。

朱虛侯已殺產,前殺產極寫其匆急,故又提一句,以見其難。帝命謁者持節勞朱虛侯。朱虛侯欲奪節信,謁者不肯,朱虛侯則從與載,因節信馳走,寫朱虛靈變迅捷,大是妙人。斬長樂衛尉呂更始。又斬一人。還,馳入北軍,報太尉。太尉起,拜賀朱虛侯,曰:"所患獨呂產,今已誅,天下定矣。"又提一筆,以見誅產之難。遂遣人分部,悉捕諸呂男女,無少長皆斬之。辛酉,捕斬呂祿,而笞殺呂嬃。使人誅燕王呂通,而廢魯王偃。|一篇惶急恐懼,一篇紛更縱恣,至此收功,覺耳目清曠,筆墨恬靜。壬戌,以帝太傅食其復爲左丞相。|戊辰,徙濟川王王梁,立趙幽王子遂爲趙王。|又帶梁王、趙王事,作餘波。遣朱虛侯章,以誅諸呂氏事告齊王,令罷兵。灌嬰兵亦罷滎陽而歸。|并收完齊王、灌嬰事。

諸大臣相與陰謀曰:"少帝及梁、淮陽、常山王,皆非真孝惠子也。呂后以計詐名他人子,應"所名子"。殺其母,養後宮,令孝惠子之,前云美人子,直非呂后子耳,未必非孝惠子也,此直名他人子,是當時深文。立以爲後,及諸王,以彊呂氏。|只一句,并將少帝牽入呂氏之黨,深文。今皆已夷滅諸呂,而置所立,即長用事,吾屬無類矣。不

如視諸王最賢者立之。”或曰:“齊悼惠王,高帝長子,今其適子爲齊王,推本言之,高帝適長孫,可立也。”大臣皆曰:“呂氏以外家惡,而幾危宗廟,亂功臣,今齊王母家駟鈞,駟鈞,惡人也。即立齊王,則復爲呂氏。”欲立淮南王,以爲少,母家又惡。借齊王、淮南王兩層引起,一詳一畧,下即接“乃曰”二字,是當時商量口角。迺曰:“代王方今高帝見子,一層。最長,二層。仁孝寬厚。三層。太后家薄氏謹良。四層。且立長故順,五層。以仁孝聞于天下,六層。以三十字作六層寫,短俏乃爾。便。句。”乃相與共陰使人召代王。代王使人辭謝。再反,然後乘六乘傳。後九月晦日己酉,至長安,舍代邸。大臣皆往謁,奉天子璽上代王,共尊立爲天子。代王數讓,群臣固請,然後聽。|序得簡淨。

東牟侯興居曰:“誅呂氏吾無功,請得除宮。”迺與太僕汝陰侯滕公入宮,前,謂少帝曰:“足下非劉氏,不當立。”直應篇首“非劉氏不王”,今且非劉氏不帝矣。乃顧麾左右執戟者,掊兵罷去。有數人不肯去兵,宦者令張澤諭告,亦去兵。滕公乃召乘輿車載少帝出。少帝曰:“欲將我安之乎?”滕公曰“出就舍。”舍少府。迺奉天子法駕,迎代王於邸。報曰:“宮謹除。”亦序得簡淨,前誅諸呂一段雄壯飛動,故又序此兩段,安詳容與以終此篇。代王即入未央宮。有謁者十人持戟衛端門,曰:“天子在也,足下何爲者而入?”代王乃謂太尉。太尉往諭,謁者十人皆掊兵而去。|掊兵亦作三層寫,細事耳,必不肯一筆寫完,文家之衣珠也。代王遂入而聽政。夜,有司分部誅滅梁、淮陽、常山王及少帝於邸。|完少帝等事。代王立爲天子。二十三年崩,謚爲孝文皇帝。

太史公曰:孝惠皇帝、高后之時,黎民得離戰國之苦,君臣俱欲休息乎無爲，故惠帝垂拱，高后女主稱制，政不出房戶，天下晏然。刑罰罕用，罪人是希。民務稼穡，衣食滋殖。一氣直下，忽然便住，奇文。

呂氏一紀中，附孝惠、兩少帝三朝，及高祖諸子七王與諸呂之事，叢雜糾紛，幾于無處下筆。偏能一手握管，拈一頭，即放倒一頭，放一頭，即另起一頭，憑他四面而來，我能四面而應，且脉絡輸灌，章法蟬聯，絕無結撰穿插之痕跡，可謂鬼神於文者矣。○誅諸呂一段，事在倉卒，始而齊王起兵，朱虛、興居造謀，繼而灌嬰將兵，酈商游說，太尉入北軍，朱虛入宮衛帝，多少事體。始而諸呂內憚、諸呂猶豫，繼而平陽侯恐不勝、太尉恐不勝，多少情節。且諸呂待灌嬰處、酈商紿呂氏處、賈壽促呂產處、平陽侯馳告處、襄平侯矯節處、平陽侯又馳語處，多少變態，接手寫來，一絲不亂，而一時之事無不曲盡，所以爲奇。○一篇匆忙文字，借文帝雍容揖遜，以爲曲終雅奏，令人神怡。

孝文本紀

孝文皇帝，高祖中子也。高祖十一年春，已破陳豨軍，定代地，立爲代王，都中都。太后薄氏子。｜即位十七年，高后八年七月，高后崩。九月，諸呂呂產等欲爲亂，以危劉氏，大臣共誅之，謀召立代王，事在呂后語中。｜畧序簡淨，以下只詳序代事，是文紀體。

丞相陳平、太尉周勃等，使人迎代王。代王問左右郎中令張武等。張武等議曰："漢大臣，皆故高帝時大將，習兵，多謀詐，此其屬意非止此也，意不止爲侯也。特畏高帝、呂太后威爾。今已誅諸呂，新喋血京師，此以迎大王爲名，實不可信。願大王稱疾毋往，以觀其變。"何至于此？欲揚宋昌，先抑張武等耳。中尉宋昌進曰："群臣之議，皆非也。夫秦失其政，諸侯豪傑並起，人人自以爲得之者以萬數，應其屬意非止此。然卒踐天子之位者，劉氏也，天下絕望，一矣。高帝封王子弟，地犬牙相制，此所謂磐石之宗也，天下服其彊，二矣。漢興，除秦苛政，約法令，施德惠，人人自安，難動搖，三矣。一轉。夫以呂太后之嚴，立諸呂爲三王，擅權專制，然而太尉以一節入北軍，一呼士皆左袒，爲劉氏，叛諸呂，卒以滅之。此乃天授，非人力也。二轉。今大臣雖欲爲變，百姓弗爲使，其黨寧能專一邪？三轉。方今内有朱虚、東牟之親，外畏吳、楚、淮南、琅邪、齊、代之彊。四轉。方今高帝子，獨淮南與大王，大王又長，賢聖仁孝，聞于天下，故大臣因天下之心，而欲迎立大王，大王勿疑也。"前列三段，後用四轉，事理明透，筆墨簡淨。代王報太后，計之，猶與未定。宋昌云云，已極明矣，故作一頓。卜之龜，卦兆得大横。占曰："大横庚庚，余爲天王，夏啟以光。"代王曰："寡人固已爲王矣，又何王？"卜人曰："所謂天王者，乃天子。"二頓。於是代王乃遣太后弟薄昭，往見絳侯，絳侯等具爲昭言所以迎立王意。薄昭還報曰："信矣，無可疑者。"三頓。代王乃笑謂宋昌曰："果如公言。"乃命宋昌參乘，張武等六人乘傳，詣長安。至高陵休止，而使宋昌先馳之長安，觀變。四頓，又作四節，事理固當慎重，筆墨亦極頓挫。後乃一瀉而下，正蓄其勢也。

昌至渭橋，丞相以下皆迎。宋昌還報。代王馳至渭橋，群臣拜謁，稱臣。代王下車拜。太尉勃進曰："願請間言。"宋昌曰："所言公，公言之。所言私，王者不受私。"太尉乃跪，上天子璽符。代王謝曰："至代邸而議之。"又頓住，好。事體應如是，文體亦應如是。遂馳入代邸。群臣從至。丞相陳平、太尉周勃、大將軍陳武、御史大夫張蒼、宗正劉郢、朱虚侯劉章、東牟侯劉興居、典客劉揭，皆再拜，言曰："子弘等，皆非孝惠帝子，不當奉宗廟。臣謹請與陰安侯、列侯、頃王后，與琅邪王、宗室、大臣、列侯、吏二千石議，曰：'大王高帝長子，宜爲高帝嗣。'願大王即天子位。"即用章奏體行文，更覺濃至。代王曰："奉高帝宗廟，重事也。寡人不佞，不足以稱宗廟。願請楚王計宜者，寡人不敢當。"又頓住好。群臣皆伏，固請。代王西鄉讓者三，南向讓者再。丞相平等皆曰："臣伏計之，大王

奉高帝宗廟,最宜稱,雖天下諸侯萬民,以爲宜。臣等爲宗廟社稷計,不敢忽。願大王幸聽臣等。臣謹奉天子璽符,再拜上。”代王曰:“宗室將相王列侯,以爲莫宜寡人,三“宜”字,應“宜者”。寡人不敢辭。”遂即天子位。|從代來,作多少頓挫,至此收住。

群臣以禮次侍。乃使太僕嬰,與東牟侯興居,清宫,奉天子法駕,迎於代邸。皇帝即日夕,入未央宫。乃夜拜宋昌爲衛將軍,鎮撫南北軍。以張武爲郎中令,行殿中。還坐前殿。於是夜下詔書曰:“間者諸吕用事擅權,謀爲大逆,欲以危劉氏宗廟,賴將相列侯宗室大臣,誅之,皆伏其辜。朕初即位,其赦天下,賜民爵一級,女子百戶牛酒,酺五日。”|此段寫得耳目一新筆墨相配乃爾。

孝文皇帝元年,十月庚戌,此時尚以十月爲歲首,九月即位,值此乃改元謁廟耳。徙立故琅邪王澤爲燕王。|辛亥,皇帝即阼,阼,廟阼階也。漢制,天子即阼,明爲天下主也。謁高廟。|右丞相平,徙爲左丞相,太尉勃,爲右丞相,大將軍灌嬰爲太尉。|諸吕所奪齊楚故地,皆復與之。|

壬子,遣車騎將軍薄昭,迎皇太后于代。皇帝曰:“吕産自置爲相國,吕禄爲上將軍,擅矯遣灌將軍嬰,將兵擊齊,欲代劉氏,嬰留滎陽,勿擊,與諸侯合謀,以誅吕氏。吕産欲爲不善,丞相陳平,與太尉周勃,謀奪吕産等軍。朱虚侯劉章,首先捕吕産等。太尉身率襄平侯通,持節承詔入北軍。典客劉揭,身奪趙王吕禄印。誅諸吕事,《文紀》中不能詳序,又不可不序,前只畧點,此借詔中序出,文法簡捷,安放得宜。益封太尉勃萬戶,賜金五千金。丞相陳平、灌將軍嬰,邑各三千戶,金二千金。朱虚侯劉章、襄平侯通、東牟侯劉興居,邑各二千戶,金千斤。封典客揭爲陽信侯,賜金千斤。”|

十二月，上曰："法者，治之正也，所以禁暴而率善人也。今犯法已論，而使無罪之父母妻子同產，坐之及爲收帑，朕甚不取。其議之。"有司皆曰："民不能自治，故爲法以禁之。相坐，坐收，所以累其心，使重犯法，所從來遠矣。如故便。"一揚。上曰："朕聞法正則民愨，罪當則民從。且夫牧民而導之善者，吏也。其既不能導，又以不正之法罪之，是反害于民，爲暴者也。何以禁之？朕未見其便，其孰計之。"有司皆曰："陛下加大惠，德甚盛，非臣等所及也。請奉詔書，除收帑諸相坐律令。"｜高帝刑亂國用重典，文帝則刑治國用輕典也。

正月，有司言曰："蚤建太子，所以尊宗廟。請立太子。"上曰："朕既不德，上帝神明，未歆享，天下人民，未有嗛志。今縱不能博求天下賢聖有德之人，而禪天下焉，而曰豫建太子，是重吾不德也。謂天下何？其安之。"文法陗宕。有司曰："豫建太子，所以重宗廟社稷，不忘天下也。"上曰："楚王，季父也，春秋高，閱天下之義理多矣，用"矣"字一間，妙。明於國家之大體。吳王，於朕兄也，惠仁以好德。淮南王，弟也，秉德以陪朕。豈爲不豫哉！三人作兩段，折宕之妙。諸侯王宗室昆弟，有功臣，多賢及有德義者，若舉有德，以陪朕之不能終，是社稷之靈，天下之福也。今不選舉焉，而曰必子，句陗。人其以朕爲忘賢有德者，而專于子非所以憂天下也。朕甚不取也。"即位至此，才四月耳。故曰蚤建，故有此再讓也。有司皆固請，曰："古者殷周有國，治安皆千餘歲，古之有天下者，莫不長焉，用此道也。立嗣必子，所從來遠矣。高帝親率士大夫，始平天下，建諸侯爲帝者太祖。諸侯王及列侯始受國者皆亦爲其國祖。子孫繼嗣，世世弗絕，天下之大義也，故高帝設之，以撫海內。

今釋宜建，而更選於諸侯，及宗室，非高帝之志也。三用高帝，事體尊重，文法歷落。更議不宜。子某，最長，純厚慈仁，請建以爲太子。"上乃許之。因賜天下民當代父後者，爵各一級。｜封將軍薄昭爲軹侯。｜

三月，有司請立皇后。薄太后曰：餘俱上曰，至立后，乃出太后之詔，禮也。"諸侯皆同姓，天子宜娶于異姓諸侯，今無異姓王，則母以子貴耳，用修解是。立太子母爲皇后。"皇后，姓竇氏。上爲立后故，賜天下鰥寡孤獨窮困，及年八十以上，孤兒九歲以下，布帛米肉各有數。｜即位，賜民爵。立太子，賜爲父後爵。立后，賜鰥寡孤兒。因事施恩，當爲後世法。上從代來，初即位，施德惠天下，填撫諸侯四彝，皆洽驩，頂上數節。乃循從代來功臣。上曰："方大臣之誅諸呂，迎朕，朕狐疑，皆止朕，唯中尉宋昌勸朕，朕以得保奉宗廟。已尊昌爲衛將軍，其封昌爲壯武侯。諸從朕六人，六"朕"字隋。官皆至九卿。"｜

上曰："列侯從高帝入蜀、漢中者，六十八人，皆益封各三百戶，欲封故吏，故先封從高帝者，禮也。故吏二千石已上，從高帝，潁川守尊等十人，此故吏，而又從高帝者也。食邑六百戶，淮陽守申屠嘉①等十人，五百戶，衛尉定等十人，四百戶。封淮南王舅父趙兼，爲周陽侯，齊王舅父駟鈞，爲清郭侯。"｜爲前封薄軹也。秋封故常山丞相蔡兼爲樊侯。｜

人或說右丞相曰："君本誅諸呂，迎代王，今又矜其功，受上賞，處尊位，禍且及身。"右丞相勃，乃謝病免，罷，左丞相平專爲

① 申屠嘉，中華書局本《史記》作"申徒嘉"。

丞相。|

二年十月,丞相平卒,復以絳侯勃爲丞相。|上曰:“朕聞古者諸侯建國,千餘歲,各守其地以時入貢,民不勞苦,上下讙欣,靡有遺德。今列侯多居長安,邑遠,吏卒給輸費苦,一折。而列侯亦無由教馴其民。其令列侯之國,爲吏,及詔所止者,遣太子。”|爲吏與詔所留者,遣其太子也。

十一月晦,日有食之。十二月望,日又食。上曰:“朕聞之,天生蒸民,爲之置君,以養治之。人主不德,布政不均,則天示之以菑,以誡不治。乃十一月晦,日有食之,適見于天,菑孰大焉!朕獲保宗廟,以微渺之身,託于兆民君王之上,天下治亂,在朕一人,唯二三執政,猶吾股肱也。朕下不能理育群生,上以累三光之明,其不德大矣。令至,其悉思朕之過失,及知見思之所不及,分知見思三項詳。白以告朕。及舉賢良方正,能直言極諫者,以匡朕之不逮。因各飭其任職,務省繇費以便民。朕既不能遠德,故憪然念外人之有非,句。是以設備未息。今縱不能罷邊屯戍,而又飭兵厚衛,其罷衛將軍軍。太僕見馬,遺財足,餘皆以給置傳。”|現在之馬所留者,裁足以備乘輿而已,餘皆以給驛也。

正月,上曰:“農,天下之本,其開籍田,朕親率耕,以給宗廟粢盛。”|

三月有司請立皇子爲諸侯王。上曰:“趙幽王幽死,朕甚憐之,已立其長子遂爲趙王。幽死一項。遂弟辟疆[①]及齊悼惠王子朱虛侯章、東牟侯興居,有功,可王。”有功一項。乃立趙幽王少子辟疆爲河間王,以齊劇郡立朱虛侯爲城陽王,立東牟侯爲濟北王,皇

① 辟疆,中華書局本《史記》作“辟彊”。

子武爲代王,子參爲太原王,子揖爲梁王。|欲立諸子,先立諸王,與前一樣。

上曰:"古之治天下,朝有進善之旌,誹謗之木,所以通治道,而來諫者。今法有誹謗妖言之罪,是使衆臣不敢盡情,而上無由聞過失也。此臣之誹謗也。將何以來遠方之賢良?其除之。民或祝詛上以相約結而後相謾,句陗,此妖言也。吏以爲大逆,其有他言,而吏又以爲誹謗。此民之誹謗也作三段,法變。此細民之愚,無知抵死,朕甚不取自今以來,有犯此者,勿聽治。"|

九月,初與郡國守相爲銅虎符、竹使符。

三年十月丁酉晦,日有食之。|十一月上曰:"前日計遣列侯之國,或辭未行。丞相朕之所重,其爲朕率列侯之國。"免相說得有恩禮,句亦陗。絳侯勃,免丞相,就國,以太尉潁陰侯嬰爲丞相。罷太尉官,屬丞相。|四月,城陽王章薨。淮南王長,與從者魏敬,殺辟陽侯審食其。|

五月匈奴入北地,居河南爲寇。帝初幸甘泉。六月,帝曰:"漢與匈奴約,爲昆弟,毋使害邊境,所以輸遺匈奴甚厚。今右賢王離其國,將衆居河南降地,非常故往來,近塞,捕殺吏卒,驅保塞蠻夷,令不得居其故,陵轢邊吏,入盜,甚敖無道,非約也。結上約字,首尾相照。其發邊吏騎八萬五千,詣高奴,遣丞相潁陰侯灌嬰,擊匈奴。"匈奴去,發中尉材官,屬衛將軍,軍長安。

辛卯,帝自甘泉之高奴,因幸太原,見故群臣,代之故臣也。皆賜之。舉功行賞,諸民里賜牛酒。復晉陽中都民三歲。留游太原十餘日。

濟北王興居,聞帝之代,欲往擊胡,乃反,發兵欲襲滎陽。於是詔罷丞相兵,遣棘蒲侯陳武,爲大將軍,將十萬,往擊之。祁侯賀爲將軍,軍滎陽。七月辛亥,帝自太原至長安。乃詔有司曰:"濟北王背德反上,詿誤吏民,爲大逆濟北吏民。兵未至,先自定,及以軍地邑降者,皆赦之,復官爵。與王興居去來,亦赦之。"調古而簡。八月,破濟北軍,鹵其王。赦濟北諸吏民與王反者。

六年,有司言淮南王長,廢先帝法,不聽天子詔,居處毋度,出入擬於天子,擅爲法令,與棘蒲侯太子奇,謀反,遣人使閩越,及匈奴,發其兵,欲以危宗廟社稷。群臣議,皆曰"長當棄市"。帝不忍致法於王,赦其罪,廢勿王。群臣請處王蜀嚴道、邛都,帝許之。長未到處所,行病死,上憐之。後十六年,追尊淮南王長,謚爲厲王,立其子三人,爲淮南王、衡山王、廬江王。|

十三年夏,上曰:"蓋聞天道,禍自怨起而福由德興。百官之非,宜由朕躬。今祕祝之官,移過于下,以彰吾之不德,朕甚不取。其除之。"|簡而勁。

五月,齊太倉令淳于公,有罪當刑,詔獄逮,徙繫長安。太倉公無男,有女五人。太倉公將行,會逮,罵其女曰:"生子不生男,有緩急,非有益也!"其少女緹縈,自傷泣,乃隨其父至長安,上書曰:"妾父爲吏,齊中皆稱其廉平,今坐法當刑。妾傷夫死者不可復生,刑者不可復屬,雖復欲改過自新,其道無由也。不訟冤,只說改過,意婉而悲,是動人處。妾願沒入爲官婢,贖父刑罪,使得自新。"書奏天子,天子憐悲其意,乃下詔曰:"蓋聞有虞氏之時,畫衣冠,異章服,以爲僇,而民不犯。何則?至治也。今法有肉刑三,而姦不止,其咎安在?非乃朕德薄而教不明與?吾甚自愧。數語三折。故夫馴道不純,而愚民陷焉。《詩》曰'愷悌君子,民之父母'。今

人有過,教未施而刑加焉,或欲改行爲善,而道無由也。是縈書動人處。朕甚憐之。夫刑至斷支體,刻肌膚,終身不息,何其楚痛而不德也,又疊一句,酸楚惻隱之至。豈稱爲民父母之意哉! 其除肉刑。” |

上曰:“農,天下之本,務莫大焉。今勤身從事,而有租稅之賦,是爲本末者無以異,爲本無異于爲末也,句陗。其于勸農之道未備。其除田之租稅。” |

十四年冬,匈奴謀入邊爲寇,攻朝那塞,殺北地都尉卬。上乃遣三將軍,軍隴西、北地、上郡,中尉周舍爲衛將軍,郎中令張武爲車騎將軍,軍渭北,車千乘,騎卒十萬。帝親自勞軍,勒兵,申教令,賜軍吏卒。帝欲自將擊匈奴,群臣諫,皆不聽。皇太后固要帝,帝乃止。於是以東陽侯張相如爲大將軍,成侯赤爲內史,欒布爲將軍,擊匈奴。匈奴遁走。

春,上曰:“朕獲執犧牲珪幣,以事上帝宗廟,十四年於今,歷日縣長,以不敏不明,而久撫臨天下,朕甚自愧。其廣增諸祀墠場珪幣。昔先王遠施不求其報,望祀不祈其福,右賢左戚,先民後己,至明之極也。今吾聞祀官祝釐,皆歸福朕躬,不爲百姓,朕甚愧之。夫以朕不德,而躬享獨美其福,百姓不與焉,是重吾不德。語意三折。其令祠官致敬,毋有所祈。”

是時北平侯張蒼爲丞相,方明律歷(曆)。魯人公孫臣上書,陳終始傳五德事言方今土德時,土德應,黄龍見,當改正朔、服色、制度。天子下其事,與丞相議。丞相推,以爲今水德,始明正十月上黑事,以爲其言非是,請罷之。

十五年,黄龍見成紀天子乃復召魯公孫臣,以爲博士,申明土德事。於是上乃下詔曰:"有異物之神,見於成紀,無害於民,歲以有年。朕親郊祀上帝諸神。禮官議,無諱以勞朕。"簡質中却有姿致。有司禮官皆曰:"古者天子,夏,躬親禮祀上帝于郊故曰郊。"於是天子始幸雍,郊見五帝,以孟夏四月答禮焉。趙人新垣平,以望氣見,因說上設立渭陽五廟。欲出周鼎,當有玉英見。

十六年,上親郊見渭陽五帝廟,亦以夏答禮,而尚赤。

十七年,得玉杯,刻曰"人主延壽"。於是天子始更爲元年,令天下大酺。其歲新垣平事覺,夷三族。|文帝之失,止新垣平一事,故約畧寫之,爲賢者諱也。

後二年,上曰:"朕既不明,不能遠德,是以使方外之國,或不寧息。夫四荒之外,不安其生,邊民之被禍也。封畿之內,勤勞不處,內地之徵發也。二者之咎,皆自於朕之德薄而不能遠達也。間者累年,匈奴並暴邊境,多殺吏民,邊臣兵吏,又不能諭吾內志,內志即和好息民也。以重吾不德也。夫久結難,連兵,中外之國,將何以自寧?今朕夙興夜寐,勤勞天下,憂苦萬民,爲之怛惕不安,未嘗一日忘於心,故遣使者,冠蓋相望,結軼於道,以諭朕意於單于。是文帝一生主意,於此詔點出。今單于反古之道,計社稷之安,便萬民之利,新與朕俱棄細過,偕之大道,結兄弟之義,以全天下元元之民。和親已定,始于今年。"|

後六年冬,匈奴三萬人入上郡,三萬人入雲中。以中大夫令勉爲車騎將軍,軍飛狐;故楚相蘇意爲將軍,軍句注;將軍張武,屯北地;河內守周亞夫爲將軍,居細柳;宗正劉禮爲將軍,居霸上;祝兹侯,軍棘門:以備胡。數月,胡人去,亦罷。|

天下旱,蝗。帝加惠:令諸侯毋入貢,弛山[1]澤,減諸服御狗馬,損郎吏員,發倉庾以振貧民,民得賣爵。|

孝文帝從代來,即位二十三年,撮其大畧,總敘一段,在編年之後遺詔之前,如一小紀。雖畧寫大意,而精神氣度無不逼露,是大手筆。宮室苑囿,狗馬服御,無所增益,減服御一。有不便,輒弛以利民。利民二[2]。嘗欲作露臺,召匠計之直百金。上曰:"百金,中民十家之產,吾奉先帝宮室,常恐羞之,何以臺爲!"露臺三。上嘗[3]衣綈衣,所幸慎夫人,令衣不得曳地,幃帳不得文繡,以示敦朴,爲天下先。儉朴四。治霸陵,皆以瓦器,不得以金銀銅錫爲飾,不治墳,欲爲省,毋煩民。造霸陵五。南越王尉佗,自立爲武帝,然上召貴尉佗兄弟,以德報之,佗遂去帝,稱臣。感尉陀六。與匈奴和親,匈奴背約入盜,然令邊備守,不發兵深入,惡煩苦百姓。和匈奴七。吳王詐病不朝,就賜几杖。化吳王八。群臣如袁盎等,稱說雖切,常假借用之。容諫臣九。群臣如張武等,受賂遺金錢,覺,上乃發御府金錢賜之,以愧其心,弗下吏。愧張武等十。專務以德化民,是以海內殷富,興於禮義。|總結上十事。

後七年六月己亥,帝崩於未央宮。遺詔曰:"朕聞,蓋天下萬物之萌生,靡不有死。死者,天地之理,物之自然者,奚可甚哀。一轉。當今之時,世咸嘉生而惡死,厚葬以破業,重服以傷生,吾甚不取。二轉。且朕既不德,無以佐百姓;今崩,又使重服久臨,以離寒暑之數,哀人之父子,傷長幼之志,損其飲食,絕鬼神之祭祀,以重

---

① 山,底本作"由",疑误,據校本改。

② 二,底本作"三",疑誤,據校本改。

③ 嘗,中華書局本《史記》作"常"。

吾不德也,謂天下何!三轉。朕獲保宗廟,以眇眇之身,託于天下君王之上,二十有餘年矣。賴天地之靈,社稷之福,方內安寧,靡有兵革。四轉。朕既不敏,常畏過行,以修先帝之遺德;維年之久長,懼于不終。反以久長爲懼,更深一層。今乃幸以天年,得復供養于高廟。朕之不明與嘉之其奚哀悲之有!應前奚可甚哀結。其令天下吏民,令到,出臨三日,皆釋服。毋禁取婦、嫁女、祠祀、飲酒食肉者。自當給喪事服臨者,皆無踐。絰帶無過三寸,毋布車及兵器,毋發人①男女哭臨宮殿。宮殿中當臨者,皆以旦夕各十五舉聲,禮畢罷。非旦夕臨時,禁毋得擅哭。以②下服大紅十五日,小紅十四日,纖七日,釋服。佗不在令中者,皆以此令比率從事。布告天下,使明知朕意。一段序事、序法不繁不蕪,簡質有法。霸陵山川因其故,毋有所改。歸夫人以下,至少使。"令中尉亞夫爲車騎將軍,屬國悍爲將屯將軍,郎中令武爲復土將軍,發近縣見卒萬六千人,發內史卒萬五千人,藏郭穿復土,屬將軍武。

乙巳,群臣皆頓首上尊號曰:孝文皇帝。

太子即位于高廟。丁未,襲號曰皇帝。|

孝景皇帝元年十月,踰年改元,亦以十月爲歲首也。制詔御史:"蓋聞古者祖有功而宗有德,制禮樂各有由。聞歌者,所以發德也。舞者,所以明功也。高廟酎③,奏武德、文始、五行之舞。孝惠廟酎④,奏文始、五行之舞。孝文皇帝臨天下,通關梁,不異遠方。

① 人,中華書局本《史記》作"民"。

② 以,中華書局本《史記》作"已"。

③ 酎,中華書局本《史記》作"酎"。

④ 酎,中華書局本《史記》作"酎"。

除誹謗，去肉刑，賞賜長老，收恤孤獨，以育群生。減嗜欲，不受獻，不私其利也。罪人不帑，不誅無罪。除肉刑，出美人，重絕人之世。又撮文帝事，大意于遺詔中，再敘一番，一篇文字，作兩層結束。朕既不敏，不能識。此皆上古之所不及，而孝文皇帝親行之。德厚侔天地，利澤施四海，靡不獲福焉。明象乎日月，而廟樂不稱。朕甚懼焉。其爲孝文皇帝廟爲昭德之舞，以明休德。然後祖宗之功德，著於竹帛，施於萬世，永永無窮，朕甚嘉之。其與丞相、列侯、中二千石、禮官，具爲禮儀奏。"丞相臣嘉等言："陛下永思孝道，立昭德之舞，以明孝文皇帝之盛德。皆臣嘉等，愚所不及。臣謹議曰：功莫大於高皇帝，德莫盛于孝文皇帝，又借禮官議，作文帝斷案，總結。高皇廟，宜爲帝者太祖之廟，孝文皇帝廟，宜爲帝者太宗之廟。天子宜世世獻祖宗之廟。郡國諸侯，宜各爲孝文皇帝立太宗之廟。諸侯王列侯使者侍祠，天子歲獻祖宗之廟。請著之竹帛，宣布天下。"制曰："可。"

太史公曰：孔子言"必世然後仁。善人之治國百年，亦可以勝殘去殺"。誠哉是言！漢興，至孝文四十有餘載，德至盛也。廩廩鄉改正服封禪矣，謙讓未成於今。嗚呼，豈不仁哉！文帝以質勝，所未遑者文事耳。紀中鋪敘已盡，贊中反借其謙讓未成，作反振法，即接曰：豈不仁哉！則未成處，非譏其畧，正贊其仁也，直與武帝對照。

本紀之體，是諸傳之提綱，故挨年逐月，一路敘去，用花巧不得。止看其敘法之簡淨，安放之妥當而已。○漢文純用文勝，寫得臻臻楚楚，優柔不迫，與《高后紀》，另用一種筆仗。○中載諸詔，文法佳勝，或當時如此，或係史公删潤，雖不可知，然漢文以後之詔，皆不如前，則史公與有力也。○此紀，通篇與武帝事對照，昔人所謂魚藻之義也。

孝景本紀 褚先生補

孝景皇帝者，孝文之中子也。母竇太后。孝文在代時，前後有三男，及竇太后得幸，前後死，及三子更死，故孝景得立。|

元年四月乙卯，赦天下。|乙巳，賜民爵一級。|五月，除田半租，爲孝文立太宗廟。令群臣無朝賀。|匈奴入代，與約和親。|

二年春，封故相國蕭何孫係，爲武陵侯。|男子二十而得傅。|四月壬午，孝文太后崩。廣川、長沙王皆之國。|丞相申屠嘉卒。|八月，以御史大夫開封侯陶青爲丞相。|彗星出東北。|秋，衡山雨雹，大者五寸，深者二尺。|熒惑逆行，守北辰。月出北辰間。歲星逆行天廷中。|置南陵，及內史、祋祤爲縣。|

三年正月乙巳，赦天下。|長星出西方。|天火燔，雒陽東宮大殿城室。|吳王濞、楚王戊、趙王遂、膠西王卬、濟南王辟光、菑川王賢、膠東王雄渠，反，發兵西鄉。天子爲誅鼂錯，遣袁盎諭告，不止，遂西圍梁。上乃遣大將軍竇嬰、太尉周亞夫，將兵誅之。|六月乙亥，赦亡軍，及楚元王子蓺等與謀反者。|封大將軍竇嬰爲魏其侯。立楚元王子平陸侯劉禮爲楚王。|立皇子端爲膠西王，

子勝爲中山王。徙濟北王志爲菑川王,淮陽王餘爲魯王,汝南王非爲江都王。|齊王將廬、燕王嘉,皆薨。|

四年夏,立太子。|立皇子徹爲膠東王。|六月甲戌,赦天下。|後九月,更以弋陽爲陽陵。|復置津關,用傳出入。|冬,以趙國爲邯鄲郡。|

五年三月,作陽陵、渭橋。|五月,募徙陽陵,予錢二十萬。|江都大暴風從西方來,壞城十二丈。|丁卯,封長公主子蟜爲隆慮侯。|徙廣川王爲趙王。|

六年春,封中尉趙綰爲建陵侯,江都丞相嘉爲建平侯,隴西太守渾邪爲平曲侯,趙丞相嘉爲江陵侯,故將軍布爲鄃侯。|梁楚二王皆薨。|後九月,伐馳道樹,殖蘭池。|

七年冬,廢栗太子爲臨江王。|十二月晦,日有食之。|春,免徒隸作陽陵者。|丞相青免。|二月乙巳,以太尉條侯周亞夫爲丞相。|四月乙巳,立膠東王太后爲皇后。丁巳,立膠東王爲太子,名徹。

中元年,封故御史大夫周苛孫平爲繩侯,故御史大夫周昌子左車爲安陽侯,|四月乙巳,赦天下,賜爵一級。除禁錮。|地動。衡山、原都雨雹,大者尺八寸。|

中二年二月,匈奴入燕,遂不和親。|三月,召臨江王來。即死中尉府中。|夏,立皇子越爲廣川王,子寄爲膠東王。封四侯。|九月甲戌,日食。|

中三年冬,罷諸侯御史中丞。|春,匈奴王二人率其徒來降,皆封爲列侯。|立皇子方乘爲清河王。|三月彗星出西北。|丞相周亞夫死,以御史大夫桃侯劉舍爲丞相。|四月,地動。|九月

戊戌晦，日食。|軍東都門外。|

中四年三月，置德陽宫。|大蝗。|秋，赦徒作陽陵者。|

中五年夏，立皇子舜爲常山王。封十侯。|六月丁巳，赦天下，賜爵一級。|天下大潦。|更命諸侯丞相曰相。|秋，地動。|

中六年二月己卯，行幸雍，郊見五帝。三月，雨雹。|四月梁孝王、城陽共王、汝南王，皆薨。|立梁孝王子明爲濟川王，子彭離爲濟東王，|子定爲山陽王，子不識爲濟陰王。梁分爲五。封四侯。|更命廷尉爲大理，將作少府爲將作大匠，主爵中尉爲都尉，長信詹事爲長信少府，將行爲大長秋大行爲行人，奉常爲太常，典客爲大行，治粟内史爲大農。以大内爲二千石，置左右内官，屬大内。|七月辛亥，日食。|八月，匈奴入上郡。|

後元年冬，更命中大夫爲衛尉。|三月丁酉，赦天下，賜爵一級，中二千石、諸侯相爵右庶長。四月，大酺。|五月丙戌地動，其蚤食時復動。上庸地動二十二日，壞城垣。|七月乙巳，日食。|丞相劉舍免。|八月壬辰，以御史大夫綰爲丞相封爲建陵侯。

後二年正月，地一日三動。|郅將軍擊匈奴。|酺五日。|令内史郡不得食馬粟，沒入縣官。令徒隸衣七緵布。止馬舂。爲歲不登，禁天下食不造。歲省列侯，遣之國。|三月，匈奴入雁門。|十月租長陵田。|大旱。|衡山國、河東、雲中郡民疫。|

後三年十月，日月皆食，赤五日。十二月晦雷。日如紫。五星逆行，守太微。月貫天庭中。|正月甲寅，皇太子冠。|甲子，孝景皇帝崩。遺詔賜諸侯王以下至民，爲父後爵一級，天下戸百錢。出宫人歸其家，復無所與。|太子即位，是爲孝武皇帝。|三

月,封皇太后弟蚡爲武安侯,弟勝爲周陽侯。葬陽陵。

太史公曰:漢興孝文施大德,天下懷安,至孝景不復憂異姓,而鼂錯刻削諸侯,遂使七國俱起,合從而西鄉,以諸侯太盛,而錯爲之不以漸也。及主父偃言之,而諸侯以弱,卒以安。安危之機,豈不以謀哉?

不過排比事類,續成一篇,殊無剪裁,不足觀覽。贊語亦直率庸弱,不知何人手筆,恐褚先生亦不如是。

孝武本紀 褚先生取《封禪書》補

孝武皇帝者，孝景中子也。母曰王太后。孝景四年，以皇子爲膠東王。孝景七年，栗太子廢爲臨江王，以膠東王爲太子。孝景十六年崩，太子即位，爲孝武皇帝。孝武皇帝初即位，尤敬鬼神之祀。｜此下俱《封禪書》全文。

元年，漢興已六十餘歲矣，天下乂①安，薦紳之屬，皆望天子封禪，改正度也。而上鄉儒術，招賢良，趙綰、王臧等，以文學爲公卿，欲議古立明堂城南，以朝諸侯。草巡狩封禪改歷(曆)服色事，未就。會竇太后治黄老言，不好儒術，使人微伺得趙綰等姦利事，召案綰、臧，綰、臧自殺，諸所興爲者皆廢。｜

後六年，竇太后崩。其明年，上徵文學之士公孫弘等。｜

明年，上初至雍，郊見五畤。後常三歲一郊。｜是時上求神君，舍之上林中蹏氏觀。神君者，長陵女子，以子死悲哀，多"悲哀"二字。故見神于先後宛若。宛若祠之其室，民多往祠。平原君往祠，其後子孫以尊顯。及武帝即位，則厚禮，置祠之內中，聞其言，

① 乂，底本作"又"，疑误，據校本改。

不見其人云。|

是時而李少君，亦以祠竈、穀道、郤老方見上，上尊之。少君者，故深澤侯入以主方。匿其年，及所生長，常自謂七十，能使物，郤老。其游以方，徧諸侯。無妻子。人聞其能使物，及不死，更饋遺之，常餘金錢帛衣食。人皆以爲不治產業，而饒給，又不知其何所人，愈信，爭事之。|少君資好方，善爲巧發奇中。常從武安侯飲，坐中有年九十餘老人，少君乃言與其大父游射處，老人爲兒時，從其大父行，識其處，一坐盡驚。|少君見上，上有故銅器，問少君。少君曰："此器，齊桓公十年，陳於栢寢。"已而按其刻，果齊桓公器。一宮盡駭以少君爲神，《書》以爲"少君神"，好。數百歲人也。|

少君言於上曰："祠竈則致物，致物而丹砂可化爲黄金，黄金成，以爲飲食器，則益壽，益壽而海中蓬萊僊者可見，見之以封禪，則不死，黄帝是也。臣嘗游海上，見安期生，《書》多一"安期生"，文致好。食臣棗，大如瓜。安期生僊者，通蓬萊中，合則見人，不合則隱。"於是天子始親祠竈，而遣方士入海，求蓬萊安期生之屬，而事化丹砂諸藥齊爲黄金矣。|

居久之，李少君病死。天子以爲化去不死也，而使黄錘史寬舒受其方。求蓬萊安期生，莫能得，而海上燕齊怪迂之方士，多相效更言神事矣。|《書》無"相效"字。

亳人薄誘忌，《書》作"謬忌"。奏祠太一方，曰："天神貴者，泰一，泰一佐曰五帝。古者天子以春秋祭泰一東南郊，用太牢具，七日，爲壇，開八通之鬼道。"於是天子令太祝立其祠長安東南郊，常奉祠，如忌方。其後人有上書言"古者天子三年一用太牢具，祠神三一:天一,地一,泰一"。天子許之,令太祝領祠之忌泰一壇上,如其方。後人復有上書言"古者天子嘗以春秋解祠,《書》無"秋"字。祠黄帝,用一梟破鏡;冥羊,用羊祠;馬行用一青牡馬泰一、皋山,《書》作"澤"。山君、地長,用牛;武夷君,用乾魚;陰陽使者,以一牛"。令祠官領之,如其方,而祠於忌泰一壇旁。

其後天子苑有白鹿,以其皮爲幣,以發瑞應,造白金焉。

其明年,郊雍,獲一角獸,若麃然。《書》作"若麟然"。有司曰:"陛下肅祇郊祀,上帝報享,錫一角獸,蓋麟云。"於是以薦五畤,畤加一牛以燎。賜諸侯白金,以風符應合于天地。

於是濟北王以爲天子且封禪,乃上書獻泰山,及其旁邑。天子受之,更以他縣償之。|常山王有罪遷,天子封其弟於真定,以續先王祀,而以常山爲郡。然後五嶽皆在天子之郡。|

其明年,齊人少翁,以鬼神方見上。上有所幸王夫人,夫人卒,少翁以方術,蓋夜致王夫人,及竈鬼之貌云,天子自帷中望見焉。於是乃拜少翁爲文成將軍,賞賜甚多,以客禮禮之。文成言曰:"上即欲與神通,宫室被服,不象神,神物不至。"乃作畫雲氣車,及各以勝日駕車,辟惡鬼。又作甘泉宫,中爲臺室,畫天、地、泰一諸神,而置祭具,以致天神。居歲餘,其方益衰,神不至。乃爲帛書,以飯牛,詳弗知也,言此牛腹中有奇。殺而視之,得書,書言甚怪,天子疑之。有識其手書,問之人,《書》作"天子識其手書問其人"。果僞書。於是誅文成將軍而隱之。

其後則又作柏梁、銅柱、承露仙人掌之屬矣。

文成死明年,天子病鼎湖甚,巫醫無所不致,至,不愈。游水發根乃言曰:"上郡有巫,病而鬼下之。"上召致,祠之甘泉。及病,

使人問神君。神君言曰:"天子毋憂病。病少愈,彊與我會甘泉。"於是病愈,遂幸甘泉,病良已。大赦天下,置壽宮神君。神君最貴者大夫,《書》作"太一"。其佐曰:大禁、司命之屬,皆從之。非可得見,聞其音與人言等。時去時來,來則風肅然也。居室帷中。時晝言,然常以夜。天子祓,然後入。因巫爲主人,關飲食。所欲者言行下。又置壽宮、北宮,張羽旗,設供具,以禮神君。神君所言,上使人受書其言,命之曰"書法"。其所語世俗之所知也,毋絕殊者,而天子獨喜。其事祕,世莫知也。|

其後三年,有司言元宜以天瑞命,不宜以一二數。一元曰建元,二元以長星,曰元光,三元以郊得一角獸,曰元狩云。《書》曰"建"、曰"光"、曰"狩",無"元"字佳。

其明年冬,天子郊雍,議曰:"今上帝朕親郊,而后土毋祀,則禮不答也。"有司與太史公、祠官寬舒等議:"天地牲,角繭栗。今陛下親祀后土,后土宜于澤中圜丘,爲五壇,壇一黃犢,太牢具,已祠,盡瘞,而從祠,衣上黃。"於是天子遂東,始立后土祠汾陰脽上,如寬舒等議。上親望拜,如上帝禮。|禮畢,天子遂至滎陽,而還過雒陽,下詔曰:"三代邈絕,遠矣難存。其以三十里地,封周後爲周子南君,以奉先王祀焉。"是歲,天子始巡郡縣,侵尋于泰山矣。|

其春,樂成侯上書言欒大。欒大,膠東宮人,故嘗與文成將軍同師,已而爲膠東王尚方。而樂成侯姊爲康王后,毋子。康王死,他姬子立爲王。而康后有淫行,與王不相中得,相危以法。康后聞文成已死,而欲自媚於上,乃遣欒大,因樂成侯求見,言方。天子既誅文成,後悔恨其早死,惜其方不盡,及見欒大,大悅。大爲人長美,言多方畧,而敢爲大言,處之不疑。大言曰:"臣嘗往來海中,見安期、羨門之屬。顧以爲臣賤,不信臣。又以爲康王諸侯爾,不足予方。臣數言康王,康王又不用臣。臣之師曰:'黄金可成,而河決可塞,不死之藥可得,仙人可致也。'臣恐效文成,則方士皆掩口,惡敢言方哉!"上曰:"文成食馬肝死爾。子誠能修其方,我何愛乎!"大曰:"臣師非有求人,人者求之。陛下必欲致之,則貴其使者,令有親屬,以客禮待之,勿卑,使各佩其信印,乃可使通言於神人。神人尚肯邪,不邪。致尊其使,然後可致也。"於是上使先驗小方,鬬旗,旗自相觸擊。

是時上方憂河決,而黄金不就,乃拜大爲五利將軍。居月餘,得四金印,佩天士將軍、地士將軍、大通將軍、天道將軍印。《書》無"天道將軍"字,蓋後有玉印,此不宜重。制詔御史:"昔禹疏九江,決四瀆。間者河溢皋陸,隄繇不息。朕臨天下,二十有八年,天若遺朕士而大通焉。《乾》稱'蜚龍','鴻漸于般',意庶幾與焉。其以二千戶封地士將軍大,爲樂通侯。"賜列侯甲第,僮千人。乘輿斥車馬帷帳器物,以充其家。又以衛長公主妻之,齎金萬斤,更名其邑曰當利公主。天子親如五利之第。使者存問,所給連屬于道。自大主將相以下,皆置酒其家,獻遺之。於是天子又刻玉印曰"天道將軍",使使衣羽衣,夜立白茅上,五利將軍,亦衣羽衣,立白茅上受印,以示弗臣也。而佩"天道"者,且爲天子道天神也。於是五利常夜祠其家,欲以下神。神未至,而百鬼集矣,然頗能使之。其後治裝行,東入海求其師云。大見數月,佩六印,貴振天下,而海上燕齊之間,莫不搤捥而自言有禁方,能神仙矣。|

其夏六月中,汾陰巫錦,爲民祠魏脽后土營旁,見地如鉤狀,

掊視,得鼎。鼎大,異于眾鼎文鏤,無欵識,怪之,言吏。吏告河東太守勝,勝以聞。天子使使驗問,巫錦得鼎,無姦詐,乃以禮祠,迎鼎至甘泉從行,上薦之。至中山,晏溫,《書》作"曣晶"。有黄雲蓋焉。有麃過,上自射之,因以祭云。至長安,公卿大夫皆議請尊寶鼎。天子曰:"間者河溢,歲數不登,故巡祭后土,祈爲百姓育穀。今年豐廡未有報,鼎曷爲出哉?"有司皆曰:"聞昔太帝①興,神鼎一,一者,一統,天地萬物所繫終也。黄帝作寶鼎三,象天地人也。禹收九牧之金,鑄九鼎,皆嘗鬺烹上帝鬼神。遭聖則興,遷于夏商。周德衰,宋之社亡,鼎乃淪伏而不見。頌云:'自堂徂基,自羊徂牛;鼐鼎及鼒,不虞不驁,胡考之休'。今鼎至甘泉,光潤龍變,承休無疆。合茲中山,有黄白雲降蓋,若獸爲符,路弓乘矢,集獲壇下,報祠大饗。惟受命而帝者,心知其意而合德焉。鼎宜見於祖禰,藏於帝廷,以合明應。"制曰:"可。"|入海求蓬萊者,言蓬萊不遠,而不能至者,殆不見其氣。上乃遣望氣佐候其氣云。|

其秋,上幸雍,且郊。或曰:"五帝,泰一之佐也。宜立泰一,而上親郊之"。上疑未定。齊人公孫卿曰:"今年得寶鼎,其冬辛巳朔旦冬至,與黄帝時等。"卿有札書曰:"黄帝得寶鼎,宛侯《書》作"宛朐"。問於鬼臾區。區對曰:'黄帝得寶鼎神筴,是歲己酉朔旦冬至,得天之紀,終而復始。'於是黄帝迎日推筴,後率二十歲,得朔旦冬至,凡二十推,三百八十年。黄帝僊登於天。"卿因所忠欲奏之。所忠視其書,不經,疑其妄書,謝曰:"寶鼎事已決矣,尚何以爲!"卿因嬖人奏之。上大說,召問卿。對曰:"受此書申功,

① 太帝,中華書局本《史記》作"大帝"。

申功已死。"《書》作"申公"。上曰:"申功何人也?"卿曰:"申功,齊人也。與安期生通,受黄帝言,無書,獨有此鼎書。曰'漢興,復當黄帝之時。漢之聖者,在高祖之孫,且曾孫也。寶鼎出而與神通封禪。封禪七十二王,唯黄帝得上泰山封'。申功曰:'漢主亦當上封,上封,則能僊登天矣。黄帝時萬諸侯,而神靈之封居七千。天下名山八,而三在蠻夷,五在中國。中國,華山、首山、太室、泰山、東萊,此五山黄帝之所常遊,與神會。黄帝且戰且學仙。患百姓非其道,乃斷斬非鬼神者。百餘歲,然後得與神通。黄帝郊雍上帝,宿三月。鬼臾區號大鴻,死葬雍,故鴻冢是也。其後黄帝接萬靈明廷。明廷者,甘泉也。所謂寒門者,谷口也。黄帝采首山銅,鑄鼎於荊山下。鼎既成,有龍垂胡顧,下迎黄帝。黄帝上騎,群臣後宫從上龍七千[①]餘人,龍乃上去。餘小臣不得上,乃悉持龍顧,龍顧拔,墮《書》多一"龍顧"字,一"墮"字,方詳。黄帝之弓。百姓仰望黄帝既上天,乃抱其弓與龍胡顧號。故後世因名其處曰鼎湖,其弓曰烏號。'"於是天子曰:"嗟乎!吾誠得如黄帝,吾視去妻子如脱躧耳。"乃拜卿爲郎,東使候神於太室。|

上遂郊雍,至隴西,西登空桐,幸甘泉。令祠官寬舒等,具太一祠壇,壇放薄忌泰一壇,壇三垓。五帝壇環居其下,各如其方,黄帝西南,除八通鬼道。泰一所用,如雍一畤物,而加醴棗脯之屬,殺一犛牛,以爲俎豆牢具。而五帝獨有俎豆醴進。其下四方地,爲餟食群神從者,及北斗云。已祠,胙餘皆燎之。其牛色白,鹿居其中,彘在鹿中水而洎之。祭日以牛,祭月以羊彘特。泰一

---

① 七千,中華書局本《史記》作"七十"。

祝宰,則衣紫及繡。五帝各如其色,日赤,月白。

十一月辛巳朔旦冬至,昧爽,天子始郊拜泰一。朝,朝日,夕,夕月,則揖;而見泰一,如雍禮。其贊饗曰:"天始以寶鼎神策授皇帝,朔而又朔,終而復始,皇帝敬拜見焉。"而衣上黄。其祠,列火滿壇旁[①],壇旁烹炊具。有司云:"祠上有光焉"。|公卿言"皇帝始郊見泰一雲陽,有司奉瑄玉嘉牲薦饗。是夜有美光,及晝,黄氣上屬天。"太史公、祠官寬舒等曰:"神靈之休,佑[②]福兆祥,宜因此地光域,立泰畤壇,以明應。令太祝領祀,及臘間祠。三歲,天子一郊見。"|

其秋,爲伐南越,告禱泰一,以牡荊畫幡,日月北斗,登龍,以象天一三星,爲泰一鋒,名曰"靈旗"爲兵禱,則太史奉以指所伐國。|而五利將軍使,不敢入海,之泰山祠。上使人微隨驗,實無所見。五利妄言見其師,其方盡,多不讎。上乃誅五利。|

其冬,公孫卿候神河南,見僊人跡緱氏城上,有物若雉,往來城上。天子親幸緱氏城,視跡。問卿:"得無效文成、五利乎?"卿曰:"仙者非有求人主,人主求之。其道非少寬假,神不來。言神事,事如迂誕,積以歲,乃可致。"於是郡國各除道,繕治宮觀名山神祠所,以望幸矣。|

其年,既滅南越,上有嬖臣李延年以好音見。上善之下公卿議曰:"民間祠,尚有鼓舞之樂,今郊祠而無樂,豈稱乎?"公卿曰:"古者祀天地皆有樂,而神祇可得而禮。"或曰:"泰帝使素女鼓五十弦瑟悲,帝禁不止,故破其瑟爲二十五弦。"於是塞南越禱祠泰

---

① 中華書局本《史記》无"旁"字。

② 佑,中華書局本《史記》作"祐"。

一、后土,始用樂舞,益召歌兒,作二十五弦,及箜篌瑟,自此起。|

其來年冬,上議曰:"古者先振兵澤旅然後封禪。"乃遂北巡朔方勒兵十餘萬,還祭黄帝冢橋山,澤兵須如。上曰:"吾聞黄帝不死,今有冢,何也?"或對曰:"黄帝已僊,上天,群臣葬其衣冠。"|既至甘泉,爲且用事泰山,先類祠泰一。|

自得寶鼎,上與公卿諸生議封禪。封禪用希,曠絕,莫知其儀禮,而群儒采《封禪》《尚書》《周官》《王制》之望,祀射牛事。齊人丁公年九十餘,曰"封者合不死之名也。秦皇帝不得上封。陛下必欲上,稍上,即無風雨,遂上封矣。"上於是乃令諸儒習射牛草封禪儀數年,至且行。天子既聞公孫卿,及方士之言,黄帝以上封禪,皆致恠物與神通,欲放黄帝以嘗接神僊人蓬萊士高世比德於九皇,而頗采儒術以文之。群儒既以不能辨明封禪事,又牽拘於《詩》《書》古文,而不敢騁。上爲封祠器,示群儒,群儒或曰"不與古同",徐偃又曰"太常諸生行禮,不如魯善",周霸屬圖封事,於是上絀偃、霸,盡罷諸儒弗用。

三月,遂東幸緱氏,禮登中嶽太室。從官在山下,聞若有言"萬歲"云。問上,上不言;問下,下不言。於是以三百戶封太室奉祠,命曰崇高邑。東上泰山,山之草木葉未生,乃令人上石立之泰山顛。

上遂東巡海上,行禮祠八神。齊人之上疏言神怪奇方者以萬數,然無驗者。乃益發船,令言海中神山者數千人,求蓬萊神人。公孫卿持節常先行,候名山,至東萊言夜見一人,長數丈,就之則不見,見其跡甚大,類禽獸云。群臣有言見一老父,牽狗,言"吾欲見巨公",已忽不見。上既見大跡,未信,及群臣有言老父,則大以

爲僊人也。宿留海上,與方士傳車及間,使求僊人,以千數。|

四月,還至奉高。上念諸儒及方士言封禪,人人殊,不經,難施行。天子至梁父禮祠地主。|乙卯令侍中儒者,皮弁薦紳,射牛行事。封泰山,下東方,如郊祀泰一之禮。封廣丈二尺高九尺,其下則有玉牒書,書祕。禮畢,天子獨與侍中奉車,子侯上泰山,亦有封其事皆禁。明日,下陰道。丙辰,禪泰山下阯,東北肅然山,如祭后土禮。天子皆親拜見衣上黄,而盡用樂焉。江淮間一茅三脊爲神藉。五色土益雜封。縱遠方奇獸蜚禽,及白雉諸物,頗以加祠。兕旄牛犀象之屬弗用。皆至泰山,然後去。《書》作"祭后土"。封禪祠,其夜若有光,晝有白雲起封中。|

天子從封禪還,坐明堂,群臣更上壽。於是制詔御史:"朕以眇眇之身,承至尊,兢兢焉懼弗任。惟德菲薄,不明於禮樂。修祀泰一,若有象,景光屑如有望,依依震於怪物,《書》無"依依"字。欲止不敢,遂登封泰山,至於梁父,而後禪肅然。自新,嘉與士大夫更始,賜民,百戶,牛一、酒十石,加年八十孤寡布帛二匹。復博、奉高、蛇丘、歷城,毋出今年租稅。其赦天下,如乙卯赦令。行所過,毋有復作。事在二年前,皆勿聽治。"|又下詔曰:"古者天子五載一巡狩,用事泰山,諸侯有朝宿地。其令諸侯各治邸泰山下。"|

天子既已封禪泰山,既無風雨菑,而方士更言蓬萊諸神山,若將可得,於是上欣然,庶幾遇之,乃復東至海上望,冀遇蓬萊焉。|奉車子侯暴病,一日死。上乃遂去,並海上,北至碣石,巡自遼西,歷北邊,至九原。五月,返,至甘泉。有司言寶鼎出爲元鼎,以今年爲元封元年。|

其秋,有星茀于東井。後十餘日,有星茀于三能。望氣王朔言:“候,獨見其星出,如瓠,食頃,復入焉。”有司言曰:“陛下建漢家封禪,天其報德星云。”|

其來年冬,郊雍五帝還,拜祝祠泰一。贊饗曰:“德星昭衍,厥維休祥。壽星仍出,淵耀光明。信星昭見,皇帝敬拜泰祝之饗。”|

其春,公孫卿言見神人東萊山,若云“見天子”。天子於是幸緱氏城,拜卿爲中大夫。遂至東萊,宿留之,數日,毋所見,見大人跡。復遣方士求神怪,采芝藥,以千數。|是歲,旱。於是天子既出毋名,乃禱萬里沙,過祠泰山。還至瓠子,自臨塞決河,留二日,沈祠而去。使二卿將卒塞決河,河徙二渠,復禹之故跡焉。|

是時既滅南越,越人勇之,乃言“越人俗信鬼,而其祠皆見鬼,數有效。昔東甌王敬鬼,壽至百六十歲。後世怠嫚,故衰耗”。乃令越巫立越祝祠,安臺,無壇,亦祠天神上帝百鬼,而以雞卜。上信之,越祠雞卜始用焉。|

公孫卿曰:“僊人可見,而上往常遽,以故不見。今陛下可爲觀如緱氏城置脯棗,神人宜可致。且僊人好樓居。”於是上令長安則作蜚廉桂觀,甘泉則作益延壽觀,使卿持節設具,而候神人,乃作通天臺,置祠具其下,將招來神僊之屬。於是甘泉更置前殿,始廣諸宮室。|夏,有芝生殿防內中。天子爲塞河,興通天臺,若有光云,乃下詔曰:“甘泉防《書》作“房”。生芝九莖,赦天下,毋有復作。”|

其明年,伐朝鮮。夏,旱。公孫卿曰:“黄帝時封,則天旱,乾封三年。”上乃下詔曰:“天旱,意乾封乎?其令天下尊祠靈星

焉。”|

其明年,上郊雍,通回中道,巡之。春至鳴澤,從西河歸。

其明年冬,上巡南郡,至江陵而東。登禮灊之天柱山,號曰南嶽。浮江,自尋陽,出樅陽,過彭蠡,祀其名山川。北至琅邪,並海上。四月中,至奉高,修封焉。|

初天子封泰山,泰山東北阯,古時有明堂處,處險不敞。上欲治明堂奉高旁,未曉其制度。濟南人公玉帶,上黄帝時明堂圖。明堂圖中有一殿,四面無壁,以茅蓋,通水圜宫垣,爲複道,上有樓,從西南入,命曰崑崙,天子從之入,以拜祠上帝焉。於是上令奉高作明堂汶上,如帶圖。及五年修封,則祠泰一、五帝于明堂上坐,令高皇帝祠坐對之。祠后土于下房,以二十太牢。天子從崑崙道入,始拜明堂,如郊禮。禮畢,燎堂下。而上,又上泰山,有祕祠其巔。而泰山下祠五帝,各如其方,黄帝并赤帝,而有司侍祠焉。泰山上舉火,下悉應之。|

其後二歲十一月甲子朔旦冬至,推歷(曆)者,以本統。天子親至泰山,以十一月甲子朔旦冬至日祠上帝明堂,每修封禪。其贊饗曰:“天增授皇帝泰元神筴,周而復始。皇帝敬拜泰一。”|東至海,上考入海及方士求神者,莫驗,然益遣,冀遇之。|

十一月乙酉,栢梁裁。|十二月甲午朔,上親禪高里,祠后土。臨渤海,將以望祠蓬萊之屬,冀至殊庭焉。|

上還,以栢梁裁故,朝,受計甘泉。公孫卿曰:“黄帝就青靈臺十二日燒,黄帝乃治明庭。明庭,甘泉也。”方士多言古帝王有都甘泉者。其後天子又朝諸侯甘泉,甘泉作諸侯邸。勇之乃曰:“越俗有火裁,復起屋,必以大,用勝服之。”於是作建章宫,度爲千門

萬戶。前殿度高未央，其東，則鳳闕，高二十餘丈。其西，則唐中數十里，虎圈。其北，治大池，漸臺高二十餘丈，名曰泰液池，中有蓬萊、方丈、瀛洲、壺梁，象海中神山龜魚之屬。其南有玉堂、璧門、大鳥之屬。乃立神明臺、井幹樓，度五十餘丈，輦道相屬焉。|

夏漢改曆，以正月爲歲首，而色上黄，官名更印章以五字。因爲太初元年。|是歲西伐大宛。蝗大起。丁夫人、雒陽虞初等，以方祠詛匈奴、大宛焉。|

其明年，有司言雍五畤，無牢熟具，芬芳不備。乃命祠官進畤犢牢，具五色食所勝，而以木耦馬代駒焉。獨五帝用駒，行親郊用駒。及諸名山川用駒者，悉以木耦馬代。行過，乃用駒。他禮如故。|

其明年東巡海上，考神僊之屬，未有驗者。方士有言"黄帝時爲五城十二樓，以候神人於執期，命曰迎年"。上許作之，如方。|明年，上親禮祠上帝，衣上黄焉。《書》無"衣上黄"字。

公玉帶曰："黄帝時雖封泰山，然風后、封鉅、《書》作"封臣"。岐伯，令黄帝封東泰山，禪凡山，合符，然後不死焉。"天子既令設祠，其至東泰山，東泰山卑小，不稱其聲，乃令祠官禮之，而不封禪焉。其後令帶奉祠，候神物。|夏，遂還泰山，修五年之禮，如前，而加禪祠石閭。石閭者，在泰山下阯南方，方士多言此仙人之閭也，故上親禪焉。|

其後五年，復至泰山，修封，還過，祭常山。|

今天子所興祠，泰一、后土，三年親郊祠，建漢家封禪，五年一修封。薄忌泰一，及三一、冥羊、馬行、赤星五寬舒之祠官，以歲時致禮。凡六祠，皆太祝領之。至如八神諸神，明年、凡山，他名祠，行過則祀,去則已。方士所興祠,各自主,其人終,則已,祠官弗主。他祠皆如其故。今上封禪,其後十二歲而還,徧于五嶽四瀆矣。而方士之候祠神人,入海求蓬萊,終無有驗。而公孫卿之候神者,猶以大人跡爲解,無其效。天子益怠,厭方士之怪迂語矣,然終羈縻弗絕,冀遇其真。自此之後,方士言祠神者彌眾,然其效可睹矣。

太史公曰:余從巡祭天地諸神,名山川,而封禪焉。入壽宮侍祠神語,究觀方士祠官之言,於是退而論次,自古以來,用事於鬼神者,具見其表裏。後有君子,得以覽焉。至若俎豆珪幣之詳,獻酬之禮,則有司存焉。

武帝如出塞諸事,儘可發揮。以褚先生之才,何妨別構一篇,乃始終止取《封禪》一書何也?豈有鑒于史公之禍而然與?○紀中添改處止數字,較本書頗明晰,而色澤則已減。

三代世表

太史公曰：五帝、三代之記，尚矣。一句喝起，下即轉。自殷以前諸侯，不可得而譜，二轉。周以來，乃頗可著。數語頓住。孔子因史文，次《春秋》，紀元年，正時日月，蓋其詳哉。一段。至於序《尚書》則畧無年月；或頗有，然多闕，不可錄。故疑則傳疑，蓋其慎也。二段，借孔子《春秋》《尚書》作兩對，下住而復起。

余讀諜記，黄帝以來，皆有年數。稽其歷(曆)譜諜，終始五德之傳，又出一段。古文咸不同，乖異。即收轉矯挺，下又頓住。夫子之弗論次其年月，豈虚哉！折轉，應上孔子一段。於是以《五帝繫諜》《尚書》集，世紀黄帝以來，訖共和爲《世表》。應上諜記，一段雙收。

小小一篇，中間起伏轉折，如有千萬言存乎其中。古稱畫山水，在咫尺而有萬里之勢，吾於此亦有萬里之思矣。○諸表畫而爲圖，縱横明晰於列國、楚漢，時事紛然之際，開卷無不了然。此法創自史公，是千古絕奇文字。惜其多而不能盡載也，就文論文，止取其序論云爾。

十二諸侯年表

太史公讀《春秋歷(曆)譜諜》,接上《春秋歷(曆)譜諜》落下。至周厲王,未嘗不廢書而歎也。曰:嗚呼,師摯見之矣!起得突兀而風致。紂爲象箸而箕子唏。一句。周道缺,詩人本之衽席,《關雎》作。一句。仁義陵遲,《鹿鳴》刺焉。一句。○三句,三様文法。及至厲王,以惡聞其過,公卿懼誅而禍作,始挽上厲王。厲王遂奔於彘,亂自京師始,而共和行政焉。|是十二諸侯之源。是後,或力政,彊乘弱,興師不請天子。然挾王室之義,以討伐爲會盟主,政由五伯,諸侯恣行,淫侈不軌,賊臣篡子滋起矣。|是十二諸侯之總論。齊、晉、秦、楚,十二諸侯,只點四國。其在成周微甚,封,或百里,或五十里。晉阻三河,齊負東海,楚介江淮,秦因雍州之固,四句,亦四様文法。四國迭興,更爲伯主,文武所褒大封,皆威而服焉。|完十二諸侯事。是以孔子明王道,干七十餘君,莫能用,故西觀周室,論史記舊聞,興於魯,而次《春秋》,上記隱,下至哀之獲麟,約其辭文,去其煩重,以制義法,王道備,人事浹。又挽上《春秋》,再起一峯。七十子之徒,口受其傳指,爲有所刺譏褒諱挹損之文辭,不可以書見也。|復從《春秋》,生出七段,此先說不能明《春秋》者一。魯君子左丘

明，懼弟子人人異端，各安其意，失其真，故因孔子史記具論其語，成《左氏春秋》。｜《左氏春秋》二。鐸椒爲楚威王傅，爲王不能盡觀《春秋》，采取成敗，卒四十章，爲《鐸氏微》。｜《鐸氏春秋》三。趙孝成王時，其相虞卿，上采《春秋》，下觀近世，亦著八篇，爲《虞氏春秋》。｜《虞氏春秋》四。呂不韋者，秦莊襄王相，亦上觀尚古刪拾《春秋》，集六國時事，以爲八覽、六論、十二紀，爲《呂氏春秋》。｜《呂氏春秋》五。及如荀卿、孟子、公孫固、韓非之徒，各往往捃摭《春秋》之文，以著書不可勝紀。《春秋》餘文六。漢相張蒼歷(曆)譜五德，上大夫董仲舒推《春秋》義，頗著文焉。｜因《春秋》又挽到《歷(曆)譜諜》，應首章之義七。

太史公曰：儒者斷其義，馳說者騁其辭，不務綜其終始；一段應《春秋》。歷(曆)人取其年月，數家隆於神運，譜諜獨記世謚，其辭畧，欲一觀諸要難。一段應曆譜諜。於是譜十二諸侯，自共和訖孔子，表見《春秋》《國語》學者所譏，盛衰大指，著于篇，爲成學治古文者要刪焉。以著書之意結。

先提《春秋曆譜諜》，始明十二諸侯源委。中因《春秋》，衍作七段，後又以《春秋曆譜諜》雙收，回環照合，是一篇完全文字。

六國年表

太史公讀《秦記》，至犬戎敗幽王，周東徙洛邑，緊頂前篇厲王落下。秦襄公始封爲諸侯，作西畤，用事上帝，僭端見矣。｜先立一案，後序。《禮》曰："天子祭天地，諸侯祭其域内名山大川。"今秦雜戎翟之俗，先暴戾，後仁義，位在藩臣，而臚於郊祀，君子懼焉。｜解"西畤"。及文公踰隴，攘夷狄，尊陳寶，營岐雍之間，而穆公修政，東竟至河，則與齊桓、晉文中國侯伯侔矣。｜頂前篇四國更霸。○六國秦爲大，故先從秦起。是後陪臣執政，大夫世禄，六卿擅晉權，征伐會盟，威重於諸侯。｜及田常殺簡公而相齊國，諸侯晏然弗討，海内爭於戰功矣。三國終之，卒分晉，田和亦滅齊而有之，承上齊桓、晉文，故又提齊、晉二國。六國之盛自此始。｜始總點六國。務在彊兵并敵，謀詐用，而從衡短長之說。起矯稱蠭出，誓盟不信，雖置質剖符，猶不能約束也。｜總序六國事完。秦，始小國，僻遠，間接秦事。諸夏賓之，比於戎翟，"賓"字作"擯"字解。至獻公之後，常雄諸侯。論秦之德義，不如魯衛之暴戾者，量秦之兵，不如三晉之彊也，然卒并天下，非必險固便，形勢利也，蓋若天所助焉。｜一頓且住，下插議論一段，文法佳勝。

或曰"東方,物所始生,西方,物之成孰"。夫作事者,必於東南,收功實者常於西北。奇論。故禹興於西羌,湯起於亳,周之王也,以豐鎬伐殷,秦之帝,用雍州興,漢之興,自蜀漢。|五句五樣句法。○又頓住。

秦既得意,又間接秦,獨序史記事。燒天下《詩》《書》,諸侯史記尤甚,爲其有所刺譏也。《詩》《書》所以復見者,多藏人家,而史記獨藏周室,以故滅。惜哉,惜哉!|一轉。獨有《秦記》,又不載日月,其文畧不具。二轉。然戰國之權變,亦有可頗采者,何必上古。|頓住又起。秦取天下多暴,然世異變,成功大。傳曰"法後王",何也?以其近己而俗變相類,議卑而易行也。此數句,燒史記之故。學者牽於所聞,見秦在帝位日淺,不察其終始,因舉而笑之,不敢道,此與以耳食無異。悲夫!此是踵秦史之故。

余於是因《秦記》踵《春秋》之後,又點明《春秋》,聯上二篇。起周元王,表六國時事,訖二世,凡二百七十年,著諸所聞興壞之端。後有君子,以覽觀焉。

段段挽鎖,段段變化,不由繩矩而自然合度。《史記》一百三十篇,何嘗一篇無法?大文大法,小文小法,吾願世之讀《史記》者,大篇不能即通,先看其小篇人可也。○表序無一篇不佳,而此篇更妙,字字如堆花簇錦,絕無一懈筆。讀之萬過,口頰猶香。

秦楚之際月表

太史公讀秦楚之際,曰:初作難,發於陳涉;一段。虐厲滅秦自項氏;二段。撥亂誅暴,平定海内,卒踐帝祚,成於漢家。三段,三樣文法。五年之間,號令三嬗。自生民以來,未始有受命若斯之亟也。|總承上三段作結。

昔虞、夏之興,積善累功數十年,德洽百姓,攝行政事,考之於天,然後在位。一段。湯、武之王,乃由契、后稷,修仁行義,十餘世,不期而會孟津八百諸侯,猶以爲未可,其後乃放弒。二段。秦起襄公,章於文、繆,獻、孝之後,稍以蠶食六國,百有餘載,至始皇乃能并冠帶之倫。三段。○俱反上三段。以德若彼,用力如此,蓋一統若斯之難也。|總承上三段作結。

秦既稱帝,患兵革不休,以有諸侯也,於是無尺土之封,墮壞名城,銷鋒鏑,鉏豪傑,維萬世之安。然王跡之興,起於閭巷,合從討伐,軼於三代,鄉秦之禁,適足以資賢者,爲驅除難耳。又即秦以慨嘆作致。故憤發其所,爲天下雄安在無土不王。二層。此乃傳之所謂大聖乎?豈非天哉,豈非天哉!三層。非大聖,孰能當此受命而帝者乎?四層。

前三段一正,後三段一反,而歸功於漢。以四層咏嘆,曲折波傑,姿致獨勝,此所謂不事脂粉天然絕豔者乎?

漢興以來諸侯年表

太史公曰:殷以前尚矣。| 尚者遠也,前五帝贊同。周封五等:公,侯,伯,子,男。先立一句。然封伯禽、康叔於魯、衛,地各四百里,親親之義褒有德也;太公於齊,兼五侯地,尊勤勞也。武王、成、康,所封數百,而同姓五十五,地,上不過百里,下三十里,以輔衛王室。管、蔡、康叔、曹、鄭,或過或損。一盛。厲、幽之後,王室缺,侯伯彊國興焉,天子微,弗能正。非德不純,形勢弱也。一衰。○借周作引是客,而"形勢"二字,已直貫通篇。

漢興,始入題。序二等。高祖末年非劉氏而王者,一等。若無功,上所不置而侯者,二等也。天下共誅之。此不得爲王侯者。高祖子弟同姓爲王者九國,同姓王一。唯獨長沙異姓,異姓王二。而功臣侯者,百有餘人。功臣侯三。自鴈門、太原以東,至遼陽爲燕代國;北邊一帶。常山以南,太行左轉,度河、濟,阿、甄以東,薄海爲齊、趙國;東邊一帶。自陳以西南至九疑,東帶江、淮、穀、泗,薄會稽爲梁、楚、吴、淮南、長沙國:東南一帶。○句法錯落變化。皆外接於胡、越。而内地北距山以東,盡諸侯地大者或五六郡,連城數十,置百官宫觀僭於天子。承上三段。漢獨有三河、東郡、潁川、南陽,自江陵以西，至蜀，北自雲中至隴西與内史，凡十五郡，而公主列侯，頗食邑其中。何者？天下初定，骨肉同姓少，故廣彊庶孽，以鎮撫四海，用承衛天子也。｜一結。以上是漢初制度。

漢定百年之間，親屬益疎，諸侯或驕奢，怵邪臣計謀爲淫亂，大者叛逆，小者不軌於法以危其命，殞身亡國。一段諸侯王之禍。天子觀于上古然後加惠，使諸侯得推恩，分子弟國邑，故齊分爲七，趙分爲六，梁分爲五，淮南分三，及天子支庶子爲王，王子支庶爲侯，百有餘焉。｜一段。弱諸侯之計。吴、楚時，前後諸侯，或以適削地，是以燕、代無北邊郡，吴、淮南、長沙無南邊郡，齊、趙、梁、楚支郡，名山陂海，咸納於漢。諸侯稍微，大國不過十餘城，小侯不過數十里，上足以奉貢職，下足以供養祭祀，以蕃輔京師。而漢郡八九十，形錯諸侯間，犬牙相臨秉其阸塞地利，彊本幹，弱枝葉之勢也[①]，尊卑明而萬事各得其所矣。｜一段，彊本弱枝之漸，應前篇，〇一結，是漢武時事。

臣遷謹記高祖以來，至太初諸侯，譜其下益損之，時令後世得覽。形勢雖彊，要之以仁義爲本。以“形勢”二字總收，歸到“仁義”二字，另作一波，矯健。

全篇只以周制作一冒，後分兩股，一段是漢初制度，一段是漢武時近事。而兩股中，句句照映，節節相對文法極其謹嚴。〇《史記》凡用數句排比，無一句不變而後人不復宗法獨用呆板。蓋《漢書》一出，以匀齊、整鍊四字悮之也。〇王安石以蘇文忠《表忠觀碑》，似《漢興諸侯年表》，章法字句、筆力、氣度，何嘗有一字相像？而後世以訛傳訛，可爲一笑。

---

① 中華書局本《史記》無“也”字。

高祖功臣侯年表

太史公曰：古者人臣功有五品，以德立宗廟定社稷曰勳，以言曰勞，用力曰功，明其等曰伐，積日曰閱。先立一案。封爵之誓，曰："使河如帶，泰山若厲。國以永寧，爰及苗裔。"始未嘗不欲固其根本，而枝葉稍凌[①]夷衰微也。｜所謂"靡不有初，鮮克有終"也。自古已然，先爲一嘆。

余讀高祖侯功臣，察其首封，所以失之者，曰：異哉所聞！｜異哉所聞，正反上一段，曰根本不固，不待枝葉，已凌夷衰微也，又爲一嘆。《書》曰："協和萬國"，遷于夏商，或數千歲。蓋周封八百，幽厲之後，見於《春秋》《尚書》。有唐虞之侯伯，歷三代，千有餘載，自全以蕃衛天子，豈非篤於仁義，奉上法哉？｜又引一案，自古皆然，而漢獨不然，頂"異哉所聞也"，三嘆。漢興，功臣受封者，百有餘人。天下初定，故大城名都散亡戶口，可得數者十二三，是以大侯不過萬家，小者五六百戶。昔日之衰。後數世，民咸歸鄉里，戶益息，蕭、曹、絳、灌之屬，或至四萬，小侯自倍，富厚如之。今日之盛。子孫驕溢，忘其先，淫嬖。至太初，百年之間，見侯五，餘皆坐法隕命，亡

① 凌，中華書局本《史記》作"陵"。

國耗矣。因盛而衰,下即轉。罔亦少密焉,一轉即收。然皆身無兢兢於當世之禁云。兩句兩轉,作兩層疊四嘆。

居今之世,漢也。志古之道,夏商周也。所以自鏡也,未必盡同。歸到立言大旨。帝王者,各殊體[1]而異務,安以成功爲統紀,豈可緄乎?此正是居今志古,以漢與前代,相提而論也。觀所以得尊寵,及所以廢辱,亦當世得失之林也,何必舊聞?|此則單指漢諸侯也,五嘆。於是謹其終始,表見其文,頗有所不盡本末;著其明,疑者闕之。後有君子,欲推而列之,得以覽焉。

通篇全以慨歎作致,而層層回互,步步照顧,節節頓挫,如龍之一體,鱗鬣爪甲而已。而其中多少屈伸變化,即龍亦有不能自知者,此所以爲神物也。

① 體,中華書局本《史記》作"禮"。

惠景間侯者年表

太史公讀列封至便侯，曰：有以也夫！｜劈頭先作一歎。長沙王者著令甲，稱其忠焉。昔高祖定天下，功臣非同姓，疆土而王者八國。至孝惠時，唯獨長沙全禪五世，以無嗣絕竟無過，爲藩守職信矣。故其澤流枝庶，毋功而侯者數人。獨提一長沙，正爲餘七國嘆也。不加褒貶而其意自見。及孝惠訖孝景間五十載，追修高祖時遺功臣，歷舉惠景間，封侯之故，此其一等。及從代來，二等。吳、楚之勞，三等。諸侯子弟，四等。若肺腑，五等。外國歸義，六等。六句六樣句法。封者九十有餘。總上六等。咸表始終當世仁義成功之著者也。一句收簡淨。

此篇獨用簡法，先提長沙王一論，後只點總目，而歷落斬截，一字也，如藏千萬言於其中，正是以筆力勝也。〇虞道園作政典諸序，其歷序篇目，一篇用一種筆法，吾甚喜之蓋從史公諸表序中出也。

建元以來侯者年表

太史公曰：匈奴絕和親，攻當路塞；一事。閩越擅伐，東甌請降。二事。二彝交侵，二彝：匈奴、閩越也。當盛漢之隆，以此知功臣受封，侔於祖考矣。｜此漢武所以封功臣之故先爲一案，後應。何者？自《詩》《書》稱三代[①]"戎狄是膺，荊荼是徵"，三代周事一。齊桓越燕伐山戎，齊事二。武靈王以區區趙服單于，趙事三。秦繆用百里霸西戎，秦事四。吳楚之君以諸侯役百越。｜吳楚事五，五段五種文法。況乃以中國一統，明天子在上，兼文武，席卷四海，內輯億萬之眾，豈以晏然，不爲邊境征伐哉！｜此漢武不得不征伐之故，亦不得不封功臣之故也。自是後遂出師，緊頂上節。北討彊胡，南誅勁越，｜應篇首二事。將卒以次封矣。

此篇只作一起一結，照應關鎖，而中間援古證今。漢武不得不征伐，征伐則不得不封功臣，正爲漢武諱也。而通篇文法精嚴，絕無懈筆。〇漢武即伐匈奴、閩越二事有許多事好鋪序，姑且置之，只就漢武時不得不征伐立論，而二事只一點過，正爲漢武諱也。

---

① 代，底本作"伐"，疑误，據校本改。

建元以來王子侯者年表

制詔御史:“諸侯王或欲推私恩分子弟邑者,令各條上,朕且臨定其號名。”|

太史公曰:盛哉天子之德! 一人有慶,天下賴之。

只記推恩一詔,而寥寥一結,不似史公筆仗。蓋當時失亡,而後人畧摭數言以冠其篇,與如《三王世家》,亦止載分封三詔,詳畧雖不同,而事則一也。〇建元以來之王子侯,非推恩之意,乃削弱諸侯之計也,當時或有譏刺,而後人删之乎?

漢興以[1]來將相名臣年表

闕

自古之待功臣者,每以漢高爲口實。將,如淮陰之鐘室,布越之葅醢;相,如蕭相國之謹飭,而上林一請,不免于下吏。噫!亦薄甚矣!故子孫習之,而申屠嘉不免于嘔血,周亞夫不免于餓死。至孝武之世,丞相多至自殺,而將帥以坐法抵罪失侯者,往往而有。此史公年表之所以作也,史公生於此時,目擊心慨,未免言之過甚,故後人削之,而序論之所以闕乎!嗚呼!孔子《春秋》,皆口授,而定哀之間,多微辭,豈無故哉!

① 以,中華書局本《史記》作"已"。

禮書

缺。褚先生取《荀子》補

太史公曰:洋洋美德乎!宰制萬物,役使群衆,豈人力也哉?余至大行禮官,觀三代損益,乃知緣人情而制禮,依人性而作儀,其所由來尚矣。|先虛作一冒。

人道經緯萬端,規矩無所不貫,誘進以仁義,束縛以刑罰,故德厚者位尊,祿重者寵榮,所以總一海内,而整齊萬民也。人體安駕乘,爲之金輿錯衡,以繁其飾;目好五色,爲之黼黻文章,以表其能;耳樂鐘磬,爲之調諧八音,以蕩其心;口甘五味,爲之庶羞酸鹹,以致其美;情好珍善,爲之琢磨圭璧,以通其意。排五段。故大路越席,皮弁布裳,朱絃洞越,大羹玄酒,所以防其淫侈,救其彫弊。變調。是以君臣朝廷尊卑貴賤之序,下及黎庶車輿衣服宮室飲食嫁娶喪祭之分,用疊字,三十字作一句。事有宜適,物有節文。突然住,作一束。仲尼曰:"禘自既灌而往者,吾不欲觀之矣。"

周衰,禮廢樂壞,大小相踰,管仲之家,兼備三歸。循法守正者,見侮於世,奢溢僭差者,謂之顯榮。自子夏,門人之高第也,猶云"出見紛華盛麗而說,入聞夫子之道而樂,二者心戰,未能自決",而況中庸以下,漸漬于失教,被服於成俗乎?孔子曰"必也正名",於衛所居不合。仲尼沒後,受業之徒,沈湮而不舉,或適齊、楚,或入河海,豈不痛哉!二束。

至秦有天下,悉内六國禮儀,採擇其善,雖不合聖制,其尊君抑臣,朝廷濟濟,依古以來。至于高祖,光有四海,叔孫通頗有所增益減損,大抵皆襲秦故。自天子稱號,下至佐僚,及宫室官名,少所變改。孝文即位,有司議欲定儀禮,孝文好道家之學,以爲繁禮飾貌,無益於治,躬化謂何耳,故罷去之。孝景時御史大夫鼂錯,明於世務刑名,數干諫孝景,曰:"諸侯藩輔,臣子一例,古今之制也。今大國專治異政,不禀京師,恐不可傳後。"孝景用其計,而六國畔逆,以錯首名,天子誅錯以解難。事在《爰[1]盎》語中。是後官者養交安禄而已,莫敢復議。三束。

今上即位,招致儒術之士,令共定儀,十餘年不就。或言古者太平,萬民和喜,瑞應辨至,乃采風俗,定制作。上聞之,制詔御史曰:"蓋受命而王,各有所由興,殊路而同歸,謂因民而作,追俗爲制也。漢家制禮本意。議者咸稱大古,百姓何望?漢亦一家之事,典法不傳,謂子孫何?說得濶大自占地步,英雄本色。化隆者閎博,治淺者褊狹,可不勉與!"乃以太初之元,改正朔,易服色,封泰山,定宗廟,百官之儀,以爲典常,垂之於後云。四束,以下乃《荀子·禮論》。

禮由人起。人生有欲,欲而不得,則不能無忿,忿而無度量,則爭,爭則亂。先王惡其亂,故制禮義以分之,養人之欲,給人之求,使欲不窮於物,物不屈於欲,二者相待而長,是禮之所起也。

---

① 爰,中華書局本《史記》作"袁"。

故禮者養也。只一句立柱,下乃衍出。稻粱[①]五味,所以養口也;椒蘭芬茝,所以養鼻也;鐘磬管絃,所以養耳也;刻鏤文章,所以養目也;疏房牀笫,所以養體也。先衍五段。故禮者養也。一句結上。

君子既得其養,又好其辨也。兩句起下。所謂辨者,貴賤有等,長少有差,貧富輕重,皆有稱也。故天子大路越席,所以養體也;側載臭茝,所以養鼻也;前有錯衡,所以養目也;和鸞之聲,步中《武象》,驟中《韶濩》,所以養耳也;龍旂九斿,所以養信也;寢兕持虎,鮫韅彌龍,所以養威也。故大路之馬,必信至教順,然後乘之,所以養安也。又衍七段。孰知夫士出死要節之所以養生也。孰知夫輕費用之所以養財也,孰知夫恭敬辭讓之所以養安也,孰知夫禮義文理之所以養情也。又衍四段,凡三起伏,皆用排調。

人苟生之爲見,若者必死;苟利之爲見,若者必害;怠惰之爲安,若者必危;情勝之爲安,若者必滅。又排四段,然用急調收。故聖人一之於禮義,則兩得之矣;一之於情性,則兩失之矣。故儒者將使人兩得之者也,墨者將使人兩失之者也。是儒墨之分。

治辨之極也,彊固之本也,威行之道也,功名之總也。王公由之,所以一天下,臣諸侯也;弗由之,所以捐社稷也。|以下《荀子·議兵》篇插入。故堅革利兵,不足以爲勝,高城深池,不足以爲固,嚴令繁刑,不足以爲威。由其道則行,不由其道則廢。楚人鮫革犀兕,所以爲甲,堅如金石;宛之鉅鐵,施鑽如蠭蠆,輕利剽遬,卒如熛風。然而兵殆於垂涉,唐昧死焉;莊蹻起,楚分而爲四。參是豈無堅革利兵哉?其所以統之者,非其道故也。汝潁以爲險,江漢

---

① 粱,中華書局本《史記》作“梁”。

以爲池，阻之以鄧林，緣之以方城。然而秦師至鄢郢，舉若振槁。是豈無固塞險阻哉？其所以統之者，非其道故也。紂剖比干，囚箕子，爲炮烙，刑殺無辜，時臣下懍然，莫必其命。然而周師至，而令不行乎下，不能用其民。是豈令不嚴，刑不峻哉？其所以統之者，非其道故也。

古者之兵，戈矛弓矢而已，然而敵國不待試而詘。城郭不集，溝池不掘，固塞不樹，機變不張，然而國晏然，不畏外而固者，無他故焉，明道而均分之，時使而誠愛之，則下應之如景響。有不由命者，然後俟之以刑，則民知罪矣。故刑一人而天下服。罪人不尤其上，知辠之在已也。是故刑罰省，而威行如流，無他故焉，由其道故也。又排衍四段。以長調氣勢勝，如萬馬齊驅駮駣絕塵。故由其道則行，不由其道則廢。｜又提前語二句一結。古者帝堯之治天下也，蓋殺一人，刑二人，而天下治。傳曰"威厲而不試，刑措而不用"。｜以下又《荀子·禮論》。

天地者，生之本也；先祖者，類之本也；君師者，治之本也。無天地惡生？無先祖惡出？無君師惡治？三者偏亡，則無安人。故禮，上事天，下事地，尊先祖而隆君師，是禮之三本也。

故王者天太祖，諸侯不敢懷，大夫士有常宗，所以辨貴賤。貴賤治，得之本也。郊疇乎天子，社至乎諸侯，函及士大夫，所以辨尊者事尊，卑者事卑，宜鉅者鉅，宜小者小。故有天下者，事七世有一國者，事五世，有五乘之地者，事三世，有三乘之地者，事二世，有特牲而食者，不得立宗廟，所以辨積厚者流澤廣，積薄者流澤狹也。｜上一段以逐段承接。

大饗上玄尊，俎上腥魚，先大羹，貴食飲之本也。大饗上玄

尊,而用薄酒,食先黍稷,而飯稻粱祭嚌先大羹,而飽庶羞,貴本而親用也。先段言養,添出一辨。衍下。此段言本,添出一用。衍下,一樣文法。貴本之謂文,親用之謂理,兩者合而成文,以歸太一,是謂太隆。|故尊之上玄尊也,俎之上腥魚也,豆之先大羹,一也。利爵弗啐也,成事俎弗嘗也,三宥之弗食也,大昏之未廢齊也,大廟之未內尸也,始絕之未小斂,一也。大路之素幬也,郊之麻絻,喪服之先散麻,一也。三年哭之不反也,《清廟》之歌,一唱而三嘆,縣一鐘尚拊膈,朱絃而通越,一也。又排四段,然用散句,如風如雨,又一種文法。

凡禮始乎脫,成乎文,終乎稅。故至備,情文俱盡;其次情文代勝;其下復情以歸太一。天地以合,日月以明,四時以序,星辰以行,江河以流,萬物以昌,好惡以節,喜怒以當。以爲下則順,以爲上則明。又用散句同前。

太史公曰:衍四字,刪兩句,觀《荀子》全文自見。至矣哉!立隆以爲極,而天下莫之能益損也。本末相順,終始相應,至文有以辨,至察有以說。天下從之者治,不從者亂;從之者安,不從者危。"從之者安",結上文,"不從者危",起下小人一段。小人不能則也。

禮之貌誠深矣,堅白同異之察,入焉而弱。其貌誠大矣,擅作典制褊陋之說,入焉而嗛。其貌誠高矣,暴慢恣睢輕俗以爲高之屬,入焉而墜。又排四段正說小人。故繩誠陳,則不可欺以曲直;衡誠縣,則不可欺以輕重;規矩誠錯,則不可欺以方員;君子審禮,則不可欺以詐僞。又排四段,三客一主,詐僞正指上小人。故繩者,直之至也;衡者,平之至也;規矩者,方員之至也;禮者,人道之極也。總四句承。然而不法禮者,不足禮,謂之無方之民;法禮足禮,謂之有方之士。禮之中能思索,謂之能慮;能慮勿易謂之能固。能慮能固,加好之焉,聖矣。天者,高之極也;地者,下之極也;日月者,明之極也;無窮者,廣大之極也;聖人者,道之極也。又排五句四客一主,承上①贊聖人。

以財物爲用,以貴賤爲文,以多少爲異,以隆殺爲要。又排四句。文貌繁,情欲省,禮之隆也;文貌省,情欲繁,禮之殺也;文貌情欲相爲內外表裏,竝行而雜,禮之中流也。君子上致其隆,下盡其殺,而中處其中。步驟馳騁,廣騖不外,是以君子之性守宮庭也。人域是域,士君子也。外是民也。應君子,結。於是中焉,房皇周浹,曲直得其次序,聖人也。應聖人,結。故厚者,禮之積也;大者,禮之廣也;高者,禮之隆也;明者,禮之盡也。|又因"聖人"一句,應上"天者"四句,文法奇變之極。

此書綴《荀子》兩篇,純用排宕氣勢,一氣滚下,如轉圓石於千仞之坂,一落不可復住。然具排宕之中,而有變化,氣勢之中,而有轉折,一氣之中,而有層叠起伏,讀之令人爽快,得力于《孟子》中來,是戰國佳文字也。

前論一段,學史公體貌,而文章整齊可觀。從《國語》脱出,非史公之筆,亦非褚先生筆,蓋史公蒼古,固過之。而褚先生文秀,亦異是也,大約是班固一流學史公而作者乎?〇起處,云"余至大行禮官",便與史公出處不合,何《索隱》諸公之謬也。

① 上,底本作"土",疑誤,據校本改。

樂書 缺。褚先生取《樂記》補

太史公曰：余每讀《虞書》，至於君臣相敕，維是幾安，而股肱不良，萬事墮壞，未嘗不流涕也。成王作頌，推己懲艾，悲彼家難，可不謂戰戰恐懼，善守善終哉？君子不爲約則修德，滿則棄禮，佚能思初，安能惟始，沐浴膏澤，而歌詠勤苦，非大德誰能如斯！《傳》曰："治定功成，禮樂乃興"。海內人道益深，其德益至，所樂者益異。滿而不損則溢，盈而不持則傾。凡作樂者，所以節樂。君子以謙退爲禮，以損減爲樂，樂其如此也。以爲州異國殊，情習不同，故博采風俗，協比聲律，以補短移化，助流政教。天子躬於明堂臨觀，而萬民咸蕩滌邪穢，斟酌飽滿，以飾厥性。故云《雅》《頌》之音理而民正，嘄噭之聲興而士奮，鄭衛之曲動而心淫。及其調和諧合，鳥獸盡感，而況懷五常，含好惡，自然之勢也？｜

治道虧缺，而鄭音興起，封君世辟，名顯鄰州，爭以相高。自仲尼不能與齊優遂容於魯，句亦新雅。雖退正樂以誘世，作五章以刺時，猶莫之化。陵遲以至六國，流沔沈佚，遂往不返，卒於喪身滅宗，并國於秦。

秦二世尤以爲娛。丞相李斯進諫曰："放棄《詩》《書》，極意

聲色,祖伊所以懼也;輕積細過,恣心長夜,紂所以亡也。”兩譬即完不作起結,奇。趙高曰:“五帝、三王,樂各殊名,示不相襲。上自朝廷,下至人民,得以接歡喜,合殷勤,非此和説不通,解澤不流,亦各一世之化,度時之樂,何必華山之騄耳,而後行遠乎?”亦以譬語結應上。二世然之。|

高祖過沛,詩《三侯之章》,令小兒歌之。高祖崩,令沛得以四時歌儛宗廟。|孝惠、孝文、孝景,無所增更,於樂府習常隸舊而已。

至今上即位,作十九章,令侍中李延年次序其聲,拜爲協律都尉。通一經之士,不能獨知其辭,皆集會五經家,相與共講習讀之,乃能通知其意,多爾雅之文。|

漢家常以正月上辛,祠太一甘泉,以昏時夜祠,到明而終。常有流星經於祠壇上。使僮男僮女七十人俱歌。春歌《青陽》,夏歌《朱明》,秋歌《西暤》,冬歌《玄冥》。世多有,故不論。|

又嘗得神馬渥洼水中,復次以爲《太一之歌》。歌曲曰:“太一貢兮天馬下,霑赤汗兮沫流赭。騁容與兮跇萬里,今安匹兮龍爲友。”後伐大宛,得千里馬,馬名蒲梢,次作以爲歌。歌詩曰:“天馬來兮從西極,經萬里兮歸有德。承靈威兮降外國,涉流沙兮四夷服。”中尉汲黯進曰:“凡王者作樂,上以承祖宗,下以化兆民。今陛下得馬,詩以爲歌,協於宗廟,先帝百姓,豈能知其音邪?”上默然不説。丞相公孫弘曰:“黯非①謗聖制,當族。”住得斬截,以下引《曲禮·樂記》全文。

---

① 非,中華書局本《史記》作“誹”。

凡音之起,由人心生也。人心之動,物使之然也。感於物而動,故形於聲;聲相應,故生變;變成方,謂之音;比音而樂之,奇句。及干戚羽旄,謂之樂也。樂者音之所由生也,其本在人心,感於物也。頂上心與物雙收一句。是故其哀心感者,其聲噍以殺;其樂心感者,其聲嘽以緩;其喜心感者,其聲發以散;其怒心感者,其聲麤以厲;其敬心感者,其聲直以廉;其愛心感者,其聲和以柔。六者非性也,感於物而後動,|結完感物一段,以下則由感物而出治道矣。是故先王慎所以感之。故禮以導其志,樂以和其聲,政以一其行,刑以防其姦。禮樂政刑,其極一也,所以同民心而出治道也。

凡音者,生人心者也。又喚一句。情動於中,故形於聲,聲成文謂之音。是故治世之音安以樂,其政和;亂世之音怨以怒,其政乖;亡國之音哀以思,其民困。聲音之道,與政通矣。宮爲君,商爲臣,角爲民,徵爲事,羽爲物。五者不亂,則無惉滯①之音矣。宮亂則荒,其君驕;商亂則槌,《禮》作"陂"。其臣壞;角亂則憂,其民怨;徵亂則哀,其事勤;羽亂則危,其財匱。五者皆亂,迭相陵,謂之慢。如此則國之滅亡無日矣。鄭衛之音,亂世之音也,比於慢矣。桑間濮上之音,亡國之音也,其政散,其民流,誣上行私,而不可止。|以上結完出治道一段。

凡音者,生於人心者也;又喚一句。樂者,通於倫理者也。是故知聲而不知音者,禽獸是也;知音而不知樂者,眾庶是也。唯君子爲能知樂。以下是知樂審音。是故審聲以知音,審音以知樂,審樂以知政,而治道備矣。是故不知聲者,不可與言音,不知音者,

① 滯,中華書局本《史記》作"懘"。

不可與言樂，｜以上結知樂審音一段。知樂則幾於禮矣。｜由樂而及禮，以下俱以禮樂相配而論。禮樂皆得，謂之有德。德者得也。是故樂之隆，非極音也；食饗之禮，非極味也。《禮》作“致味”。清廟之瑟，朱絃而疏越，一倡而三嘆，有遺音者矣。大饗之禮，尚玄酒而俎腥魚，大羹不和，有遺味者矣。是故先王之制禮樂也，非以極口腹耳目之欲也，將以教民平好惡，而反人道之正也。｜一句王，起下。

人生而靜，天之性也；感於物而動，性之頌也。“頌”《禮》作“欲”。物至知知，然後好惡形焉。好惡無節於內，知誘於外，不能反己，“己”《禮》作“躬”。天理滅矣。夫物之感人無窮，而人之好惡無節，則是物至而人化物也。人化物也者，滅天理而窮人欲者也。於是有悖逆詐僞之心，有淫佚作亂之事。是故彊者脅弱，眾者暴寡，知者詐愚，勇者苦怯，疾病不養，老幼孤寡，不得其所，此大亂之道也。是故先王制禮樂，人爲之節：衰麻哭泣所以節喪紀也；鐘鼓干戚，所以和安樂也；婚姻冠笄，所以別男女也；射鄉食饗，所以正交接也。禮節民心，樂和民聲，政以行之，刑以防之。禮樂刑政，四達而不悖，則王道備矣。｜此一段是反人道之正也，點出一“禮”字，下竝提禮樂序，刑政陪。

樂者爲同，禮者爲異。奇句。同則相親，異則相敬。樂勝則流，禮勝則離。合情飾貌者，禮樂之事也。禮義立，則貴賤等矣；樂文同，則上下和矣；好惡著，則賢不肖別矣；刑禁暴，爵舉賢，則政均矣。仁以愛之，義以正之，如此則民治行矣。｜並提禮樂一節。

樂由中出，禮自外作。奇句。樂由中出，故靜；禮自外作，故文。大樂必易，大禮必簡。樂至則無怨，禮至則不爭。揖讓而治天下者,禮樂之謂也。暴民不作,諸侯賓服,兵革不試,五刑不用,百姓無患,天子不怒,如此則樂達矣。合父子之親,明長幼之序,以敬四海之內。天子如此,則禮行矣。並提禮樂二節。

大樂與天地同和,大禮與天地同節。和,故百物不失;節,故祀天祭地。明則有禮樂,幽則有鬼神,如此則四海之內,合敬同愛矣。禮者殊事合敬者也;樂者異文合愛者也。禮樂之情同,故明王以相沿也。故事與時竝,名與功偕。奇句。故鐘鼓管磬羽籥干戚,樂之器也;詘信俯仰,級兆舒疾,樂之文也。"級",《禮》作"綴"。簠簋俎豆,制度文章,禮之器也;升降上下,周旋裼襲,禮之文也。故知禮樂之情者能作,識禮樂之文者能述。作者之謂聖,述者之謂明。明聖者,述作之謂也。|並提禮樂三節。

樂者,天地之和也;禮者,天地之序也。和,故百物皆化;序,故群物皆別。樂由天作,禮以地制。奇句。過制則亂,過作則暴。明於天地,然後能興禮樂也。論倫無患,樂之情也;欣喜驩愛,樂之容也。中正無邪,禮之質也;莊敬恭順,禮之制也。若夫禮樂之施於金石,越於聲音,用於宗廟社稷,事於山川鬼神,則此所以與民同也。|並提禮樂四節。

王者功成作樂,治定制禮。其功大者其樂備,其治辨者其禮具。干戚之舞,非備樂也;亨孰而祀,非達禮也。五帝殊時,不相沿樂;三王異世,不相襲禮。樂極則憂,禮粗則偏矣。及夫敦樂而無憂,禮備而不偏者,其惟大聖乎?|並提禮樂五節。天高地下,萬物散殊,而禮制行也;流而不息,合同而化,而樂興也。春作夏長,仁也;秋斂冬藏,義也。仁近於樂,義近於禮。樂者敦和,率神而從天;禮者辨宜,居鬼而從地。奇句。故聖人作樂以應天,作禮以

配地。禮樂明備,天地官矣。

天尊地卑,君臣定矣。高卑已陳,貴賤位矣。動静有常,小大殊矣。方以類序,物以群分,則性命不同矣。在天成象,在地成形,如此,則禮者天地之别也。地氣上隮,天氣下降,陰陽相摩,天地相蕩,鼓之以雷霆,奮之以風雨,動之以四時,煖之以日月,而百物化興焉,如此,則樂者天地之和也。

化不時則不生,男女無别則亂登,“登”,《禮》作“升”。此天地之情也。及夫禮樂之極乎天而蟠乎地,行乎陰陽而通乎鬼神,窮高極遠而測深厚,樂著太始而禮居成物。奇句。著不息者,天也,著不動者,地也。一動一静者,天地之間也。故聖人曰“禮云樂云”。|並提禮樂六節,“禮云樂云”,總結禮樂六節,下乃單説樂。

昔者舜作五絃之琴,以歌《南風》;夔始作樂,以賞諸侯。故天子之爲樂也,以賞諸侯之有德者也。德盛而教尊,五穀時熟,然後賞之以樂。故其治民勞者,其舞行級遠;其治民佚者,其舞行級短。“級”,《禮》俱作“綴”。故觀其舞而知其德,聞其謚而知其行。《泰章》,章之也;《咸池》,備也;《韶》,繼也;《夏》,大也;殷周之樂盡也。|單論樂一節。

天地之道,寒暑不時則疾,風雨不節則饑。教者,民之寒暑也,教不時則傷世。事者,民之風雨也,奇句。事不節則無功。然則先王之爲樂也,以法治也,善則行象德矣。單論樂二節。夫豢豕爲酒,非以爲禍也;而訟獄益煩,則酒之流生禍也。是故先王因爲酒禮,又點出“禮”字。一獻之禮,賓主百拜,終日飲酒而不得醉焉,此先王之所以備酒禍也。故酒食者,所以合歡也。

樂者,所以象德也;禮者,所以閉淫也。“閉”,《禮》作“綴”。是

故先王有大事,必有禮以哀之;有大福,必有禮以樂之:哀樂之分,皆以禮終。|前由樂提出禮,禮樂並提,側入樂。今又由樂而側入禮,以應前節相配。

樂也者,施也;禮也者,報也。樂,樂其所自生;而禮,反其所自始。樂章德,禮報情反始也。奇句。所謂大路者,天子之輿也;龍旂九旒,天子之旌也;青黑緣者,天子之葆龜也;從之以牛羊之群,則所以贈諸侯也。又並提禮樂一節。

樂也者,情之不可變者也;禮也者,理之不可易者也。樂統同,禮別異,禮樂之說,貫乎人情矣。"貫",《禮》作"管"。窮本知變,樂之情也;著誠去僞,禮之經也。禮樂順天地之誠,"順",《禮》作"偩"。達神明之德,降興上下之神,而凝是精粗之體,領父子君臣之節。奇句。

是故大人舉禮樂,則天地將爲昭焉。天地欣合,陰陽相得,煦嫗覆育萬物,然後草木茂,區萌達,羽翮奮,角觡生,蟄蟲昭蘇,羽者嫗伏,毛者孕鬻,胎生者不殰,而卵生者不殈,奇句。則樂之道歸焉耳。|又並提禮樂二節。

樂者,非謂黃鍾大呂,弦歌干揚也,樂之末節也,故童者舞之;布筵席,陳樽俎,列籩豆,以升降爲禮者,禮之末節也,故有司掌之。樂師辯乎聲詩,故北面而弦;宗祝辯乎宗廟之禮,故後尸;商祝辯乎喪禮,故後主人。是故德成而上,藝成而下;行成而先,事成而後。奇句。是故先王有上有下,有先有後,然後可以有制於天下也。|又並提禮樂三節,此三節,今《樂記》本文在後,倒提在此。

樂者,聖人之所樂也,而可以善民心。其感人深,其風移俗易,故先王著其教焉。|以上禮樂錯舉,其實樂是正,禮是陪,故作一束,

歸到樂。○今《樂記》本文,接上哀樂之分皆以禮終。

夫人有血氣心知之性,而無哀樂喜怒之常,應感起物而動,然後心術形焉。是故志微焦哀之音作,而民思憂;嘽緩慢易,繁文簡節之音作,而民康樂;粗厲猛起,奮末廣賁之音作,而民剛毅;廉直勁[1]正莊誠之音作,而民肅敬;寬裕肉好,順成和動之音作,而民慈愛;流僻邪散,狄[2]成滌濫之音作,而民淫亂。上俱奇句。

是故先王本之情性,稽之度數,制之禮義,合生氣之和,道五常之行,使之陽而不散,陰而不密,剛氣不怒,柔氣不懾,四暢交於中,而發作於外,皆安其位而不相奪也。然後立之學等,廣其節奏,省其文采,以繩德厚也。類小大之稱,"類",《記》作"律"。比終始之序,以象事行,使親疎貴賤長幼男女之理,皆形見於樂:故曰"樂觀其深矣"。|單論樂一節。

土敝則草木不長,水煩則魚鼈不大,氣衰則生物不育,世亂則禮廢而樂淫。"廢",《禮》作"慝"。是故其聲哀而不莊,樂而不安,慢易以犯節,流湎以忘本。廣則容姦。狹則思欲,感滌蕩之氣。"滌蕩",《記》作"和暘"。而滅平和之德,是以君子賤之也。|單論樂二節。

凡姦聲感人,而逆氣應之,逆氣成象,而淫樂興焉。正聲感人,而順氣應之,順氣成象,而和樂興焉。倡和有應回邪曲直,各歸其分,而萬物之理,以類相動也。

是故君子反情以和其志,比類以成其行。姦聲亂色,不留聰明,淫樂廢禮,不接於心術,惰慢邪僻之氣,不設於身體,使耳目鼻

---

① 勁,中華書局本《史記》作"經"。

② 狄,底本作"伙",疑誤,據校本改。

口,心知百體,皆由順正以行其義。然後發以聲音,文以琴瑟,動以干戚,飾以羽旄,從以簫管,奮至德之光,動四氣之和,以著萬物之理。是故清明象天,廣大象地,終始象四時,周旋象風雨;奇句。五色成文而不亂,八風從律而不姦,百度得數而有常;小大相成,終始相生,倡和清濁,代相爲經。故樂行而倫清,耳目聰明,血氣和平,移風易俗,天下皆寧。故曰"樂者,樂也"。君子樂得其道,小人樂得其欲。以道制欲,則樂而不亂;以欲忘道,則惑而不樂。是故君子反情以和其志,廣樂以成其教,樂行而民鄉方,可以觀德矣。|單論樂三節。

德者,性之端也;樂者,德之華也;金石絲竹,樂之器也。詩,言其志也;歌,詠其聲也;舞,動其容也:三者本乎心,然後樂氣從之。"氣",《禮》作"器"是。是故情深而文明,氣盛而化神,和順積中,而英華發外,唯樂不可以爲僞。|單論樂四節。

樂者,心之動也;聲者,樂之象也;文采節奏,聲之飾也。君子動其本,樂其象,然後治其飾。是故先鼓以警戒,三步以見方,再始以著往復亂以飭歸,奇句。奮疾而不拔也,極幽而不隱。獨樂其志,不厭其道;備舉其道,不私其欲。是以情見而義立,樂終而德尊;奇句。君子以好善,小人以息過。奇句。故曰"生民之道,樂莫大焉"。|單論樂五節,至此一束。

君子曰:禮樂不可以斯須去身。致樂以治心,則易直子諒之心,油然生矣。易直子諒之心生,則樂,樂則安,安則久,久則天,天則神。天則不言而信,神則不怒而威。致樂以治心者也;致禮以治躬者也。由樂又側入禮,終以禮相配,終前章之義。○以下六節,今《樂記》在賓牟賈之下,師乙之前,提插於此,極是。治躬則莊敬,莊敬則嚴威。心中斯須不和不樂，而鄙詐之心入之矣；外貌斯須不莊不敬，而慢易之心入之矣。故樂也者，動於內者也；禮也者，動於外者也。樂極和，禮極順。內和而外順，則民瞻其顏色而弗與爭也，望其容貌而民不生易慢焉。德煇動乎內而民莫不承聽，奇句。理發乎外，而民莫不承順，故曰"知禮樂之道，"知"，《禮》作"致"。舉而錯之天下，無難矣"。｜又帶說禮樂一節。

樂也者，動於內者也；禮也者，動於外者也。故禮主其謙，樂主其盈。禮謙而進，以進爲文；樂盈而反，以反爲文。奇句。"謙"，《禮》作"減"，更奇。禮謙而不進，則銷；樂盈而不反，則放。故禮有報而樂有反。禮得其報，則樂，樂得其反，則安。禮之報，樂之反，其義一也。｜又帶說禮樂二節，以下仍歸至樂住。

夫樂者樂也，人情之所不能免也。樂必發諸聲音，形於動靜，人道也。聲音動靜，性術之變，盡於此矣。故人不能無樂，樂不能無形。形而不爲道，不能無亂。先王惡其亂，故制《雅》《頌》之聲以道之，使其聲足以樂而不流，使其文足以綸而不息，"綸"，《禮》作"論"。使其曲直繁省，廉肉節奏，足以感動人之善心而已矣，不使放心邪氣得接焉，是先王立樂之方也。單論樂一節。是故樂在宗廟之中，君臣上下同聽之，則莫不和敬；在族長鄉里之中，長幼同聽之，則莫不和順；在閨門之內，父子兄弟同聽之，則莫不和親。故樂者，審一以定和，比物以飾節，節奏合以成文，所以合和父子君臣，附親萬民也，是先王立樂之方也。｜單論樂二節。故聽其《雅》《頌》之聲，志意得廣焉；執其干戚，習其俯仰詘信，容貌得莊焉；行其綴兆，要其節奏，行列得正焉，進退得齊焉。故樂者天地之齊，中和之紀，人情之所不能免也。｜單論樂三節。

夫樂者,先王之所以飾喜也;軍旅鈇鉞者,先王之所以飾怒也。故先王之喜怒,皆得其齊矣。喜則天下和之,怒則暴亂者畏之。先王之道,禮樂可謂盛矣。|論樂四節前以禮樂相配,此又點出軍旅收,補法。○"禮"字餘波。

魏文侯問於子夏曰:"吾端冕而聽古樂,則唯恐臥,聽鄭衛之音,則不知倦。敢問古樂之如彼,何也?新樂之如此,何也?"兩宕好。

子夏答曰:"今夫古樂進旅而退旅,和正以廣,"正",《禮》作"復"。弦匏笙簧,合守拊鼓,始奏以文,止亂以武,治亂以相,訊疾以雅。奇句。君子於是語,於是道古,修身及家,平均天下:此古樂之發也。|今夫新樂,進俯退俯,姦聲以淫,溺而不止,及優侏儒,獶雜子女,不知父子。樂終不可以語,不可以道古此新樂之發也。今君之所問者樂也,所好者音也。夫樂之與音,相近而不同。"蹴出一波。文侯曰:"敢問如何?"

子夏答曰:"夫古者,天地順而四時當,民有德而五穀昌,疾疢不作而無祆祥,此之謂大當。然後聖人作爲父子君臣以爲之紀綱,紀綱既正,天下大定,天下大定,然後正六律,和五聲,弦歌詩頌,此之謂德音,德音之謂樂。《詩》曰:'莫其德音,其德克明,克明克類,克長克君。王此大邦,克順克俾。俾於文王,其德靡悔。既受帝祉,施於孫子。'此之謂也。今君之所好者,其溺音與?"又折出一波。

文侯曰:"敢問溺音者,何從出也?"

子夏答曰:"鄭音好濫淫志,宋音燕女溺志,衛音趣數煩志,齊音驁僻驕志,四者皆淫於色而害於德,是以祭祀不用也。《詩》曰:

‘肅雍和鳴,先祖是聽。’夫肅肅敬也;雍雍和也。夫敬以和,何事不行? 爲人君者,謹其所好惡而已矣。君好之,則臣爲之,上行之,則民從之。《詩》曰:‘誘民孔易’,此之謂也。然後聖人作爲鞉鼓椌楬壎篪,此六者,德音之音也。然後鐘磬竽瑟以和之,干戚旄狄以舞之。此所以祭先王之廟也,所以獻酬酳酢也,所以官序貴賤,各得其宜也,此所以示後世有尊卑長幼序也。鐘聲鏗,鏗以立號,號以立横,横以立武。君子聽鐘聲,則思武臣。石聲硜,硜以立別,別以致死。君子聽磬聲,則思死封疆之臣。絲聲哀,哀以立廉,廉以立志。君子聽琴瑟之聲,則思志義之臣。竹聲濫濫以立會,會以聚眾。君子聽竽笙簫管之聲,則思畜聚之臣。鼓鼙之聲讙,讙以立動,動以進眾。君子聽鼓鼙之聲,則思將帥之臣。文法鏗鏘,句法奇倔。君子之聽音,非聽其鏗鎗而已也,彼亦有所合之也。”

賓牟賈侍坐於孔子,孔子與之言及樂,曰:“夫武之備戒之已久,何也?”

答曰:“病不得其眾也。”

“永嘆之,淫液之,何也?”

答曰:“恐不逮事也。”

“發揚蹈厲之已蚤,何也?”

答曰:“及時事也。”

“武坐,致右憲左,何也?”

答曰:“非武坐也。”

“聲淫及商,何也?”

答曰:“非武音也。”

子曰："若非武音，則何音也？"

答曰："有司失其傳也。如非有司失其傳，則武王之志荒矣。"

文法佳妙。前一齊發出，如縱兵垓下。此逐段頓挫，如小隊郊垌。

子曰："唯丘之聞諸萇弘，亦若吾子之言，是也。"

賓牟賈起，免席而請曰："夫武之備戒之已久，則既聞命矣。敢闻遲之遲而又久，何也？"

子曰："居，吾語汝。夫樂者象成者也。總干而山立，武王之事也；發揚蹈厲，太公之志也；武亂皆坐，周召之治也。且夫武始而北出，再成而滅商，三成而南四成而南國是彊，五成而分陜，周公左，召公右，六成復綴，以崇天子，夾振之而四伐，《記》無"振"字。盛振[1]威於中國也。分夾而進，事蚤濟也。久立於綴，以待諸侯之至也。且夫女獨未聞牧野之語乎？武王克殷反商，未及下車，而封黃帝之後於薊，封帝堯之後於祝，封帝舜之後於陳；下車，而封夏后氏之後於杞，封殷之後於宋，封王子比干之墓，釋箕子之囚，使之行商容而復其位。庶民弛政，庶士倍祿。濟河而西，馬散華山之陽，而弗復乘；牛散桃林之野，而不復服；車甲弢而藏之府庫，而弗復用；倒載干戈，苞之以虎皮；將率之士，使爲諸侯，名之曰'建櫜'：然後天下知武王之不復用兵也。散軍而郊射，左射貍首，右射騶虞，而貫革之射息也；裨冕搢笏，而虎賁之士稅劍也；祀乎明堂，而民知孝；朝覲，然後諸侯知所以臣；耕籍，然後諸侯知所以敬：五者天下之大教也。食三老五更於太學，天子袒而割牲，執醬而饋，執爵而酳，冕而總干，所以教諸侯之悌也。若此，則周道四

① 振，中華書局本《史記》无此字。

達,禮樂,交通則夫武之遲久,不亦宜乎?|凡十一"也"字,又如振旅雍容,濟濟入國。

子貢見師乙而問焉,曰:"賜聞聲歌各有宜也,如賜者,宜何歌也?"

師乙曰:"乙,賤工也,何足以問所宜。請誦其所聞,而吾子自執焉。寬而静,柔而正者,宜歌《頌》;廣大而静,疏達而信者宜歌《大雅》;恭儉而好禮者,宜歌《小雅》;正直清廉而謙者,宜歌《風》;肆直而慈愛者,宜歌《商》;溫良而能斷者,宜歌《齊》。夫歌者,直己而陳德;動己而天地應焉,四時和焉,星辰理焉,萬物育焉。故《商》者,五帝之遺聲也,商人志之,故謂之商;齊者,三代之遺聲也,齊人志之,故謂之《齊》。明乎《商》之詩者,臨事而屢斷;明乎《齊》之詩者,見利而讓也。臨事而屢斷,勇也;見利而讓,義也。有勇有義,非歌孰能保此?故歌者,上如抗,下如隊,曲如折,止如槀木,居中矩,句中鉤,累累乎殷如貫珠。奇句。故歌之爲言也,長言之也。説之故言之;言之不足,故長言之;長言之不足,故嗟嘆之;嗟嘆之不足,故不知手之舞之,足之蹈之。"奇句。《子貢問樂》|《樂記》完。一段文法,亦如貫珠。

凡音由於人心,又重起。天之與人,有以相通,如景之象形,響之應聲。故爲善者,天與之以福,爲惡者,天與之以殃,其自然者也。

故舜彈五絃之琴,歌《南風》之詩,而天下治;紂爲朝歌北鄙之音,身死國亡。舜之道何弘也?紂之道何隘也?夫《南風》之詩者,生長之音也,舜樂好之,樂與天地同意,得萬國之歡心,故天下治也。夫朝歌者不時也,北者敗也,鄙者陋也,紂樂好之,與萬國殊心,諸侯不附,百姓不親,天下畔之,故身死國亡。又作一小序,引起衛靈公一段,如另一篇者然,法變。

而衛靈公之時,將之晉,至於濮水之上舍。夜半時,聞鼓琴聲,問左右,皆對曰:“不聞。”乃召師涓曰:“吾聞鼓琴音,問左右,皆不聞。其狀似鬼神,爲我聽而寫之。”原爲師曠一段,先借師涓寫起,空靈杳渺,有鬼神氣。師涓曰:“諾。”因端坐援琴,聽而寫之。明日曰:“臣得之矣,然未習也,請宿習之。”靈公曰:“可。”因復宿。明日,報曰:“習矣。”即去之晉,見晉平公。平公置酒於施惠之臺。酒酣,靈公曰:“今者來,聞新聲,請奏之。”平公曰:“可。”即令師涓坐師曠旁,援琴鼓之。未終,師曠撫而止之,曰:“此亡國之聲也,不可聽。”故作一頓。平公曰:“何道出?”師曠曰:“師延所作也。與紂爲靡靡之樂,武王伐紂,師延東走,自投濮水之中,故聞此聲,必於濮水之上,先聞此聲者,國削。”平公曰:“寡人所好者音也,願遂聞之。”師涓鼓而終之。

平公曰:“音無此最悲乎?”師曠曰:“有。”平公曰:“可得聞乎?”師曠曰:“君德義薄,不可以聽之。”平公曰:“寡人所好者音也,願聞之。”師曠不得已,援琴而鼓之。一奏之,有玄鶴二八,集乎廊門;再奏之,延頸而鳴,舒翼而舞。

平公大喜,起而爲師曠壽。反坐,問曰:“音無此最悲乎?”師曠曰:“有。昔者黄帝以大合鬼神,今君德義薄,不足以聽之,聽之將敗。”平公曰:“寡人老矣,所好者音也,願遂聞之。”與上作兩比相對。師曠不得已,援琴而鼓之。一奏之,有白雲從西北起;再奏之,大風至,而雨隨之,飛廊瓦,左右皆奔走。平公恐懼,伏於廊屋之間。晉國大旱,赤地三年。聽者或吉或凶。夫樂不可妄興也。

太史公曰：夫上古明王舉樂者，非以娛心自樂，快意恣欲，將欲爲治也。正教者皆始於音，音正而行正。故音樂者，所以動盪血脈，通流精神，而和正心也。故宫動脾而和正聖，商動肺而和正義，角動肝而和正仁，徵動心而和正禮，羽動腎而和正智。故樂所以內輔正心，而外異貴賤也；寫入正心，更深一層。上以事宗廟，下以變化黎庶也。琴長八尺一寸，正度也。弦大者爲宫而居中央，君也。商張右傍其餘大小相次，不失其次序，則君臣之位正矣。故聞宫音，使人溫舒而廣大；聞商音，使人方正而好義；聞角音，使人惻隱而愛人；聞徵音，使人樂善而好施；聞羽音，使人整齊而好禮。夫禮由外入，樂自內出。故君子不可須臾離禮，須臾離禮，則暴慢之行窮外；不可須臾離樂，須臾離樂，則姦邪之行窮內。故樂音者，君子之所養義也。夫古者天子諸侯，聽鐘磬，未嘗離於庭，卿大夫聽琴瑟之音，未嘗離於前，所以養行義而防淫佚也。夫淫佚生於無禮，故聖王使人耳聞《雅》《頌》之音，目視威儀之禮，足行恭敬之容，口言仁義之道。故君子終日言，而邪辟無由入也。即約前《樂記》文意，另作一束。

此篇總非太史公筆，亦不似褚先生筆。前後論贊平直，史公奇古，固不可及，即褚先生幽秀亦當過之，然亦是漢人之文。○中間雖全引《樂記》，吾極喜其將議論提序一處，將事實鋪序在後，文章方成局段，或原本如此，或係後人穿插，比今本頗順。奇句，人亦艸艸讀過，故并《樂記》中多拈出之。

律書　缺。褚先生補。

王者制事立法，物度軌則，壹稟於六律，六律爲萬物[1]根本焉。｜數句總提貫通篇。

其於兵械尤所重，轉一句即提出兵事，側入一段。故云"望敵知吉凶，聞聲效勝負"，百王不易之道也。兵事根緊律來。

武王伐紂，吹律聽聲，推孟春以至於季冬，殺氣相并而音尚宫。同聲相從，物之自然，何足怪哉？承上兵律相通之故，註明聞聲效勝負之語，下乃單説兵。

兵者，聖人所以討强暴，平亂世，夷險阻，救危殆。自含血戴角之獸，見犯則校，而況於人懷好惡喜怒之氣？喜則愛心生，怒則毒螫加，情性之理也。此兵之原。

昔黄帝有涿鹿之戰，以定火災；顓頊有共工之陳，以平水害；成湯有南巢之伐，以殄夏亂。遞興遞廢，勝者用事，所受於天也。此古聖人用兵之利，應討强暴等句。

自是之後，名士迭興，晉用咎犯，而齊用王子，吳用孫武，申明軍約，賞罰必信，卒伯諸侯，兼列邦土，雖不及三代之誥誓，然身寵

① 物，中華書局本《史記》作"事"。

君尊,當世顯揚,可不謂榮焉? | 此近世賢人用兵之利。豈與世儒闇於大較,不權輕重,猥云德化,不當用兵,大至窘[1]辱失守,小乃侵犯削弱,遂執不移等哉!故教笞不可廢於家,刑罰不可捐於國,誅伐不可偃於天下,用之有巧拙,行之有順逆耳。承上,一正一反,作一跌宕,收完上半節。

夏桀、殷紂,手搏豺狼,足追四馬,勇非微也;百戰克勝,諸侯懾服,權非輕也。秦二世宿軍無用之地,連兵於邊陲,力非弱也;結怨匈奴,絓禍於越,勢非寡也。兩對四比,文法佳勝。及其威盡勢極,閭巷之人爲敵國,咎生窮武之不知足,甘得之心不息也。| 此後世不善用兵之害。

高祖有天下,三邊外畔;大國之王,雖稱藩輔,臣節未盡。會高祖厭苦軍事,亦有蕭、張之謀,故偃武一休息,羈縻不備。| 高祖滅秦,蹙項,禽信、越,誅布、豨,用兵多矣,偏寫其偃武休息。通篇言兵,通篇言不用兵,正與武帝對照。

歷至孝文即位,將軍陳武等議曰:"南越、朝鮮,自全秦時,內屬爲臣子,後且擁兵阻阨,選蠕觀望。高祖時天下新定,人民小安,未可復興兵。今陛下仁惠撫百姓,恩澤加海內,宜及士民樂用,征討逆黨,以一封疆。"借陳武等一反振。孝文曰:"朕能任衣冠,念不到此。不意其爲帝也。會呂氏之亂,功臣宗室,共不羞恥,誤居正位,常戰戰慄慄,恐事之不終。即天位維艱中,轉出兵不宜用。且兵凶器,雖克所願,動亦耗病,謂百姓遠方何?二轉。又先帝知勞民不可煩,故不以爲意。朕豈自謂能?三轉。今匈奴內侵,軍吏無功,邊民父子,荷兵日久,朕常爲動心傷痛,無日忘之。四轉。今未

[1] 窘,中華書局本《史記》作"君"。

能銷距，願且堅邊設候，結和通使，休寧北陲，爲功多矣。且無議軍。”轉折曲盡，而復腴勁，漢文所以爲妙。〇住句尤陗拔。故百姓無内外之繇，得息肩於田畝，天下殷富，粟至十餘錢，鳴雞吠狗，煙火萬里，可謂和樂者乎！此高帝、文帝不用兵之利，有兵而不用，更深于用兵，只如此住，妙。

太史公曰：文帝時，會天下新去湯火，人民樂業，因其欲然，能不擾亂，故百姓遂安。自年六七十翁，亦未嘗至市井，游敖嬉戲，如小兒狀。孔子所稱有德君子者邪！立乎武帝之朝，而立言如此，止以著武帝窮兵之害，意在言外。

《書》曰：序完兵事，仍歸到律。“七正”二十八舍。律曆天所以通五行八政之氣，天所以成孰萬物也。舍者，日月所舍。舍者，舒氣也。｜總解曆律次舍。

不周風居西北，以八風、十干、二十八宿，插入十二月中，夾序，或單或複，文法變化。八風從西北向北順轉。主殺生。東壁居不周風東，主辟生氣而東之。奇句。至於營室。營室者，主營胎陽氣而產之。奇句。東至於危。危，垝也。言陽氣之危垝，故曰危。十月也，律中應鐘。應鐘者，陽氣之應，不用事也。其於十二子爲亥。亥者，該也。言陽氣藏於下，故該也。

廣莫風居北方。廣莫者，言陽氣在下，陰莫陽廣大也，故曰廣莫。東至於虛。虛者，能實能虛，言陽氣冬則宛藏於虛，日冬至則一陰下藏，一陽上舒，故曰虛。東至于須女。言萬物變動其所，陰陽氣未相離，尚相如胥也，故曰須女。十一月也，律中黄鐘。黄鐘者，陽氣踵黄泉而出也。奇句。其於十二子爲子。子者，滋也；滋者，言萬物滋於下也。其於十母爲壬癸。壬之爲言任也，言陽氣任養萬物於下也。癸之爲言揆也,言萬物可揆度,故曰癸。東至牽牛。牽牛者,言陽氣牽引萬物出之也。奇句。牛者,冒也,言地雖凍,能冒而生也。牛者,耕植種萬物也。東至於建星。建星者,建諸生也。十二月,律中大吕。大吕者。其於十二子爲丑。丑者紐也,言陽氣在上未降。萬物厄紐未敢出。奇句。

條風居東北,主出萬物。條之言條治萬物而出之,奇句。故曰條風。南至於箕。箕者,言萬物根棋,故曰箕。正月也,律中太簇。太簇者,言萬物簇生也,故曰太簇。其於十二子爲寅。寅言萬物始生螾然也,奇句。故曰寅。南至於尾,言萬物始生如尾也。南至於心,言萬物始生有華心也。南至於房。房者,言萬物門戶也,至於門則出矣。

明庶風,居東方。明庶者,明衆物盡出也。二月也,律中夾鐘。夾鐘者,言陰陽相夾厠也。其於十二子爲卯。卯之爲言茂也,言萬物茂也。其於十母爲甲乙。甲者,言萬物剖符甲而出也;乙者,言萬物生軋軋也。南至於氐。氐者,言萬物皆至也。南至於亢。亢者,言萬物亢見也。南至於角。角者,言萬物皆有枝格如角也。三月也,律中姑洗。姑洗者,言萬物洗生。其於十二子爲辰。辰者,言萬物之娠也。

清明風居東南維,主風吹萬物而西之軫。奇句。軫者,言萬物益大而軫軫然。西至於翼。翼者,言萬物皆有羽翼也。四月也,律中中吕。中吕者,言萬物盡旅而西行也。其於十二子爲巳。巳者,言陽氣之已盡也。西至於七星。七星者,陽數成於七,故曰七星。西至於張。張者,言萬物皆張也。西至於注。注者,言萬物之始衰,陽氣下注,故曰注。五月也,律中蕤賓。蕤賓者,言陰氣

幼少,故曰蕤;痿陽不用事,故曰賓。|

景風居南方。景者,言陽氣道竟,故曰景風。其於十二子爲午。午者,陰陽交,故曰午。其於十母爲丙丁。丙者,言陽道著明,故曰丙;丁者,言萬物之丁壯也,故曰丁。西至於弧。弧者,言萬物之吳落且就死也。西至於狼。狼者,言萬物可度量,斷萬物,故曰狼。|

涼風居西南維,主地。地者,沈奪萬物氣也。奇句。六月也,律中林鐘。林鐘者,言萬物,就死氣林林然。奇句。其於十二子爲未。未者,言萬物皆成,有滋味也。北至於罰。罰者,言萬物氣奪,可伐也。北至於參。參者,言萬物可參也[①],故曰參。七月也,律中夷則。夷則,言陰氣之賊萬物也。其於十二子爲申。申者,言陰用事,申賊萬物,故曰申。北至於濁。濁者,觸也,言萬物皆觸死也,故曰濁。北至於留。留者,言陽氣之稽留也,故曰留。八月也,律中南呂。南呂者,言陽氣之旅入藏也。其於十二子爲酉。酉者,萬物之老也,故曰酉。

閶闔風居西方。閶者倡也;闔者藏也。言陽氣道萬物,闔黃泉也。其於十母爲庚辛。庚者,言陰氣庚萬物,故曰庚;辛者,言萬物之辛生,故曰辛。北至于胃。胃者,言陽氣就藏,皆胃胃也。北至於婁。婁者,呼萬物,且內之也。奇句。北至於奎。奎者,主毒螫殺萬物也,奎而藏之。九月也,律中無射。無射者,陰氣盛用事,陽氣無餘也,故曰無射。其於十二子爲戌。戌者,言萬物盡滅,故曰戌。|

---

① 此句中華書局本《史記》作“參言萬物可參也”。

律數：

九九八十一，以爲宫。三分去一，五十四以爲徵。三分益一，七十二以爲商。三分去一，四十八以爲羽。三分益一，六十四以爲角。黄鐘長八寸十分一，宫。大吕，長七寸五分三分一。泰簇，長七寸七分二，角。夾鐘，長六寸一分三分一。姑洗，長六寸七分四，羽。仲吕，長五寸九分三分二，徵。蕤賓，長五寸六分三分一。林鐘，長五寸七分四，角。夷則，長五寸四分三分二，商。南吕，長四寸七分八，徵。無射，長四寸四分三分二。應鐘，長四寸二分三分二，羽。

生鐘分：

子，一分。丑，三分二。寅，九分八。卯，二十七分十六。辰，八十一分六十四。巳，二百四十三分一百二十八。午，七百二十九分五百一十二。未，二千一百八十七分一千二十四。申，六千五百六十一分四千九十六。酉，一萬九千六百八十三分八千一百九十二。戌，五萬九千四十九分三萬二千七百六十八。亥，十七萬七千一百四十七分六萬五千五百三十六。

生黄鐘。｜術曰：以下生者，倍其實，三其法。以上生者，四其實，三其法。上九，商八，羽七，角六，宫五，徵九。置一而九，三之以爲法。實如法，得長一寸。凡得九寸，命曰“黄鐘之宫”。故曰音始於宫，窮於角；數始于一，終于十，成于三；奇句。氣始于冬至，周而復生。

神生於無形，成於有形，然後數形而成聲，故曰神使氣，氣就形。奇句。形理如類有可類。或未，形而未類，或同形而同類，類而可班，類而可識。聖人知天地識之别，故從有以至未有，以得細若氣,微若聲。奇句。然聖人因神而存之,雖妙必效情,核其華道者明矣。奇句。非有聖心,以乘聰明,孰能存天地之神,而成形之情哉?神者物受之而不能知,及其去來,故聖人畏而欲存之。唯欲存之,神之亦存。其欲存之者,故莫貴焉。

太史公曰:故璇璣玉衡,以齊七政,即天地,二十八宿。十母,十二子,鐘律調,自上古建律運歷(曆)造日度,可據而度也。合符節,通道德,即從斯之謂也。

《律書》,古云褚先生補,細觀之,前論兵一段,自是史公筆法,蒼老奇肆,非褚先生可及。"《書》曰"以下,論律歷(曆)一段雖多奇句,然有排比氣,有訓詁氣,是極力學《天官書》,而天淵自別,此褚先生之所附益者與。〇後段算律處,愧未留心,以俟知者。然古人讀書知大旨,安能屈首跼足作算博士哉?寡陋之談固不免矣。

歷(曆)書 缺。褚先生補。

昔自在古,歷(曆)建正,作於孟春。於時冰泮發蟄,百草奮興,秭鳺先滜。物乃歲具生於東,次順四時,卒於冬分時。|自孟春至於冬此一歲之事也。雞三號,卒明,撫十二節,卒於丑。自雞鳴平明寅時,歷(曆)十二辰至於丑此一日之事也。日月成,故明也。解"卒明"一句。明者,孟也,幽者,幼也,幽明者,雌雄也。雌雄代興,而順至正之統也。日歸於西,起明於東;月歸於東,起明於西。又總解"日月成,故明也"一句。正不率天,又不由人,則凡事易壞而難成矣。始出正朔事。

王者易姓受命,必慎始初,改正朔,易服色,推本天元,順承厥意。|一篇總冒下皆序王者易姓改朔事。

太史公曰:神農以前尚矣。一句撇開。蓋黃帝考定星歷(曆),建立五行,起消息,正閏餘於是有天地神祇物類之官,是謂五官。各司其序,不相亂也。民是以能有信,神是以能有明德。民神異業敬而不瀆,故神降之嘉生民以物享,灾禍不生所求不匱。|黃帝正歷(曆)一。

少皞氏之衰也,九黎亂德,民神雜擾,不可放物禍菑薦至,莫盡其氣。｜歷(曆)法壞二。

顓頊受之,乃命南正重司天,以屬神,命火正黎司地,以屬民,使復舊常,無相侵瀆。顓項正曆三。

其後三苗服九黎之德,故二官咸廢所職,而閏餘乖次,孟陬殄滅攝提無紀,歷(曆)數失序。｜歷(曆)法壞四。堯復遂重黎之後,不忘舊者,使復典之,而立羲和之官。明時正度,則陰陽調,風雨節,茂氣至,民無夭疫。年耆禪舜,申戒文祖,云"天之曆數在爾躬"。舜亦以命禹。｜堯舜禹正歷(曆)五。由是觀之,王者所重也。｜束一句。

夏正以正月,殷正以十二月,周正以十一月。三代總序。○三代正歷(曆),六。蓋三王之正,若循環窮則反本。天下有道,則不失紀序;無道,則正朔不行於諸侯。｜插議論一段。幽、厲之後,周室微,陪臣執政,史不紀[①]時,君不告朔,故疇人子弟分散或在諸夏或在彝狄,是以其禨祥廢而不統。周襄王二十六年,閏三月,而《春秋》非之。｜《春秋》歷(曆)法壞七。先王之正時也,履端於始,舉正於中,歸邪於終。履端於始,序則不愆;舉正於中,民則不惑;歸邪於終,事則不悖。｜又插議論一段。

其後戰國竝爭,在於彊國禽敵,救急解紛而已,豈遑念斯哉!是時獨有鄒衍,明於五德之傳,而散消息之分,以顯諸侯。而亦因秦滅六國,兵戎極煩,又升至尊之日淺,未暇遑也。而亦頗推五勝,而自以爲獲水德之瑞,更名河曰"德水",而正以十月,色上黑。然歷(曆)度閏餘,未能覩其真也。｜六國、秦時歷(曆)法壞八。

① 紀,中華書局本《史記》作"記"。

漢興高祖曰“北畤待我而起”,亦自以爲獲水德之瑞。雖明習歷(曆)及張蒼等,咸以爲然。是時天下初定,方綱紀大基,高后女主,皆未遑,故襲秦正朔服色。漢興未能正歷(曆)九。

至孝文時,魯人公孫臣以終始五德,上書言“漢得土德,宜更元,改正朔,易服色。當有瑞,瑞黄龍見”。事下丞相張蒼,張蒼亦學律歷(曆),以爲非是罷之。其後黄龍見成紀,張蒼自黜,所欲論著不成。而新垣平以望氣見,頗言正歷(曆)服色事,貴幸,後作亂,故孝文帝廢不復問。|孝文未能正歷(曆)十。

至今上即位,招致方士唐都,分其天部;而巴落下閎,運算轉歷(曆),然後日辰之度,與夏正同。乃改元,更官號,封泰山。因詔御史曰:“乃者有司言星度之未定也,廣延宣問,以理星度,未能詹也。蓋聞昔者黄帝合而不死,名察度驗,定清濁,起五部,建氣物分數。然蓋尚矣。《書》缺樂弛,朕甚閔焉。朕唯未能循明也,紬績日分,率應水德之勝。今日順夏至,黄鐘爲宫,林鐘爲徵,太簇爲商,南吕爲羽,姑洗爲角。自是以後,氣復正,羽聲復清,名復正變,以至子日當冬至,則陰陽離合之道行焉。十一月甲子朔旦冬至已詹,其更以七年爲太初元年。年名‘焉逢攝提格’,月名‘畢聚’,日得甲子,夜半朔旦冬至。”|武帝正歷(曆)十一。

歷(曆)書逐段鋪序,絕無穿插變化之妙,然文字齊整、文氣古樸,是西漢文字。褚先生反不能如此蒼老。

天官書

中宫天極星,其一明者,太一常居也;天極太一,是爲北極,是爲天之主宰。旁三星、三公,或曰子屬。|天極之旁一。後句,四星,末大星,正妃,餘三星,後宫之屬也。|天極之後二。環之匡衛十二星,藩臣。|天極之左右三。皆曰紫宫。|總一句,以上四星皆在紫宫之内。

前列直斗口三星,隨北端兑,若見若不,曰陰德,或曰天一。|紫宫之前一。紫宫左三星,曰天槍,|紫宫之左二。右五星,曰天棓,|紫宫之右三。後六星,絶漢,抵營室,曰閣道。|紫宫之後四。以上四星,皆在紫宫之外。〇以上序紫宫内外諸星。紫宫即紫微垣也。

北斗七星,所謂"璇、璣、玉衡,以齊七政"。北斗總提一句。杓,句。攜龍角,攜,連也。衡。句。殷南斗,殷,中也。魁。句。枕参首。先明杓、衡、魁之部位。用昏建者杓;句。杓,句。自華以西南。夜半建者衡;句。衡,句。殷中州河、濟之間。平旦建者魁;句。魁,句。海岱以東北也。再明杓、衡、魁之時候分野。建者,月建也。如春,昏則杓值寅。夜半,衡值寅,平旦魁值寅北斗每夜一轉,故以此爲候。斗爲帝車,運於中央,臨制四鄉。分陰陽,建四時,均五行,移節度,定諸紀,皆繫於斗。|總序數語結北斗。

斗魁戴匡六星，曰文昌宮：一曰上將，二曰次將，三曰貴相，四曰司命，五曰司中，六曰司祿。｜斗魁之上，一。在斗魁中，貴人之牢。｜斗魁之中，二。魁中四星，貴人之牢，名曰天理。不序出。魁下六星，兩兩相比者，名曰三能。即三台也。三能色齊，君臣和；不齊，爲乖戾。｜斗魁之下，三。輔星明近，輔臣親彊；斥小，疏弱。｜輔星在斗、杓之外四。

杓端有兩星：一內，紫微垣之內。爲矛，招搖；｜一星，今亦在垣外。一外，紫微垣之外。爲盾，天鋒。｜三星，矛盾俱在氐度。○斗、杓之端五。有句圜十五星，屬杓，曰賤人之牢。其牢中星實則囚多，虛，則開出。｜斗之外六。○以上斗旁諸星。

天一，句。槍、句。棓、句。矛、句。盾，句。動搖，句。角，句。芒角也。大，兵起。｜又提天一等占驗另序。○序中宮，及紫微垣諸星，是第一節。

東宮，蒼龍，房、心。房、心、尾合爲蒼龍之象，此止言房、心。心爲明堂，大星天王，前後星，子屬。不欲直，直則天王失計。心，宿，星三，合天王、太子、庶子而三也。房爲府，曰天駟。其陰，右驂。房宿，星四。自南而北，第四星爲右驂。旁有兩星曰衿；房之旁一，今名鉤鈐。北一星，曰牽。房之北二。東北曲十二星，曰旗。此乃天市兩墻星，所謂天旗也。旗中四星曰，天市；中六星，曰市樓。市中星衆者，實；其虛，則耗。房之東三，此乃天市垣星也。天市在房之東北西抵于氐，東入于斗，今附於此，然帝座、宗正，俱不序。房南衆星，曰騎官。｜房之南四。○以上房旁諸星。

左角，句。李；理官主刑。右角，句。將。句。大角者，天王帝廷。｜角、宿二星，分左右。其兩旁各有三星，鼎足句之，曰攝提。攝

提者,直斗杓所指,以建時節,故曰"攝提格"。|以上角旁諸星,實近亢。亢爲疏廟,主疾。亢宿,星四。其南北兩大星,曰南門。|今曰陽門,以上亢旁星。氐爲天根,主疫。氐宿,星四。

尾爲九子,曰君臣;斥絕不和。|尾宿星九。箕爲敖客,曰口舌。|箕宿,星四。

火犯守,句。角,句。則有戰。一句總承箕、尾、氐。房、心,王者惡之也。|一句遥接房、心,根火犯守,則王者惡之也。○序東宫七宿,及天市垣諸星,是第二節。

南宫朱鳥,權、衡。|柳張翼合爲朱鳥之象,此以屬權衡。衡,句。太微三光之廷。|即太微垣,天帝之南宫。匡衛十二星,藩臣:西,句。將;句。東,句。相;句。太微之左右一。南四星,執法;句。中,執法二星之中也。端門;門左右,端門左右。掖門。|太微之南二。門內六星,諸侯。|實止五星。其內五星,五帝坐。|太微之中三。後聚一十五星,蔚然,曰郎位;傍一大星,將位也。|今曰郎將。○太微之後四。月、五星順入,從西入也。軌道,司其出,所守,天子所誅也。天子行誅伐也。其逆入,從東入也。若不軌道以所犯命之;中坐,帝座也。成形皆群下從謀也。群下謀上也。金、火尤甚。總序太微垣占驗。廷藩西有隋星五,曰少微,士大夫。|太微之西五,實只大夫、博士、議士、處士四星。○以上序太微垣諸星。權,句。軒轅。軒轅,黄龍體。|似即以軒轅爲星宿,其實星宿六星,在軒轅前,此不序。前大星,女主象;旁小星,御者後宫屬。月、五星守犯者,如衡占。|以上星旁諸星。

東井,爲水事。井宿星八。其西曲星,曰鉞。一星井之西一。鉞北,北河;|三星,井之北二。南,句。南河;三星,井之南三。兩河、天闕間爲關梁。|以上井旁諸星。輿鬼,鬼祠事;鬼宿星四。中白者爲

質。｜一星。鬼之中。○以上鬼中之星。火守南北河，兵起，穀不登。故德成衡，觀成潢，傷成鉞，禍成井，誅成質。｜插序南北河、衡、潢、鉞、井、質，六星占驗。衡，爲太微，南北河、鉞，屬井，質屬鬼，本宫潢則西宫之星也。插序錯落，語句俱奇。

柳爲鳥注，主木草。七星，｜注朱鳥咮也。頸，柳實八星以第，三星爲朱鳥頸。爲員官，主急事。｜柳宿，星八。張，句。素，朱鳥嗉也。爲廚，主觴客。｜張宿，星六。翼爲羽翮，朱鳥之羽翮也。主遠客。｜翼宿，星二十二。

軫爲車，主風。軫宿，星四，左轄、右轄，附兩星。其旁有一小星，曰長沙星，星不欲明；明與四星等，若五星入軫星中，兵大起。軫之旁一。軫南衆星曰天庫樓；庫有五車。車星角，若益衆，及不具，無處車馬。｜軫之南二。○以上軫傍諸星。○序南宫七宿及太微垣諸星是第三節。

西宫咸池，星名，在五車中。曰天五潢。五潢，五帝車舍。火入，句。旱；句。金，句。兵；句。水，句。水。句。中有三柱；柱不具，兵起。｜以上序咸池五潢。

奎曰封豕，爲溝瀆。｜奎宿，星十六。婁爲聚衆。｜婁宿，星三。胃爲天倉。胃宿，星三。其南衆星，曰廥積。｜今名天囷，星十四。天廩星四，以上胃傍諸星。

昴曰髦頭，胡星也，爲白衣會。｜昴宿，星七。畢曰罕車，爲邊兵，主弋獵。畢宿，星八。其大星旁小星，爲附耳。一星。附耳摇動，有讒亂臣在側。｜以上畢旁諸星。昴、畢間爲天街。其陰，句。陰國；句。陽，句。陽國。句，昴、畢之間，合序其所主。

參爲白虎。三星，直者，是爲衡石。下有三星，兑，曰罰，今曰伐。爲斬艾事。其外四星，左右肩股也。｜參宿，星凡七，三直、四脚，

伐在其中,序法變。小三星隅置,曰觜觿,爲虎首,主葆旅事。觜宿,星三。其南有四星,曰天厠。厠下一星,曰天矢。矢黄,則吉;青、白、黑,凶。觜之南一。其西有句曲九星,三處羅:三處各有九星羅列也。一曰天旗,二曰天苑,三曰九游。觜之西二。其東有大星,曰狼。狼角,變色,多盜賊。下有四星,曰弧,弧當九星。直狼。狼比地,有大星,曰南極老人。老人見,治安;不見,兵起。常以秋分時,候之於南郊。|觜之東三。以上觜旁諸星。觜與參相連,其天旂、天苑、九游,爲觜旁諸星,即參傍諸星也,合序。而狼與弧、老人,則稍遠而近井、鬼矣。

附耳入畢中,兵起。|又帶序畢附耳。〇序西宫七宿,及天潢,是第四節。

北宫玄武,虚、危。|斗與牛合爲玄武之象,而此則屬虚、危。危爲蓋屋;危宿,星三。虚爲哭泣之事。|虚宿星二。虚、危二宿,雙起,傍星亦雙序,變法。

其南有衆星,曰羽林天軍。四十五星。軍西爲壘,壘壁十二星。或曰鉞。二星。旁有一大星,爲北落。虚之南一。羽林,北落,壘、鉞,實近室宿,而附序于虚。北落若微,亡軍,星動,句。角,句。益希,句。及五星犯北落,入軍,軍起。火、金、水尤甚:火,句。軍憂;句。水,句。患;句。木、土,軍吉。|以上虚傍諸星。危東六星,兩兩相比,曰司空。|危之東一。危東兩兩相比者,乃司命、司危、司非、司禄,而司空一星,則在奎度也,悮。〇以上危傍諸星。

營室爲清廟,室宿星二。曰離宫、六星,附室之傍一。閣道。|六星室之右二。實則近奎,而在紫宫之後,即中宫所序者也。〇以上室傍諸星。漢中,四星,曰天駟。旁一星,曰王良。王良策馬,車騎滿野。天駟、王良,共五星,在奎傍。〇漢中之星一。旁有八星,絶漢,曰天潢。漢中之星二天潢,即天津,實九星,在女傍。天潢旁,江星。江星動,人

涉水。｜江星四星，在尾傍，去天潢尚遠。○以上漢中諸星。

杵、臼，四星，在危南。杵三星、臼四星，在危之南。匏瓜，有青黑星守之，魚鹽貴。｜瓠瓜五星，在女南。○以上又插序危傍、女傍兩星，變法。

南斗爲廟，斗宿星六。其北建星。六星。建星者旗也。以上斗傍諸星。牽牛爲犧牲。牛宿星六。其北河鼓。七星。河鼓，大星，上將；左右，左右將。｜以上牛傍諸星。婺女，女宿四星。其北織女。三星。織女，天女孫也。｜以上女傍諸星，織女實遠女而近牛。○序北宮六宿，及漢中諸星是第五節。北宮諸宿遺壁宿，何也？

察日、月之行，以揆歲星順逆。歲星，木星也。俟日月轉行，所謂東行百日十二歲周天也。故曰"察日月之行"。曰東方木，主春，日甲乙。義失者，罰出歲星。歲星主義。歲星羸[1]縮，以其舍命國。以其所次舍之宿以定其分野，後同。所在國不可伐，可以罰人。其趨舍而前曰羸，退舍曰縮。羸，句。其國有兵，不復；句。縮，句。其國有憂，將亡國，傾敗。又注羸、縮兩句。其所在，五星皆從，而聚于一舍，其下之國，可以義致天下。應義字。

以攝提格歲：太歲在寅也，下遞推。歲陰左行，在寅，歲星右轉，居丑。正月與斗、牽牛晨出東方，名曰監德。以下監德，降入，青章、跰踵、開明、長列、大音、長王、天睢、大章、天泉、天皓，皆歲星隨所出而異其名也。色蒼蒼有光。其失次有應，見柳。柳爲斗牛之對宫，失次必出對宫。歲早水；晚旱。｜

歲星出，東行十二度，百日而止，反逆行；逆行八度，百日復東行。歲行三十度十六分度之七，率日行十二分度之一，十二歲而

---

① 羸，中華書局本《史記》作"贏"。本段下同。

周天。提明歲星,正月出斗牛,二月出女、虛、危,遞移之常度。出常東方,以晨;入於西方,用昏。|提明歲星出入之常,一歲不變後同。單閼歲:歲陰在卯,星居子。歲陰自寅,而卯,而辰,一路順去歲星自丑,而子而亥,一路逆行,後同。以二月與婺女、虛、危晨出,歲星次舍所出之宿:正月,斗牛;二月,女、虛、危;三月,室、壁、挨二十八宿,從右而轉,後同。曰降入。大有光。其失次有應,見張。女、虛、危之對宮,後同。名曰降入。其歲大水。|

執徐歲:歲陰在辰,星居亥。以三月與營室、東壁,晨出,曰青章。青青甚章。妙注,句法之妙,節節變换。其失次;有應,見軫。曰青章。歲早旱;晚水。|

大荒駱歲:歲陰在巳,星居戌。以四月與奎、婁、胃、昴晨出,曰跰踵。熊熊赤色,有光。熊熊字佳,出《山海經》:"其光熊熊,其氣魄魄"其失次有應,見亢。|

敦牂歲:歲陰在午,星居酉。以五月與胃、昴、畢晨出,曰開明。炎炎有光。偃兵;唯利公王,不利治兵。其失次有應,見房。歲早旱;晚水。|

叶洽歲:歲陰在未,星居申。以六月與觜觿、參晨出,曰長列。昭昭有光。利行兵。其失次有應,見箕。|

涒灘歲:歲陰在申,星居未。以七月與東井、輿鬼晨出,曰大音。昭昭白。其失次有應,見牽牛。|

作鄂歲:歲陰在酉,星居午。以八月與柳、七星、張晨出,曰爲長王。作作有芒。形容語妙。國其昌,熟穀。其失次有應,見危。曰大章。有旱而昌,有女喪,民疾。|

閹茂歲:歲陰在戌,星居巳。以九月,與翼、軫晨出,曰天睢。

白色大明。其失次有應,見東壁。歲水,女喪。|

大淵獻歲:歲陰在亥,星居辰。以十月與角、亢晨出,曰大章。蒼蒼然,星若躍而陰出旦,是謂"正平"。起師旅,其率必武;其國有德,將有四海。其失次有應,見婁。|

困敦歲:歲陰在子,星居卯。以十一月與氐、房、心晨出,曰天泉。玄色甚明。江池其昌,不利起兵。其失次有應,在昴。|

赤奮若歲:歲陰在丑,太歲順行一周。星居寅,歲星逆行一周。以十二月與尾、箕晨出,次舍二十八宿一周。曰天皓。黫然黑色,甚明。其失次有應,見參。|

當居,不居,居之又左右搖,未當去,去之,與他星會,即失次也。其國凶。所居久國,有德厚。其角,句。動,句。乍小乍大,若色數變,人主有憂。|

其失次舍以下,進而東北,三月,生天棓,長四丈,末兑,進而東南,三月,生彗星,長二丈,類彗星。退而西北,三月,生天欃,長四丈,末兑。退而西南,三月,生天槍,長數丈,兩頭兑。四星皆歲星失次,變爲妖星也。謹視其所見之國,不可舉事用兵。|此四妖星之占。其出如浮如沈,其國有土功;如沈如浮,其野亡。色赤而有角,其所居國昌。迎角而戰者不勝。星色赤黃而沈,所居野大穰。色青白而赤灰,所居野有憂。歲星入月,其野有逐相;與太白鬬,其野有破軍。此一段歲星出入總占。

歲星一曰攝提,曰重華,曰應星,曰紀星。歲星别名。營室爲清廟,歲星廟也。|歲星得令之地後同。○以上序歲星是第六節。

察剛氣,以處熒惑。熒惑,火星也,主于南方,故察剛氣。曰南方,火,主夏,日丙、丁。禮失罰出熒惑,熒惑主禮。熒惑失行是也。出

則有兵,入則兵散。以其舍命國。熒惑,熒惑爲勃亂,注一句。殘賊、句。疾、句。喪、句。饑、句。兵。句。熒惑總占。反道二舍以上,居之,三月,有殃,五月,受兵,七月,半亡地,九月,大半亡地。因與俱出入,國絕祀。居之,殃還至,雖大,當小;居之居其舍也。久而至,當小,反大。|久而至,行遲也,熒惑以遲速爲變。其南,爲丈夫,北爲女子喪。|以方域爲變。若角,句。動,句。繞環之,句。及乍前乍後,句。左句。右,句。殃益大。與他星鬬,光相逮,爲害;不相逮,不害。|以變動爲變。五星皆從,而聚於一舍,其下國,可以禮致天下。|應"禮"字。

法,句。出東行十六舍而止;逆行二舍;六旬,復東行,自所止數十舍,十月而入西方;伏行,五月出東方。|此熒惑之常度。其出西方,曰"反明",主命者惡之。東行急,一日行一度半。

其行東、西、南、北疾也。兵各聚其下;用戰,順之勝逆之敗。此熒惑之失度。熒惑從太白,軍憂;離之,軍卻。出太白陰,有分軍;行其陽,有偏將戰。當其行,太白逮之,破軍殺將。金、火相克,故占從太白。其入守犯太微、軒轅、營室主命惡之。|熒惑與諸星凌犯爲變。心爲明堂熒惑廟也。謹候此。|以上序熒惑,是第七節。

曆斗之會以定填,星之位。填星土星也。土居中宫,璇璣中宿之分,故從斗。曰中央土,主季夏,日戊、己,黄帝,主德女主象也。歲填一宿解填之名,故二十八歲而周天。其所居國,吉。未當居而居,若已去而復還,還居之,其國得土,不,乃得女。若當居而不居,既已居之,又西東去,其國失土,不乃失女,不可舉事,用兵。其居久,其國福厚;易,福薄。|填星爲德星,故欲其居,不欲其去。

其一名曰地侯,主歲。歲行十二度百十二分度之五,日行二

十八分度之一,二十八歲周天。|填星所行之常度。其所居,五星皆從,而聚於一舍,其下之國,可重致天下。禮、德、義、殺、刑盡失,而填星乃爲之動搖。|木主義、火主禮、土主德、金主殺、水主刑,五星皆失,而填星乃爲之動。

羸[①],句。爲王不寧;其縮有軍不復。|填星,其色黄,九苂,音曰黄鐘宮。其失次上二三宿,曰羸,有主命不成,不,乃大水。失次下二三宿曰縮,有后戚,其歲不復,不,乃天裂,若地動。此填星羸縮之變。

斗爲文太室,填星廟,天子之星也。序完填星事,下附序五星相犯。

木星與土合,爲内亂。句。饑,句。主勿用戰,句。敗;句。水則變謀而更事;火爲旱;金爲白衣會,若水。金在南,曰牝牡,年穀熟,金在北,歲偏無。|此是木星與四星相犯爲變。火與水合爲焠,與金合爲鑠,爲喪,皆不可舉事,用兵,大敗。土爲憂,主孽卿;大饑,戰敗,爲北軍,軍困,舉事大敗。|此是火星與三星相犯爲變。土與水合,穰而擁閼,有覆軍,其國不可舉事。句。出,句。亡地;句。入,句。得地。金爲疾,爲内兵,亡地。|一段是土星與水金相犯爲變,其金木相犯,卻又辰星條。三星若合,其宿地,國外内有兵與喪,改立公王。四星合,兵喪並起,君子憂,小人流。五星合,是谓[②]易行,有德,受慶,改立大人,奄[③]有四方,子孫蕃昌;無德受殃,若亡。|此諸星以合聚爲變。五星皆大,其事亦大;皆小,事亦小。|總序五星以

① 羸,中華書局本《史記》作"羸"。
② 谓,中華書局本《史記》作"爲"。
③ 奄,中華書局本《史記》作"掩"。

大小爲變。

蚤出者,爲贏,贏者爲客。晚出者爲縮,縮者爲主人。必有天應,見於杓星。同舍爲合。相淩①爲鬬,七寸以内必之矣。|插注合鬬之故。

五星色,白圜,爲喪旱;赤圜,則中不平,爲兵;青圜,爲憂;水,黑圜,爲疾,多死;黄圜,則吉。赤角,犯我城,黄角,地之爭,白角,哭泣之聲,青角,有兵,憂,黑角則水意,行窮兵之所終。五星同色,天下偃兵,百姓寧昌。|總序五星,以其色爲變。春風,秋雨,冬寒,夏暑,動摇常以此。|總序五星,以動摇爲變。

填星出,百二十日,而逆西行,西行百二十日,反東行。見三百三十日而入,入三十日,復出東方。太歲在甲寅,鎮星在東壁,故在營室。|填星行度補序于此,與前作兩段寫法變。○以上序填星,是第八節。

察日行,以處位太白。太白,金星也。隨日而行,先日曰啟明,後日曰長庚,故察日。曰西方,秋,司兵,月行及天矢。日庚辛,主殺。殺失者,罰出太白。太白失行,以其舍命國。其出行十八舍,二百四十日而入。入東方,伏行十一舍,百三十日;其入西方,伏行三舍,十六日而出。太白行伏之常度。當出,不出,當入,不入,是謂失舍,不有破軍,必有國君之篡。太白以行伏爲變。

其紀上元,以攝提格之歲,與營室晨出東方,至角而入;與營室夕出西方,至角而入;與角晨出,入畢;與角夕出,入畢;與畢晨出,入箕;與畢夕出,入箕;與箕晨出,入柳;與箕夕出,入柳;與柳晨出,入營室;與柳夕出,入營室。凡出入東西各五,爲八歲二百

① 淩,中華書局本《史記》作"陵"。

三十日,復與營室晨出東方。其大率歲一周天。|太白出入之常度。其始出東方,行遲,率日半度,一百二十日,必逆行一二舍;上極而反東行,行日一度半,一百二十日入。其庳,句。近日,句。曰明星,句。柔;句。高,句。遠日,句。曰大囂,句。剛。句。其始出西行,疾,率日一度半,百二十日;上極而行遲,日半度,百二十日旦入,必逆行一二舍而入。其庳,句。近日,句。曰太白,句。柔;句。高,句。遠日,句。曰大相,句。剛。句。此太白以高卑爲變。出以辰、戌,入以丑、未。

當出,不出,未當入而入,天下偃兵,兵在外。入未當出,而出,當入,而不入,下起兵,有破國。其當期出也,其國昌。|此太白以出入爲變。其出東,爲東,主東方也。入東,爲北方;主北方也,下同。

出西,爲西,入西爲南方。所居久,其鄉利;疾,其鄉凶。|此太白以久疾爲變。出西,逆行至東,正西國吉。出東,至西,正東國吉。|此太白以逆行爲變。其出不經天;經天,天下革政。

小以角動,兵起。|此太白以經天角動爲變。始出大,後小,兵弱;出小,後大,兵強。出高,用兵,深吉,淺凶;庳,淺吉,深凶。|此太白以大小、高庳爲變。日方南,金居其南,日方北,金居其北,曰贏,侯王不寧,用兵,進吉,退凶。日方南,金居其北,日方北,金居其南,曰縮,侯王有憂,用兵,退吉,進凶。|此太白以隨日贏縮爲變。用兵象太白:太白行疾,句。疾行;句。遲,句。遲行。句。角,句。敢戰。句。動搖躁,句。躁。句。國以靜,句。國,《漢書》作"圜",是。靜。句。躁則與之俱躁,靜則與之俱靜也。句奇。順角所指,吉;反之,皆凶。出,句。則出兵,入句。則入兵。|此法太白以用兵。赤角,有

戰;白角,有喪;黑圜角,句。憂,句。有水事;句。青圜小角,句。憂,句。有木事;句。黄圜,句。和角,句。有土事,句。有年。|句。此太白以變色爲變。其已出三日,而復有微入,入三日,乃復盛出,是謂耎,其下國,有軍敗將北。其已入三日,又復微出,出三日,而復盛入,其下國有憂;師有糧食兵革,遺人用之;所謂賫盜糧也。卒雖衆,將爲人鹵。此又太白以出入爲變。其出西,失行,外國敗;其出東,失行,中國敗。|此太白以失行爲變。其色大圜黄滜,可爲好事;其圜大赤,兵盛不戰。

太白白,句。比狼;句。赤,句。比心;句。黄,句。比参左肩;句。蒼,句。比参右肩;句。黑,句。比奎大星。|又補序太白所變之色如此。五星皆從太白,而聚乎一舍,其下之國,可以兵從天下。居實,有得也;居虚,無得也。兩句兵從天下之解。○此五星合太白自为變。行勝色,色勝位,有位勝無位,有色勝無色,行得盡勝之。|因居實二句,又總行、色、位而申言之。出而留桑榆間,遲也。疾其下國。上而疾,未盡其曰,"曰",《漢書》作"日",是。過参天,未盡一日,而即参天疾也。疾其對國。在東灾西。在南灾北也。上復下,下復上,有反將。|此太白遲疾上下之變。其入月,將僇。金、木星合光,其下戰不合,兵雖起而不鬬;合相毁,野有破軍。|此太白與月五星相犯为變。出西方,昏而出陰,陰兵强;暮食出,小弱;夜半出,中弱;雞鳴出,大弱:是謂陰陷于陽。其在東方,乘明而出陽,陽兵之强,雞鳴出,小弱;夜半出,中弱;昏出,大弱:是謂陽陷於陰。太白伏也,以出兵,兵有殃。|此太白以出入之時爲變。其出卯南,南勝北方;出卯北,北勝南方;正在卯,東國利。出西北,北勝南方;出西南,南勝北方;正在西,西國勝。|此太白以出入之方爲變。

其與列星相犯,小戰;五星,大戰。其相犯,太白,出其南,南國敗;出其北,北國敗。行疾,句。武;句。不行,句。文。|句。此又太白與列星相犯爲變。色白,五芒出,蚤爲月蝕,晚爲天矢[①]及彗星將發其國。|此太白色白五芒之變。出東爲德,舉事,左之,迎之,吉。出西爲刑,舉事,右之,背之吉。反之,皆凶。|此總論太白之出入,以爲向背。太白光見影,戰勝。晝見而經天,見影,微見其影也。晝見,則大見矣。經天則當午而見矣。是謂爭明,彊國弱,小國彊,女主昌。|此太白日中爲變。序法,多少層疊串插錯落變化。

亢爲疏廟,太白廟也。|太白大臣也,其號上公。其他名,殷星、大正、營星、觀星、宮星、明星、大衰、大澤、終星、大相、天浩、序星、月緯、大司馬位,此皆太白之別名。謹候此。|序太白,是第九節。

察日辰之會,以治辰星之位。辰星,水星也,以四時、四仲,及辰戌丑未出入,故察日辰。曰北方水,太陰之精,主冬,日壬、癸。刑失者,罰出辰星,辰星主刑。以其宿命國。|

是正四時:仲春春分,夕出郊奎、婁、胃東五舍,爲齊;仲夏夏至,夕出郊東井、輿鬼、柳東七舍爲楚;仲秋秋分,夕出郊角、亢、氐、房東四舍,爲漢;仲冬冬至,晨出郊東方與尾、箕、斗、牽牛俱西,爲中國。其出入,常以辰、戌、丑、未。|辰星出入之常度。

其蚤爲月蝕;晚爲彗星,及天夭。其時宜效,不效爲失,效見也。追兵在外,不戰。一時不出,其時不和;四時不出,天下大饑。此辰星以出入之早晚爲變。其當效而出也,色白,句。爲旱,句。黄,句。爲五穀熟,句。赤,句。爲兵,句。黑,句。爲水出東方,大而

① 矢,中華書局本《史記》作"夭"。

白,有兵於外,句。解。句。常在東方,其赤,中國勝;其西,而赤外國利。無兵於外,而赤,兵起。|此辰星以變色爲變。其與太白俱出東方,皆赤而角外國大敗,中國勝;其與太白俱出西方,皆赤而角,外國利。此辰星與太白俱出爲變。五星,分天之中,積於東方,中國利;積於西方,外國用者利。五星皆從辰星,而聚于一舍,其所舍之國,可以法致天下。此五星從辰星之占。辰星不出,太白爲客;其出太白爲主。出而與太白不相從,野雖有軍,不戰。出東方,太白出西方;若出西方,太白出東方,爲格,野雖有兵,不戰。此辰星與太白不相從之占。出東方以下,是不相從注腳。失其時而出,爲當寒反溫,當溫反寒。當出不出,是謂擊卒,兵大起。此辰星以失時爲變。其入太白中,而上出,破軍殺將,客軍勝;下出,客亡地。辰星來抵太白,抵自後而及也。太白不去,將死。正旗上出,破軍殺將,客勝;下出,客亡地。視旗所指,以命破軍。其繞環太白,若與鬬,大戰,客勝,免。辰星一名免星。過太白,間可椷劍,小戰,客勝。免居太白前,軍罷;出太白左,小戰;摩太白,有數萬人戰,主人吏死;出太①白右,去三尺,軍急約戰。此辰星與太白入抵,出旗上,繞環,鬬過,居前摩,出右,爲變。獨詳太白者,金、水二星俱隨日行,易于相犯也。青角,兵憂;黑角,句。水。句。赤,句。行窮兵之所終。

免七命,曰小正、辰星、天欃、安周星、細爽、能星、鉤星。|七者,辰星變現之別名。其色黃而小,出而易處,天下之文變而不善矣。免五色,青圜,句。憂,句。白圜,句。喪,句。赤圜,句。中不平,句。黑圜,句。吉。句。赤角,犯我城,黃角,地之爭,白角,號泣之

① 太,底本作“大”,疑誤,據校本改。

聲。｜此又辰星以變色爲變。

其出東方,行四舍四十八日其數二十日而反,入於東方;其出西方,行四舍四十八日,其數二十日而反,入於西方。其一候之營室、角、畢、箕、柳。出房、心間,地動。｜辰星出行之常度。五星行度或序于前或序于後或插序于中序法變化。

辰星之色:春,青黄;夏,赤白;秋,青白,而歲熟;冬,黄而不明。即變其色,其時不昌。｜此辰星之常色,冬其本,行黄則變矣。春不見,大風,秋則不實。夏不見,有六十日之旱,月蝕。秋不見,有兵,春則不生。冬不見,陰雨六十日,有流邑,夏則不長。｜此辰星以不見爲變。○以上序辰星,是第十節。

角、亢、氐,兖州。房、心,豫州。尾、箕,幽州。斗,江、湖。牽牛、婺女,揚州。虚、危,青州。營室至東壁,并州。奎、婁、胃,徐州。昴、畢,冀州。觜觿、参,益州。東井、輿鬼,雍州。柳、七星、張,三河。翼、軫,荊州。七星爲員官,辰星廟,蠻彝星也。｜因五星皆以其次舍命國一句,故又序二十八宿分野,附于五星之後,是第十一節。

兩軍相當,日暈;暈等。句。力鈞;句。厚,句。長大,句。有勝;句。薄,句。短小,句。無勝。重抱,大破。無抱,爲和,句。背,句。不和,句。爲分離,相去直,外有直氣也。爲自立,立侯王;指暈,《漢書》作"破軍"。若曰殺將。負且戴,有氣負之戴之也。有喜。圜在中,中勝;在外,外勝。｜此序日暈之形。青外赤中,以和相去;赤外青中,以惡相去。此序日暈之色。氣暈有氣在暈中也。先至而後去,居軍勝。先至先去,前利後病;後至後去,前病後利;後至先去,前後皆病,居軍不勝。見而去,其發疾,雖勝無功。見半日以上,功大。此敘氣暈之占。白虹屈短,上下兑,有者下大流血。｜此附敘白

虹之變。日暈制勝,近期三十日,遠期六十日。|此敘日暈所應之期。

其食,食所不利;復生,生所利;而食益盡,爲主位。未解闕疑。以其直及日所宿,加以日時,用命其國也。以所值之方,日所舍之宿,及日時占其所主之國。〇以上序日暈,是第十二節。

月行中道,房星之中爲日月五星之常道。安寧和平。陰間,房之北。多水,陰事。外北三尺,陰星。陰間之北三尺,則陰星之分也。北三尺,太陰,陰星又北三尺,則太陰之分也。若月行于此,故多陰禍。大水,句。兵,句。陽間,房之南。驕恣,陽星,即陽間之南三尺也。多暴獄,太陽,即陽星之南又三尺也,月行於此,故多陽禍。大旱喪也。句。角、句。天門,十月爲四月,月入角下天門,則六月之後成灾。下同。十一月爲五月,十二月爲六月,水發,水發總承三句。近三尺,遠五尺。犯四輔,輔臣誅。離天門,則犯角矣,角爲四輔。行南北河,以陰陽言,句。旱,句。水,句。兵,句。喪。|句。以南北河分陰陽,而定四者之古也。以上俱頂月行而言。

月蝕,歲星,其宿地,饑若亡。熒惑也,句。亂,句。填星也,下犯上,太白也彊國以戰敗,辰星也女亂。食[①]大角,主命者惡之;心,則爲内賊亂也;列星,其宿地憂。|食于列星之次,則憂在分野。〇以上俱頂月食而言。

月食始日,五月者六,六月者五,五月復六六月者一,而五月者,凡五,百一十三月而復始。前止序日暈,此又帶日食。故月蝕,常也;日蝕,爲不臧也。甲、乙,四海之外,日月不占。甲、乙主海外故不必占也。丙、丁,江、淮、海岱也。戊、己,中州、河、濟也。庚、辛,華山以西。壬、癸,恒山以北。|以上雙頂月蝕、日蝕。〇日月之蝕,又

① 食,中華書局本《史記》作"蝕"。

以日干而異地。日蝕,國君;月蝕,將相當之。|日月雙收。○以上序月行是第十三節。

國皇星,大而赤,狀類南極。所出,其下起兵,兵彊;其衝,不利。妖星一。

昭明星,大而白,無角,乍上乍下。所出國,起兵,多變。妖星二。

五殘星,出正東東方之野。其星狀類辰星,去地可六丈。句。

大,妖星三。賊星,出正南,南方之野。星去地可六丈,大而赤,數動,有光。妖星四。

司,危星,出正西,西方之野。星去地可六丈,大而白,類太白。妖星五。

獄漢星,出正北,北方之野。星去地可六丈,大而赤,數動,察之中青。此四野星,總頂四星之占。所出,出非其方,其下有兵,衝不利。妖星六。

四填星,所出,四隅,去地可四丈。妖星七。

地維咸光,亦出四隅,去地可二①丈,若月始出。所見,下有亂;亂者亡,有德者昌。妖星八。

燭星,狀如太白,其出也不行。見則滅。所燭者,城邑亂。妖星九。

如星非星,如雲非雲,命曰歸邪。歸邪出,必有歸國者。妖星十。

星者,金之散氣,本曰火。星眾,國吉;少則凶。

漢者,亦金之散氣,其本曰水。漢,星多,多水,少則旱,其大

① 二,中華書局本《史記》作“三”。

經也。｜總序星漢作兩對星。星也，結上，漢，氣也，起下。

天鼓有音，如雷非雷，音在地而下及地。其所往者，兵發其下。妖氣一。

天狗，狀如大奔星，有聲，其下止地，類狗所墮。及炎火，望之如火光炎炎衝天。① 其下圜，如數頃田處，上兌者，則有黃色，千里破軍殺將。妖氣二。

格澤星者，如炎火之狀。黃白，起地，而上下大，上兌。其見也，不種而穫；不有土功，必有大害。妖氣三。

蚩尤之旗，類彗而後曲，象旗。見，則王者征伐四方。妖氣四。

旬始，出於北斗旁，狀如雄雞。其怒，青黑，象伏鼈。妖氣五。

枉矢，類大流星，虵行，而倉黑，望之，有如毛羽然。妖氣六。

長庚，如一疋布，著天此星見，兵起。妖氣七。

星墜至地，則石也。河、濟之間，時墜星。墜星一。

天精而見景星。景星者，德星也。其狀無常，常出於有道之國。｜德星一。以上序妖星、妖氣。德星，是第十四節。

凡望雲氣，仰而望之，三四百里；平望，在桑榆上，餘二千里；登高而望之，下屬地者，三千里。總言雲氣，近人者近，去人者遠。雲氣有獸居上者，勝。｜總言雲氣。

自華以南，氣下黑上赤。嵩高、三河之郊氣正赤。恒山之北，氣下黑上青。勃、碣、海、岱之間，氣皆黑。江、淮之間，氣皆白。一段地氣。

徒氣白。土功氣黃。｜一段人事之氣。車氣，乍高乍下，往往

---

① 此兩句中華書局本《史記》作“天狗，狀如大奔星，有聲，其下止地，類狗所墮。及炎火，望之如火光炎炎衝天”。

而聚。騎氣卑而布。卒氣摶。前卑而後高者,句。疾;句。前方而高[①];後兑而卑者,句。郄[②]。句。其氣平者,其行徐。前高而後卑者,不止而反。氣相遇者,卑勝高,兑勝方。氣來卑而循車通者,通即轍避武帝諱。不過三四日,去之,五六里見。氣來高七八尺者,不過五六日,去之,十餘,二十餘里見。氣來高丈餘,二丈者,不過三四十日,去之,五六十里見。

稍雲精白者,其將悍,其士怯。其大根而前絶遠者,當戰。青白,其前低者,戰勝;其前赤而仰者,戰不勝。|一段兵氣。陣雲如立垣。杼雲類杼軸。雲摶,兩端兑。杓[③]雲如繩者,居前,亘天,其半,半天。其蛪者類闕旗。故鉤雲句曲。語句錯落妙。諸此雲見,以五色合占。而澤摶密,其見動人,乃有占;兵必起,合鬭其直。

王朔所候,決於日旁。日旁雲氣,人主象。皆如其形以占。一段散序雲氣。

故北夷之氣,如群畜穹閭,南夷之氣,類舟舩幡旗。大水處,敗軍場,破國之虚,下有積錢,金寶之上,皆有氣,不可不察。海旁蜃氣,象樓臺;廣野氣,成宫闕。然雲氣各象其山川人民所聚積。

故候息耗者,入國邑,視封疆田疇之正治,城郭室屋門戶之潤澤,次至車服畜產。精華實息者,吉;虚耗者,凶。

若烟非烟,若雲非雲,郁郁紛紛,蕭索綸[④]囷,是謂卿雲。卿雲見,喜氣也。若霧非霧,衣冠而不濡,見則其域被甲而趨。忽用韻

---

① 前方而高,中華書局本《史記》作"前方而高者"。

② 郄,中華書局本《史記》作"卻"。

③ 杓,底本作"枸",疑誤,據校本改。

④ 綸,中華書局本《史記》作"輪"。

語。○一段序四方山海金寶之氣。

天雷電、蝦虹、辟歷、夜明者,陽氣之動者也,春夏則發,秋冬則藏,故候者無不司之。

天開縣物,天裂而見物也。地動坼絕。山崩及徙,川塞谿垘;水澹澤竭,地長見象。城郭門閭,閨臬枯稾;"門閭",《漢書》作"潤息"是與"枯稾"對。宮廟邸第人民所次。謠俗車服,觀民飲食。五穀草木,觀其所屬。倉府廄庫,四通之路。六畜禽獸,所產去就;魚鼈鳥鼠,觀其所處。鬼哭若呼,其人逢俉化言,逢俉,相驚也。化言,《漢書》作"訛言"是。誠然。以上序雲氣,是第十五節。

凡候歲美惡,謹候歲始。歲始或冬至日,產氣始萌。臘明日,人眾卒歲一會飲食,發陽氣,故曰初歲。正月旦,王者歲首;立春日,四時之卒始也。四始者,候之日。|此總序候歲之日。

而漢魏鮮集臘明正月旦決八風。風從南方來,大旱;西南,小旱;西方,有兵;西北,戎菽爲,爲,成也。小雨,趣兵;北方,爲中歲;東北,爲上歲;東方,大水;東南,民有疾疫,歲惡。序八方自南而右行。故八風各與其衝對,課多者爲勝。多勝少,久勝亟,疾勝徐。|此以八風所至之方爲占驗。旦至食,爲麥;食至日昳,爲稷;昳至餔,爲黍;餔至下餔,爲菽;下餔至日入,爲麻。欲終日有雨,有雲,有風,有日。日當其時者,深而多實;無雲,有風日,當其時,淺而多實;有雲風,無日,當其時,深而少實;有日,無雲,不風,當其時者,稼有敗。如食頃,小敗;熟五斗米頃,大敗。則風復起,有雲,其稼復起。各以其時用雲色占,種其所宜。其雨雪,若寒,歲惡。|此以歲始一日之內,雨、雲、風、日爲占驗。

是日光明,聽都邑人民之聲。聲宮,則歲善,吉;句。商,句。

則有兵;句。徵,句。旱;句。羽,句。水;句。角,句。歲惡。|此以人聲爲占驗。

或從正月旦,比數雨。率日食一升,至七升而極;過之,不占。一日雨,則民①有一升之食也,餘同。數至十二日,日直其月,占水旱。爲其環城千里內占則,一日雨,占在正月,二日雨,占在二月也,餘同。其爲天下候,竟正月。月所離列宿日、風、雲,占其國。即月所離二十八宿次舍,以占其分野也。然必察太歲所在。在金,句。穰;句。水,句。毀;句。木,句。饑;句。火,句。旱。句。此其大經也。|此以太歲配正月日數爲占驗。

正月上甲風從東方,宜蠶;風從西方,若旦黃雲,惡。|此又以上甲爲蠶事之占驗。

冬至短極,縣土炭,炭動,鹿解角,蘭根出,泉出躍,略以知日至,要決晷景。土圭之影。歲星所在,五穀逢昌。其對爲衝歲乃有殃。此以冬至日合太歲爲占驗。四始,前序臘明,正月旦,此補序冬至。○以上候歲始雜占驗,是第十六節。

太史公曰:自初生民以來,世主曷嘗不曆日月星辰?及至五家、三代,紹而明之,內冠帶,外夷狄,分中國爲十有二州,仰則觀象於天,俯則法類於地。先立兩句,下雙承,然天爲主,地爲客。天則有日月,地則有陰陽。天有五星,地有五行。天則有列宿,地則有州域。三光者,陰陽之精,氣本在地,又帶地一句。而聖人統理之。

幽厲以往,尚矣。所見天變,皆國殊窟穴,家占物怪,以合時應,其文圖籍,禨祥不法。是以孔子論六經,紀異而說不書。至天道命,不傳;傳其人,不待告;告非其人,雖言不著。|以上總序上古

① 民,底本作"居",疑訛,俱校本改。

之事。

昔之傳天數者：即接天道不傳下。高辛之前，重、黎；於唐、虞，羲、和；有夏，昆吾；殷商，巫咸；周室，史佚、萇弘；於宋，子韋；鄭，則裨竈；在齊，甘公；楚，唐昧；趙，尹皋；魏，石申。｜以上序自古傳天數之術家。

夫天運，三十歲，一小變，百年，中變，五百載，大變；三大變一紀，三紀而大備：此其大數也。爲國者必貴三五。上下各千歲，然後天人之際續備。一段序天運。

太史公推古天變，未有可考于今者。蓋畧以《春秋》二百四十二年之間，日蝕三十六，彗星三見，宋襄公時，星隕如雨。天子微，諸侯力政，五伯代興，更爲主命，自是，之後衆暴寡，大并小。秦、楚、吳、越，彝狄也，爲彊伯。田氏簒齊，三家分晉，並爲戰國。爭於攻取，兵革更起，城邑數屠，因以饑饉疾疫焦苦，臣主共憂患，其察禨祥，候星氣，尤急。近世十二諸侯七國相王，言從衡者繼踵，而皋、尹皋。唐、唐昧。甘、甘公。石、石申。因時務，論其書傳，故其占驗，凌雜米鹽。｜以上序春秋時之術家。

二十八舍，主十二州，斗秉兼之，所從來久矣。秦之疆也，候在太白，占於狼、弧。吳、楚之疆，候在熒惑，占於鳥衡。燕、齊之疆，候在辰星，占於虛、危。宋、鄭之疆，候在歲星，占於房、心。晉之疆，亦候在辰星，占於參罰。

及秦并吞三晉、燕、代，自河山以南者，中國。中國于四海內，則在東南，爲陽；陽則日、歲星、熒惑、填星；占於街南，畢主之。其西北則胡、貉、月氏，諸衣旃裘引弓之民，爲陰；陰則月、太白、辰星；占於街北昴主之。故中國山川，東北流其維首在隴、蜀，尾沒於勃、碣。是以秦、晉好用兵，復占太白，太白主中國；而胡、貉數侵掠，獨占辰星，辰星出入躁疾常主彝狄：其大經也。此更爲客主人。辰星、太白，一主一客也。熒惑爲孛，外則理兵，內則理政。故曰"雖有明天子，必視熒惑所在"。諸侯更彊時，菑異記無可錄者。｜以上序秦，及七國，中國，胡貉月氏，所主之星宿。

秦始皇之時，十五年，彗星四見，久者八十日，長或竟天。其後秦遂以兵滅六王，并中國，外攘四彝，死人如亂麻，因以張楚竝起，三十年之間，兵相駘藉，不可勝數。自蚩尤以來，未嘗若斯也。

項羽救鉅鹿，枉矢西流，山東遂合從諸侯，西坑秦人，誅屠咸陽。｜以上序秦之星變。

漢之興五星聚於東井。平城之圍，月暈參、畢七重。諸呂作亂，日蝕，晝晦。吳楚七國叛逆，彗星數丈，天狗過梁野；及兵起，遂伏尸流血其下。元光、元狩，蚩尤之旗再見，長則半天。其後京師，師四出，誅彝狄者，數十年，而伐胡尤甚。越之亡，熒惑守斗；朝鮮之拔，星茀于河戒①；河戒、南河、北河之間也。兵征大宛，星茀招搖：此其犖犖大者。若至委曲小變，不可勝道。由是觀之，未有不先形見而應隨之者也。以上序漢之星變，通篇止序天文之部位占驗，未及其事，故于論中補出，自爲一篇。

夫自漢之爲天數者，星則唐都氣則王朔，占歲則魏鮮。故甘、石曆，五星法，唯獨熒惑有反逆行；逆行所守，及他星逆行，日月薄蝕，皆以爲占。以上序漢之星家，錯落插序之妙。

余觀史記，考行事，百年之中，五星無出而不反逆行，反逆行，

---

① 戒，中華書局本《史記》作"戍"。

嘗盛大而變色;日月薄蝕,行南北有時:此其大度也。故紫宫、房心、權衡、咸池、虚危,列宿部星,此天之五官坐位也,爲經,不移徙,大小有差,闊狹有常。|自此以下,乃史公自著其見解,以收完通篇,此收五宫二十八宿五節。水、火、金、木、填星,此五星者,天之五佐,爲經緯,見伏有時,所過行,贏[①]縮有度。|此收五星五節。

日變修德,月變省刑,星變結和。凡天變過度,乃占國君。彊大有德者昌;弱小飾詐者亡。太上修德,其次修政,其次修救,其次修禳,正下無之。|夫常星之變希見,而三光之占亟用。日月暈適雲風,此天之客氣,其發見亦有大運。然其與政事俯仰,最近大人之符。|此收日月及風雲雜占六節。此五者天之感動。爲天數者必通三五。三五蓋三光及五帝德也,故下又附五帝行德一節。終始古今,深觀時變,察其精粗,則天官備矣。此總完通篇。

蒼帝行德,天門爲之開。|赤帝行德,天牢爲之空。|黄帝行德,天矢爲之起。風從西北來,必以庚、辛。一秋中,五至,大赦;三至,小赦。|白帝行德,以正月二十日、二十一日,月暈圍,常大赦載,謂有太陽也。一曰:白帝行德,畢、昴爲之圍。圍三暮,德乃成不三暮,及圍不合,德不成。二曰:以辰圍不出其旬。|黑帝行德,天關爲之動。天行德,天子更立年;不德,風雨破石。|三能、三衡者,天廷也。客星出天廷,有奇令。

天官家每多奇語,更以史公之筆出之。序法有分合、有繁簡、有排、有宕、有變化、有錯綜,有插敘於前,有帶敘在後,有兩併而一,有一分而兩,有注、有不注、有複、有單。句法,有連數句而一段者,有一句一斷者,有衍爲十餘字者,有促爲一二字者。或離奇,或韻致,或爲古奥,或爲平淡,各極其妙,

---

① 贏,中華書局本《史記》作“贏”。

《史記》中另一種文字。〇凡分垣宿處,與近世術家,有不同處。仰觀之學,愧未留心,不過從紙上管窺,多有未盡。就正有道,以俟君子,幸有以教我。〇凡序五宫、二十八宿,文字是一樣法;序五星、日月,文字是一樣法;序妖星、妖氣,文字是一樣法;序雲氣、候歲文字是一樣法,而後總論一段,則太史公之本色也。〇《史記》八書中《封禪書》,以片段層疊勝,《天官書》以字句古奥勝,合二書,始見史公之才無所不妙。

封禪書

自古受命帝王，曷嘗不封禪？劈頭一句，即提封禪起，似乎以封禪爲非而深辨之者，即是微詞。蓋有無其應而用事者矣，未有睹符瑞見而不臻乎泰山者也。上一句提起，即趍勢一轉，作兩折。“符瑞”二字，是封禪本旨。雖受命而功不至，至梁父矣而德不洽，洽矣而日有不暇給，兩折之後，即用三疊句，語氣一貫而下，嫋嫋如貫珠。是以即事用希。又解一句挽上，荅起句，亦曰事爲希見耳曷嘗不封禪哉？傳曰：“三年不爲禮，禮必廢；三年不爲樂，樂必壞。”引兩句，證即事用希而禮樂闕然。每世之隆，則封禪荅焉，應曷嘗不封禪。及衰而息。厥曠遠者千有餘載，近者數百載，故其儀闕然堙滅，其詳不可得而記聞云。｜應即事用希。一篇總論，大意已盡。

《尚書》曰，舜在璇璣玉衡，以齊七政。遂類於上帝，禋於六宗，望山川，徧群神。輯五瑞，擇吉月日，見四岳諸牧，還瑞。歲二月，東巡狩，至於岱宗。岱宗，泰山也。岱宗註一句。柴，句。望秩於山川。遂覲東后。東后者，諸侯也。東后又註一句。合時月正日

同律度量衡,修五禮,五玉,三帛,二牲[①]一死,句。贄。句。五月,巡狩至南岳。南岳,衡山也。八月,巡狩至西岳。西岳,華山也。十一月,巡狩至北岳。北岳,恒山也。註完四岳。皆如岱宗之禮。中岳嵩高也。中岳爲天子之都,不巡狩而亦柴望,故亦點一句,後乃序明。五載一巡狩。|以上舜事。

禹遵之。|禹只三字,繁簡相參之妙。○夏事一。後十四世,至帝孔甲,淫德好神,神瀆,二龍去之。|夏事二。其後三世湯伐桀,欲遷《夏社》,不可,作夏社。|商事一。後八世,至帝太戊,有桑穀生於廷,一暮大拱,句。懼。句。伊陟曰:"妖不勝德。"簡處極簡,妙。太戊修德,桑穀死。伊陟贊巫咸,巫咸之興自此始。|巫咸,開巫之始也。後梁巫、宋巫等,皆從此起。○商事二。後十四世,帝武丁得傅說爲相,殷復興焉,稱高宗。有雉登鼎耳雊,武丁懼。祖己曰:"修德。"|簡之又簡,妙。武丁從之,位以永寧。|商事三。後五世,帝武乙慢神而震死。|商事四。後三世,帝紂淫亂,武王伐之。以上完商事。由此觀之,始未嘗不肅祗,後稍怠慢也。|又接夏商二代,作一小結關鎖。

《周官》曰,冬日至,祀天於南郊,迎長日之至;夏日至,祭地祇。皆用樂舞,而神乃可得而禮也。天子祭天下名山大川,五岳視三公,四瀆視諸侯,諸侯祭其疆內名山大川。四瀆者,江、河、淮、濟也。五岳前已註明,此單註四瀆。天子曰明堂、辟雍,諸侯曰泮宮。總序周。

周公既相成王,郊祀后稷,以配天,宗祀文王於明堂,以配上

① 牲,中華書局本《史記》作"生"。

帝。自禹興而修社祀，應夏社。后稷稼穡，故有稷祠，郊社所從來尚矣。即周事又作一小結鎖。〇舜及三代是第一節。

自周克殷後十四世，世益衰，禮樂廢，諸侯恣行，而幽王爲犬戎所敗，周東徙雒邑。秦襄公攻戎①救周，始列爲諸侯。由周帶出秦事，以後雖簡序列國，而實以秦事作主串。秦襄公既侯居西垂，自以爲主少皞之神，“自以爲”疑詞，後同。作西畤，祠白帝，其牲，用騮駒黄牛羝羊各一云。秦事一。其後十六年，秦文公東獵汧渭之間，卜居之，而吉。文公夢黄蛇自天下，屬地其口止於鄜衍。文公問史敦，敦曰：“此上帝之徵，君其祠之。”於是作鄜畤，用三牲，郊祭白帝焉。秦事二。

自未作鄜畤也，而雍旁故有吴陽武畤，雍東有好畤，皆廢無祠。或曰：“或曰”疑詞，後同。“自古以雍州積高，神明之隩，故立畤郊上帝，諸神祠皆聚云。蓋黄帝時嘗用事，雖晚周亦郊焉。”其語不經見，縉紳者不道。｜接鄜畤下，未作鄜畤前一段，作鄜畤後二段，若對不對，一實一虚，串插變化之妙！

作鄜畤後九年，文公獲若石云，於陳倉北阪城祠之。其神或歲不至，或歲數來，來也常以夜，光輝若流星，從東南來集於祠城，則若雄鷄，其聲殷云，野鷄夜雊。若石、若流星、若雄雞，疑信隱約資致俱妙。以一牢祠，命曰陳寶。｜秦事三。

作鄜畤後七十八年，秦德公既立，卜居雍，“後子孫飲馬於河”，遂都雍。雍之諸祠自此興。應雍州積高諸神祠。用三百牢於鄜畤。作伏祠。磔狗邑四門，以禦蠱菑。

① 戎，底本作“成”，疑誤，據校本改。

德公立二年卒。｜秦事四①。其後六年，秦宣公作密畤於渭南，祭青帝。｜秦事五。

其後十四年秦繆公立，病，臥五日不寤；句。寤，句。乃言夢見上帝，上帝命繆公平晉亂。史書而記藏之府。而後世皆曰秦繆公上天。｜秦事六，故作謬語疑詞。

秦繆公即位九年，入齊事，亦以秦串。齊桓公既霸，會諸侯於葵丘，而欲封禪。"封禪"二字從此起。管仲曰："古者封泰山，禪梁父者七十二家，而夷吾所記者，十有二焉。一路俱郊祀之事，"封禪"二字，至齊桓公始見，而封禪七十二、十二自管仲口中說出，其有其無，可以共見，序法之妙。昔無懷氏封泰山，禪云云；虙羲封泰山，禪云云；神農封泰山，禪云云；炎帝封泰山，禪云云；黄帝封泰山，禪亭亭；顓頊封泰山，禪云云；帝嚳封泰山，禪云云；堯封泰山，禪云云；舜封泰山，禪云云；禹封泰山，禪會稽；湯封泰山，禪云云；周成王封泰山，禪社首：叠句連字如銅丸擿皷，歷歷可聽。皆受命然後得封禪。應受命。"桓公曰："寡人北伐山戎，過孤竹；西伐大夏，涉流沙束馬懸車，上卑耳之山；南伐至召陵，登熊耳山，以望江漢。序北、西、南三方，句法變化齊東則海也。兵車之會三，而乘車之會六九合諸侯，一匡天下，諸侯莫違我。總結上三段。昔三代受命，亦何以異乎？"於是管仲睹桓公不可窮以辭，因設之以事，則前所云七十二家、十二君，皆設之以事也。曰："古之封禪，鄗上之黍，北里之禾，所以爲盛；江淮之間，一茅三脊，所以爲藉也。多一"也"字變。東海致比目之魚，西海致比翼之鳥，一句又變數句，亦甚錯落。然後物有不召而自至

① 底本"四"字後衍"一"字，據校本删。

者，十有五焉。十有五，正應七十二、十二，皆口中說出，絶無憑據。今鳳凰麒麟不來，嘉穀不生，而蓬蒿藜莠茂鴟梟數至，蓬蒿應嘉穀鴟梟應鳳麟，顛倒之妙。而欲封禪，毋乃不可乎？”此言符瑞之始，亦正見其儀堙滅也。於是桓公乃止。｜插序齊桓公事。是歲秦繆公內晉君夷吾。其後三置晉國之君，平其亂。繆公立三十九年而卒。｜秦事七。

其後百有餘年，而孔子論述六藝，傳畧言易姓而王，封泰山，禪乎梁父者，七十餘王矣，七十二君，出于管仲，此以孔子實之，而經傳無明文，故史公只虛提，不實序。其俎豆之禮不章，應上其儀堙滅。蓋難言之。是史公微詞。或問禘之說，孔子曰：“不知。知禘之說，其於天下也，視其掌。”《詩》云：紂在位，文王受命，政不及泰山。武王克殷二年，天下未寧，而崩。爰周德之洽，維成王，應前功至而德不洽。成王之封禪，則近之矣。皆作約畧疑詞，不實序妙。及後陪臣執政，季氏旅於泰山，仲尼譏之。｜插魯事。

是時萇弘以方事周靈王，諸侯莫朝周，周力少，萇弘乃明鬼神事，設射狸首。狸首者，諸侯之不來者。依物怪欲以致諸侯。諸侯不從，而晉人執殺萇弘。周人之言方怪者，自萇弘。｜插周事，此爲方怪之始新垣平、李少君等，從此起。

其後百餘年，秦靈公作吳陽上畤，祭黄帝；作下畤，祭炎帝。｜秦事八。

後四十八年，周太[1]史儋，見秦獻公，曰：“秦始與周合，合而離，五百歲當復合，合十七年，而霸王出焉。”櫟陽雨金，秦獻公自以爲得金瑞，故作畦畤櫟陽，而祀白帝。｜秦事九。

---

① 太，底本作“大”，疑誤，據校本改。

其後百二十歲而秦滅周,以上完周事。周之九鼎入于秦。或曰宋太丘社亡,而鼎沒於泗水彭城下。|秦事十。明說鼎入于秦,又說沒于泗水,已伏汾陰寶氣一段。

其後百一十五年,而秦并天下。

秦始皇既并天下而帝,或曰:"黃帝得土[1]德,黃龍地螾見。夏得木德,青龍止於郊,草木暢茂。殷得金德,銀自山溢。周得火德,有赤烏之符。今秦變周,水德之時。昔秦文公出獵,獲黑龍,此其水德之瑞。"至此總序黃帝三代作一過接,序法變化。○自以爲金瑞,此又云水德,迄無定見。於是秦更命河曰"德水",以冬十月爲年首,色上黑,度以六爲名,音上大呂,事統上法。秦事十一。

即帝位三年,東巡郡縣,祠騶嶧山,頌秦功業。於是徵從齊魯之儒生博士七十人,至乎泰山下。漸漸引起封禪事,江河之濫觴也。諸儒生或議曰:"古者封禪,爲蒲車,惡傷山之土[2]石草木;埽地而祭,席用葅稭,言其易遵也。"始皇聞此議,各乖異,難施用,由此絀儒生。應其儀堙滅。而遂除車道,上自泰山陽,至巔立石頌秦始皇,帝德明其得封也。從陰道下,禪於梁父。其禮頗采太祝之祀,雍上帝所用,而封藏皆祕之,世不得而記也。此爲封禪之始。

始皇之上泰山,中阪,遇暴風雨,休於大樹下。諸儒生既絀,不得與用於封事之禮,聞始皇遇風雨,則譏之。|秦事十二。○一節高興事,偏作敗興語以結之。○此段當與漢武封禪事對看,一畧一詳,究是一樣寫。

於是始皇遂東遊海上,行禮祠名山大川,及八神,求僊人羨門

---

① 土,底本作"上",疑誤,據校本改。

② 土,底本作"上",疑誤,據校本改。

之屬。此爲求神仙之始。八神,將自古而有之,或曰太公以來作之。齊所以爲齊,以天齊也。奇談。其祀絕,莫知起時。前云其儀闕,不可得紀。此云其祀絕,莫知起時。一樣序法,皆史公微詞。八神:一曰,天,主祠天齊。天齊,淵水,居臨菑南郊山下者。二曰地,主祠泰山梁父。蓋天好陰,祠之必於高山之下,小山之上,奇談。命曰"畤";地貴陽,祭之必於澤中圓[1]丘云。三曰兵,主祠蚩尤。蚩尤在東平陸監鄉,齊之西境也。四曰陰,主祠三山。五曰陽,主祠之罘。六曰月,主祠之萊山。皆在齊北,竝勃海。七曰日,主祠成山。成山斗入海,最居齊東北隅,以迎日出云。八曰四時,主祠瑯邪。瑯邪,在齊東方蓋歲之所始。八段序法各異,章法變化。皆各用[2]一牢具祠,而巫祝所損益,珪幣雜異焉。｜秦事十三。因封禪事,帶序八神,作一結即點"神仙"字,引起下文。○自秦襄公至此是第二節。

自齊威、宣之時,倒提,另起一頭,敘神仙蓬萊之事。騶子之徒,論著終始五德之運,及秦帝,而齊人奏之,故始皇采用之。而宋毋忌、正伯僑、克尚[3]、羨門子高,最後,皆燕人,爲方仙道,形解銷化,依於鬼神之事。此神仙方伎之所以入封禪也,此句是根。騶衍以陰陽主運,顯於諸侯,而燕、齊海上之方士,傳其術,不能通,然則怪迂阿諛苟合之徒,自此興,不可勝數也。一路序郊祀,忽插入神仙,此過接關頭,故散序一段,承上起下。

自威、宣、燕昭,使人入海,求蓬萊、方丈、瀛洲。承上,又倒提一段,接入秦事。此三神山者,其傅在渤海中,去人不遠;一層。患且

---

① 圓,中華書局本《史記》作"圜"。

② 用,底本作"川",疑形訛,據校本改。

③ 克尚,中華書局本《史記》作"充尚"。

至,則船風引而去。二層。蓋嘗有至者,諸仙人及不死之藥皆在焉。其物禽獸盡白,而黄金銀爲宮闕。三層。未至,望之如雲;四層。及到,三神山反居水下。臨之,風輒引去,終莫能至云。五層。○寫三神山,恍惚變現,似有如無,既云不遠,又風引去,既云有至者,又在水下。神仙變化文字亦變化。字字圓轉,句句入妙。世主莫不甘心焉。|上頂威、宣、燕昭,下起始皇,隱伏武帝。及至秦始皇,并天下,至海上,間接。則方士言之,不可勝數。始皇自以爲至海上而恐不及矣,使人乃齎童男女,入海求之。船交海中,只四字已可笑。皆以風爲解,曰未能至,望見之焉。先説一遍,此恰好合着,文情事情,委曲圓妙,若至此直序,便無意致矣。○秦事十四。其明年,始皇復游海上,至瑯邪,過恒山從上黨歸。|秦事十五。後三年,游碣石,考入海方士,從上郡歸。|秦事十六。後五年,始皇南至湘山,遂登會稽,並海上,冀遇海中三神山之奇藥。不得,始皇一生高興,二語掃得盡興,可以一笑。還至沙丘,崩。秦事十七。

二世元年,東巡碣石,並海,南歷泰山,至會稽,皆禮祠之,而刻勒始皇所立石書旁,以章始皇之功德。其秋,諸侯畔秦。三年而二世弑死。秦事十八。

始皇封禪之後十二歲,秦亡。封禪者,所云祈天永命也。偏接秦亡,正爲漢武對照,豈非謗書?諸儒生疾秦焚《詩》《書》,誅僇文學,百姓怨其法,天下畔之,皆譌曰:"始皇上泰山,爲暴風雨所擊,不得封禪。"此豈所謂無其德而用事者邪?|又總一段,結完秦事。無德用事,直應篇首。○秦始以封禪誇耀後世,偏以爲不得封禪,文字玲瓏跳脱,其妙如此。○以上序秦始神仙事,是第三節。

昔三代之君,另提起。皆在河洛之間,故嵩高爲中岳,而四岳

各如其方,遥接舜事。四瀆咸在山東。至秦稱帝,都咸陽,則五岳、四瀆,皆并在東方。自五帝以至秦,軼興軼衰,名山大川,或在諸侯,或在天子,伏四岳皆在天子。其禮損益世殊,不可勝紀。及秦并天下,令祠官所常奉天地名山大川鬼神,可得而序也。|前《尚書》舜柴望,兼天地山川自三代後,單序郊畤、封禪,故又另起一頭敘秦山川鬼神之祀,此其總論也。下接秦事。

於是自殽以東,名山五,大川祠二。曰太室。太室,嵩高也。恒山,泰山,會稽,湘山。水,曰濟,曰淮。春以脯酒爲歲祠,因泮凍,兩句連。秋涸凍,冬賽禱祠。頂春,亦以脯酒祠,故春詳秋畧。其牲,用牛犢各一,牢具珪幣各異。|總頂山川。

自華以西名山七,名川四。曰華山,薄山。薄山者,襄山也。岳山,岐山,吴岳,鴻冢,瀆山。瀆山,蜀之汶山也。水曰河,祠臨晉;句。沔,句。祠漢中;湫淵,祠朝那;江水,祠蜀。亦春秋泮涸禱賽,省句,并省冬字。如東方名山川;而牲牛犢,牢具珪幣各異。|而四大冢鴻、句。岐、句。吴、句。岳,句。皆有嘗禾。|

陳寶節來祠。|因其來而祠之也。其河,加有嘗醪。此皆在雍州之域,近天子之都,故加車一乘,騮駒四。|

灞[1]、句。産、句。長水、句。灃、句。澇、句。涇、句。渭句。皆非大川,以近咸陽,盡得比山川祠,而無諸加。|句。

汧、句。洛句。二淵,鳴澤、蒲山、岳壻山之屬,爲小山川,亦皆歲禱賽泮涸祠,禮不必同。省筆。

而雍有日、句。月、句。參、句。辰、句。南北斗、熒惑、太白、歲星、填星、二十八宿、風伯、雨師、四海、九臣、十四臣、諸布、諸嚴、

① 灞,中華書局本《史記》作"霸"。

諸逑之屬，百有餘廟。西亦有數十祠。不著其名。於湖，有周天子祠於下邽，有天神。灃、滈，有昭明、天子辟池。於社亳，有三社主之祠、壽星祠；而雍菅廟，亦有杜主。杜主，故周之右將軍，其在秦中，最小鬼之神者各以歲時奉祠。｜一句總頂日月參辰以下。

唯雍四畤上帝爲尊，其光景動人民唯陳寶。｜序完山川諸祠，結兩句，歸重雍畤陳寶，下接雍畤陳寶，再序一段。○句法或單或排，簡奧古質不及細點。故雍四畤，春以爲歲禱，因泮凍，秋涸凍，冬賽[①]祠，五月嘗駒，及四仲之月祠，若月祠，陳寶節來一祠。春夏用騂，秋冬用駵。畤駒四匹，木禺龍欒車一駟，木禺車馬一駟，蓋明器芻狗之類。各如其帝色。黄犢羔各四，珪幣各有數，皆生瘞埋，無俎豆之具。三年一郊。秦以冬十月爲歲首，故常以十月，上宿郊見，通權火，即柴燎之義。拜於咸陽之旁，而衣上白，其用如經祠云。｜西畤、畦畤，祠如其故，上不親往。

諸此祠，皆太祝常主，以歲時奉祠之。｜因雍畤陳寶帶郊及西畤等，於此結。至如他名山川，諸鬼，及八神之屬，上過則祠，去則已。｜又帶結山川鬼神繳上段。郡縣遠方神祠者，民各自奉祠，不領於天子之祝官。此則不近天子之都者帶敘。祝官有祕祝，即有災祥，輒祝祠移過於下。｜又頂祝官一句，帶序祕祝事，即伏文帝之詔。○以上序秦山川鬼神諸祠，是第四節。

漢興，高祖之微時，嘗殺大蛇。有物曰：句。“蛇，句。白帝子也，而殺者，赤帝子。”高祖初起，禱豐枌榆社。狥沛，爲沛公，則祀蚩尤，釁鼓旗。遂以十月至灞上，與諸侯平咸陽，立爲漢王。因以十月爲年首，而色上赤。｜漢事一。

---

① 賽，中華書局本《史記》作“塞”。

二年東擊項籍而還，入關，問："故秦時上帝祠，何帝也？"對曰："四帝，有白、青、黄、赤帝之祠。"高祖曰："吾聞天有五帝，而有四，何也？"莫知其說。於是高祖曰："吾知之矣，乃待我而具五也。"任得妙英雄本色。乃立黑帝祠，命曰北畤。有司進祠，上不親往。悉召故秦祝官，復置太祝、太宰，如其故儀禮。因令縣爲公社。下詔曰："吾甚重祠而敬祭。今上帝之祭，及山川諸神當祠者，各以其時禮祠之，如故。"｜漢事二。

後四歲，天下已定，詔御史，令豐，謹治枌榆社，常以四時，春以羊彘祠之。｜令祝官立蚩尤之祠於長安。｜長安置祠祝官、女巫。其梁巫，祠天地、天社、天水、房中、堂上之屬；晉巫，祠五帝、東君、雲中、司命、巫社、巫族人、先炊之屬；秦巫，祠社主、巫保、族纍之屬；荊巫，祠堂下、巫先、司命、施糜之屬；九天巫，祠九天：皆以歲時祠宫中。其河巫，祠河於臨晉，而南山巫，祠南山秦中。秦中者，二世皇帝。｜各有時月。｜此句總頂天地、天社以下。○漢事三。

其後二歲，或曰周興而邑邰，立后稷之祠，至今血食天下。於是高祖制詔御史："其令郡國縣立靈星祠，常以歲時祠以牛。"｜漢事四。

高祖十年春，有司請令縣，常以春三月，及时臘，祠社稷，以羊豕，民里社各自財以祠。制曰："可。"漢事五。

其後十八年，孝文帝即位。即位十三年，下詔曰："今祕祝移過於下，朕甚不取，自今除之。"｜應前祕祝移過。○漢事六。

始名山大川在諸侯，諸侯祝各自奉祠，天子官不領。及齊、淮南國廢，令太祝盡以歲時致禮，如故。｜漢事七。

是歲，制曰："朕即位十三年於今，賴宗廟之靈，社稷之福，方

內又安,民人靡疾。間者比年登朕之不德,何以饗此?皆上帝諸神之賜也。蓋聞古者饗其德,必報其功,欲有增諸神祠。有司議增雍五時、路車各一乘,駕被具;|鞍被皆具也。西時、畦時、禺車各一乘,禺馬四匹,駕被具;其河、湫、漢水,加玉各二;及諸祠,各增廣壇場,珪幣俎豆以差加之。|而祝釐者歸福于朕,百姓不與焉。自今祝致敬,毋有所祈。"|漢事八。

魯人公孫臣上書曰:"始秦得水德,今漢受之,推終始傳,則漢當土德,土[①]德之應,黄龍見。宜改正朔,易服色,色上黄。"是時丞相張蒼好律歷(曆),以爲漢乃水德之始,故河決金堤,其符也。年始冬十月,色外黑内赤與德相應。如公孫臣言,非也。罷之。五德之運公孫臣以秦爲正,故土;張蒼以秦爲閏,故水。後三歲,黄龍見成紀。文帝乃召公孫臣,拜爲博士,與諸生草改歷(曆)服色事。其夏下詔曰:"異物之神,見於成紀,無害於民,歲以有年。朕祈郊上帝諸神禮官議,無諱以勞朕。"無以勞朕而諱其禮也。倒句佳。有司皆曰"古者天子,句。夏,句。親郊祠上帝於郊,故曰郊"。親郊正應無諱。於是夏四月文帝始郊見雍五時祠,衣皆尚赤。漢事九。

其明年,趙人新垣平,以望氣見上,言"長安東北有神氣,成五采,若人冠絻焉。或曰,東北,神明之舍,西方,神明之墓也。奇句接東北神氣。天瑞下,宜立祠上帝,以合符應"。於是作渭陽五帝廟,同宇,帝一殿,面各五門,各如其帝色。序法詳盡。祠所用及儀,亦如雍五時。

夏四月,文帝親拜霸渭之會,以郊見渭陽五帝。五帝廟南臨

① 土,底本作"上",疑誤,據校本改。

渭，北穿蒲池溝水，權火舉而祠，若光輝[1]然屬天焉。淡得妙，史公微詞。於是貴平上大夫，賜累千金而使博士諸生，剌六經中作王制，謀議巡狩封禪事。｜漢事十。

文帝出長安門，若見五人於道北，遂因其直北立五帝壇，祠以五牢具。｜漢事十一。

其明年，新垣平使人持玉杯，上書“闕下獻之”。平上言曰：“闕下有寶玉氣來者。”已視之，果有獻玉杯者，刻曰“人主延壽”。漢事十二。平又言“臣候日再中”。居頃之，日卻復中。於是始更以十七年爲元年，令天下大酺。漢事十三。

平言曰：“周鼎亡，在泗水中，今河溢通泗，臣望東北汾陰，直有金寶氣，意周鼎其出乎？兆見不迎，則不至。”於是上使使治廟汾陰南，臨河，欲祠出周鼎。｜漢事十四。

人有上書告新垣平所言氣神事，皆詐也。下平吏，句。治，句。誅夷新垣平。｜漢事十五。

自是之後，文帝怠於改正朔服色神明之事，而渭陽、長門五帝，使祠官領，以時致禮，不往焉。

明年，匈奴數入邊，興兵守禦。後歲少不登。作一鎖，收完以上事，前以高興起，終以敗興止，處處點明，史公本意。○匈奴入邊，歲不登，與封禪秦亡一樣寫。○自漢興至此，是第五節。

數年而孝景即位。十六年，祠官各以歲時祠如故，無有所興，至今天子。｜漢景處文武之間，十六年，一無興廢，故即借作一過文，作一照映。

---

① 輝，中華書局本《史記》作“煇”。

今天子初即位,尤敬鬼神之祀。接武帝,正與景帝相反。

元年,漢興已六十餘歲矣,天下乂安,搢紳之屬,皆望天子封禪,改正度也,總提一句,貫下半篇。而上鄉儒術,招賢良趙綰、王臧等,以文學爲公卿,欲議古立明堂城南,以朝諸侯。草巡狩封禪改歷(曆)服色事,未就。會竇太后治黄老言,不好儒術,使人微伺得趙綰等姦利事,召案綰、臧,綰、臧自殺,諸所興爲皆廢。|漢武事一。

後六年,竇太后崩。其明年,徵文學之士公孫弘等。|漢武事二。

明年,今上初至雍,郊見五畤。後常三歲一郊。|漢武事三。是時上求神君,舍之上林中蹏氏觀。先提一句後序。神君者,長陵女子,以子死見神於先後宛若。諸解俱不明,大約宛若是人名也。宛若祠之其室,民多往祠。平原君往祠,其後子孫以尊顯。武帝外祖母臧兒,封平原君。及今上即位,則厚禮置祠之内中。聞其言,不見其人云。|漢武事四。

是時李少君亦以祠竈、穀道、辟穀道引。卻老方見上,上尊之。兩"是時",作兩對俱先提後序。少君者,故深澤侯舍人,主方。匿其年及其生長,常自謂七十,能使物卻老。光序卻老。其遊以方徧諸侯。無妻子。人聞其能使物,及不死,更饋遺之,先說明妙。常餘金錢衣食。人皆以爲不治生業而饒給,又不知其何所人,愈信爭事之。先虚序。少君資好方,善爲巧發奇中。嘗從武安侯飲,坐中有九十餘老人,少君乃言與其大父遊射處,老人爲兒時,從其大父,識其處,一坐盡驚。少君見上,上有故銅器,問少君。少君曰:"此器,齊桓公十年,陳於柏寢。"已而案其刻,果齊桓公器。自古術士,决非一人做成，必要旁人幫襯，一則賣囑老人，一則私通宮豎耳。饋遺處説明，此處不説明，是史公欺人處。一宮盡駭，以爲少君神，數百歲人也。是兒女子耳目傳頌情景，妙甚。少君言上曰："祠竈則致物，後序祠竈。致物，而丹砂可化爲黄金，黄金成，以爲飲食器，則益壽，益壽，而海中蓬萊仙者乃可見，見之以封禪，閒閒點入，封禪作引。則不死，黄帝是也。一連作五疊，一氣趨下，詞源倒峽之妙。臣嘗游海上，見安期生，安期生食巨棗，大如瓜。安期生僊者，通蓬萊中，合則見人，不合則隱。"突然又接出安期生，無倫無次，文法佳妙。於是天子始親祠竈，遣方士入海求蓬萊安期生之屬，而事化丹砂諸藥，齊爲黄金矣。接連數句，收完上少君所云。

居久之李少君病死。天子以爲化去，不死，中間又附李少君小傳。而使黄錘，史寬舒受其方。求蓬萊安期生莫能得，而海上燕齊怪迂之方士，多更來言神事矣。｜漢武事五。神仙迂怪之事甚多，先出此二事作引，故結一句，拖一筆少作一頓，後諸人皆從此生出章法。○自武帝即位至此，是第六節。

亳人謬忌奏祠太一方，曰："天神貴者，太一，太一佐曰五帝。古者天子以春秋祭太一東南郊，用太牢，七日，爲壇，開八通之鬼道。"於是天子令太祝立其祠長安東南郊，常奉祠如忌方。｜如謬忌所定方。○漢武事六。其後人有上書言"古者天子三年壹用太牢祠神三：一天、一地、一太一"。天子許之，令太祝領祠之於忌太一壇上，如其方。｜漢武事七。後人復有上書言"古者天子常以春解祠，祠黄帝，用一梟，破鏡；冥羊，神名。用羊祠；馬行，神名，後總序明。用一青牡馬；太一、澤山君，紀作嶧山。地長用牛；武夷君用乾魚；陰陽使者以一牛"。令祠官領之，如其方，而祠於忌太一壇旁。｜以上二段俱以謬忌作主。○漢武事八。

其後，天子苑有白鹿，以其皮爲幣，以發瑞應，造白金焉。｜漢武事九。皮幣事閒甚，因瑞應故序入。

其明年，郊雍，獲一角獸，若麟然。有司曰："陛下肅祗郊祀，上帝報享，錫以角獸，蓋麟云。""若麟"，"蓋麟"，相應，微詞。於是以薦五時，時加一牛以燎。錫諸侯白金，風符應合于天也。｜以符應風諸侯也。○漢武事十。

於是濟北王以爲天子且封禪，又爲封禪再引起，乃上書獻太山及其旁邑，天子以他縣償之。常山王有罪，句，遷，句。天子封其弟於真定，以續先王祀，而以常山爲郡，然後五岳皆在天子之邦。｜應前。○漢武事十一。

其明年，齊人少翁以鬼神方見上。上有所幸王夫人，夫人卒，少翁以方，蓋夜致王夫人，及竈鬼之貌云，天子自帷中望見焉。隱約得妙。於是乃拜少翁爲文成將軍，賞賜甚多，以客禮禮之。文成言曰："上即欲與神通，宮室被服，非象神，神物不至。"乃作畫雲氣車，及各以勝日駕車，辟惡鬼。青雲車，以戊巳日駕，餘同。又作甘泉宮，中爲臺室，畫天、地、太一諸鬼神，而置祭具，以致天神。極寫興作紛紛。居歲餘，其方益衰，神不至。乃爲帛書以飯牛，佯不知，言曰：此牛腹中有奇。殺視，得書，書言甚怪。天子識其手書，問其人，果是僞書，於是誅文成將軍，隱之。前欺武帝者多矣，獨誅文成，蓋怪書之中，有言及國祚，要挾武帝也。

其後則又作柏梁、銅柱、承露仙人掌之屬矣。｜又即甘泉一句，帶敘柏梁承露等，閒處安插。○漢武事十二。

文成死明年，天子病鼎湖，句。甚，句。巫醫無所不致，不愈。游水發根，言上郡有巫病，而鬼神下之。上召致，祠之甘泉。倒提插入。及病，正接。使人問神君。神君言曰：先提神君言。"天子無憂病。病少愈，彊與我會甘泉。"於是病愈，遂起幸甘泉，病良已。大赦，置酒壽宮神君①。頓住，下乃註。壽宮神君，最貴者太一，其佐曰大禁、司命之屬，皆從之。弗可得見，聞其言，應神君言。言與人音等。時去時來，來則風肅然。居室帷中。時晝言，然常以夜。倒句俊妙。○序神君處，有是邪非邪，姍姍來遲之態。天子祓，然後入。因巫爲主人，關飲食。所以言行下。本紀作所欲言者行下詳。又置壽宮、北宮，張羽旗，設供具，以禮神君。神君所言，上使人受書其言，命之曰"書法"。其所語，世俗之所知也，無絕殊者，一段句句直序，句句曲折，言外之旨，隱然顯然。文章之妙豈可言喻。而天子心獨喜。其事祕，世莫知也。｜漢武事十三。

其後三年，有司言元宜以天瑞命，不宜以一二數。一元曰"建"，二元以長星，曰"光"，三元以郊得一角獸，曰"狩"云。｜漢武事十四。

其明年冬，天子郊雍，議曰："今上帝，朕親郊，而后土無祀，則禮不答也。"有司與太史公、祠官寬舒議："天地牲角繭栗。今陛下親祠后土，后土宜於澤中圓丘②，爲五壇，壇一黄犢，太牢具，已祠盡瘞，而從祠，衣上黄。"於是天子遂東，始立后土祠汾陰脽丘，如寬舒等議。上親望拜，如上帝禮。禮畢，天子遂至滎陽而還。過雒陽，下詔曰："三代邈絕遠矣難存。其以三十里地，封周後爲周子南君，以奉其先祀焉。"是歲，天子始巡郡縣，浸尋於泰山矣。｜漢武事十五。將言封禪，前以少君一引，再以濟北王獻郡一引，此又因幸汾

① 中華書局本《史記》作"置"后有"酒"字。

② 圓丘，中華書局本《史記》作"圜丘"。

陰再引,節節點次,馬跡蛛絲。

其春,樂成侯上書言欒大。欒大,膠東宮人,故嘗與文成將軍同師,已而爲膠東王尚方。而樂成侯姊爲康王后,無子。康王死,他姬子立爲王。而康后有淫行,與王不相中,相危以法。康后聞文成已死,而欲自媚於上,乃遣欒大,曲曲寫來,正是破法,寧有此仙人乎?因樂成侯求見,言方。天子既誅文成,後悔其蚤死,惜其方不盡,及見欒大,大說。前曲寫欒大來踪,此曲寫武帝心事,對照。大爲人長美,言多方畧,而敢爲大言,處之不疑。寫得磊落軒暢,與諸公不同,故動人主,取富貴獨多。大言曰:"臣嘗[①]往來海中,見安期、羨門之屬。顧以臣爲賤不信臣。又以爲康王,諸侯耳,不足與方。臣數言康王,康王又不用臣。仙人與方,必擇貴賤,必天子而後仙,仙人絕矣,奇談。臣之師曰:'黄金可成,而河決可塞,不死之藥可得,仙人可致也。'然臣恐效文成,則方士皆奄口,惡敢言方哉!"開口先防此一着,安有畏死之仙人哉?上曰:"文成食馬肝死耳。子誠能修其方,我何愛乎!"大曰:"臣師非有求人,人者求之。正荅"我何愛乎",將富貴拓開一步,正是深入一層。陛下必欲致之,則貴其使者,自爲之地。令有親屬,伏尚公主。以客禮待之,勿卑,伏示不臣。使各佩其信印,伏佩六印。乃可使通言於神人。伏入海求神。神人尚肯邪不邪。致尊其使,然後可致也。"兩宕作疑詞,正是決詞,下一句挽入一時口語如見。於是上使驗小方,鬬棋,棋自相觸擊。與致王夫人一樣。

是時上方憂河決,而黄金不就,應前。乃拜大爲五利將軍。居月餘,得四印,佩天士將軍、地士將軍、大通將軍印。寫欒大一時富

① 嘗,中華書局本《史記》作"常"。

貴逼人，氣勢赫奕。佩印一。制詔御史：“昔禹疏九江，決四瀆。間者河溢皋陸，隄繇不息。朕臨天下二十有八年，天若遺朕士而大通焉。乾稱‘蜚龍’，‘鴻漸于般’，朕意庶幾與焉。其以二千戶封地士將軍大，爲樂通侯。”封侯二。賜列侯甲第，僮千人。乘轝斥、車馬、帷幄、器物，以充其家。賜第物三。又以衛長公主妻之，齎金萬斤，更命其邑曰當利公主。妻公主四。天子親如五利之第。使者存問供給，相屬於道。親如存問五。自大主將相以下，皆置酒其家，獻遺之。置酒獻遺六。○欒大一時傾可通國如此，爲之一笑。於是天子又刻玉印，曰“天道將軍”，使使衣羽衣，夜立白茅上，五利將軍亦衣羽衣，夜立白茅上受印，以示不臣也。而佩“天道”者，且爲天子道天神也。序欒大富貴極盛矣，又落天道玉印，另作一段寫，以爲姿致，兩“白茅羽衣”、兩“夜立”，俊雅之極。於是五利常夜祠其家，欲以下神。神未至而百鬼集矣，然頗能使之。其後治裝行，東入海求其師云。｜寫欒大不可方物。○漢武事十六。大見數月，佩六印，貴震天下，而海上燕齊之間，莫不搤捥而自言有禁方，能神仙矣。｜一路言祠祭及神仙，其文已多，至欒大極盛矣。再發便爲累墜，故借勢一結，又颺一筆，若斷不斷，下又序寶鼎事，以閃閞間隔之，是《史記》章法。○自謬忌至此，是第七節。

其夏六月中，汾陰巫錦，爲民祠魏脽后土營旁，見地如鉤狀，掊視，得鼎。鼎大，異於眾鼎，文鏤無款識，另起一頭，序寶鼎。由寶鼎及鼎書，由鼎書及封禪，是此節主意。怪之，言吏。吏告河東太守勝，勝以聞。天子使使驗問，巫得鼎無姦詐，乃以禮祠，迎鼎，至甘泉，從行上薦之。至中山，曣𥈼，有黃雲蓋焉。有麃過，上自射之，因以祭云。於鼎上又添色澤。至長安，公卿大夫皆議請尊寶鼎。天子

曰:“間者河溢,歲數不登,故巡祭后土,祈爲百姓育穀。今歲豐廡未報,鼎曷爲出哉?”先作一謙讓而以聰明語出之。有司皆曰:“聞昔泰帝興,神鼎一,一者,壹統,天地萬物所繫終也。黄帝作,寶鼎三,象天地人。向插九鼎,此又添黄帝三鼎,總屬無稽,然黄帝鼎書正從此起。禹收九牧之金,鑄九鼎。皆嘗亨鬺上帝鬼神。遭聖則興,鼎遷于夏商。周德衰,宋之社亡,鼎乃淪沒,伏而不見。頌云:‘自堂徂基,自羊徂牛;鼐鼎及鼒,不吳不驁,胡考之休’。今鼎至甘泉,光閏[①]龍變,光閏,其色;龍變,其文也。承休無疆。合兹中山,有黄白雲降,指黄雲。蓋若獸爲符,指射麃。路弓乘矢,集獲壇下,報祀大享。唯受命而帝者,心知其意而合德焉。“心知”妙,猶天子獨喜也。鼎宜見於祖禰,藏于帝廷,以合明應。”制曰:“可。”|漢武事十七。

入海求蓬萊者,言蓬萊不遠,而不能至者,殆不見其氣。昔猶望見今并不見其氣,玄之又玄。上乃遣望氣佐候其氣云。|遙接入海求蓬萊,下即插入神仙事。○漢武事十八。

其秋,上幸雍,且郊。或曰:“五帝,太一之佐也,宜立太一,而上親郊之”。上疑未定。齊人公孫卿曰:“今年得寶鼎,其冬辛巳朔旦冬至,與黄帝時等。”卿有札書曰:“黄帝得寶鼎宛朐,問于鬼臾區。鬼臾區對曰:‘黄帝得寶鼎神策,是歲己酉朔旦冬至,得天之紀,終而復始。’於是黄帝迎日推策,後率二十歲,復朔旦冬至,凡二十推,三百八十年,黄帝僊登于天。”卿因所忠欲奏之。所忠視其書不經,疑其妄書,謝曰:“寶鼎事已決矣,尚何以爲!”先一折挫,明示其妄。卿因嬖人奏之。上大說,乃召問卿。對曰:“受此書

① 閏,中華書局本《史記》作“潤”。

申公,申公已死。”一篇神仙不死,此偏說死。上曰:“申公,何人也?”卿曰:“申公,齊人。與安期生通,受黄帝言,無書,獨有此鼎書。曰‘漢興,復當黄帝之時’。曰:‘漢之聖者,在高祖之孫,且曾孫也。先見乃爾明是妄談。寶鼎出,而與神通,封禪。封禪七十二王,祖襲管仲。唯黄帝得上泰山封’。申公曰:‘漢主亦當上封,上封,则能仙登天矣。前兩點封禪,猶是蛛絲馬跡,入此節,則封禪爲主,從此一層一層,漸漸引入。黄河之源,涓涓細水,行三日,則狐可越,既入積石,則淼茫矣。黄帝時萬諸侯,而神靈之封居七千。天下名山八,而三在蠻夷,五在中國。中國華山、首山、太室、泰山、東萊,此五山,黄帝之所常游,與神會。黄帝且戰且學仙。切中武帝之心。患百姓非其道者,乃斷斬非鬼神者。預杜爭臣之口。百餘歲,然後得與神通。黄帝郊雍上帝,宿三月。鬼臾區號大鴻,死葬雍,故鴻冢是也。引其人、引其冢,說得活像,今小説家每祖其法。其後黄帝接萬靈明廷。明廷者,甘泉也。所謂寒門者,谷口也。黄帝采首山銅,鑄鼎於荊山下。鼎既成,有龍垂胡髯,下迎黄帝。黄帝上騎,群臣後宫從上者七十餘人,龍乃上去。餘小臣不得上,乃悉持龍髯,龍髯拔,句。墮,句。墮黄帝之弓。百姓仰望,黄帝既上天,乃抱其弓與胡髯號,故後世因名其處曰鼎湖,其弓曰烏號。’”以奇筆寫奇事,粲若紛花,句法雅俊。○《子華子·辯釋》一篇,句皆本此,自非漢以前之書。於是天子曰:“嗟乎!吾誠得如黄帝,吾視去妻子如脱躧耳。”乃拜卿爲郎東使候神於太室。|漢武事十九。

上遂郊雍,至隴西,西登崆峒,幸甘泉。令祠官寬舒等,具太一祠壇,祠壇放薄忌太一壇,應前,應作謬忌。壇三垓。五帝壇環居其下,各如其方,壇制及於此序出。黄帝西南除八通鬼道。太一其所用如雍一時物,而加醴棗脯之屬,殺一狸牛,以爲俎豆牢具。而五帝獨有俎豆醴進。其下四方地,爲餟食群臣從者,及北斗云。已祠,胙餘皆燎之。其牛色白,鹿居其中,彘在鹿中,水而洎之。三句諸解俱不明。愚意前狸牛,乃俎豆之實,而太一、五帝,決非一牢,牛鹿彘。序法,乃列牲之次第,即醴齊在中,崤蔵在左之類是也。祭日以牛,祭月以羊彘特。以上諸壇之牲俎。太一祝宰,則衣紫及繡。五帝各如其色,日赤,月白。以上祝宰之衣色。

十一月辛巳朔旦冬至昧爽,天子始郊拜太一。句。朝,句。朝日,句。夕句。夕月,句。則揖;而見太一,如雍郊禮。以上郊祠朝夕之禮節。其贊饗曰:"天始以寶鼎神策授皇帝,朔而又朔,終而復始,皇帝敬拜見焉。"以上贊饗之祝祠。而衣上黄。其祠列火滿壇,壇旁亨炊具。有司云"祠上有光焉"。似明說,又不明說,此篇純用此等筆,公卿言"皇帝始郊見太一雲陽,有司奉瑄玉嘉牲薦饗。總結二。是夜有美光,及晝,黄氣上屬天"。應上火光,又添出黄氣。太史公、祠官寬舒等曰:"神靈之休祐福兆祥,宜因此地光域,立太[①]時壇,以明應。令太祝[②]領,秋及臘間祠。三歲,天子一郊見。"|漢武事二十。

其秋,爲伐南越,告禱太一。以牡荊畫幡,句。日,句。月,句。北斗,登龍,以象天一,三星,爲太一鋒,命曰"靈旗"。爲兵禱,則太史奉以指所伐國。|厭勝事,寫來多有藻色。○漢武事二十一。而五利將軍使,不敢入海,遥接。之泰山祠。上使人隨驗實毋所見。五利妄言見其師其方盡,多不讐。上乃誅五利。|漢武事二十二。

---

① 太,底本作"大",疑誤,據校本改。

② 祝,底本作"視",疑誤,據校本改。

其冬，公孫卿候神河南，言見僊人跡緱氏城上，有物如雉，往來城上。天子親幸緱氏城，視跡問卿："得毋效文成、五利乎？"卿曰："僊者非有求人主，人主者求之。仍用五利語。其道非少寬假，神不來。言神事，事如迂誕，積以歲，乃可致也。"自爲解嘲自爲展期，想隨口撮空之時，目動氣索。於是郡國各除道，繕治宮觀名山神祠所，以望幸也。｜除道望幸，若與上不相蒙，實是積歲可致之貽害也。史公接序於此，立言之妙。〇漢武事二十三。

其春，既滅南越，接完伐南越。上有嬖臣李延年以好音見。上善之，下公卿議曰："民間祠尚有鼓舞樂，今郊祠而無樂，豈稱乎？"公卿曰："古者祠天地皆有樂，而神祇可得而禮。"或曰："太帝使素女鼓五十絃瑟，句。悲，句。帝禁不止，故破其瑟爲二十五絃。"於是賽南越，禱祠太一、后土，始用樂舞，益召歌兒，作二十五絃，及空侯琴瑟，自此起。｜漢武事二十四。

其來年冬，上議曰："古者先振兵釋[①]旅，然後封禪。"前三點封禪作引，至公孫卿點出漢主上封漸近矣，至此則實序封禪之前，振兵釋旅，以下層層引起，一層近似一層。乃遂北巡朔方，勒兵十餘萬，還祭黄帝冢橋山，釋兵須如。上曰："吾聞黄帝不死，今有冢何也？"或對曰："黄帝已仙，上天，群臣葬其衣冠。"｜即黄帝冢作一逼仍作一閃，妙。〇漢武事二十五。既至甘泉，爲且用事泰山，先類祠太一。封禪之前，類太一，又一層。

自得寶鼎，上與公卿諸生議封禪。封禪之前議儀禮，又一層。封禪用希，曠絕，莫知其儀禮，應其儀堙滅，即事用希。而群儒采封禪《尚書》《周官》《王制》之望祀射牛事。齊人丁公，年九十餘，平空

① 釋，中華書局本《史記》作"澤"。

插入丁公事,絕無來去踪跡,奇！曰:“封禪者,合不死之名也。封禪名奇以爲不死之名,史奇。秦皇帝不得上封,應儒生言不得封。陛下必欲上,稍上,即無風雨,遂上封矣。”無風雨,原是常事,此即始皇遇風雨,說得神靈,亦以爲武帝之地耳。一篇鬼話,模寫入神。上於是乃令諸儒習射牛,草封禪儀。間接。數年,至且行。天子既聞公孫卿及方士之言,黄帝以上,封禪,皆致怪物,與神通,欲放黄帝以上接神仙人蓬萊士,本紀“上”作“嘗”乃明。高世比德於九皇,而頗采儒術以文之。群儒既已不能辨明封禪事,又牽拘於《詩》《書》古文而不能騁。註明兩句妙,一時若狂,半緣無識,而《管子》傳畧諸書悮之。盡信書,不如無書,爲之一歎。上爲封禪祠器示群儒,群儒或曰:“不與古同。”徐偃又曰:“太常諸生行禮,不如魯善。”周霸屬圖封禪事,於是上絀偃、霸,而盡罷諸儒不用。｜漢武事二十六。寫武帝性情行事,正與秦始皇一樣。

三月,遂東幸緱氏,禮登中岳太室。從官在山下,聞若有言“萬歲”云。問上,上不言;問下,下不言。只十字,寫一時人情狂瞽聾聵,嘻笑怒駡,皆在其中妙絕！於是以三百户封太室奉祀,命曰崇高邑。｜漢武事二十七。東上泰山,泰山之草木葉未生,乃令人上石,立之泰山巔。｜封禪之前,先立石,又一層。○漢武事二十八。

上遂東巡海上,行禮祠八神。秦始皇先封禪後祠八神此先祠八神,後封禪。齊人之上疏言神怪奇方者以萬數,然無驗者。乃益發船,令言海中神山者數千人,求蓬萊神人。遥接入海求仙事。公孫卿持節常先行,候名山,遥接公孫卿候神。至東萊,言夜見大人,長數丈,就之,則不見,見其跡,甚大,類禽獸云。微詞。群臣有言,見一老父,牽狗,言“吾欲見巨公”,已忽不見。上即見大跡,未信,及群臣

有言老父,則大以爲仙人也。寫漢武作聰明處,忽又懞懂字字入骨。宿留海上,作信宿留海上,未爲不可,音秀溜者何也。予方士傳車,及間使求仙人以千數。|漢武事二十九。

四月,還至奉高。上念諸儒及方士,言封禪,人人殊,不經,難施行。天子至梁父,禮祠地主。乙卯,令侍中儒者,皮弁薦紳,射牛行事。封泰山下東方,如郊祀太一之禮。封廣丈二尺,高九尺,其下則有玉牒書,書祕。禮畢,天子獨與侍中奉車子侯,霍去病之子。上泰山,亦有封。其事皆禁。明日,下陰道。丙辰,禪泰山下趾[①]東北肅然山,如祭后土禮。天子皆親拜見,衣上黄,而盡用樂焉。序完封禪事,下即封禪物色,再寫一番,作鋪叠襯貼。江淮間一茅三脊爲神藉。應《管子》所云。五色土益雜封。縱遠方奇獸蜚禽,及白雉諸物,頗以加禮。代比目、比翼、鳳凰、麒麟作符瑞。兕牛犀象之屬,不用。皆至泰山,祭后土。封禪祠;其夜若有光,晝有白雲起封中。夜若有光,難辨也。泰山出雲,常事也。寫得隱約妙!

天子從禪還,坐明堂,群臣更上壽。於是制詔御史:"朕以眇眇之身,承至尊,兢兢焉懼不任。維德菲薄,不明於禮樂。修祠太一,若有象景光,屑如有望,震于怪物,欲止不敢,四字簡常。遂登封泰山,至于梁父,而後禪肅然。自新,嘉與士大夫更始,賜民百戶牛一,酒十石,加年八十,孤寡,布帛二匹。復博、奉高、蛇丘、歷城,無出今年租稅。其大赦天下,如乙卯赦令。行所過,毋有復作。事在二年前,皆勿聽治。"又下詔曰:"古者天子五載一巡狩,用事泰山,諸侯有朝宿地。其令諸侯各治邸泰山下。"|漢武事

① 趾,中華書局本《史記》作"阯"。

三十。

天子既已封泰山,無風雨災,而方士更言蓬萊諸神,若將可得,於是上欣然庶幾遇之,乃復東至海上望,冀遇蓬萊焉。此節言封禪。序至此大禮大文,浩汗極矣。故又作一鎖,以收束之,似斷似連,頓而復起,文法連環之妙。○自寶鼎至此,是第八節。奉車子侯暴病一日死。秦封禪方訖遇風雨,漢封禪方訖,死子侯,正高興時,即接此敗興語,史公妙處。上乃遂去,並海上,北至碣石,巡自遼西,歷北邊,至九原。五月反至甘泉。有司言寶鼎出,爲元鼎,以今年爲元封元年。|漢武事三十一。

其秋,有星茀於東井。後十餘日,有星茀於三能。先提明妙!望氣王朔言:"候獨見旗星,出如瓜,食頃復入焉。""獨見"妙!"食頃"妙!字字切骨。有司皆曰:"陛下建漢家封禪,天其報德星云。"

其來年冬,郊雍五帝。還拜祝祠太一。贊饗曰:"德星昭衍,厥維休祥。壽星仍出,淵耀光明。信星昭見,皇帝敬拜太祝之享。"|漢武事三十二。

其春,公孫卿言見神人東萊山,又接公孫卿候神。若云"欲見天子"。天子於是幸緱氏城,拜卿爲中大夫。遂至東萊,宿留之,數日,無所見,見大人跡云。寫公孫始終一大人跡。復遣方士求神怪,采芝藥以千數。|漢武事三十三。

是歲旱。於是天子既出無名,乃禱萬里沙過祠泰山。還至瓠子,自臨塞決河,留二日,沈祠而去。仍帶祠事。使二卿將卒塞決河,徙二渠,復禹之故跡焉。|漢武事三十四。

是時既滅兩越,越人勇之,乃言"越人俗鬼,而其祠皆見鬼,數有效。昔東甌王敬鬼,壽百六十歲。後世怠慢,故衰耗"。乃令越巫立越祝祠,安臺無壇,亦祠天神上帝百鬼,而以雞卜。上信之,越祠雞卜始用。丨漢武事三十五。

公孫卿曰:"仙人可見,而上往常遽,以故不見。正爲兩次大人跡作解。今陛下可爲觀,如緱城,置脯棗,神人宜可致也。且僊人好樓居。"掉一句,是爲"觀緱城"注脚。於是上令長安則作蜚廉桂觀,甘泉則作益延壽觀,使卿持節設具而候神人。乃作通天莖臺,置祠具其下,將招來仙神人之屬。於是甘泉更置前殿,始廣諸宫室。丨漢武事三十六。夏,有芝生殿房内中。紀"房"作"防"。天子爲塞河,興通天臺,若見有光云,乃下詔:"甘泉房中,生芝九莖,赦天下,毋有復作。"丨漢武事三十七。

其明年,伐朝鮮。丨漢武事三十八。夏,句。旱。句。公孫卿曰:"黄帝時,句。封,句。則天旱,乾封三年。"上乃下詔曰:"天旱,意乾封乎?其令天下尊祠靈星焉。"丨漢武事三十九。封禪後接茀星、天旱乃茀星爲德星,天旱爲乾封,一時矯誣正于無意中兩兩對照。

其明年,上郊雍,通回中道,巡之。春至鳴澤,從西河歸。丨漢武事四十。

其明年冬,上巡南郡,至江陵而東。登禮灊之天柱山,號曰南岳。浮江自尋陽出樅陽,過彭蠡,禮其名山川。北至琅邪,竝海上四月中,至奉高,修封焉。丨漢武事四十一。

初,天子封泰山,倒提一句。泰山東北趾,古時有明堂處處險,不敞。上欲治明堂奉高旁,未曉其制度。濟南人公玉帶①上黄帝時明堂圖。明堂圖,中有一殿,四面無壁,以茅蓋,通水,圜宫垣,爲複道,上有樓,從西南入命曰昆侖,天子從之入,以拜祠上帝焉。

① 公玉帯,中華書局本《史記》作"公王帯"。

於是上令奉高作明堂汶上,如帶圖。及五年修封,則祠太一、五帝於明堂,上坐,令高皇帝祠坐對之。祠后土於下房,以二十太牢。天子從昆侖道入,始拜明堂,如郊禮。禮畢燎堂下。而上又上泰山,自有祕祠其巔。而泰山下祠五帝,各如其方,黄帝并赤帝,而有司侍祠焉。山上舉火,下悉應之。漢武事四十二。

其後二歲,十一月甲子朔旦冬至,推曆者以本統。天子親至泰山,以十一月甲子朔旦冬至日,祠上帝明堂,毋修封禪。其贊饗曰:"天增授皇帝太元神策,周而復始。皇帝敬拜太一。"|漢武事四十三。東至海上考入海及方士求神者,莫驗然益遣冀遇之。|漢武事四十四。

十一月乙酉,柏梁烖。漢武事四十五。十二月甲午朔,上親禪高里,祠后土。臨勃海,將以望祀蓬萊之屬,冀至殊廷焉。|漢武事四十六。

上還,以柏梁烖故,朝受計甘泉。公孫卿曰:"黄帝就青靈臺,十二日燒,黄帝乃治明廷。明廷,甘泉也。"公孫卿之師申公,獨有鼎書,此外無有。前乾封,此青靈臺,出于何處?方士多言古帝王有都甘泉者。其後天子又朝諸侯甘泉,甘泉作諸侯邸。勇之乃曰:又插勇之,仍用越事。"越俗,有火烖,復起屋,必以大,用勝服之。"於是作建章宫,度爲千門萬戶。前殿度高未央。其東則鳳闕,高二十餘丈。其西則唐中數十里虎圈。其北治大池,漸臺,高二十餘丈,命曰太液池,中有蓬萊、方丈、瀛洲、壺梁,象海中神山龜魚之屬。其南有玉堂、壁門、大鳥之屬。乃立神明臺、井幹樓,度五十丈,輦道相屬焉。|漢武事四十七。序宫室處,是一幅漢宫春曉圖,覺耳目之前,金碧燦爛。

夏，漢改曆，以正月爲歲首，而色上黄，官名更印章以五字，爲太初元年。｜漢武事四十八。是歲，西伐大宛。蝗大起。丁夫人、雒陽虞初等，以方祠詛匈奴、大宛焉。｜漢武事四十九。

其明年，有司上言，雍五畤無牢熟具，芬芳不備。乃令祠官進畤犢牢具，色食所勝，｜赤帝用白牲，白帝用青牲也。而以木禺馬代駒焉。獨五月嘗駒，《紀》作“獨五帝用駒”是。行親郊用駒。及諸名山川用駒者，悉以木禺馬代。行過，乃用駒。他禮如故。｜漢武事五十。

其明年，東巡海上，考神仙之屬，未有驗者。考神仙無驗，下即接方士之言，有意無意之妙。方士有言“黄帝時爲五城十二樓，以候神人於執期，命曰迎年”。上許作之，如方，命曰明年。上親禮祠上帝焉。｜漢武事五十一。

公玉帶曰：“黄帝時雖封泰山，然風后、封巨、《紀》作“封鉅”。岐伯令黄帝封東泰山，禪凡山，合符，然後不死焉。”通篇言黄帝，而史公序自舜起。天子既令設祠具，至東泰山，泰山卑小，不稱其聲，乃令祠官禮之，而不封禪焉。其後令帶奉祠候神物。｜漢武事五十二。夏，遂還泰山，修五年之禮，如前，而加以禪祠石閭。石閭者，在泰山下阯南方，方士多言此仙人之閭也，故上親禪焉。｜漢武事五十三。

其後五年，復至泰山修封。還過祭恒山。｜漢武事五十四。序完漢武事。自子侯暴病至此是第九節。以下總序一段作結。

今天子所興祠，太一、后土，三年親郊祠，建漢家封禪，五年一修封。總收封禪郊祠。薄忌太一，及三一、冥羊、馬行、赤星，五寬舒之祠官，以歲時致禮。凡六祠，皆太祝領之。總收太一等祠祀。至如八神,諸明年、《紀》作“諸神”是。凡山,他名祠,行過則祠,行去則已。總收八神等祠祀。方士所興祠,各自主,其人終則已,祠官不主。他祠皆如其故。總收方士諸祠祀。今上封禪,其後十二歲而還,徧于五岳、四瀆矣。收完名山川岳瀆祠祀。而方士之候祠神大,入海求蓬萊,終無有驗。而公孫卿之候神者,猶以大人之跡爲解,無有效。收完方士求蓬萊、候神人諸事。凡六段,收拾完全,絕無滲漏,是大手筆!天子益怠厭方士之怪迂語矣,將武帝回護一句。然羇縻不絕,冀遇其真。又就武帝飈開一句。自此之後,方士言神祠者彌眾,然其效可睹矣。又即方士訂實一句,是史公全篇主意,於此結穴。

太史公曰:余從巡祭天地諸神名山川而封禪焉。入壽宮,侍祠神語,究觀方士祠官之意,只一句,如軒轅之鏡,物無遁形。於是退而論次自古以來,用事于鬼神者,具見其表裏。後有君子,得以覽焉。只作約畧之詞,妙!若至俎豆珪幣之詳,獻酬之禮,則有司存。

《史記》一書,惟《封禪》爲大。蓋紀傳世家,以一人爲經,間入諸事爲緯,猶可下手。此如封禪、柴望、郊畤、山川、日月、太一、陳寶諸祠,間以符瑞、神仙、制度、服色、宫室、土木,又插征伐、兵荒諸事,上而舜、禹、商、周,下而秦、漢,千百年一齊坌入紛如亂絲,偏能條理組織蹙錦提花,紫鳳天吳,燦然成彩,而絕無針痕梭影,豈非千古大文!〇序事雖多,若挨年接月,逐段鋪排,便是編年通鑒,成何文章?史公則段段關鎖,處處映合,回環唱歎,極有文情。〇予言文章詩畫總屬一理,必于一筆之中,各具四面;一句之內,必分數層,所謂横看成嶺,側看成峯也。若止得正面一層,則畫如死灰詩如嚼蠟,一過而已,豈堪再三!如《封禪書》初看敘事平直,再看則各有關合。細心讀之,則一句一字之中,嘻笑怒駡無所不有。正如大雲一雨,大根小莖,各得其滋潤。究竟我見有盡意義無窮。吾願善讀書者,必細心讀之,再三讀之,莫輕易放過,幸甚幸甚!〇都中與董玉虬燈下讀施愚山詩云“歲月爲園盡”,因掩卷而歎。只此一句,索解人不得也。蓋歷年積歲,乃成此園,則園中林泉亭榭,必無一不妙,一層也。然居諸迅速,曾幾何時,初見辟墅,頃見成林,木猶如此,人何以堪?二層也。一生之駒隙有限,不能自有豎立,徒費之春風花鳥,此日可惜,三層也。游人之傷懷,過客之憑弔,四層也。一句而四義具焉,不知斷髭袖手,費幾許心血,而知此者誰哉?因前評附記于此。○篇中用字用句,有“若”者、“云”者、“蓋”者、“焉”者、“或曰”者,俱冷語微詞,意在字句之外,而又不尖利露鋒。但見其俊冷,不見其刻削,故妙!○吾想史公作此文時,心如明鏡止水,物來畢照而妍媸好歹,盡入其中故信筆拈來,事隨筆使,各如其妙而止。而我無與也,其中有天焉,恐非人力可造。

河渠書

《夏書》曰：禹抑鴻水。一篇皆治水事，而禹爲治水之祖，故以禹起。十三年，過家不入門。陸行乘車，水行載舟，泥行蹈毳，山行即橋。以别九州，隨山浚川，任土作貢。通九道，陂九澤，度九山。即九州，生出許多九字，錯落作致。然河菑衍溢，害中國也尤甚。唯是爲務。通篇河重於渠，故歷九州、九澤，仍歸至河起。故道河，自積石，歷龍門，南到華陰，東下砥柱，及孟津、雒汭，至於大邳。河程前半節。於是禹以爲河所從來者高，水湍悍，難以平行地，數爲敗，乃厮二渠，二渠直至篇末應。以引其河。北載之高地，是治河實蹟。過降水，至於大陸，播爲九河，同爲逆河，入於勃海，河程下半節。九川既疏，九澤既灑，此九川九澤，就河上説，九川，即九河也。三"九"字，與上九州等參錯相應。諸夏艾安，功施於三代。丨以"禹"字作一論冒。

自是之後，滎陽下引河東南爲鴻溝，以通宋、鄭、陳、蔡、曹、衛，與濟、汝、淮、泗會於楚，渠一。西方則通渠漢水、雲夢之野，渠二。東方則通鴻溝江淮之間。渠三。以上三渠皆鴻溝所通。於吴，則通渠三江、五湖。渠四。於齊，則通菑濟之間。渠五。於蜀，蜀守冰，鑿離碓，辟沫水之害，穿二江成都之中。渠六。前河總序一段，此忽出六段，如爭流奔湊，百川灌河。此渠皆可行舟，有餘則用溉浸，百姓享其利。總結六渠，兼行舟溉田以起下。至於所過，往往引其水，益用溉田疇之渠，以萬億計，然莫足數也。丨即前六渠所過之處，行舟溉田者，支分派別，不可細數也。〇以上戰國以前之河渠，總作一結。

西門豹引漳水溉鄴，以富魏之河內。丨渠七。此開渠之利。

而韓聞秦之好興事，欲罷之，毋令東伐，乃使水工鄭國，間説秦，令鑿涇水，自中山西邸瓠口爲渠，並北山，東注洛三百餘里，欲以溉田。中作而覺，秦欲殺鄭國。鄭國曰："始臣爲間然渠成，亦秦之利也。"秦以爲然，卒使就渠。渠就，用注填閼之水，溉澤鹵之地，四萬餘頃，收皆畝一鍾。於是關中爲沃野，無凶年秦以富彊，卒并諸侯，因命曰鄭國渠。丨渠八。此開渠之利。

漢興三十九年，孝文時，河決酸棗，東潰金堤，於是東郡大興卒塞之。丨河二。一篇重河、重武帝之塞河，先以文帝塞河引起。

其後四十有餘年，今天子元光之中，而河決於瓠子，東南注鉅野，通於淮、泗。於是天子使汲黯、鄭當時，興人徒塞之，輒復壞。是時武安侯田蚡爲丞相，其奉邑食鄃。鄃居河北，河決而南，則鄃無水菑，邑收多。蚡言於上曰："江河之決，皆天事，未易以人力爲彊塞，塞之，未必應天。"而望氣用數者，亦以爲然。於是天子久之不事復塞也。丨河三。此宣房塞河之根，先以文帝塞河一引，此又以武帝不塞河一反頓住。下序別事颺開，段落之妙。

是時鄭當時爲大農借鄭當時接下。言曰："異時關東漕粟，從渭中上，度六月而罷，而漕水道九百餘里，時有難處。引渭穿渠，起長安，並南山下，至河，三百餘里，句。徑，句。易漕，度可令三月罷；一是漕粟。而渠下民田萬餘頃，又可得以溉田：一是溉田。此損漕省卒,而益肥關中之地,得穀。”雙頂漕粟、溉田,句法一長一短,峭拔有勢。天子以爲然,令齊人水工徐伯表,悉發卒數萬人,穿漕渠,三歲而通。句。通,句。以漕,大便利。其後漕稍多,而渠下之民,頗得以溉田矣。丨渠九。雙承漕粟、溉田結,此開渠之利。

其後河東守番係言:“漕從山東西,歲百餘萬石,更砥柱之限,敗亡甚多,而亦煩費。一是漕粟。穿渠,引汾,溉皮氏、汾陰下,引河,溉汾陰、蒲坂下,度可得五千頃。五千頃,故盡河壖棄地,民茭牧其中耳,疊一“五千頃”,連下三句作一氣。今溉田之,度可得穀二百萬石以上。一是溉田,兩度得對。穀從渭上,與關中無異,頂田穀。而砥柱之東,可無復漕。”丨頂漕粟。天子以爲然,發卒數萬人,作渠田。不但作渠,且作田。茭牧棄地,作以爲田也。數歲,河移徙,渠不利,則田者不能償種。久之,河東渠田廢,予越人,令少府以爲稍入。予越人之徙者,而少府減其額也。○渠十。此開渠之無利。

其後人有上書,欲通褒斜道,及漕,事下御史大夫張湯。湯問其事,於中間作一頓,少變。因言:“抵蜀從故道,故道多阪,回遠。今穿褒斜道,少阪,近四百里;而褒水通沔,斜水通渭,皆可以行船漕。漕從南陽上沔,入褒,褒之絕水至斜,間百餘里,以車轉,從斜下,下渭。序法質奥古峭,而更明晰。如此,漢中之穀可致,山東從沔無限,砥柱之限也。便於砥柱之漕。且褒斜材木竹箭之饒,擬於巴蜀。”此止言漕,而帶序材木。只一句,峭!天子以爲然,三段俱以“天子以爲然”句,作眼目。拜湯子卬爲漢中守,發數萬人,作褒斜道五百餘里。道果便,句。近,句。而水湍石,不可漕。丨渠十一。此開渠之無利。

其後莊熊羆言:“臨晉民願穿洛,以溉重泉以東萬餘頃,故鹵地。誠得水，可令畝十石。”畢溉田。於是爲發卒萬餘人，穿渠，自徵，引洛水，至商顔下。岸善崩，乃鑿井，深者四十餘丈。往往爲井，井下相通行水。水脈相通也。水頹[①]以絶商顔，此句不明。東至山嶺，十餘里間。井渠之生自此始。穿渠得龍骨，故名曰龍首渠。作之十餘歲，渠頗通，猶未得其饒。丨渠十二。此開渠之無利，明列其事，不必論斷，而得失自見。

自河決瓠子後二十餘歲，歲因以數不登，而梁楚之地尤甚。天子既封禪，巡祭山川，其明年旱，乾封，少雨。天子乃使汲仁、郭昌發卒數萬人，塞瓠子決。先命汲、郭塞河。於是天子已用事萬里沙，則還，自臨決河，沈白馬玉璧於河，令群臣從官自將軍已下，皆負薪寘決河。是時東流郡燒草，以故薪柴少，而下淇園之竹以爲楗。天子自臨塞河。

天子既臨河決，悼功之不成，乃作歌曰："瓠子決兮將柰何？皓皓旰旰兮，閭殫爲河！只四字，寫出水勢，妙！殫爲河兮地不得寧，功無已時兮吾山平。校"懷山襄陵"更妙。吾山平兮鉅野溢，魚拂[②]鬱兮柏冬日。延道弛兮離常流，蛟龍騁兮方遠遊。歸舊川兮神哉沛，不封禪兮安知外！此一句，倒提起田蚡欺誑，追悔往日。爲我謂河伯兮何不仁，"爲我謂"妙，《樂府》，作書"與魴鱮"，從此發想。泛濫不止兮愁吾人？齧桑浮兮淮泗滿，久不反兮水維緩。"一曰："河湯湯兮激潺湲，北渡迂兮浚流難。搴長茭兮沈美玉，河伯許兮薪不屬。前云河伯不仁，此言河伯許，何所見之？大約接沈玉祠河，蓋巫者之傳言也。

① 頹，中華書局本《史記》作"穨"。
② 拂，中華書局本《史記》作"沸"。

薪不屬兮衛人罪,燒蕭條兮噫乎何以禦水!根燒草少薪,加"噫乎①"兩字,變法作致。頹②林竹兮楗石菑,宣房塞兮萬福來。"歌詞皆兩句一韻。於是卒塞瓠子,築宮其上,名曰宣房宮。而道河北,行二渠,復禹舊蹟,敘完河事再提一句,應前二渠,直挽至篇首禹治鴻水以爲照應收束,妙甚。而梁、楚之地復寧,無水灾。應梁楚之地被灾尤甚。

自是之後,用事者爭言水利。朔方、西河、河西、酒泉,皆引河及川谷,以溉田;而關中輔渠、靈軹,引堵水;汝南、九江,引淮;東海,引鉅定;太山下,引汶水:皆穿渠爲溉田,各萬餘頃。佗小渠,披山通道者,不可勝言。上半篇序戰國以前河渠,散序一段結。此下半篇序戰國及漢河渠,亦散序一段結。兩邊照應,以爲章法。○"莫足數","不可勝言",亦對。然其著者在宣房。掉一句,結出主意,竟住,好!

太史公曰:余南登廬山,觀禹疏九江,遂至於會稽太湟,上姑蘇,望五湖;東闚洛汭、大邳,迎河,行淮、泗、濟、漯洛渠;西瞻蜀之岷山,及離碓;北自龍門,至於朔方。自禹至末,一篇中河渠數語收盡。曰:甚哉,水之爲利害也!只一句,不説盡。余從負薪塞宣房,悲《瓠子》之詩,而作《河渠書》。

以河作經,渠爲緯,起伏串插,條分縷析,各有頭緒,一莖不亂固是理絲神手。○合而觀之一篇大文;分而觀之,每段各成一篇小文。且遣局設字,各有妙處。○開渠,至漢武,有害無利,以見漢武之多事。直敘其事,至末以"甚哉,水之爲利害"一句收結,而隱然照應處,極有神情。○吾尤喜其兩半篇結處,俱以散序對照。而起頭結尾,俱以大禹回環,則一篇文字大局段已定,而中間出落,皆其餘事矣。作文者,於大段處不可不留意也。

---

① 噫乎,底本作"億",據校本改。

② 頹,中華書局本《史記》作"穨"。

平準書

漢興,接秦之弊,平準,是漢家之法,平準令,是漢家之官,故止敘漢事,然六國紛爭,賦重財匱自秦已然,而非漢初君臣之罪也。丈夫從軍旅老弱轉糧饟,作業劇而財匱,自古財匱之源,不出此數語,而一篇之綱領已盡。自天子不能具鈞駟,而將相或乘牛車,齊民無藏蓋。極言財匱。於是爲秦錢重難用,更令民鑄錢,錢法。一黄金一斤,約法省禁。而不軌,逐利之民,蓄積餘業,以稽市物,商賈。物踊騰糶,米至石萬錢,馬一匹,則百金。丨通篇,鑄錢是大綱,而附以馬政、轉粟、鬻爵、商賈四事,前一段總括已盡。

天下已平,高祖乃令賈人不得衣絲乘車,重租稅以困辱之。商賈。孝惠、高后時,爲天下初定,復弛商賈之律,然市井之子孫亦不得仕宦爲吏。商賈。○伏後用商賈爲吏。量吏祿,度官用,以賦於民。而山川園池市井租稅之入,自天子以至于封君湯沐邑,皆各爲私奉養焉,不領于天下之經費。漕轉山東粟,以給中都官,歲不過數十萬石。丨轉粟。○一段序高帝、高后之世,立法之善。

至孝文時,莢錢益多,句。輕,句。乃更鑄四銖錢,其文爲“半兩”,令民縱得自鑄錢。錢法。○伏後禁鑄錢,用酷吏。故吳,諸侯也

以即山鑄錢,富將天子,其後卒以叛逆。鄧通,大夫也,以鑄錢,財過王者。故吳、鄧氏錢布天下,而鑄錢之禁生焉。|

匈奴數侵盜北邊,屯戍者多,邊粟不足給食當食者。於是慕民能輸,及轉粟於邊者,轉粟。拜爵,爵得至大庶長。|賣爵。○一段序文帝之世,已開賣爵之令。

孝景時,上郡以西旱,亦復修賣爵令,賣爵。而賤其價以招民;及徒復作,得輸粟縣官以除罪。轉粟。益造苑馬以廣用,馬政。而宮室列觀輿馬,益增修矣。|一段序景帝之世,復賣爵,修宮室輿馬,漸開侈靡之端。

至今上即位數歲,漢興七十餘年之間,國家無事,非遇水旱之災,民則人給家足,都鄙廩庾皆滿,而府庫餘貨財。京師之錢,累巨萬,貫朽而不可校。太倉之粟,陳陳相因,充溢露積於外,至腐敗不可食。|眾庶街巷有馬,阡陌之間成群,而乘字牝者,儐而不得聚會。|又將錢、粟、馬,提序一遍,下附吏治、民俗,以爲後日照映。守閭閻者食粱肉,爲吏者長子孫,居官者以爲姓號。故人人自愛而重犯法,先行義而後絀恥辱焉。伏後興利之臣出,而犯法者眾。當此之時,網疏而民富,役財驕溢,即商賈也。或至兼并豪黨之徒,以武斷於鄉曲。宗室有土,公卿大夫以下,即封君也。一段總序,包括完。爭于奢侈,室廬輿服,僭于上,無限度。物盛而衰,固其變也。|自漢興至此是通篇總論,由高帝而來,休養生息,以至于此,此乃盛衰之關,文字過接入題之處。○欲言武帝之耗,故先言武帝之盛,是反照法。物盛而衰,固其變也。兩句,關鎖前後,而"變"字則貫通篇。

自是之後,嚴助、朱買臣等,招來東甌,事兩越,江淮之間,蕭然煩費矣。|南方不寧。○耗費一。唐蒙、司馬相如,開路西南彝,鑿山通道千餘里,以廣巴蜀,巴蜀之民罷焉。|西方不寧。○耗費

二。彭吳賈滅朝鮮,置滄海之郡,則燕齊之間,靡然發動。丨東方不寧。○耗費三。及王恢設謀馬邑,匈奴絕和親,侵擾北邊,兵連而不解。北方不寧。○耗費四。寫天下四方,處處振動。天下苦其勞,而干戈日滋。總結上四項。行者齎,居者送,中外騷擾而相奉,百姓抏弊以巧法,財賂衰秏而不贍。入物者補官,出貨者除罪,選舉陵遲,廉恥相冒,武力進用,法嚴令具。興利之臣,自此始也。丨此一段是下半篇總論,選舉、廉恥、兵革、刑罰、興利之臣,一併總提。○此四方有事、中外騷擾,是第一變。

其後漢將歲以數萬騎出擊胡,及車騎將軍衛青,取匈奴河南地,築朔方。應北邊兵連。○耗費五。當是時,漢通西南彝道,作者數萬人,千里負擔饋糧,率十餘鍾致一石,轉粟。散幣於邛僰以集之。數歲,道不通,蠻彝因以數攻,更發兵誅之。悉巴蜀租賦,不足以更之,乃募豪民田南彝,入粟縣官,而內受錢於都內。應巴蜀之間,蕭然煩費。○轉粟。○耗費六。東至滄海之郡,人徒之費,擬於南彝。應燕齊之間,靡然發動。○耗費七。又興十萬餘人,築衛朔方,轉漕甚遼遠,轉粟。自山東咸被其勞,費數十百巨萬,耗費八。府庫益虛。乃募民能入奴婢,得以終身復,爲郎增秩,及入羊爲郎,始於此。丨賣爵。○此段擊匈奴、通西南彝、入奴婢、入羊,是第二變。

其後四年,而漢遣大將,將六將軍軍十餘萬,擊右賢王,獲首鹵萬五千級。明年,大將軍將六將軍,仍再出擊胡,得首鹵萬九千級。捕斬首鹵之士,受賜,黃金二十餘萬斤,鹵數萬人,皆得厚賞,衣食仰給縣官;而漢軍之士馬,死者十餘萬,兵甲之財,轉漕之費,不與焉。於是大農陳,藏錢經耗,賦稅既竭,猶不足以奉戰士。耗費九。有司言:"天子曰'朕聞五帝之教,不相復而治,禹湯之法,不同道而王,所由殊路,而建德一也。北邊未安,朕甚悼之。日者大將軍攻匈奴,斬首虜萬九千級,留蹛無所食。議令民得買爵,及贖禁固,免減罪'。請置賞官,命曰武功爵。賣爵。級十七萬,凡直三十餘萬金。諸買武功爵,官首者試補吏,先除;千夫如五大夫;其有罪,又減二等;爵得至樂卿:以顯軍功。"軍功多用越等,大者封侯卿大夫,小者郎吏。吏道雜而多端,則官職秏廢。丨此段擊匈奴、武功爵,是第三變。

自公孫弘以《春秋》之義繩臣下,取漢相,以公孫弘入酷吏内,妙!張湯用峻文決理爲廷尉,於是見知之法生,而廢格沮誹窮治之獄用矣。其明年,淮南、衡山、江都王,謀反迹見,而公卿尋端治之,"尋端"字妙!竟其黨與,而坐死者數萬人,長吏益慘急,而法令明察。

當是之時,招尊方正賢良文學之士,或至公卿大夫。公孫弘以漢相,布被,食不重味,爲天下先。然無益於俗,稍騖於功利矣。丨此段公孫弘、張湯開嚴刑之始,是第四變。

其明年,驃騎仍再出擊胡,獲首四萬。其秋,渾邪王率數萬之衆來降,於是漢發車二萬乘迎之。既至,受賞賜,及有功之士。是歲費凡百餘巨萬。丨耗費十。○此段迎渾邪、賞賜有功,是第五變。

初先是往十餘歲,河決觀,梁楚之地,固已數困,而緣河之郡,隄塞河,輒決壞,費不可勝計。耗費十一。其後番係欲省砥[①]柱之漕,穿汾河渠,以爲溉田,作者數萬人;耗費十二。鄭當時爲渭漕渠回遠,鑿直渠,自長安至華陰,作者數萬人;耗費十三。朔方亦穿渠,作者數萬人:耗費十四。各歷二三期,功未就,費亦各巨萬十

① 砥,中華書局本《史記》作"底"。

數。｜此段塞河穿渠,是第六變。

天子爲伐胡,盛養馬,馬之來食長安者,數萬匹,馬政。卒牽掌者,關中不足,乃調旁近郡。｜耗費十五。○此段養馬是第七變。

而胡降者,皆衣食縣官,縣官不給,耗費十六。天子乃損膳解乘輿駟,出御府禁藏,以贍之。｜此段衣食降人,是第八變。

其明年,山東被水菑,民多饑乏,於是天子遣使者,虛郡國倉廥,以振貧民。猶不足,又募豪富人相貸假。尚不能相救,乃徙貧民於關以西及充朔方以南新秦中,七十餘萬口,衣食皆仰給縣官。數歲,假予產業,使者分部護之,冠蓋相望。其費以億計,不可勝數。｜耗費十七。○此段救荒、賑貧民,是第九變。

於是縣官大空。而富商大賈,或蹛財役貧,轉轂百數,廢居居邑,商賈。封君皆低首仰給。冶鑄煮鹽,財或累萬金,而不佐國家之急,黎民重困。｜又作一總結,收上九段,見天下蕭然凋敝,即起下算緡錢、選商賈,及卜式助邊諸事,插序議論,關合前後。於是天子與公卿議,更錢造幣以贍用,而摧浮淫并兼之徒。是時禁苑有白鹿,而少府多銀錫。自孝文更造四銖錢,追序之事。至是歲,四十餘年,從建元以來用少,縣官往往即多銅山而鑄錢,民亦間盜鑄錢,不可勝數。錢益多而輕,物益少而貴。對句明晰。有司言曰:“古者皮幣,諸侯以聘享。金有三等,黃金爲上,白金爲中,赤金爲下。今半兩錢,法重四銖,而姦或盜摩錢裏取鋊,錢益輕薄而物貴,則遠方用幣,煩費不省。”乃以白鹿皮方尺緣以藻繢,爲皮幣,直四十萬。王侯宗室,朝覲聘享,必以皮幣薦璧,然後得行。

又造銀錫爲白金。以爲天用莫如龍,地用莫如馬,人用莫如龜,故白金三品:其一曰重八兩,圜之,其文龍,名曰“白選”,直三千;二曰以重差小,方之,其文馬,直五百;三曰復小,撱之,其文龜,直三百。令縣官銷半兩錢,更鑄三銖錢,文如其重。盜鑄諸金錢,罪皆死,錢法。而吏民之盜鑄白金者,不可勝數。此段造幣、鑄金、禁盜鑄,是第十變。

於是以東郭咸陽、孔僅,爲大農丞,領鹽鐵事;桑弘羊,以計算用事侍中。咸陽,齊之大煮鹽,孔僅,南陽大冶,皆致生累千金,故鄭當時進言之。弘羊,雒陽賈人子,三人錯綜,弘羊另序。以心計,年十三,侍中。故三人言利事,析秋毫矣。丨此段咸陽、孔僅、弘羊言利,是第十一變。

法既益嚴,吏多廢免。兵革數動,民多買復及五大夫,徵發之士益鮮。於是除千夫五大夫爲吏,不欲者出馬;馬政。故吏,皆通[①]適令伐棘上林,此段用武力、適故吏,是第十二變。作昆明池。丨耗費十八。○此段作昆明池,是第十三變。只一句,簡!

其明年,大將軍、驃騎大出擊胡,得首虜八九萬級,賞賜五十萬金,漢軍馬死者十餘萬匹,轉漕車甲之費不與焉。耗費十九。是時財匱,戰士頗不得禄矣。丨此段擊胡、賞賜、馬死、財匱,是第十四變。

有司言三銖錢輕,易姦詐,乃更請諸郡國鑄五銖錢,錢法。周郭其下,令不可磨取鋊焉。丨此段鑄五銖錢,是第十五變。

大農上鹽鐵丞孔僅、咸陽言:"山海,天地之藏也,皆宜屬少府,陛下不私,以屬大農佐賦。願募民自給費,因官器作煮鹽,官與牢盆。浮食奇民欲擅管山海之貨,以致富羡役利細民。其沮事之議,不可勝聽。商賈。敢私鑄鐵器煮鹽者,釱[②]左趾,沒入其器

---

① 中華書局本《史記》无"通"字。

② 釱,中華書局本《史記》作"鈦"。

物。郡不出鐵者,置小鐵官,便屬在所縣。”使孔僅、東郭咸陽乘傳,舉行天下鹽鐵,作官府,除故鹽鐵家富者爲吏。商賈。吏道益雜,不選,而多賈人矣。丨此段興鹽鐵、官富賈,是第十六變。

商賈以幣之變,多積貨逐利。於是公卿言:“郡國頗被菑害,貧民無產業者,募徙廣饒之地。陛下損膳省用,出禁錢,以振元元,寬貸賦,而民不齊出于南畝,商賈滋眾。商賈。貧者畜積無有,皆仰縣官。異時算軺車,賈人緡錢,皆有差,請算如故。諸賈人末作,貰貸,買居邑,稽諸物,及商以取利者,雖無市籍,各以其物自占,率緡錢二千而一算。諸作有租及鑄,率緡錢四千一算。非吏比者,三老北邊騎士,軺車以一算;商賈人軺車二算;船五丈以上一算。匿不自占,占不悉,戍邊一歲,沒入緡錢有能告者,以其半畀之。賈人有市籍者,及其家屬,皆無得籍名田,以便農。敢犯令,沒入田僮。”此段算緡錢、軺車,是第十七變。〇文亦古樸奇倔。

天子乃思卜式之言,召拜式爲中郎,爵左庶長,賜田十頃,布告天下,使明知之。突然倒提卜式事,後附卜式傳方詳序,是另一法。

初卜式者,河南人也,以下附式傳。以田畜爲事。親死,式有少弟,弟壯,式脫身出分,獨取畜羊百餘,以羊事起。田宅財物,盡予弟。式入山牧,十餘歲,羊致千餘頭,買田宅。而其弟盡破其業,式輒復分與弟者數矣。虛序。是時漢方數使將擊匈奴,卜式上書,願輸家之半縣官,助邊。天子使使問式:“欲官乎?”式曰:“臣少牧,不習仕宦,不願也。”使問曰:“家豈有冤,欲言事乎?”式曰:“臣生與人無分爭。式邑人,貧者貸之,不善者教順之,所居,人皆從式,式何故見冤于人! 無所欲言也。”使者曰:“苟如此,子何欲而然?”前設兩峯,此作一頓。式曰:“天子誅匈奴,愚以爲賢者宜死節於邊,有財者宜輸委,如此而匈奴可滅也。”使者具其言,入以聞。天子以語丞相弘。弘曰:“此非人情。不軌之臣,不可以爲化而亂法,願陛下勿許。”於是上久不報式,數歲,乃罷式。正欲序賜爵布告事,中又作此一颺。式歸,復田牧。歲餘,會軍數出,渾邪王等降,縣官費眾,倉府空。其明年,貧民大徙,皆仰給縣官,無以盡贍。卜式持錢二十萬,予河南守,以給徙民。一發不中,又復爲此,寫卜式巧數。河南上富人助貧人者籍,是卜式心事。天子見卜式名,是卜式心事。識之,曰“是固前而欲輸其家半助邊。”間接。乃賜式外繇四百人。式又盡復予縣官。更巧。是時富豪皆爭匿財,唯式尤欲輸之助費。又寫一句,卜式正于此用巧。天子於是以式終長者,故尊顯以風百姓。

初式不願爲郎。上曰:“吾有羊上林中,欲令子牧之。”式乃拜爲郎,布衣屩而牧羊。仍以羊照應。歲餘,羊肥息。上過見其羊,善之。式曰:“非獨羊也,治民亦猶是也。以時起居;惡者輒斥去,毋令敗群。”又即羊上生波。上以式爲奇,拜爲緱氏令,試之,緱氏便之。遷爲成皋令將漕最。上以爲式樸忠,應前長者。拜爲齊王太傅。丨頓住卜式事,下遙接入孔僅事。

而孔僅之使天下鑄作器,三年中拜爲大農,列于九卿。而桑弘羊爲大農丞,筦諸會計事,稍稍置均輸以通貨物矣。此段初置均輸,是第十八變此平准之始。

始令吏得入穀補官,郎至六百石。賣爵。○此段入穀補郎,是第十九變。

自造白金五銖錢,後五歲,赦吏民之坐盜鑄金錢死者,數十萬人。錢法。其不發覺相殺者,不可勝計。赦自出者百餘萬人。然不能半自出,天下大抵無慮皆鑄金錢矣。微詞。犯者衆,吏不能盡誅取,於是遣博士褚大、徐偃等分曹循行郡國,舉兼并之徒守相爲吏者。而御史大夫張湯,方隆貴用事,減宣、杜周等爲中丞,義縱、尹齊、王溫舒等,用慘急刻深爲九卿,而直指夏蘭之屬始出矣。丨此段赦盜鑄、舉兼并,是第二十變。

而大農顔異誅。先提一句,後序與前卜式一樣。初異爲濟南亭長,以廉直稍遷至九卿。上與張湯既造白鹿皮幣,問異。異曰:“今王侯朝賀以蒼璧,直數千,而其皮薦反四十萬,本末不相稱。”天子不說。張湯又與異有卻,及人有告異以他議,事下張湯治異。異與客語,客語初令下有不便者,異不應,微反脣。湯奏異當九卿,見令不便,不入言而腹誹,論死。自是之後,有腹誹之法以此,而公卿大夫,多諂諛取容矣。丨此段嚴刑腹誹,是第二十一變。

天子既下緡錢令而尊卜式,遙接。百姓終莫分財佐縣官,於是楊可告緡錢縱矣。丨此段告緡錢,是第二十二變。

郡國多奸鑄錢,錢多輕,而公卿請令京師鑄鐘官赤側,一當五,賦官用,非赤側不得行。錢法。白金稍賤,民不寶用,縣官以令禁之,無益。歲餘,白金終廢不行。此段鑄赤側、廢白金,是第二十三變。

是歲也,張湯死而民不思。間插張湯,與烹弘羊相照。

其後二歲,赤側錢賤,民巧法,用之不便,又廢。於是悉禁郡國無鑄錢,專令上林三官鑄。錢既多,而令天下非三官錢不得行,諸郡國所前鑄錢皆廢銷之,輸其銅三官。錢法。而民之鑄錢益少,計其費不能相當,唯真工大姦,乃盜爲之。丨此段三官錢、銷廢錢,是第二十四變。

卜式相齊，而楊可告緡徧天下，遙接。中家以上，大抵皆遇告。杜周治之，獄少反者。又遙接杜周。乃分遣御史、廷尉、正監，分曹往，即治郡國緡錢，得民財物以億計，奴婢以千萬數，田，大縣數百頃，小縣百餘頃，宅亦如之。於是商賈中家以上，大率破，商賈。民偷甘食好衣，不事畜藏之産業，而縣官有鹽鐵緡錢之故，用益饒矣。丨此段告緡、酷刑、沒財、破家，是第二十五變。

益廣關，置左右輔。丨此段置關，是第二十六變。

初大農筦鹽鐵官布多置水衡，欲以主鹽鐵；及楊可告緡錢，上林財物眾，乃令水衡主上林。上林既克滿，益廣。丨此段置水衡，是第二十七變。是時越欲與漢用船戰逐，乃大修昆明池，列觀環之。治樓船高十餘丈，旗幟加其上甚壯。耗費二十。於是天子感之，乃作柏梁臺，高數十丈。耗費二十一。宮室之修，由此日麗。丨此段修昆明池、治樓船、作柏梁臺，是第二十八變。

乃分緡錢諸官，而水衡、少府、大農、太僕，各置農官，往往即郡縣比沒入田，田之。其沒入奴婢，分諸苑養狗馬禽獸，及與諸官。諸官益新置多，徙①奴婢眾，而下河漕，度四百萬石，轉粟。及官自糴乃足。此段田沒田、徙奴婢、官糴穀，是第二十九變。

所忠言："世家子弟富人或鬭雞，走狗馬，弋獵，博戲亂齊民。"乃徵諸犯令，相引數千人，命曰"株送徒"。入財者得補郎，賣爵。郎選衰矣。丨此段株送徒、入財補郎，是第三十變。

是時山東被河菑及歲不登，數年，人或相食，方一二千里。天子憐之，詔曰："江南火耕水耨，令饑民得流就食江淮間，欲留之

① 徙，中華書局本《史記》作"徒"。

處[①]。"遣使冠蓋相屬於道,護之,下巴蜀粟以振之。丨轉粟。○耗費二十二。○此段下粟、振災,是第三十一變。

其明年,天子始巡郡國。東渡河,河東守不意行至,不辨,自殺。行西踰隴,隴西守以行往卒,天子從官不得食,隴西守自殺。於是上北出蕭關,從數萬騎,獵新秦中,以勒邊兵而歸。耗費二十三。新秦中或千里無亭徼,於是誅北地太守以下,而令民得畜牧邊縣,官假馬母,馬政。三歲而歸,及息什一,以除告緡,用充仞新秦中。丨此段巡幸之費,是第三十二變。

既得寶鼎,立后土、太一祠,公卿議封禪事,而天下郡國,皆豫治道橋,繕故宫,及當馳道縣,耗費二十四。縣治官儲,設供具,而望以待幸。丨此段治道、供具,是第三十三變。

其明年,南越反,西羌侵邊爲桀。於是天子爲山東不贍,赦天下,因南方樓船,卒二十餘萬人,擊南越,耗費二十五。數萬人,發三河以西騎,擊西羌,耗費二十六。又數萬人,渡河築令居。初置張掖、酒泉郡,而上郡、朔方、西河、河西,開田官,斥塞,卒六十萬人戍田之。中國繕道餽糧,轉粟。遠者三千,近者千餘里,皆仰給大農。丨耗費二十七。○此段征南越、西羌、開田、斥塞,是第三十四變。邊兵不足,乃發武庫工官兵器以贍之。車騎馬乏絕,縣官錢少,買馬難得,乃著令,令封君以下,至三百石以上吏,以差出牝馬,天下亭亭有畜牸,馬歲課息。丨馬政。○此段畜馬、出馬,是第三十五變。

齊相卜式上書曰:"臣聞主憂臣辱。南越反,臣願父子,與齊習船者往死之。"寫卜式始終一樣權術。天子下詔曰:"卜式雖躬耕

---

① 欲留之處,中華書局本《史記》作"欲留,留處"。

牧,不以爲利,有餘,輒助縣官之用。今天下不幸有急,而式奮,願父子死之,雖未戰,可謂義形於内。賜爵關内侯,金六十斤,田十頃。”布告天下,天下莫應。收還前提封侯布告一段。列侯以百數,皆莫求從軍擊羌、越。至酎,少府省金,而列侯坐酎金失侯者百餘人。乃拜式爲御史大夫。酎金之法,皆因卜式而起,故點出與卜式夾序。

式既在位,見郡國多不便縣官作鹽鐵,鐵器苦惡,賈貴,或彊令民買賣之。而船有算,商者少,物貴,商賈。乃因孔僅言船算事。上由是不悦卜式。夾序卜式事,既賈利,復賈名,寫卜式之巧。

漢連兵三歲,誅羌,滅南越,遙接。番禺以西,至蜀南者,置初郡十七,上以其故俗治,毋賦税。南陽、漢中以往郡,各以地比給初郡,吏卒奉食幣物,傳車馬被具。而初郡時時小反,殺吏,漢發南方吏卒往誅之,間歲萬餘人,耗費二十八。費皆仰給大農。大農以均輸調鹽鐵助賦,故能贍之。然兵所過,縣爲以訾給毋乏而已,不敢言擅賦法矣。此段創郡、誅討、抑給大農,是第三十六變。

其明年元封元年,卜式貶秩爲太子太傅。夾序卜式事。而桑弘羊爲治粟都尉,領大農,盡代僅筦天下鹽鐵。弘羊以諸官各自市,相與爭,物故騰躍,而天下賦輸或不償其僦費,乃請置大農部丞數十人,分部主郡國,各往往縣置均輸鹽鐵官,令遠方各以其物,貴時商賈所轉販者爲賦,而相灌輸。置平準於京師,都受天下委輸。召工官治車諸器,皆仰給大農。大農之諸官,盡籠天下之貨物貴即賣之,賤則買之。如此,富商大賈,無所牟大利,則反本,商賈。而萬物不得騰踊。故抑天下物,名曰“平準”。天子以爲然,許之。此段置平準,是第三十七變。多少變更,始歸本題。於是天子北至朔方,東到太山,巡海上,並北邊。以歸所過賞賜,用帛百餘萬疋,錢金以巨萬計,皆取足大農。耗費二十九。

弘羊又請令吏得入粟補官,賣爵。及罪人贖罪。令民能入粟甘泉各有差,以復終身,不告緡。他郡国[1]各輸急處,而諸農各致粟,山東漕益歲六百萬石。轉粟。一歲之中,太倉、甘泉倉滿。邊餘穀諸物,均輸帛五百萬疋。民不益賦,而天下用饒。此段總上數項,歸重平準,以完此篇。〇由衰而盛,由盛而衰,至此似乎復盛矣,而實有不然者,故借卜式數語以烹弘羊,一語結之,其妙至此。於是弘羊賜爵左庶長,黄金再百斤焉。

是歲小旱,上令官求雨,卜式言曰:"縣官當食租衣稅而已,今弘羊令吏坐市列肆,販物求利。亨弘羊,天乃雨。"丨一篇序事,至此方出正意,而即借卜式之口出之。卜式原是彼一輩人,尚以爲不堪,他何問焉?深妙乃爾。

太史公曰:農工商交易之路通,而龜貝金錢刀布之幣興焉。以金錢作主。所從來久遠,自高辛氏之前尚矣,靡得而記云。故《書》道唐虞之際,《詩》述殷周之世,安寧則長庠序,先本絀末,以禮義防于利;事變多故,而亦反是。是以物盛則衰,時極而轉,是序平準正意。一質一文,終始之變也。《禹貢》,九州,各因其土地所宜,人民所多少,而納職焉。湯武承弊易變,使民不倦,各兢兢所以爲治,而稍陵遲衰微。齊桓公用管仲之謀,通輕重之權,徼山海之業,以朝諸侯,用區區之齊,顯成霸名。魏用李克,盡地力,爲彊君。自是之後,天下爭于戰國,貴詐力而賤仁義,先富有而後推讓。故庶人之富者,或累巨萬,而貧者或不厭糟糠;有國彊者,或並群小以臣諸侯,而弱國或絕祀而滅世。以至於秦,卒并海內。他

[1] 中華書局本《史記》无"国"字。

篇俱序自上古,以入本題,此篇獨以漢興突起,點秦一筆,而于後幅,乃追述古事,環至秦事而止。章法變化之妙。虞夏之幣,金爲三品,或黄,或白,或赤;或錢,或布,或刀,或龜貝。及至秦中,一國之幣,爲三等,黄金以鎰名,爲上幣;銅錢識曰半兩,重如其文,爲下幣。而珠玉、龜貝、銀錫之屬,爲器飾寶藏,不爲幣。然各隨時而輕重無常。通篇以鑄錢事作主,故又申一段以足之。於是外攘彝狄,應匈奴、南越諸事。內興功業,應選舉法令諸事。海內之士,力耕不足糧饟,女子紡績,不足衣服。古者嘗竭天下之資財,以奉其上,猶自以爲不足也。無異。借秦論當代之失,乃言古者亦然,是牽扯掩護而其過愈章。史筆之妙!故云事勢之流,相激使然,曷足怪焉!應還盛衰之變。

此篇以序事爲主,即以序事爲議論,先以盛衰遞變,作一論冒關鍵。而後逐段逐節層見叠出,凡作三十七段,以盡盛衰之變,而中間段段節節,俱有血脈灌輸,是大手筆。〇通篇以鑄錢作主而串入馬政、轉粟、商賈、賣爵,而復間之以吏治、風俗、刑罰、戰爭,四面八方,東來西往,如江潮齊湧,如野火亂飛偏能一手敘來,穿插貫串,絕無一毫費力,所以爲難。〇通篇看來,似乎雜亂,其實征伐是一件,如東甌、兩越、西羌、匈奴、南彝、大將軍之出、渾邪王之降、置滄海、伏馬邑、築朔方、置番禺郡等是也。興利是一件,如更錢、鑄幣、白鹿皮、白金龍馬、鹽鐵、算緡、告緡、水衡、上林、三官等是也。刑罰是一件,張湯見知,淮南反獄,盜鑄,腹誹,直指使,減宣、杜、周之屬等是也。鬻爵是一件,如入財、入羊、入穀、入奴婢、武功爵等是也。巡幸工作是一件,如塞河,穿汾鑿渠作昆明池,置酒泉、張掖,治樓船,起柏梁,立后土太一祠,治橋道等是也。山東兩賑,則其餘事。而追其立言之意,則以征伐上功費用浩煩,不得不興利鬻爵;利不能即興,不得不嚴刑。事雖錯綜,意則一串也。〇篇中有總提處,分序處、插序處、夾序處、照應處、不照應處、倒提處、突出處,變化不一,不能細數,須當究心。〇篇首突然而起,篇末忽然而住,操筆縱横,無所不可,是難能也。〇後半附卜式一傳,處處關合夾序,即以卜式終篇,而通篇神情俱見。

吴太伯世家

吴太伯,太伯弟仲雍,皆周太王之子,而王季歷之兄也。季歷賢,而有聖子昌,"聖子"字固奇,而"賢""聖"二字,亦顛倒作文法。太王欲立季歷,以及昌,即與壽夢欲傳季子事同。於是太伯仲雍二人,乃犇荊蠻,文身斷發,示不可用,以避季歷。讓國是太伯家法。已伏季子一段。季歷果立,是爲王季,而昌爲文王。丨仍歸到文王,完正意。序讓國事完,下乃入吴事。太伯之犇荊蠻,自號句吴。荊蠻義之,從而歸之千餘家,立爲吴太伯。自開一國,不必藉太王之業,不必待武王之封。寫太伯自有聖賢經濟,不特以讓國爲高。

太伯卒,無子,弟仲雍立,是爲吴仲雍。仲雍卒,子季簡立。季簡卒,子叔達立。叔達卒,子周章立。是時周武王克殷,又插入周事。求太伯、仲雍之後,得周章。周章已君吴,因而封之。乃封周章弟虞仲於周之北,故夏虚,是爲虞仲,列爲諸侯。又分出虞仲一支。

周章卒,子熊遂立,熊遂卒,子柯相立。柯相卒,子彊鳩夷立。彊鳩夷卒,子餘橋疑吾立。餘橋疑吾卒,子柯盧立。柯盧卒,子周繇立。周繇卒,子屈羽立。屈羽卒,子夷吾立。夷吾卒,子禽處立。禽處卒,子轉立。轉卒,子頗高立。頗高卒,子句卑立。是時晉獻公滅周北虞公,以開晉伐虢也。句卑卒,子去齊立。去齊卒,子壽夢立。壽夢立而吳始益大,稱王。

自太伯作吳,五世而武王克殷,封其後爲二:其一虞,在中國;其一吳,在彝蠻。前分此總。十二世而晉滅中國之虞。完虞事。中國之虞滅二世,而彝蠻之吳興。大凡從太伯至壽夢十九世。前將吳世系一齊序完,另作一結,以後始入序事。

王壽夢二年,楚之亡大夫申公巫臣,怨楚將子反而奔晉,自晉使吳,教吳用兵乘車,吳,澤國也,至此始知乘車。令其子爲吳行人,吳於是始通于中國。|點一句,直貫至黃池之會,狎主齊盟也。吳伐楚。|吳楚搆怨,相與終篇,此其始也。吳伐楚一。十六年,楚共王伐吳,至衡山。|楚伐吳二。

二十五年,王壽夢卒。壽夢有子四人,長曰諸樊,次曰餘祭,次曰餘眛,次曰季札。季札賢,而壽夢欲立之,季札讓,不可,與太王一樣,而季札更高王季一層。於是乃立長子諸樊,攝行事,當國。|立長,而云攝,創事,寫來恰好,正爲季子生色。

王諸樊元年,諸樊已除喪,讓位季札。季札謝曰:"曹宣公之卒也,諸侯與曹人,不義曹君,將立子臧,子臧去之,以成曹君,君子曰'能守節矣'。君義嗣,兩字創。誰敢干君!有國,非吾節也。札雖不材,願附于子臧之義。"吳人固立季札,季札棄其室而耕,乃舍之。|秋,吳伐楚,楚敗我師。|吳伐楚而敗三。四年,晉平公初立。|

十三年,王諸樊卒。有命授弟餘祭,欲傳以次,必致國於季札,而止,以稱先王壽夢之意,且嘉季札之義,兄弟皆欲致國,令以漸至焉。寫諸樊一段心事,誠孝誠義,曲折詳細。季札封於延陵,故號曰延陵季子。乘便點出季子封號。

王餘祭三年,齊相慶封有罪,自齊來犇吴。吴與[①]慶封朱方之縣,以爲奉邑,以女妻之,富於在齊。丨插序。

四年,吴使季札聘於魯,請觀周樂。間接季子事。爲歌《周南》《召南》。曰:"美哉,始基之矣,猶未也。然勤而不怨。"三句作三轉。歌《邶》《鄘》《衛》。曰:"美哉,淵乎,憂而不困者也。吾聞衛康叔、武公之德如是,是其《衛風》乎?"一折一宕。歌《王》。曰:"美哉,思而不懼,其周之東乎?"一直。歌《鄭》。曰:"其細已甚,民不堪也,是其先亡乎?"一氣滚下。歌《齊》。曰:"美哉,泱泱乎大風也哉。表東海者,其太公乎?國未可量也。"三跌落。歌《豳》。曰:"美哉,蕩蕩乎,樂而不淫,其周公之東乎?"一咏一歎。歌《秦》。曰:"此之謂夏聲。夫能夏則大,大之至也,其周之舊乎?"立一句,接下。歌《魏》。曰:"美哉,渢渢乎,大而婉[②],儉而易行,以德輔此,則盟主也。"一氣滚下。歌《唐》。曰:"思深哉,其有陶唐氏之遺風乎?不然,何憂之遠也?非令德之後,誰能若是!"三曲。歌《陳》。曰:"國無主,其能久乎?"一句。自《鄶》以下無譏焉。間一句,變法。歌《小雅》。曰:"美哉,思而不貳,怨而不言,其周德之衰乎?猶有先王之遺民也。"拖一筆。歌《大雅》。曰:"廣哉,熙熙乎,曲而有直體,其文王之德乎?"中一頓。歌《頌》。曰:"至矣哉,直而不倨,曲而不詘,近而不偪,遠而不攜,遷而不淫,復而不厭,哀而不愁,樂而不荒,用而不匱,廣而不宣,施而不費,取而不貪,

① 與,中華書局本《史記》作"予"。

② 婉,中華書局本《史記》作"寬"。

處而不底[1],行而不流。五聲和,八風平,節有度,守有序,盛德之所同也。”連排十八句,變法。見舞《象箾》《南籥》者,曰:“美哉,猶有憾。”五字簡淨。見舞《大武》,曰:“美哉,周之盛也,其若此乎?”下四字驚嘆,即不圖爲樂之至于斯意。見舞《韶護》者,曰:“聖人之弘也,猶有慚德,聖人之難也!”三曲。見舞《大夏》,曰:“美哉,勤而不德!非禹,其誰能及之?”反振句。見舞《招箾》,曰:“德至矣哉,大矣,如天之無不燾也,如地之無不載也,雖甚盛德,無以加矣。觀止矣,若有他樂,吾不敢觀。”丨錯落如貫珠。〇連排十九段,雷同固非,即十分軒輊,亦非妙筆,此則逐段連貫,又逐段變化,而句法不大相遠,神情句句不同,離之合之,皆可成篇,豈非奇文?

去魯,遂使齊說晏平仲曰:“子速納邑與政。一轉。無邑與政[2],乃免於難。二轉[3]。齊國之政,將有所歸;三轉。未得所歸,難未息也。”數語中,轉折不盡。故晏子因陳桓子以納政與邑,是以免於欒高之難。丨

去齊,使于鄭。見子產如舊交。謂子產曰:“鄭之執政侈,難將至矣,一層。政必及子。二層。子爲政,慎以禮。三層。不然,鄭國將敗。”丨四層。數語中亦作四層,佳甚!去鄭,適衛。說蘧瑗、史狗、史鰌、公子荊、公叔發、公子朝曰:“衛多君子,未有患也。”丨只一句。

自衛如晉,將舍于宿,聞鐘聲,曰:“異哉!吾聞之,辨而不德,必加于戮。夫子獲罪於君以在此,懼猶不足,而又可以畔乎?一

① 底,中華書局本《史記》作“氐”。
② 中華書局本《史記》作“無邑無政”。
③ 二轉,底本作“一轉”,疑誤,據校本改。

跌。夫子之在此,猶燕之巢于幕也。二跌。君在殯而可以樂乎?”三跌。數語又以跌落勝。遂去之。文子聞之,終身不聽琴瑟。先出鐘聲,後出夫子,至末乃點出文子,是倒法,而文子獲罪之故,竟不說出。妙!

適晉,説趙文子、韓宣子、魏獻子,曰:“晉國其萃于三家乎!”將去,謂叔向曰:“吾子勉之!君侈而多良,大夫皆富,政將在三家。吾子直,必思自勉於難。”丨一直下,而中作三曲。前以十九段齊出手段,此又以五段,各出剪裁。

季札之初使,北過徐君。徐君好季札劍,口弗敢言。季札心知之,爲使上國,未獻。還至徐,徐君已死,於是乃解其寶劍,繫之徐君冢樹而去。從者曰:“徐君已死,尚誰予乎?”季子曰:“不然。始吾心已許之,豈以死倍吾心哉!”丨“心許之”佳,應前“心知之”。

七年,楚公子圍弑其王夾敖而代立,是爲靈王。十年,楚靈王會諸侯而以伐吴之朱方,以誅齊慶封。間接慶封事。吴亦攻楚,取三邑而去。丨吴楚相攻四。十一年,楚伐吴,至雩婁。楚伐吴五。十二年,楚復來伐,次于乾谿,楚師敗走。楚伐吴六。

十七年,王餘祭卒,弟餘眛立。丨王餘眛二年,楚公子棄疾,弑其君靈王代立焉。丨

四年,王餘眛卒,欲授弟季札。弑君之下,即接讓國,巢、許不受天下,而犬豕貪其骨餘,可爲三嘆。季札讓,逃去。於是吴人曰:“先王有命,兄卒,弟代立,必致季子。季子今逃位,則王餘眛後立。爲公子光奪國張本。今卒,其子當代。”乃立王餘眛之子僚爲王。丨

王僚二年,公子光伐楚,敗而亡王舟。光懼,襲楚,復得王舟而還。丨吴伐楚七。

五年,楚之亡臣伍子胥來奔,公子光客之。公子光者,王諸樊

之子也。接入公子光。常以爲吾父兄弟四人，當傳至季子。季子即不受國，光父先立。正破前後“立”字。即不傳季子，光當立。陰納賢士，欲以襲王僚。｜挽入客伍子胥、公子光事，所以不著于奪王舟下，而註于伍子胥下也。

八年，吳使公子光伐楚，敗楚師，迎楚故太子建母，於居巢，以歸。因北伐，敗陳、蔡之師。｜吳伐楚八。九年，公子光伐楚，拔居巢、鍾離。｜吳伐楚九。初，楚邊邑卑梁氏之處女，與吳邊邑之女，爭桑，二女家怒，相滅，兩國邊邑長聞之，怒而相攻，滅吳之邊邑。吳王怒，故遂伐楚，取兩都而去。｜吳伐楚十。

伍子胥之初奔吳，說吳王僚以伐楚之利。公子光曰：“胥之父兄爲僇于楚，欲自報其仇耳。未見其利。”於是伍員知光有他志，乃求勇士專諸，見之光。光喜，乃客伍子胥。子胥退而耕於野，以待專諸之事。先出公子光，後出客伍子胥。欲襲王僚，又進專諸退耕待事，段段頓住，決不直瀉。

十二年冬，楚平王卒。十三年春，吳欲因楚喪而伐之，使公子蓋餘、燭庸以兵圍楚之六、灊。吳伐楚十一。使季札於晉，以觀諸侯之變。楚發兵，絕吳兵後，吳兵不得還。於是吳公子光曰：“此時不可失也。”告專諸曰：“不索何獲！我真王嗣，當立，吾欲求之。季子雖至，不吾廢也。”光之所言，理也。專諸曰：“王僚可殺也。母老子弱，而兩公子將兵攻楚，楚絕其路。方今吳外困於楚，而內空，無骨鯁之臣，是無柰我何。”專諸所言，勢也。一人是一樣口角，一樣心事。光曰：“我身，子之身也。”只一句已刻盡，不必多詞，妙！四月丙子，光伏甲士於窟室，而謁王僚飲。王僚使兵陳於道，自王宮至光之家，門階戶席，皆王僚之親也，人夾持鈹。寫得森嚴，正不必羞者數語矣，削之更勝于尤。公子光詳爲足疾，入于窟室，使專諸置匕首於炙魚之中，以進食。手匕首，刺王僚，鈹交於匈，四字精緻，是寫專諸，乃《刺客傳》反刪去。遂殺①王僚。公子光竟立爲王，是爲吴王闔廬。闔廬乃以專諸子爲卿。

季子至，曰："苟先君無廢祀，民人無廢主，社稷有奉，乃吾君也。吾敢誰怨乎？哀死事生，以待天命。非我生亂，立者從之，先人之道也。"應"季子來，不吾廢"語。作數折，俊甚！復命，"事生"也。哭僚墓，"哀死"也。復位而待。丨"待天命"也。吴公子燭庸、蓋餘二人將兵遇圍於楚者，聞公子光弑王僚自立，乃以其兵降楚，楚封之於舒。丨

王闔廬元年，舉伍子胥爲行人而與謀國事。間接退耕事。楚誅伯州犁，其孫伯嚭亡奔吴，吴以爲大夫。丨

三年，吴王闔廬，與子胥、伯嚭將兵伐楚，拔舒，殺吴亡將二公子。光謀欲入郢，將軍孫武曰："民勞，未可，待之。"吴伐楚十二。四年，伐楚，取六與灊。丨吴伐楚十三。五年，伐越，敗之。丨六年，楚使子常囊瓦伐吴。迎而擊之，大敗楚軍于豫章，取楚之居巢而還。丨楚伐吴而敗十四。

九年，吴王闔廬謂伍子胥、孫武曰："始子之言郢未可入，今果如何？"二子對曰："楚將子常貪，而唐、蔡皆怨之。王必欲大伐，必得唐、蔡，乃可。"闔廬從之，悉興師，與唐、蔡西伐楚，至于漢水。吴伐楚十五。楚亦發兵拒吴，夾水陳。吴王闔廬弟夫概欲戰，闔廬弗許。夫概曰："王已屬臣兵，兵以利爲上，尚何待焉？"語勁氣決。

① 殺，中華書局本《史記》作"弑"。

遂以其部五千人,襲冒楚,楚兵大敗,走。於是吳王遂縱兵追之。北[①]至郢,五戰,楚五敗。楚昭王亡,出郢,奔鄖。鄖公弟欲弑昭王,昭王與鄖公犇隨。而吳兵遂入郢。子胥、伯嚭,鞭平王之尸,以報父讎。丨伐楚入郢,只畧寫。

十年春,越聞吳王之在郢,國空,乃伐吳。吳使別兵擊越。楚告急秦,秦遣兵救楚,擊吳,吳師敗。闔廬弟夫概,見秦、越交敗吳,丨雙承。吳王留楚不去,夫概亡歸吳,而自立爲吳王。越寇秦救,繼以內變,寫得匆匆。闔廬聞之,乃引兵歸,攻夫概。夫槩敗,奔楚。楚昭王乃得以九月復入郢,而封夫槩於堂谿,爲堂谿氏。十一年,吳王使太子夫差伐楚,取番。楚恐,而去郢,徙鄀。丨吳伐楚十六。蓋吳楚接壤,兵爭爲甚,此後夫差縱兵中國,伐齊,伐魯,楚亦徙都,而吳楚之事於是終矣。

十五年,孔子相魯。以孔子相魯提綱。

十九年夏,吳伐越,越王句踐,迎擊之檇李。越使死士挑戰,三行,造吳師,句。呼,句。自剄。只數字,寫得勁盡。吳師觀之,越因伐吳,敗之姑蘇,傷吳王闔廬指,軍却七里。吳王病傷而死。闔廬使立太子夫差,謂曰:"爾而忘句踐殺汝父乎?"對曰:"不敢!"三年,乃報越。丨先提"報越"一句,以見"報越"之難,夫差初志之堅決,而歎後之不然也。

王夫差元年,以大夫伯嚭爲太宰。習戰射,常以報越爲志。又接寫一句,以見其難。二年,吳王悉精兵以伐越,敗之夫椒,報姑蘇也。提明,初志既堅,父言在耳。吳之與越,宜何如哉?越王句踐乃以甲

① 北,中華書局本《史記》作"比"。

兵五千人，棲于會稽，使大夫種因吳太宰嚭而行成，請委國爲臣妾。吳王將許之，伍子胥諫曰："昔有過氏殺斟灌，以伐斟尋，滅夏后帝相。帝相之妃后，緡方娠，逃於有仍，而生少康。少康爲有仍牧正。有過又欲殺少康，少康奔有虞。有虞思夏德，於是妻之以二女而邑之于綸，有田一成，有衆一旅。後遂收夏衆，撫其官職。使人誘之，遂滅有過氏，復禹之績，祀夏配天，不失舊物。今吳不如有過之彊，而句踐大於少康。今不因此而滅之，又將寬之，不亦難乎！引少康一段，極其精神，而說句踐處，反只數語。且句踐爲人，能辛苦，只三字，臥薪嘗膽、生聚教訓皆在此內。今不滅，後必悔之。"又繳一句。吳王不聽，聽太宰嚭，卒許越平，與盟，而罷兵去。|

七年，吳王夫差聞齊景公死，而大臣爭寵，新君弱，乃興師北伐齊。子胥諫曰："越王句踐，食不重味，衣不重采，弔死問疾，所云"能辛苦"也。且欲有所用其衆。此人不死，必爲吳患。只八字，勁決。今越在腹心疾，而王不先，而務齊，兩"而"字句法。不亦謬乎！"吳王不聽，遂北伐齊，敗齊師於艾陵。至繒，召魯哀公而徵百牢。季康子使子貢以周禮說太宰嚭，乃得止。因留畧地於齊魯之南。九年，爲騶伐魯，至，與魯盟，乃去。十年，因伐齊而歸。十一年，復北伐齊。

越王句踐，率其眾以朝吳，厚獻遺之，吳王喜。惟子胥懼，曰："是棄吳也。"諫曰："越在腹心，今得志於齊，猶石田，無所用。且《盤庚之誥》，有顛越勿遺，商之以興。"只畧寫，約之又約。吳王不聽，使子胥於齊，子胥屬其子於齊鮑氏，還報吳王。吳王聞之，大怒，賜子胥屬鏤之劍以死。將死，曰："樹吾墓上以梓，令可爲器。抉吾眼置之吳東門，以觀越之滅吳也。"|只序次吳越語，他不復及，是

《吴世家》體。

齊鮑氏弒齊悼公。吴王聞之,哭於軍門外,三日,乃從海上攻齊。齊人敗吴,吴王乃引兵歸。丨

十三年,吴召魯、衛之君會于橐皋。丨

十四年春,吴王北會諸侯於黄池,欲霸中國,以全周室。頓住。下插越伐吴事。六月戊子,越王句踐伐吴。乙酉,越五千人與吴戰。丙戌,鹵吴太子友。丁亥,入吴。吴人告敗於王夫差,間接,吴王正在黄池也。夫差惡其聞也。或泄其語,吴王怒斬七人於幕下。七月辛丑,吴王與晉定公爭長。吴王曰:"於周室我爲長。"晉定公曰:"於姬姓我爲伯。"語勁意盡,簡練之妙。趙鞅怒,將伐吴,乃長晉定公。吴王已盟,與晉别,欲伐宋。太宰嚭曰:"可勝而不能居也。"乃引兵歸國。完會黄池事。國亡太子,内空,王居外久,士皆罷敝,於是乃使厚幣以與越平。丨完越事。間起雙結。

十五年,齊田常殺簡公。

十八年,越益彊。越王句踐率兵使伐敗吴師於笠澤。丨楚滅陳。丨楚事餘波。

二十年,越王句踐,復伐吴。二十一年,遂圍吴。二十三年十一月丁卯,越敗吴。越王句踐欲遷吴王夫差於甬東,予百家居之。吴王曰:"孤老矣,不能事君王也。吾悔不用子胥之言,自令陷此。"遂自剄死。越王滅吴,誅太宰嚭,以爲不忠,而歸。

太史公曰:孔子言"太伯可謂至德矣,三以天下讓,民無得而稱焉"。余讀《春秋》古文,乃知中國之虞,與荊蠻句吴,兄弟也。延陵季子之仁心,慕義無窮,見微而知清濁。嗚呼,又何其閎覽博物君子也!

齊魯十六世家,俱於開國之後,逐年逐事,排列順序。而開頭《吴世家》一篇,即用變法,將世系傳派,一齊點過,至吴王壽夢,結住再起。後乃序事,實事原如此。史公趂勢另開生面也。○季子觀樂一段,句句變,節節變,分之各成一小篇,合之共成一大篇,胚胎于《左傳》,而史公又出剪裁,所以更妙。○弑王僚事、入郢事有《伍胥》《刺客》二傳,故亦只約畧寫,雖不如兩傳佳,如皇后自服布縠,而諸夫人自御錦綺,儉樸濃艷,各自有體也。

齊太公世家

太公望呂尚者，東海上人。其先祖嘗爲四嶽，佐禹平水土，甚有功。虞夏之際，封於呂，或封于申，姓姜氏。夏商之時，申、呂或封枝庶子孫，或爲庶人，先序世系，俱傳聞，語約畧寫，四"或"字相應。尚其後苗裔也。始接入呂尚。本姓姜氏，從其封姓故曰呂尚。即姜氏入到呂，妙有源委。

呂尚蓋嘗窮困，年老矣，以漁釣奸周西伯。呂尚貧時事，只兩語寫，"奸"字險甚。西伯將出獵，卜之，曰"所獲非龍非彲，非虎非羆；所獲霸王之輔"。於是周西伯獵，果遇太公於渭之陽，"果遇"妙！有心無心，寫來恰好。與語大説，曰："自吾先君太公曰'當有聖人適周，周以興'。子真是邪？吾太公望子久矣。"故號之曰"太公望"，事奇，名亦奇。載與俱歸，立爲師。

或曰，太公博聞，嘗事紂。紂無道，去之。游説諸侯，無所遇，而卒西歸周西伯。或曰，呂尚處士，隱海濱。周西伯拘羑里，散宜生、閎夭素知，而招呂尚。呂尚亦曰"吾聞西伯賢，又善養老，盍往焉"。三人者，爲西伯求美女奇物，獻之於紂，以贖西伯。西伯得以出，反國。兩"或曰"突出奇峯，正與上四"或"字相應，寫得約畧疑似，一片俱以神行。言吕尚所以事周雖異,然要之爲文武師。丨一鎖收上三段,與“立爲師”應。

周西伯昌之脱羑里,竟接羑里事,妙!歸與吕尚陰謀修德以傾商政,其事多兵權與奇計,故後世之言兵,及周之陰權皆宗太公爲本謀。一束。周西伯政平,及斷虞芮之訟,而詩人稱西伯受命,曰文王伐崇、密須、犬夷,大作豐邑。天下三分,其二歸周者,太公之謀計居多。丨一束。兩段歸功太公處,俱約畧虛寫,所云頰上三毛,取其意思所在而已。

文王崩,武王即位。九年,欲修文王業,東伐以觀諸侯集否。師行,師尚父左杖黄鉞,右把白旄,以誓,曰:“蒼兕蒼兕,總爾衆庶,與爾舟楫,後至者斬!”約誓詞,只三句。遂至盟津。諸侯不期而會者,八百諸侯。諸侯皆曰:“紂可伐也。”武王曰:“未可。”還師,衆以爲可,武王、太王還師。與太公作此《太誓》。丨《太誓》倒點。

居二年,紂殺王子比干,囚箕子。武王將伐紂,卜龜,兆不吉,風雨暴至。群公盡懼,唯太公彊之,勸武王,武王於是遂行。衆以爲懼,太公勸武王行,兩處相照。十一年正月甲子,誓于牧野,伐商紂。紂師敗績。紂反走,登鹿臺,遂追斬紂。明日,武王立於社,群公奉明水,衛康叔封布采席,師尚父牽牲,史佚策祝,以告神討紂之罪。散鹿臺之錢,發鉅橋之粟,以振貧民。封比干墓,釋箕子囚。遷九鼎,修周政,與天下更始。師尚父謀居多。丨又歸功太公,作一束,是尊傳體也。○結完文武師事,下乃入齊事。

於是武王已平商而王天下,上頓住,此緊接。封師尚父於齊營丘。東就國,道宿,行遲。逆旅之人曰:“吾聞時難得而易失。客寢甚安,殆非就國者也。”太公聞之,夜衣而行,犂明至國。萊侯來伐,與之爭營丘。營丘邊萊。萊人,彝也,會紂之亂,而周初定,未能集遠方,是以與太公爭國。丨又從萊人註一筆,極爲明晰。

太公至國,修政,因其俗,簡其禮,通商工之業,便魚鹽之利,而人民多歸齊,齊爲大國。丨太公開國。及周成王少時,管蔡作亂,淮彝畔周,乃使召康公命太公曰:“東至海,西至河,南至穆陵,北至無棣,五侯九伯,實得征之。”齊由此得征伐,爲大國。成王錫命,兩爲大國,關合作兩層寫。都營丘。丨又找一句,完上建都爭國事,伏下遷都事。

蓋太公之卒,百有餘年,丨壽百餘歲也,不是編年之年。〇自傳首至此,序太公事是一篇。子丁公呂伋立。丁公卒,子乙公得立。乙公卒,子癸公慈母立。癸公卒,子哀公不辰立。

哀公時,紀侯譖之周,周烹哀公,而立其弟靜,是爲胡公。胡公徙都薄姑,而當周夷王之時。

哀公之同母少弟山,怨胡公,乃與其黨率營丘人襲攻殺胡公而自立,是爲獻公。獻公元年,盡逐胡公子,因徙薄姑,都治臨菑。丨自此始定都臨菑。〇以上紀侯之譖,至獻公徙都是一段。

九年,獻公卒,子武公壽立。武公九年,周厲王出奔,居彘。十年,王室亂,大臣行政,號曰“共和”。提綱。二十四年,周宣王初立。

二十六年,武公卒,子厲公無忌立。厲公暴虐,故胡公子復入齊,齊人欲立之,乃與攻殺厲公。胡公子亦戰死。齊人乃立厲公子赤爲君,是爲文公,而誅殺厲公者七十人。

文公十二年卒,子成公脱立。成公九年卒,子莊公購立。

莊公二十四年,犬戎殺幽王,周東徙雒。秦始列爲諸侯。丨提綱。五十六年，晉弑其君昭侯。丨弑君附見。

六十四年，莊公卒，子釐公禄甫立。

釐公九年，魯隱公初立。十九年，魯桓公弑其兄隱公，而自立爲君。丨弑君附見。

二十五年，北戎伐齊。鄭使太子忽來救齊，齊欲妻之。忽曰："鄭小齊大，非我敵。"遂辭之。丨

三十二年，釐公同母弟夷仲年死。其子曰公孫無知，釐公愛之，令其秩服奉養，比太子。丨序襄公被弑事，節節寫來，遥遥先伏釐公愛無知，是第一節。

三十三年，釐公卒，太子諸兒立，是爲襄公。

襄公元年，始爲太子時，嘗與無知鬭，及立，絀無知秩服，無知怨。丨襄公絀無知，是第二節。

四年，魯桓公與夫人如齊。齊襄公故嘗私通魯夫人。魯夫人者，襄公女弟也，自釐公時，嫁爲魯桓公婦，及桓公來，而襄公復通焉。魯桓公知之，怒夫人，夫人以告齊襄公。齊襄公與魯君飲，醉之，使力士彭生，抱上魯君車，因拉殺魯桓公，桓公下車，則死矣。魯人以爲讓，而齊襄公殺彭生以謝魯。丨殺魯桓公是第三節。

八年，伐紀，紀遷去其邑。丨

十二年，初，襄公使連稱、管至父，戍葵丘，瓜時而往，及瓜而代。約令趣甚。往戍一歲，卒瓜時而公弗爲發代。或爲請代，公弗許。故此二人怒，因公孫無知謀作亂。丨連管怨，謀作亂是第四節。連稱有從妹在公宫，無寵，使之間襄公，曰"事成，以女爲無知夫人"。丨連稱妹間襄公是第五節。冬十二月，襄公游姑棼，遂獵沛丘。見彘，從者曰"彭生"。公怒，射之，彘人立而啼。公懼，墜車傷足，

失屨。反而鞭主屨者茀三百。｜彭生現恠，是第六節。茀出宮。而無知、連稱、管至父等，聞公傷乃遂率其眾襲宮。逢主屨茀，茀曰："且無入驚宮，驚宮，未易入也。"無知弗信，茀示之創，乃信之。待宮外，令茀先入。茀先入，即匿襄公戶間。良久，無知等恐，遂入宮。茀反與宮中及公之幸臣攻無知等，不勝，皆死。｜茀攻無知，是第七節。無知入宮，求公不得。或見人足於戶間，發視，乃襄公，遂弒之，弒襄公是第八節。事相因而起，節節相連，絕無間懈。而無知自立爲齊君。｜以上釐公愛無知至此，是一篇。

桓公元年倒提桓公。春，齊君無知，游于雍林。雍林人嘗有怨無知，及其往游，雍林人襲殺無知，告齊大夫曰："無知弒襄公自立臣謹行誅。唯大夫更立公子之當立者，唯命是聽。"

初，襄公之醉殺魯桓公，通其夫人，遙接。殺誅數不當，淫於婦人，數欺大臣，群弟恐禍及，補序。故次弟糾奔魯。其母，魯女也。因奔魯，遂及魯女。管仲、召忽傅之。次弟小白奔莒，鮑叔傅之。小白母，衛女也，因魯女，并及衛女。有寵于釐公。小白自少好善，插一段，追序，法固錯綜，事乃明白。大夫高傒。及雍林人殺無知，間接。議立君，高、國先陰召小白於莒。魯聞無知死，亦發兵送公子糾，｜雙起夾序。而使管仲別將兵遮莒道，射中小白帶鉤。小白佯死，管仲使人馳報魯。魯送糾者行益遲，六日至齊，一邊正寫其遲。則小白已入，高傒立之，是爲桓公。

桓公之中鉤佯死以誤管仲，已而載溫車中馳行，一邊補寫其急，情事乃盡。亦有高、國內應，故得先入立，又找還高、國一筆，絕無滲漏。發兵距魯。秋，與魯戰于乾時，魯兵敗走，齊兵掩絕魯歸道。齊遺魯書曰："子糾，兄弟，弗忍誅，請魯自殺之。召忽、管仲讎也，請得甘心醢之。不然,將圍魯。”找五字綻甚。魯人患之,遂殺子糾於笙瀆。召忽自殺,管仲請囚。頓住。桓公之立,發兵攻魯,心欲殺管仲。鮑叔牙曰:“臣幸得從君,君竟以立。君之尊臣,無以增君。君將治齊,即高傒與叔牙足也。君且欲霸王,非管夷吾不可。夷吾所居國,國重,不可失也。”於是桓公從之。又插入,補追序請管仲之故,註明前事。乃詳爲召管仲,欲甘心,實欲用之。管仲知之,故請往。鮑叔牙迎受管仲,及堂阜,而脱桎梏,間接管仲請囚。齋祓而見桓公。桓公厚禮,以爲大夫,任政。

桓公既得管仲,與鮑叔、隰朋、高傒修齊國政,連五家之兵,設輕重魚鹽之利,以贍貧窮,禄賢能,齊人皆説。丨先虚説,後乃實序。

二年,伐滅郯,郯子奔莒。初,桓公亡時,過郯,郯無禮,故伐之。

五年,伐魯,魯將師敗。魯莊公請獻遂邑以平,桓公許與魯會柯而盟。魯將盟,曹沫以匕首劫桓公於壇上,曰:“反魯之侵地!”桓公許之。已而曹沫去匕首,北面就臣位。桓公後悔,欲無與魯地,而殺曹沫。管仲曰:“夫劫許之,而倍信殺之,愈一小快耳,而棄信于諸侯,失天下之援,不可。”於是遂與曹沫三敗所亡地於魯。諸侯聞之,皆信齊而欲附焉。丨欲序桓公伯業,先將小事序起,以爲創伯初政,故特結一句。○桓公伯業,歸魯侵地一。七年,諸侯會桓公於甄,而桓公於是始霸焉。

十四年,陳厲公子完,號敬仲,來奔齊。齊桓公欲以爲卿,句。讓;句。於是以爲工正。田成子常之祖也。丨方欲序桓公匡周、定伯、極齊之盛,而即帶序田氏一段。木方盛而蠹已生之,水方深而蛟龍聚焉。爭王定伯,亦何益哉!令英雄之心冰冷。

二十三年,山戎伐燕,燕告急於齊。齊桓公救燕,遂伐山戎,至于孤竹而還。燕莊公遂送桓公,入齊境。桓公曰:"非天子,諸侯相送不出境,吾不可以無禮於燕。"於是分溝割燕君所至與燕,命燕君復修召公之政,納貢于周,如成康之時。諸侯聞之皆從齊。丨伐山戎二。○又特結一句,以爲諸侯初附之本。

二十七年,魯湣公母曰哀姜,桓公女弟也。哀姜淫於魯公子慶父,慶父弒湣公,哀姜欲立慶父,魯人更立釐公。桓公召哀姜殺之。丨殺哀姜三。

二十八年,衛文公有狄亂,告急於齊。齊率諸侯城楚丘而立衛君。丨定衛君四。

二十九年,桓公與夫人蔡姬戲船中。蔡姬習水,蕩公,公懼,止之,不止,出船,句。怒,句。歸蔡姬,弗絕。蔡亦怒,嫁其女。閨房瑣褻,簡勁之中,情事逼露。桓公聞而怒,興師往伐。

三十年春,齊桓公率諸侯伐蔡,蔡潰。遂伐楚。楚成王興師問曰:"何故涉吾地?"管仲對曰:"昔召康公命我先君太公曰:'五侯九伯,若實征之,以夾輔周室。賜我先君履,東至海,西至河,南至穆陵,北至無棣。楚貢包茅不入,王祭不共,是以來責。昭王南征不復,是以來問。"楚王曰:"貢之不入,有之,寡人罪也,敢不共乎!昭王之出不復,君其問之水濱。"雙起。一仄,序法簡淨,然比《左傳》少乏采色。齊師進次于陘。詳得好。夏,楚王使屈完將兵扞齊,齊師退次召陵。桓公矜屈完以其衆。簡得好。屈完曰:"君以道則可;若不,則楚方城以爲城,江、漢以爲溝,君安能進乎?"簡得盡致。乃與屈完盟而去。丨伐楚五。過陳,陳袁濤塗詐齊,令出東方,句。覺。句。秋,齊伐陳。丨伐陳六。是歲,晉殺太子申生。丨三十五年夏,會諸侯于葵丘。周襄王使宰孔賜桓公文武胙、彤弓矢、大路,命無拜。桓公欲許之,管仲曰“不可”,乃下拜受賜。丨會葵丘七。秋,復會諸侯于葵丘,益有驕色。周使宰孔會。諸侯頗有叛者。晉侯病,句。後,句。遇宰孔。宰孔曰:“齊侯驕矣,弟無行。”從之。是歲,晉獻公卒,里克殺奚齊、卓子,秦穆公以夫人入公子夷吾爲晉君。桓公於是討晉亂,至高梁,使隰朋立晉君,還。丨立晉君八。

是時周室微,唯齊、楚、秦、晉爲彊。晉初與會,獻公死,國內亂。秦穆公辟遠,不與中國會盟。楚成王初收荊蠻有之彝狄自置。唯獨齊爲中國會盟,而桓公能宣其德,故諸侯賓會。一段伯業于此,結穴故又散序一段以申明之,承上起下,吃緊有力。於是桓公稱曰:“寡人南伐至召陵,望熊山;北伐山戎、離枝、孤竹;西伐大夏,涉流沙;束馬懸車,登太行,至卑耳山而還。諸侯莫違寡人。寡人兵車之會三,乘車之會六,九合諸侯一匡天下。昔三代受命,有何以異於此乎?桓公伯業即借桓公口中總序一遍。吾欲封泰山,禪梁父。”管仲固諫,不聽;乃說桓公以遠方珍怪物至乃得封,桓公乃止。丨不必有之事,只約畧序。

三十八年,周襄王弟帶,與戎、翟合謀伐周,齊使管仲平戎於周。周欲以上卿禮管仲,管仲頓首曰:“臣陪臣,安敢!”三讓,乃受下卿禮以見。丨平戎,伯業餘威。三十九年,周襄王弟帶來奔齊。齊使仲孫請王,爲帶謝。襄王怒,弗聽。丨爲帶謝,桓公衰兆。

四十一年,秦穆公虜晉惠公,復歸之。是歲,管仲、隰朋皆卒。先提一句,下序。管仲病,桓公問曰:“群臣誰可相者?”管仲曰:“知臣莫如君。”公曰:“易牙如何?”對曰:“殺子以適君,非人情,不可。”公曰:“開方如何?”對曰:“倍親以適君,非人情,難近。”公曰:“豎刁如何?”對曰:“自宮以適君,非人情,難親。”三比法,小變。管仲死,而桓公不用管仲言,卒近用三子,三子專權。

四十二年,戎伐周,周告急于齊,齊令諸侯各發卒戍周。是歲,晉公子重耳來,桓公妻之。丨

四十三年。初,齊桓公之夫人三:曰王姬、徐姬、蔡姬,皆無子。桓公好内,多内寵,如夫人者六人,“如夫人”字新,惜爲人用舊。長衛姬,生無詭;少衛姬,生惠公元;鄭姬,生孝公昭;葛嬴,生昭公潘;密姬,生懿公商人;宋華子,生公子雍。先序得楚楚後逐段應。桓公與管仲屬孝公於宋襄公,以爲太子。雍巫有寵于衛共姬,因宦者豎刁以厚獻于桓公,亦有寵,桓公許之立無詭。管仲卒,再提“管仲卒”一句以見管仲如在,亂不至此也。五公子皆求立。冬十月乙亥,齊桓公卒。易牙入,與豎刁,因内寵,殺群吏,而立公子無詭爲君。太子昭奔宋。

桓公病,五公子各樹黨爭立。及桓公卒,遂相攻,以故宫中空,莫敢棺。先補一句是。桓公尸在牀上六十七日,尸蟲出于戶。十二月乙亥,無詭立,乃棺赴。辛巳夜,斂殯。

桓公十有餘子,要其後立者五人:無詭立三月死,無謚;次孝公;次昭公;次懿公;次惠公。桓公子又總序一段,作兩層寫。○以上自桓公元年至此,序桓公事是一篇。孝公元年三月,宋襄公率諸侯兵送齊太子昭而伐齊。齊人恐,殺其君無詭。齊人將立太子昭,四公子之徒攻太子,太子走宋,宋遂與齊人四公子戰。五月,宋敗齊四公子師,而立太子昭,是爲齊孝公。宋以桓公與管仲屬之太子,故來征之。應前補序一筆。以亂故,八月乃葬齊桓公。丨完爭國事。

六年春，齊伐宋，以其不同盟于齊也。夏，宋襄公卒。插入，爲立太子故也。七年，晉文公立。｜爲繼桓而霸也。

十年，孝公卒，孝公弟潘因衛公子開方，殺孝公子而立潘，是爲昭公。昭公，桓公子也，其母曰葛嬴。｜應前。

昭公元年，晉文公敗楚於城濮，而會諸侯踐土，朝周，天子使晉稱伯。六年，翟侵齊。晉文公卒。秦兵敗於殽。｜十二年，秦穆公卒。｜

十九年五月，昭公卒，子舍立爲齊君。舍之母無寵于昭公，國人莫畏。昭公之弟商人以桓公死爭立而不得，陰交賢士，附愛百姓，百姓說。及昭公卒，子舍立，孤弱，即與衆十月即墓上弑齊君舍，而商人自立是爲懿公。懿公，桓公子也，其母曰密姬。｜應前。

懿公四年春，初懿公爲公子時，與丙戎之父獵，爭獲，不勝，及即位，斷丙戎父足，而使丙戎僕。庸職之妻好，公內之宮，使庸職驂乘。五月，懿公游于申池，二人浴，句。戲。句。職曰："斷足子！"戎曰："奪妻者！"只六字簡甚。二人俱病此言，乃怨。謀與公游竹中，二人弑懿公車上，棄竹中而亡去。

懿公之立，句。驕，句。民不附。應前附愛百姓。齊人廢其子，而迎公子元於衛，立之，是爲惠公。惠公，桓公子也。其母衛女曰少衛姬，應前。避齊亂，故在衛。又註一句。○應前三段，結語俱不換借作關鎖。○以上送齊太子至此，序四公子結完前案，是一篇。

惠公二年，長翟來，王子城父攻殺之，埋之于北門。｜晉趙穿弑其君靈公。｜弑君附見。

十年，惠公卒，子頃公無野立。初，崔杼有寵于惠公，惠公卒，高、國畏其偪也，逐之，崔杼奔衛。｜

頃公元年,楚莊王彊伐陳;二年,圍鄭,鄭伯降,已復國鄭伯。丨句法新。

六年春,晉使郤克于齊,齊使夫人帷中而觀之。郤克上,夫人笑之。郤克曰:“不是報,不復涉河!”句。歸,句。請伐齊,晉侯弗許。伐齊事作一頓。齊使至晉,郤克執齊使者四人河内,殺之。丨八年。晉伐齊,齊以公子彊質晉,晉兵去。伐齊事又作一頓。十年春,齊伐魯、衛。魯、衛大夫如晉請師,皆因郤克。間接。晉使郤克以車八百乘爲中軍將,士燮將上軍,欒書將下軍,以救魯、衛,伐齊。六月壬申,與齊侯兵合靡笄下。癸酉,陳於鞌。逢丑父爲齊頃公右。頃公曰:“馳之,破晉軍會食。”射傷郤克,流血至履。克欲還入壁,其御曰:“我始入,再傷,不敢言疾,恐懼士卒,“恐懼”二字,分斷,“恐”以“懼”士卒也。願子忍之。”遂復戰。句。戰,句。齊急,丑父恐齊侯得,乃易處,頃公爲右,車絓於木而止。晉小將韓厥伏齊侯車前曰“寡君使臣救魯、衛”,戲之。只一句。丑父使頃公下取飲,因得亡,脫去,入其軍。晉郤克欲殺丑父。丑父曰:“代君死而見僇,後人臣無忠其君者矣。”克舍之,丑父遂得,亡歸齊。於是晉軍追齊至馬陵。齊侯請以寶器謝,不聽;必得笑克者蕭桐叔子,令齊東畝。對曰:“叔子,齊君母。齊君母,亦猶晉君母,子安置之?約作數語簡淨。且子以義伐,而以暴爲後,其可乎?”於是乃許,令反魯、衛之侵地。

十一年,晉初置六卿,賞鞌之功。齊頃公朝晉,欲尊王晉景公,晉景公不敢受,乃歸。又找兩段,完伐齊事。歸而頃公弛苑囿,薄賦斂,振孤問疾,虛積聚以救民,民亦大說。厚禮諸侯。竟頃公卒,百姓附,諸侯不犯。丨又找頃公一段,爲伐齊餘波。○以上自笑郤克至此,序晉伐齊事是一篇。

十七年,頃公卒,子靈公環立。

靈公九年,晉欒書弑其君厲公。|弑君附見。十年,晉悼公伐齊,齊令公子光質晉。十九年,立子光爲太子,高厚傅之,令會諸侯盟于①鍾離。|二十七年,晉使中行獻子伐齊。齊師敗,靈公走入臨菑。晏嬰止靈公,靈公弗從。曰:"君亦無勇矣!"晉兵遂圍臨菑,臨菑守城,不敢出,晉焚郭中而去。|

二十八年,初靈公取魯女,生子光,以爲太子。仲姬,戎姬。戎姬嬖,仲姬生子牙,屬之戎姬。戎姬請以爲太子,公許之。仲姬曰:"不可。光之立,列於諸侯矣,今無故廢之,君必悔之。"公曰:"在我耳。"遂東太子光,使高厚傅牙爲太子。靈公疾,崔杼迎故太子光而立之,是爲莊公。莊公殺戎姬。五月壬辰,靈公卒,莊公即位,執太子牙於句竇之丘,殺之。八月,崔杼殺高厚。晉聞齊亂,伐齊,至高唐。|

莊公三年,晉大夫欒盈奔齊,莊公厚客待之。晏嬰、田文子諫,公弗聽。四年,齊莊公使欒盈間入晉曲沃,爲內應,以兵隨之,上太行,入孟門。欒盈敗,齊兵還,取朝歌。|

六年,初棠公妻好,棠公死,崔杼取之。莊公通之,數如崔氏,以崔杼之冠賜人。待者曰:"不可。"删公答語,淨。崔杼怒,因其伐晉,接前事。欲與晉合謀襲齊,而不得間。莊公嘗笞宦者賈舉,賈舉復侍,又生出一層。爲崔杼間公,以報怨。五月,莒子朝齊,齊以甲戌饗之。崔杼稱病,不視事。乙亥,公問崔杼病,遂從崔杼妻。

① 于,中華書局本《史記》作"於"。

崔杼妻入室，與崔杼自閉户，不出，公擁柱而歌。寫得荒唐可笑。宦者賈舉，遮公，從宫而入，間接報怨事。閉門，崔杼之徒，持兵從中起。公登臺而請解，不許；請盟，不許；請自殺於廟，不許。三疊句短勁。皆曰："君之臣杼，疾病不能聽命。近于公宫。陪臣爭趣有淫者，妙詞。不知二命。"公踰墻，射中公股，公反墜，遂弑之。晏嬰立崔杼門外，曰："君爲社稷死，則死之，爲社稷亡，則亡之。若爲己死己亡，非其私暱，誰敢任之！"删平仲語，只用簡法。門開而入，枕公尸而哭，三踊而出。人謂崔杼："必殺之。"崔杼曰："民之望也，舍之得民。"

丁丑，崔杼立莊公異母弟杵臼，是爲景公。景公母魯叔孫宣伯女也。景公立，以崔杼爲右相，慶封爲左相。忽接入慶封，爲後殺崔杼張本。二相恐亂起，乃與國人盟曰："不與崔、慶者死！"晏子仰天曰："嬰所不獲，唯忠於君利社稷者是從！"不肯盟。慶封欲殺晏子，崔杼曰："忠臣也舍之。"兩"舍之"，相應，法變。齊太史書曰"崔杼弑莊公"，崔杼殺之。其弟復書，崔杼復殺之。少弟復書，崔杼乃舍之。又一"舍之"。相應奇文。

景公元年，初崔杼生子成，及彊，其母死，取東郭女，生明。東郭女使其前夫子無咎，與其弟偃，相崔氏。成有罪，二相急治之，立明爲太子。成請老于崔杼，崔杼許之，二相弗聽，曰："崔，宗邑，不可。"成、彊怒，告慶封。慶封與崔杼有郤，欲其敗也。閒點慶封心事，又不説盡，直貫至後。成、彊殺無咎、偃於崔杼家，家皆奔亡。崔杼怒，無人，使一宦者御，見慶封。慶封曰："請爲子誅之。"使崔杼仇盧蒲嫳攻崔氏，殺成、彊，盡滅崔氏，崔氏婦自殺。崔杼無歸，亦自殺。慶封爲相國，專權。丨結完"欲其敗也"句。

三年十月,慶封出獵。初慶封已殺崔杼,緊接。益驕,嗜酒好獵,不聽政。令慶舍用政,已有内郤。田文子謂桓子曰:"亂將作。"田、鮑、高、欒氏相與謀慶氏。慶舍發甲圍慶封宮,四家徒共擊破之。慶封還,不得入,奔魯。齊人讓魯封奔吳。吳與之朱方,聚其族而居之,富於在齊。其秋,齊人徙葬莊公,僇崔杼尸於市以説衆。| 自"棠公之妻"至此,序崔杼弑君事是一篇。

九年,景公使晏嬰之晉,與叔向私語曰:"齊政卒歸田氏。田氏雖無大德,以公權私,有德於民,民愛之。"十二年,景公如晉,見平公,欲與伐燕。十八年,公復如晉,見昭公。| 二十六年,獵魯郊,因入魯,與晏嬰俱問魯禮。| 三十一年,魯昭公辟季氏難,奔齊。齊欲以千社封之,子家止昭公,昭公乃請齊伐魯,取鄆,以居昭公。|

三十二年,彗星見。景公坐柏寢,嘆曰:"堂堂! 誰有此乎?"語俊逸。群臣皆泣,晏子笑,公怒。晏子曰:"臣笑群臣諛甚。"景公曰:"彗星出東北,當齊分野,寡人以爲憂。"晏子曰:"君高臺深池,賦斂如弗得,刑罰恐弗勝,茀星將出,彗星何懼乎?"公曰:"可禳否?"晏子曰:"使神可祝而來,亦可禳而去也。百姓苦怨以萬數,而君令一人禳之,安能勝衆口乎?"約得簡淨。是時景公好治宮室,聚狗馬,奢侈,厚賦重刑,故晏子以此諫之。|

四十二年,吳王闔閭伐楚,入郢。|

四十七年,魯陽虎攻其君,不勝,奔齊,請齊伐魯。鮑子諫景公乃囚陽虎。陽虎得亡,奔晉。|

四十八年,與魯定公好會夾谷。犂鉏曰:"孔丘知禮而怯,請令萊人爲樂,因執魯君,可得志。"景公害孔丘相魯,懼其霸,故從

犂鉏之計。方會,進萊樂,孔子歷階上,使有司執萊人斬之,以禮讓景公。亦只約畧寫。景公慚,乃歸魯侵地以謝,而罷去。是歲晏嬰卒。|

五十五年,范、中行反其君於晉,晉攻之急,來請粟。田乞欲爲亂,樹黨于逆臣,説景公曰:"范、中行數有德于齊,不可不救。"乃使乞救而輸之粟。|

五十八年夏,景公夫人燕姬適子死。景公寵妾芮姬,生子荼,荼少,其母賤,無行,諸大夫恐其爲嗣,乃言願擇諸子長賢者爲太子。景公老,惡言嗣事,又愛荼母,欲立之,憚發之口,寫景公心事,曲折如見,是史公所長。乃謂諸大夫曰:"爲樂耳,國何患無君乎?"寫景公無可柰何,強忍支離,字字如見,不知三寸管,何以體貼神妙至此。秋,景公病,命國惠子、高昭子,立少子荼爲太子,逐群公子,遷之萊。景公卒,太子荼立,是爲晏孺子。冬,未葬,而群公子畏誅,皆出亡。荼諸異母兄公子壽、駒、黔,奔衛,公子鉏[①]、陽生奔魯。萊人歌之曰:"景公死乎弗與埋,三軍事乎弗與謀,師乎師乎,胡黨之乎?"忽插入一歌,來得惝恍。

晏孺子元年春,田乞僞事高、國者,又頓住,序別事。每朝,乞驂乘,言曰:"子得君,大夫皆自危,欲謀作亂。"又謂諸大夫曰:"高昭子可畏,及未發,先之。"大夫從之。六月,田乞、鮑牧乃與大夫以兵入公宫,攻高昭子。昭子聞之與國惠子救公。公師敗,田乞之徒追之,國惠子奔莒,遂反殺高昭子。晏圉奔魯。|八月,齊秉意茲田乞敗二相,緊接。乃使人之魯,召公子陽生。陽生至齊,私匿

---

① 鉏,中華書局本《史記》作"駔"。

田乞家。十月戊子，田乞請諸大夫曰："常之母常之母，乞之妻也。有魚菽之祭，幸來會飲。"會飲，田乞盛陽生橐中，置坐中央，發橐，出陽生，曰："此乃齊君矣！"一句突然竟截住，當時情景如是。大夫皆伏謁。將與大夫盟而立之，事已定，後又作一醉、一誣、一怒、一悔、一恐，五層，寫當時情事如是。鮑牧醉，乞誣大夫曰："吾與鮑牧謀共立陽生。"鮑牧怒曰："子忘景公之命乎？"諸大夫相視，欲悔，陽生前頓首曰："可則立之，否則已。"鮑牧恐禍起，乃復曰："皆景公子也，何爲不可！"乃與盟，應前將盟。立陽生，是爲悼公。悼公入宮，使人遷晏孺子於駘，殺之幕下，而逐孺子母芮子。芮子故賤，而孺子少，故無權，國人輕之。丨找兩句，追至"母賤""無行"。〇自燕姬適子死至此立晏孺子、立陽生是一篇。

悼公元年，齊伐魯，取讙、闡。初陽生亡在魯，間接追序。季康子以其妹妻之。及歸即位，使迎之。季姬與季魴侯通，言其情，魯弗敢與，故齊伐魯，竟迎季姬。季姬嬖，齊復歸魯侵地。丨

鮑子與悼公有郤，不善。四年，吳、魯伐齊南方。鮑子弒悼公，赴于吳。吳王夫差哭于軍門外三日，將從入海討齊。齊人敗之，吳師乃去。晉趙鞅伐齊，至賴而去。齊人共立悼公子壬，是爲簡公。

簡公四年春，初簡公與父陽生俱在魯也，又追序，遙接陽生。闞止有寵焉。及即位，使爲政。田成子憚之，驟顧于朝。顧闞止也，正見其憚之。御鞅言簡公曰："田、闞[①]不可並也，君其擇焉。"弗聽。子我夕，"子我"，即闞止字。田逆殺人，逢之，遂捕以入。田氏方睦，

① 闞，中華書局本《史記》作"監"。

使囚病,而遺守囚者酒,醉而殺守者,得亡。囚即田逆。遺酒者田成子也。子我盟諸田于陳宗。初田豹欲爲子我臣,又追序一節。使公孫言豹,豹有喪而止。後卒以爲臣,幸於子我。子我謂曰:"吾盡逐田氏而立女,可乎?"對曰:"我遠田氏矣。且其違者不過數人,何盡逐焉!"遂告田氏。子行曰:子行即田逆字,忽稱名,忽稱字,變法。"彼得君,弗先,必禍子。"子行舍于公宫。

夏五月壬申,成子兄弟四乘如公。子我在幄,出迎之,遂入,閉門。宦者禦之,子行殺宦者。短句,精神歷落。公與婦人飲酒于檀臺,成子遷諸寢。公執戈將擊之,太史子餘曰:"非不利也,將除害也。"成子出舍于庫,聞公猶怒,將出,曰:"何所無君!"先作一頓。子行拔劍曰:"需,事之賊也。誰非田宗?所不殺子者,有如田宗。"字字精綻如聞其聲。乃止。子我歸,屬徒攻闈與大門,皆弗勝,乃出。田氏追之。豐丘人執子我以告,殺之郭關。成子將殺大陸子方,田逆請而免之。以公命取車於道,出雍門。田豹與之車,弗受,曰:"逆爲余請,豹與余車,余有私焉。事子我而有私於其讎,何以見魯、衛之士?"又忽借子方作餘波,妙!

庚辰,田常執簡公于徐州。公曰:"余蚤從御鞅言,不及此。"應前。甲午,田常弒簡公于徐州。田常乃立簡公弟驁,是爲平公。平公即位,田常相之,專齊之政,割齊安平以東,爲田氏封邑。以上自闞止有寵,至此田常弒簡公,是一篇。

平公八年,越滅吳。二十五年卒,子宣公積立。

宣公五十一年卒,子康公貸立。田會反廪丘。|

康公二年,韓、魏、趙始列爲諸侯。|十九年,田常曾孫田和,始爲諸侯,遷康公海濱。

二十六年，康公卒，吕氏遂絕其祀。田氏卒有齊國，爲齊威王，彊於天下。收完通篇，即以爲《田敬仲世家》過接，若住不住，妙！

太史公曰：吾適齊，自泰山屬之琅琊，北被於海，膏壤二千里，其民濶達者多匿知，字新。其天性也。以太公之聖，建國本，桓公之盛，修善政，以爲諸侯會盟，稱伯，不亦宜乎？洋洋哉，固大國之風也！前半説齊，後説太公、桓公，又點齊一句，挽上作結。

世家之體，與列傳不同。列傳止序一人，或数人，故摶捖爲易。世家則於一篇之中，上下千百年，既以一國之事詳載，更或他國之事互入，不得不用簡法，故《左》《國》所詳，此則甚畧；《左》《國》藻麗，此則簡淨。局于编幅，不得不然也。故爲世家者，另有一副筆仗，讀世家者，當另換一副眼光。無作矮子觀場，隨人笑語也。○體雖備于一國，而事通于天下，故以本國之事爲經，而他國之事插入爲緯，中間又以共和、魯隱公初立、孔子相魯、秦始爲諸侯，數事提綱，以下篇篇皆同，史公具眼處。○列國弑君諸篇互見，以見天地之大變也。以上通評齊、魯、燕等十六世家。○世家序事雖多，逐年序去，而大事則另作一篇，自爲文章，其中散碎事插序于中，後同。

魯周公世家

周公旦者,周武王弟也。自文王在時,旦爲子孝,篤仁,異於群子。丨及武王即位,旦常輔翼武王,用事居多。丨起處即用簡法。武王九年,東伐,至盟津,周公輔行。丨十一年,伐紂,至牧野,周公佐武王,作《牧誓》。《牧誓》虛。破殷,入商宫。已殺紂,周公把大鉞,召公把小鉞,以夾武王,釁社,告紂之罪于天,及殷民。釋箕子之囚。封紂子武庚祿父,使管叔、蔡叔傅之,以續殷祀。徧封功臣,同姓戚者。封周公旦於少昊之虛曲阜,是爲魯公。周公不就封,留佐武王。丨周公封魯以前事,俱畧序。

武王克殷二年,天下未集,增一句是。武王有疾,不豫,群臣懼,太公、召公乃繆卜。周公曰:"未可以戚我先王。"周公於是乃自以爲質,"質"字妙!以身代,正在其内,勝《尚書》"功"字。設三壇,周公北面立,戴璧秉圭,告于太王、王季、文王。史策祝曰:"惟爾元孫王發,勤勞阻疾。若爾三王,是有負子之責于天,以旦代王發之身。旦巧能多材多藝,能事鬼神。乃王發,不如旦多材多藝,不能事鬼神。兩折作對。乃命于帝廷,敷佑四方,用能定汝子孫于下地,四方之民,罔不敬畏。無墜天之降葆命,我先王亦永有所依歸。仍

歸到先王。今我其即命於元龜，爾之許我，我其以璧與圭，歸以俟爾命。爾不許我，我乃屏璧與圭。”亦兩折作對。周公已令史策告太王、王季、文王，欲代武王發，增兩句，說得活現。於是乃即三王而卜。卜人皆曰吉，發書視之，信吉。周公喜，開籥乃見書，遇吉。三“吉”字疊，妙！周公入賀武王曰：“王其無害。旦新受命三王，惟長終是圖。茲道能念予一人。”周公藏其策金縢匱中，誡守者勿敢言。明日，武王有瘳。|

其後武王既崩，成王少，在強葆之中。周公恐天下聞武王崩而畔，周公乃踐阼，代成王攝行政，當國。攝政事先提一句。管叔及其群弟，流言於國曰：“周公將不利于成王。”伏。周公乃告太公望、召公奭曰：“我之所以弗辟而攝行政者，恐天下畔周，無以告我先王，太王、王季、文王。三王之憂勞天下久矣，於今而後成。武王蚤終，成王少，將以成周，我所以爲之若此。”於是卒相成王，又註明一段。而使其子伯禽代就封於魯。遙接“不就封”。周公戒伯禽曰：“我文王之子，武王之弟，成王之叔父，我於天下，亦不賤矣。然我一沐，三捉髮，一飯三吐哺，起以待士，猶恐失天下之賢人。子之魯，慎無以國驕人。”|

管、蔡、武庚等果率淮彝而反。間接“流言”。周公乃奉成王命，興師東伐，作《大誥》。《大誥》虛。遂誅管叔，殺武庚，放蔡叔。收殷餘民，以封康叔於衛，封微子於宋，以奉殷祀。寧淮彝東土，二年而畢定。諸侯咸服宗周。|應前天下未集。

天降祉福，唐叔得禾，異母同潁，“母”字妙！獻之成王，成王命唐叔以餽周公於東土，作《餽禾》。周公既受命禾，嘉天子命，作《嘉禾》。|《餽禾》《嘉禾》虛。東土以集，周公歸報成王，|無居東

事,與《書》異。乃爲詩貽王,命之曰《鴟鴞》。王亦未敢訓周公。|

成王七年二月乙未,王朝步自周,至豐,使太保召公先之雒相土。其三月,周公往營成周雒邑,卜居焉,曰吉,遂國之。

成王長,能聽政。於是周公乃還政於成王,成王臨朝。周公之代成王治,南面倍依以朝諸侯。及七年後,還政成王,北面就臣位,匔匔如畏然。|南面、北面相對成文。依即扆,匔音躬,謹畏也。

初成王少時,句。病,句。周公乃自揃其蚤沈之河,以祝於神曰:"王少,未有識,姦神命者,乃旦也。"亦藏其策於府。成王病,有瘳。及成王用事,人或譖周公,周公奔楚。成王發府,見周公禱書,乃泣,反周公。|成王病及奔楚事,不經見,即《金縢》居東一事,而傳聞異詞也。

周公歸,恐成王壯,治有所淫佚,乃作《多士》,《多士》虚。作《毋逸》。毋逸稱:"爲人父母,爲業至長久,子孫驕奢,忘之,以亡其家,爲人子可不慎乎!收作簡法。故昔在殷王中宗,嚴恭敬畏,天命自度,治民震懼,不敢荒寧,故中宗饗國,七十五年。其在高宗,久勞于外,爲與小人,作其即位,乃有亮闇,三年不言,言乃讙,不敢荒寧,密靖殷國,至於小大無怨,故高宗饗國,五十五年。其在祖甲,不義惟王,久爲小人于外,知小人之依,能保施小民,不侮鰥寡,故祖甲饗國,三十三年。"《多士》稱曰:"自湯至于帝乙,無不率祀明德,帝無不配天者。在今後嗣王紂,誕淫厥佚,不顧天及民之從也。其民皆可誅。周多士。文王日中昃不暇食,饗國五十年。"作此以誡成王。|七十五年、五十五年、三十三年、五十年,相應作章法,中插《多士》數語恐有脱悮。

成王在豐,天下已安,周之官政未次序,於是周公作《周官》,

《周官》虚。官别其宜,作《立政》,《立政》虚。以便百姓。百姓説。丨

周公在豐,病將没,曰:“必葬我成周,以明吾不敢離成王。”周公既卒,成王亦讓葬周公於畢,從文王,以明予小子不敢臣周公也。丨以死從成王,成王讓以從文王,奇!

周公卒後,秋未穫,暴風雷雨,禾盡偃,大木盡拔。周國大恐。成王與大夫朝服以開金縢書,王乃得周公所自以爲功代武王之説。二公及王乃問史百執事,史百執事曰:“信有,昔周公命我勿敢言。”成王執書以泣曰:“自今後,其無繆卜乎!昔周公勤勞王家,惟予幼人弗及知。今天動威,以彰周公之德,惟朕小子其迎,我國家禮亦宜之。”王出郊,天乃雨,反風禾盡起。二公命國人,凡大木所偃,盡起而築之。歲則大熟。丨於此忽插《金縢》事,且述《尚書》“小子其迎”句,若周公已卒,尚迎何人乎?恐有脱悮。於是成王乃命魯得郊,祭文王。魯有天子禮樂者,以褒周公之德也。丨結完周公事。自篇首至此,序周公事是一篇。

周公卒,子伯禽固已前受封,是爲魯公。又找明一句,下即趁勢追序初受封報政事,便甚。魯公伯禽之初受封之魯,三年而後報政周公。周公曰:“何遲也?”伯禽曰:“變其俗,革其禮,喪三年,然後除之,故遲。”太公亦封於齊,五月而報政周公。周公曰:“何疾也?”曰:“吾簡其君臣禮,從其俗爲也。”及後聞伯禽報政遲,句句追序,段段倒插,章法之妙!乃嘆曰:“嗚呼,魯後世其北面事齊矣!夫政不簡不易,民不有近;平易近民,民必歸之。”

伯禽即位之後,有管、蔡等反也,淮彝、徐戎亦並興反。於是伯禽率師伐之,於肸,作《肸誓》,曰:“陳爾甲胄,無敢不善。無敢

傷牿。馬牛其風,臣妾逋逃,勿敢越逐,敬復之。無敢寇攘,踰牆垣。魯人三郊三隧,峙爾芻茭、糗糧、楨榦,無敢不逮。我甲戌[①]築而征徐戎,無敢不及,有大刑。"簡句精緊,六"無敢""弗敢"相應。作此《肹誓》,遂平徐戎,定魯。丨自魯公受封至此,序伯禽事是一篇。

魯公伯禽卒,子考公酋立。考公四年卒,立弟熙,是爲[②]煬公。煬公築茅闕門。六年卒,子幽公宰立。幽公十四年。幽公弟濆,殺幽公而自立,是爲魏公。魏公五十年卒,子厲公擢立。厲公三十七年卒,魯人立其弟具,是爲獻公。獻公三十二年卒,子真公濞立。丨

真公十四年,周厲王無道,出奔彘,共和行政。丨提綱。二十九年,周宣王即位。丨

三十年,真公卒,弟敖立,是爲武公。

武公九年春,武公與長子括少子戲,西朝周宣王。宣王愛戲,欲立戲爲魯太子。周之樊仲山父諫宣王曰:"廢長立少,不順;不順,必犯王命;犯王命必誅之:故出令不可不順也。令之不行,政之不立;行而不順,民將棄上。夫下事上,少事長,所以爲順。今天子建諸侯,立其少,是教民逆也。若魯從之,諸侯效之,王命將有所壅;若弗從而誅之,是自誅王命也。一反一正。誅之亦失,不誅亦失,王其圖之。"緊接兩语,雙收。宣王弗聽,卒立戲爲魯太子。夏,武公歸而卒,戲立,是爲懿公。

懿公九年,懿公兄括之子伯御,與魯人攻弑懿公,而立伯御爲君。伯御即位,十一年,周宣王伐魯,殺其君伯御,而問魯公子能

① 戌,底本作"戊",疑誤,據校本改。

② 爲,中華書局本《史記》作"謂"。

道順諸侯者,以爲魯後。樊穆仲曰:“魯懿公弟稱,肅恭明神,敬事耆老;賦事行刑,必問于遺訓,而咨於固實;不干所問,不犯所知。”排語古勁。宣王曰:“然,能訓治其民矣。”乃立稱於夷宮,是爲孝公。自是後諸侯多畔王命。丨自宣王愛戲至此,序廢立事是一篇。

孝公二十五年,諸侯畔周,犬戎殺幽王。秦始列爲諸侯。提綱。

二十七年,孝公卒,子弗湟立,是爲惠公。丨

惠公三十年,晉人弒其君昭侯。四十五年,晉人又弒其君孝侯。丨弒君附見。

四十六年,惠公卒,長庶子息,攝當國,行君事,是爲隱公。初,惠公適夫人無子,公賤妾聲子生子息。息長,爲娶於宋。宋女至而好,惠公奪而自妻之。生子允。登宋女爲夫人,以允爲太子。及惠公卒,爲允少故,魯人共令息攝政,不言即位。“不言即位”,是孔子《春秋》褒貶之文,以爲魯人悮。

隱公五年,觀漁於棠。八年,與鄭易天子之泰山之邑祊及許田,君子譏之。虛序。

十一年冬,公子揮諂謂隱公曰:“百姓便君,君其遂立。吾請爲君殺子允,君以我爲相。”隱公曰:“有先君命。吾爲允少,故攝代。今允長矣,吾方營菟裘之地而老焉,以授子允政。”揮懼,子允聞而反誅之,乃反譖隱公於子允曰:“隱公欲遂立,去子,子其圖之。請爲子殺隱公。”子允許諾。十一月,隱公祭鍾巫,齊于社圃,館于蔿氏。揮使人弒隱公于蔿氏,而立子允爲君,是爲桓公。

桓公元年,鄭以璧易天子之許田。丨二年,以宋之賂鼎入於太廟,君子譏之。丨虛序。

三年，使揮迎婦於齊爲夫人。丨六年，夫人生子，與桓公同日，故名曰同。同長爲太子。丨

十六年，會於曹，伐鄭，入厲公。丨

十八年春，公將有行，遂與夫人如齊。申繻諫止公，公不聽，遂如齊。齊襄公通桓公夫人。公怒夫人，夫人以告齊侯。丨夏四月丙子，齊襄公饗公，公醉，使公子彭生抱魯桓公，因命彭生摺其脅，公死于車。魯人告于齊曰："寡君畏君之威，不敢寧居，來修好禮。禮成而不反，無所歸咎，請得彭生以除醜於諸侯。"句中想見慙恧。齊人殺彭生以說魯。立太子同，是爲莊公。莊公母夫人因留齊，不敢歸魯。丨

莊公五年冬，伐衛，內衛惠公。丨

八年，齊公子糾來奔。九年，魯欲內子糾於齊，後桓公，桓公發兵擊魯，魯急，殺子糾。召忽死。齊告魯，生致管仲。魯人施伯曰："齊欲得管仲，非殺之也，將用之，用之，則爲魯患。不如殺，以其屍與之。"簡句好。莊公不聽，遂囚管仲與齊。齊人相管仲。丨

十三年，魯莊公與曹沫會齊桓公于柯，曹沫劫齊桓公，求魯侵地，已盟而釋桓公。桓公欲背約，管仲諫，卒歸魯侵地。丨十五年，齊桓公始霸。丨齊事插序。二十三年，莊公如齊觀社。丨

三十二年，初莊公築臺臨黨氏，見孟女，說而愛之，許立爲夫人，割臂以盟。孟女生子斑。斑長，說梁氏女，往觀。圉人犖自牆外與梁氏女戲。斑怒，鞭犖。莊公聞之曰："犖有力焉，遂殺之，是未可鞭而置也。"斑未得殺。會莊公有疾。莊公有三弟，長曰慶父，次曰叔牙，次曰季友。莊公取齊女爲夫人，曰哀姜。哀姜無子。哀姜娣曰叔姜，生子開。莊公無適嗣，愛孟女，欲立其子斑。

莊公病,而問嗣於弟叔牙。叔牙曰:"一繼一及,魯之常也。慶父在,可爲嗣,君何憂?"簡句精綻。莊公患叔牙欲立慶父,退而問季友。季友曰:"請以死立斑也。"只一句簡而盡。莊公曰:"曩者叔牙欲立慶父,柰何?"季友以莊公命,命牙待于鍼巫氏,使鍼季劫飲叔牙以鴆,曰:"飲此,則有後奉祀;不然,死且無後。"牙遂飲鴆而死,魯立其子爲叔孫氏。先出叔孫氏。八月癸亥,莊公卒,季友竟立子斑爲君,如莊公命。應前。侍喪,舍于黨氏。

先時慶父與哀姜私通,欲立哀姜娣子開。及莊公卒而季友立斑,又追序。十月己未,慶父使圉人犖殺魯公子斑於黨氏。季友犇陳。慶父竟立莊公子開,是爲湣公。

湣公二年,慶父與哀姜通益甚。哀姜與慶父謀殺湣公,而立慶父。慶父使卜齮襲殺湣公於武闈。季友聞之,自陳與湣公弟申如邾,請魯求内之。魯人欲誅慶父。慶父恐,奔莒。於是季友奉子申入立之,是爲釐公。釐公亦莊公少子。哀姜恐,奔邾。季友以賂如莒,求慶父,慶父歸,使人殺慶父,慶父請奔,弗聽,乃使大夫奚斯,行哭而往。慶父聞奚斯音,乃自殺。齊桓公聞哀姜與慶父亂以危魯,及召之邾而殺之,以其屍歸,戮之魯。魯釐公請而葬之。

季友母陳女,故亡在陳,陳故佐送季友及子申。追序陳送子申事。季友之將生也,父魯桓公使人卜之,曰:"男也,其名曰'友',間于兩社,爲公室輔。季友亡,則魯不昌。"及生,有文在掌曰"友",遂以名之,號爲成季。其後爲季氏,追序季子事。慶父後爲孟氏也。并序孟子,應前叔孫氏,此三家之始。

釐公元年,以汶陽鄪封季友。季友爲相。丨自莊公築臺至此,序立斑事是一篇。

九年，晉里克殺其君奚齊、卓子。｜弑君附見。齊桓公率釐公討晉亂，至高梁而還，立晉惠公。十七年，齊桓公卒。｜二十四年，晉文公即位。｜晉事插序，爲其霸也。

三十三年，釐公卒子興立，是爲文公。｜

文公元年，楚太子商臣弑其父成王代立。｜弑君附見。三年，文公朝晉襄公。｜

十一年十月甲午，魯敗翟于鹹獲長翟喬如，富父終甥舂其喉以戈，殺之，埋其首于子駒之門，以命宣伯。獲長翟事止此，下乃追序長翟之事，如一附傳。

初，宋武公之世，鄋瞞伐宋，司徒皇父帥師禦之以敗翟于長丘，獲長翟緣斯。晉之滅路，獲喬如弟棼如。齊惠公二年，鄋瞞伐齊，齊王子城父，獲其弟榮如，埋其首于北門。衛人獲其季弟簡如。鄋瞞由是遂亡。｜附長翟事完。

十五年，季文子使於晉。｜

十八年二月，文公卒。文公有二妃：長妃齊女哀姜，生子惡及視；次妃敬嬴，嬖愛，生子俀。俀私事襄仲，襄仲欲立之，叔仲曰不可。襄仲請齊惠公，惠公新立，欲親魯，許之。冬十月，襄仲殺子惡及視，而立俀，是爲宣公。哀姜歸齊，哭而過市曰："天乎！襄仲爲不道，殺適立庶！"市人皆哭，魯人謂之"哀姜"。魯由此公室卑，三桓彊。｜應前三家作一束。

宣公俀十二年楚莊王彊，圍鄭。鄭伯降，復國之。｜楚事插序。

十八年，宣公卒，子成公黑肱立，是爲成公。季文子曰："使我殺適立庶，失大援者，襄仲。"襄仲立宣公，公孫歸父有寵。宣公欲

去三桓,與晉謀伐三桓。會宣公卒,季文子怨之,歸父奔齊。|

成公二年春,齊伐取我隆。夏公與晉郤克敗齊頃公於鞌,齊復歸我侵地。| 四年,成公如晉,晉景公不敬魯。魯欲背晉合於楚,或諫,乃不。十年成公如晉。晉景公卒,因留成公送喪①,魯諱之。| 十五年,始與吳王壽夢會鍾離。|

十六年,宣伯告晉,欲誅季文子。文子有義,晉人弗許。|

十八年,成公卒,子午立,是爲襄公。是時襄公三歲也。|

襄公元年,晉立悼公。往年冬,晉欒書弑其君厲公。| 弑君附見。因晉悼公之立倒序。四年,襄公朝晉。|

五年,季文子卒。家無衣帛之妾,廏無食粟之馬,府無金玉,以相三君。君子曰:"季文子廉忠矣。" | 完上以文子爲相。

九年,與晉伐鄭。晉悼公冠襄公於衛,季武子從相行禮。|

十一年,三桓氏分爲三軍。|

十二年,朝晉。|

十六年,晉平公即位。| 二十一年,朝晉平公。|

二十二年,孔丘生。|

二十五年,齊崔杼弑其君莊公,立其弟景公。| 弑君附見。

二十九年,吳延陵季子使魯,問周樂,盡知其意,魯人敬焉。|

三十一年六月,襄公卒。其九月,太子卒。魯人立齊歸之子稠爲君,是爲昭公。

昭公年十九,猶有童心。穆叔不欲立,曰:"太子死,有母弟可立,不即立長年鈞。擇賢,義鈞則卜之。今稠非適嗣,且又居喪,

---

① 喪,中華書局本《史記》作"葬"。

意不在戚,而有喜色,若果立,必爲季氏憂。”季武子弗聽,卒立之。比及葬,三易衰。君子曰:“是不終也。”|

昭公三年,朝晉,至河,晉平公謝還之,魯恥焉。|四年,楚靈王會諸侯於申,昭公稱病不往。|七年,季武子卒。|八年,楚靈王就章華臺,召昭公。昭公往賀,賜昭公寶器;已而悔,復詐取之。|十二年,朝晉,至河,晉平公謝還之。|十三年,楚公子棄疾弑其君靈王代立。|弑君附見。十五年,朝晉,晉留之,葬晉昭公,魯恥之。|二十年,齊景公與晏子狩,句。竟,句。因入魯問禮。|二十一年,朝晉至河,晉謝還之。|

二十五年春,鸜鵒來巢。師己曰:“文成之世,童謡曰‘鸜鵒來巢,公在乾侯。鸜鵒入處,公在外野’。”

季氏與郈氏鬭雞,季氏芥雞羽,郈氏金距。季平子怒而侵郈氏,郈昭伯亦怒平子。《左傳》詳盡,此用簡法。臧昭伯之弟會,偽讒臧氏,匿季氏,臧昭伯,囚季氏人。季平子怒,囚臧氏老。臧、郈氏以難告昭公。昭公九月戊戌伐季氏,遂入。平子登臺請曰:“君以讒,不察臣罪,誅之,請遷沂上。”弗許。請囚於鄪,弗許。請以五乘亡,弗許。三請與齊莊公同法。子家駒曰:“君其許之。政自季氏久矣,爲徒者衆,衆將合謀。”弗聽。郈氏曰:“必殺之。”叔孫氏之臣戾,謂其衆曰:“無季氏與有,孰利?”皆曰:“無季氏,是無叔孫氏。”戾曰:“然,救季氏!”遂敗公師。孟懿子聞叔孫氏勝,亦殺郈昭伯。郈昭伯爲公使,故孟氏得之。補一句詳。三家共伐公,公遂奔。己亥,公至于齊。齊景公曰:“請致千社,待君。”子家曰:“棄周公之業,而臣於齊,可乎?”乃止。子家曰:“齊景公無信,先提一句伏。不如早之晉。”弗從。叔孫見公,句。還,句。見平子,平子頓首。初欲迎昭公，孟孫、季孫後悔，乃止。

二十六年春，齊伐魯，取鄆，而居昭公焉。夏，齊景公將內公，令無受魯賂。申豐、汝賈，許齊臣高齕、子將粟五千庾。子將言于齊侯曰："群臣不能事魯君，有異焉。宋元公爲魯如晉，求內之，道卒。叔孫昭子求內其君，無病而死。不知天棄魯乎？抑魯君有罪于鬼神也？願君且待。"語曲宛，故易入。齊景公從之。應景公無信。

二十八年，昭公如晉求入。季平子私於晉六卿，六卿受季氏賂，諫晉君，晉君乃止，居昭公乾侯。二十九年，昭公如鄆。齊景公使人賜昭公書，自謂"主君"。昭公恥之，怒而去乾侯。三十一年，晉欲內昭公，召季平子。平子布衣跣行，因六卿謝罪。六卿爲言曰："晉欲內昭公，眾不從。"晉人止。｜自"鸜鵒來巢"至此，序昭公出亡是一篇。三十二年，昭公卒于乾侯。魯人共立昭公弟宋爲君，是爲定公。

定公立，趙簡子問史墨曰："季氏亡乎？"史墨對曰："不亡。季友有大功於魯，受鄪，爲上卿，至于文子、武子，世增其業。魯文公卒，東門逐殺適立庶，魯君於是失國政。政在季氏，於今四君矣。民不知君，何以得國是以爲君慎器與名，不可以假人。"斷兩语即收，勁。

定公五年，季平子卒。陽虎私怒，囚季桓子，與盟，乃捨之。七年，齊伐我，取鄆，以爲魯陽虎邑，以從政。八年，陽虎欲盡殺三桓適，而更立其所善庶子以代之；載季桓子將殺之，桓子詐而得脫。三桓共攻陽虎，陽虎居陽關。九年，魯伐陽虎，陽虎奔齊，已而奔晉趙氏。｜

十年，定公與齊景公會於夾谷，孔子行相事。提綱。齊欲襲魯君，孔子以禮歷階，誅齊淫樂，齊侯懼，乃止，歸魯侵地而謝過。丨此節稍應詳序。十二年，使仲由毁三桓城，收其甲兵。孟氏不肯墮城，伐之，不克而止。季桓子受齊女樂，孔子去。丨

十五年，定公卒，子將立，是爲哀公。

哀公五年，齊景公卒。六年，齊田乞弑其君孺子。丨弑君附見。

七年，吳王夫差彊，伐齊，至繒，徵百牢於魯。季康子使子貢説吳王，及太宰嚭，以禮詘之。吳王曰："我文身，不足責禮。"乃止。丨

八年，吳爲鄒伐魯，至城下，盟而去。齊伐我，取三邑。丨十年，伐齊南邊。十二年，齊伐魯。季氏用冉有，有功，思孔子，孔子自衛歸魯。丨

十四年，齊田常弑其君簡公於徐州。孔子請伐之，哀公不聽。丨十五年，使子服景伯、子貢爲介，適齊，齊歸我侵地。田常初相，欲親諸侯。丨

十六年，孔子卒。丨

二十二年，越王句踐滅吳王夫差。丨越事插序。

二十七年春，季康子卒。夏，哀公患三桓，將欲因諸侯以劫之，三桓亦患公作難，故君臣多間。公游於陵阪，遇孟武伯於衢，曰："請問余及死乎？"對曰："不知也。"公欲以越伐三桓。八月，哀公如陘氏。三桓攻公，公奔于衛，去如鄒，遂如越。國人迎哀公，復歸，卒于有山氏。子寧立，是爲悼公。

悼公之時，三桓勝，魯如小侯，此後不詳序矣。卑于三桓之家。丨

十三年，三晉滅智伯，分其地有之。丨晉事插序。

三十七年，悼公卒，子嘉立，是爲元公。｜元公二十一年卒，子顯立，是爲穆公。｜穆公三十三年卒，子奮立，是爲共公。｜共公二十二年卒，子屯立，是爲康公。｜康公九年卒，子匽立，是爲景公。｜景公二十九年卒，子叔立，是爲平公。是時六國皆稱王。

平公十二年，秦惠王卒。｜三十二①年，平公卒，子賈立，是爲文公。｜文公七年，楚懷王死於秦。｜二十三年，文公卒，子讎立，是爲傾公。｜

傾公二年，秦拔楚之郢，楚傾王東徙于陳。｜十九年，楚伐我，取徐州。｜二十四年，楚考烈王伐滅魯。傾公亡，遷于下邑，爲家人，魯絕祀。傾公卒于柯。魯起周公至傾公，凡三十四世。

太史公曰：余聞孔子稱曰“甚矣，魯道之衰也！洙泗之間，齗齗如也”。觀慶父及叔牙閔公之際，何其亂也？隱桓之事；襄仲殺適立庶；三家北面爲臣，親攻昭公，昭公以奔。至其揖讓之禮則從矣，而行事何其戾也？以四“也”作四折宕。

此篇純用編年簡法，以收羅遍盡爲妙，故詳序出色處，亦不多幾段。○孔子相魯，凡世家皆以之提綱，誠重之也。在宗國自應詳序，得無太略。然魯之爲魯，孔子之前，數十百年；孔子之後，又數十百年。自孔子卒後，不著事實，只一頓點完，以見孔子不用，魯事遂不可爲矣。此史公著眼處乎？○前序《金縢》事，多有錯悮。史公此篇，似未曾着意，且中有脱簡，觀《無逸》《多士》可見。

① 三十二，中華書局本《史記》作“二十”。

燕召公世家

召公奭,與周同姓,姓姬氏。周武王之滅紂,封召公於北燕。後有南燕,故先提北燕。

其在成王時,召公爲三公:自陝以西,召公主之;自陝以東,周公主之。|成王既幼,周公攝政,當國踐祚,召公疑之,作《君奭》。《君奭》不說周公。周公乃稱"湯時有伊尹,假于皇天;在太戊時,則有若伊陟、臣扈,假于上帝,巫咸治王家;在祖已[1]時,則有若巫賢;在武丁時,則有若甘般:率惟茲有陳,保乂有殷"。於是召公乃說。|

召公之治西方,甚得兆民和。召公巡行鄉邑,有棠樹,決獄政事其下,自侯伯至庶人,各得其所,無失職者。召公卒,而民人思召公之政,懷棠樹,不敢伐,歌咏之,作《甘棠》之詩。|完召公事。

自召公以下九世至惠侯。|世系畧。燕惠侯當周厲王奔彘,共和之時。提綱。

惠侯卒,子釐侯立。是歲,周宣王初即位。釐侯二十一年,鄭

---

① 已,中華書局本《史記》作"乙"。

桓公初封于鄭。丨鄭事插入。三十六年，釐侯卒，子頃侯立。

頃侯二十年，周幽王淫亂，爲犬戎所弒。秦始列爲諸侯。提綱。

二十四年，頃侯卒，子哀侯立。哀侯二年卒，子鄭侯立。鄭侯三十六年卒，子繆侯立。

繆侯七年，而魯隱公元年也。丨以魯隱提綱，與《春秋》映合。十八年卒，子宣侯立。宣侯十三年卒，子桓侯立。桓侯七年卒，子莊公立。

莊公十二年，齊桓公始霸。丨插齊桓事。十六年，與宋、衛共伐周惠王，惠王出奔溫，立惠王弟頹爲周王。丨十七年，鄭執燕仲父，而內惠王于周。丨二十七年，山戎來侵我，齊桓公救燕，遂北伐山戎而還。燕君送齊桓公出境，桓公因割燕所至地予燕，使燕共貢天子，如成周時職。使燕復修召公之法。丨三十三年卒，子襄公立。

襄公二十六年，晉文公爲踐土之會，稱伯。丨插晉文公事。三十一年，秦師敗於殽。三十七年，秦穆公卒。丨插秦事。四十年，襄公卒，桓公立。

桓公十六年卒，宣公立。宣公十五年卒，昭公立。昭公十三年卒，武公立。是歲晉滅三郤大夫。丨插晉事。

武公十九年卒，文公立。文公六年卒，懿公立。懿公元年，齊崔杼弒其君莊公。丨弒君附見。四年卒，子惠公立。

惠公元年，齊高止來奔。丨六年，惠公多寵姬，公欲去諸大夫，而立寵姬宋，大夫共誅姬宋，惠公懼，奔齊。四年，齊高偃如晉，請共伐燕，入其君。晉平公許與齊伐燕，入惠公。惠公至燕而死。

燕立悼公。|

悼公七年卒,共公立。共公五年卒,平公立。晉公室卑,六卿始彊大。|平公十八年,吳王闔廬破楚入郢。|世家提綱之外,又間以秦穆公與吳王闔廬照映,餘同。十九年卒,簡公立。簡公十二年卒,獻公立。晉趙鞅圍范、中行於朝歌。|插晉事。獻公十二年,齊田常弑其君簡公。|弑君附見。十四年,孔子卒。|二十八年,獻公卒,孝公立。|

孝公十二年,韓、魏、趙滅知伯,分其地,三晉彊。|插晉事。

十五年,孝公卒,成公立。成公十六年卒,湣公立。湣公三十一年卒,釐公立。是歲,三晉列爲諸侯。提綱。

釐公三十年,伐齊敗于林營。|釐公卒,桓公立。桓公十一年卒,文公立。|是歲,秦獻公卒。秦益彊。|插秦事。

文公十九年,齊威王卒。插齊事。二十八年,蘇秦始來見,說文公。文公予車馬金帛以至趙,趙肅侯用之。因約六國爲從長。秦惠王以其女爲燕太子婦。|

二十九年,文公卒,太子立,是爲易王。

易王初立,齊宣王因燕喪伐我,取十城。蘇秦說齊,使復歸燕十城。|十年,燕君爲王。蘇秦與燕文公夫人私通,懼誅,乃說王使齊爲反間,欲以亂齊。|易王立十二年卒,子燕噲立。

燕噲既立,齊人殺蘇秦。蘇秦之在燕,與其相子之爲婚,而蘇代與子之交。先閒中點出子之,因蘇秦、蘇代而序,即借蘇代一說,引出子之一段大文。及蘇秦死,而齊宣王復用蘇代。|燕噲二年,與楚、三晉攻秦,不勝而還。子之相燕,貴重,主斷。蘇代爲齊使于燕,燕王問曰:"齊王奚如?"對曰:"必不霸。"燕王曰:"何也?"對曰:"不

信其臣。”蘇代欲以激燕王以尊子之也。繳還前事。於是燕王大信子之。子之因遺蘇代百金，而聽其所使。

鹿毛壽，謂燕王：“不如以國讓相子之。人之謂堯賢者，以其讓天下於許由，許由不受，有讓天下之名而實不失天下。今王以國讓于子之，子之必不敢受，是王與堯同行也。”燕王因屬國于子之，子之大重。丨一頓。或曰：“禹薦益，已而以啟人爲吏。及老，而以啟爲不足任乎天下，傳之于益。已而啟與交黨攻益，奪之。天下謂禹名傳天下於益，已而實令啟自取之。說古荒唐，用三“已而”頓落。今王言屬國於子之，而吏無非太子人者，是名屬子之而實太子用事也。”丨前云子之必不敢受，而僞讓之也，此又云何？極寫燕王愚悖。王因收印，自三百石吏以上而效之子之。子之南面行王事，而噲老不聽政，顧爲臣，“顧”字作“且”解，君將爲臣兮龍爲魚也。國事皆決於子之。應前主斷。

三年，國大亂，百姓恫恐。將軍市被，與太子平謀，將攻子之。諸將謂齊湣王曰：“因而赴之，破燕必矣。”齊王因令人謂燕太子平曰：“寡人聞太子之義，將廢私而立公，飭君臣之義，明父子之位。寡人之國小，不足以爲先後。句新。雖然，則唯太子所以令之。”太子因要黨聚眾，將軍市被圍公宮，攻子之，不克。將軍市被，及百姓，反攻太子平，將軍市被死以狥。因搆難數月，死者數萬，眾人恫恐，百姓離志。孟軻謂齊王曰：“今伐燕，此文、武之時，不可失也。”王因令章子將五都之兵，以因北地之眾，以伐燕。士卒不戰，城門不閉，燕君噲死，齊大勝燕。子之亡，二年而燕人共立太子平，是爲燕昭王。丨

燕昭王於破燕之後即位，卑身厚幣，以招賢者。謂郭隗曰：

"齊因孤之國亂而襲破燕,孤極知燕小力少,不足以報。然誠得賢士以共國,以雪先王之恥,孤之願也。先生視可者,得身事之。"郭隗曰:"王必欲致士,先從隗始。況賢于隗者,豈遠千里哉!"於是昭王爲隗,改築宮而師事之。樂毅自魏往,鄒衍自齊往,劇辛自趙往,士爭趣燕。燕王弔死問孤,與百姓同甘苦。

二十八年,燕國殷富,士卒樂軼輕戰,於是遂以樂毅爲上將軍,與秦、楚、三晉合謀以伐齊。齊兵敗,湣王出亡於外。燕兵獨追北,入至臨菑,盡取齊寶,燒其宮室宗廟。齊城之不下者,獨惟聊、莒、即墨,其餘皆屬燕,六歲。

昭王三十三年卒,子惠王立。｜

惠王爲太子時,與樂毅有隙;及即位,疑毅使騎劫代將。樂毅亡走趙。齊田單以即墨擊敗燕軍,騎劫死,燕兵引歸,齊悉復得其故城。湣王死於莒,乃立其子爲襄王。｜自子之相燕,至此是一篇。

惠王七年卒。韓、魏、楚共伐燕。燕武成王立。

武成王七年,齊田單伐我,拔中陽。｜十三年,秦敗趙於長平四十餘萬。｜插秦事。十四年,武成王卒,子孝王立。

孝王元年,秦圍邯鄲者解去。｜插秦事。三年卒,子今王喜立。燕喜無謚,故即稱今王。

今王喜四年,秦昭王卒。燕王命相栗腹,約歡趙,以五百金爲趙王酒。爲酒字奇。還報燕王曰:"趙王壯者皆死長平,其孤未壯,可伐也。"王召昌國君樂間①問之。對曰:"趙,四戰之國,其民習兵,不可伐。"王曰:"吾以五而伐一。"｜句峭。對曰:"不可。"不說

① 樂間,中華書局本《史記》作"樂閒"。

明。燕王怒，群臣皆以爲可。“不可”“可”兩字相應。卒起二軍，車二千乘，栗腹將而攻鄗，卿秦攻代。唯獨大夫將渠謂燕王曰：“與人通關約交，以五百金飲人之王，比前句更佳。使者報而反攻之，不祥，兵無成功。”燕王不聽，自將偏軍隨之。將渠引燕王綬止之，曰：“王必無自往，往無成功。”王蹴之以足。引綬、蹴足，絕妙關目。將渠泣曰：“臣非以自爲，爲王也！”兩“爲”字更跌宕。燕軍至宋子，趙使廉頗將，擊破栗腹於鄗。破卿秦樂乘於代。樂間奔趙。廉頗逐之五百餘里，圍其國。燕人請和，趙人不許，必令將渠處和。燕相將渠以處和。趙聽將渠，解燕圍。丨自栗腹約歡至此是一篇。

六年，秦滅東、西周，置三川郡。七年，秦拔趙榆次，三十七城，秦置太原郡。九年，秦王政初即位。丨插秦事。十年，趙使廉頗將攻繁陽，拔之。趙孝成王卒，悼襄王立。使樂乘代廉頗，廉頗不聽，攻樂乘，樂乘走廉頗奔大梁。丨十二年，趙使李牧攻燕，拔武遂、方城。丨插趙事。劇辛故居趙，與龐煖善，已而亡走燕。燕見趙數困于秦，而廉頗去，令龐煖將也，欲因趙弊攻之。問劇辛，辛曰：“龐煖易與耳。”燕使劇辛將擊趙，趙使龐煖擊之，取燕軍二萬，殺劇辛。秦拔魏二十城，置東郡。丨插秦事。十九年，秦拔趙之鄴九城。趙悼襄王卒。丨插秦、趙事。二十三年，太子丹質于秦，亡歸燕。丨二十五年，秦鹵滅韓王安，置潁川郡。丨插秦事。二十七年，秦鹵趙王遷，滅趙。趙公子嘉自立爲代王。丨插秦、趙事。

燕見秦且滅六國，頂上數節。秦兵臨易水，禍且至燕。太子丹陰養壯士二十人，使荆軻獻督亢地圖於秦，因襲刺秦王。秦王覺，殺軻，使將軍王翦擊燕。二十九年，秦攻拔我薊，燕王亡，徙居遼東，斬丹以獻秦。丨三十年，秦滅魏。丨插秦事。三十三年，秦拔遼東,虜燕王喜,卒滅燕。是歲秦將王賁亦虜代王嘉。

太史公曰:召公奭,可謂仁矣!甘棠且思之,況其人乎?燕北迫蠻貉,内措齊、晉,崎嶇彊國之間,最爲弱小,幾滅者數矣。然社稷血食者,八九百歲,於姬姓獨後亡,豈非召公之烈邪!只就召公贊歎。

《燕世家》,只羅列各傳記,刪削簡淨,集湊成篇,只具大綱,未及出色。故成段者,止子之相燕、栗腹攻趙二事,亦不曾著力寫。而令蘇秦約從事,荊軻刺秦王事,不過點次了局。蓋既有各傳在,則世家職在提綱,不得不如是也。

管蔡世家

管叔鮮、蔡叔度者，雙提起。周文王子，而武王弟也。武王同母兄弟十人。母曰太姒，文王正妃也。其長子曰伯邑考，次曰武王發，次曰管叔鮮，次曰周公旦，次曰蔡叔度，次曰曹叔振鐸，次曰成叔武，次曰霍叔處，次曰康叔封，次曰冉季載。冉①季載最少。武王兄弟，獨于《管蔡世家》序出，變法。同母兄弟十人，唯發、旦賢，左右輔文王，故文王舍伯邑考而以發爲太子。丨兄弟中又獨提发、旦、伯邑考，若不爲管、蔡者，奇。及文王崩而發立，是爲武王。伯邑考既已前卒矣。丨註明一句。

武王已克殷紂，平天下，封功臣昆弟。於是封叔鮮於管，封叔度於蔡：二人相紂子武庚祿父，治殷遺民。始歸本傳。封叔旦於魯，而相周，爲周公。封叔振鐸於曹，封叔武於成，封叔處於霍。康叔封、冉季載，皆少，未得封。序十兄弟，歸至管、蔡，必入本傳矣，偏又出叔旦、振鐸等封邑以陪之，若周家總譜，不獨爲管、蔡者，奇。

武王既崩，成王少，周公旦專王室。管叔、蔡叔疑周公之爲不

① 冉，中華書局本《史記》作“冄”。

利於成王,乃挾武庚以作亂。周公旦承成王命,伐誅武庚,殺管叔,丨完管叔事,下乃單序蔡事。而放蔡叔,遷之,與車十乘,徒七十人。從而分殷餘民爲二:其一封微子啟于宋,以續殷祀;其一封康叔,爲衛君,是爲衛康叔。封季載於冉。承康叔、冉載未得封一句,即殷餘民,帶出康叔,即康叔帶出季載,一併序完,局法奇變。冉季、康叔皆有馴行,於是周公舉康叔爲周司寇,冉季爲周司空,以佐成王治,皆有令名於天下。丨索性將康叔、冉季,再敷陳一遍,結完上案。

蔡叔度既遷而死。間接,入本傳。其子曰胡,胡乃改行率德,馴善。周公聞之,而舉胡以爲魯卿士,魯國治。於是周公言於成王,復封胡于蔡,以奉蔡叔之祀,是爲蔡仲。餘五叔皆就國,無爲天子吏者。丨又承康叔、季載,補出五叔,穿插奇妙。

蔡仲卒,子蔡伯荒立。蔡伯荒卒,子宮侯立。宮侯卒,子厲侯立。厲侯卒,子武侯立。武侯之時,周厲王失國,奔彘,共和行政,提綱。諸侯多畔周。丨

武侯卒,子夷侯立。夷侯十一年,周宣王即位。二十八年,夷侯卒,子釐侯所事立。

釐侯三十九年,周幽王爲犬戎所殺,周室卑而東徙。秦始得列爲諸侯。丨提綱。

四十八年,釐侯卒,子共侯興立。共侯二年卒,子戴侯立。戴侯十年卒,子宣侯措父立。

宣侯二十八年,魯隱公初立。提綱。三十五年,宣侯卒,子桓侯封人立。桓侯三年,魯弒其君隱公。丨弒君附見。二十年,桓侯卒,弟哀侯獻舞立。

哀侯十一年,初哀侯娶陳,息侯亦娶陳。息夫人將歸,過蔡,

蔡侯不敬。息侯怒，請楚文王："來伐我，"請來伐我"奇，"我"即息也。我求救于蔡，蔡必來，楚因擊之，可以有功。"楚文王從之，虜蔡哀侯以歸。哀侯留九歲，死於楚。凡立二十年卒。丨蔡人立其子肹，是爲繆侯。

繆侯以其女弟爲齊桓公夫人。十八年，齊桓公與蔡女戲船中，夫人蕩舟，桓公止之，不止，公怒，歸蔡女而不絕也。蔡侯怒，嫁其弟。齊桓公怒，伐蔡；蔡潰，遂虜繆侯，南至楚邵陵。已而諸侯爲蔡謝齊，齊侯歸蔡侯。丨二十九年，繆侯卒，子莊侯甲午立。

莊侯三年，齊桓公卒。丨插齊事。十四年，晉文公敗楚於城濮。丨插晉事。二十年，楚太子商臣，弑其父成王代立。丨弑君附見。二十五年，秦穆公卒。丨插秦事。三十三年，楚莊王即位。丨插楚事。三十四年，莊侯卒，子文侯申立。

文侯十四年，楚莊王伐陳，殺夏徵舒。丨插楚事。十五年，楚圍鄭，鄭降楚，楚復醳之。丨插楚事。二十年，文侯卒，子景侯同①立。

景侯元年，楚莊王卒。二②十九年，景侯爲太子般，娶婦於楚，而景侯通焉。太子弑景侯而自立，是爲靈侯。丨

靈侯二年，楚公子圍弑其王郟敖而自立，爲靈王。丨弑君附見。九年，陳司徒招，弑其君哀公。丨弑君附見。楚使公子棄疾滅陳而有之。丨插楚事。十二年，楚靈王以靈侯弑其父，誘蔡靈侯于申，伏甲飲之，醉而殺之，刑其士卒七十人。令公子棄疾圍蔡。十一月，滅蔡，使棄疾爲蔡公。

楚滅蔡三歲，楚公子棄疾，弑其君靈王，代立爲平王。丨弑君

---

① 同，中華書局本《史記》作"固"。

② 二，中華書局本《史記》作"四"。

附見。平王乃求蔡景侯少子廬，立之，是爲平侯。是年楚亦復立陳。楚平王初立欲親諸侯，故復立陳、蔡後。|

平侯九年卒，靈侯般之孫東國，攻平侯子而自立是爲悼侯。悼侯父曰隱太子友者，靈侯之太子，平侯立而殺隱太子，追序插入。故平侯卒，而隱太子之子東國，攻平侯子而代立，是爲悼侯。|悼侯三年卒，弟昭侯申立。

昭侯十年，朝楚昭王，持美裘二，獻其一於昭王，而自衣其一。楚相子常欲之，不與。子常讒蔡侯，留之楚，三年，蔡侯知之，乃獻其裘於子常；子常受之，乃言歸蔡侯。蔡侯歸而之晉，請與晉伐楚。|

十三年春，與衛靈公會邵陵。蔡侯私於周萇弘，以求長於衛，衛使史鰌言康叔之功德，乃長衛。|夏，爲晉滅沈楚怒攻蔡。蔡昭侯使其子爲質于吳，以共伐楚。冬，與吳王闔閭遂破楚入郢。蔡怨子常，子常恐，奔鄭。十四年，吳去而楚昭王復國。|十六年，楚令尹爲其民泣，以謀蔡蔡昭侯懼。二十六年，孔子如蔡。楚昭王伐蔡，蔡恐，告急於吳吳爲蔡遠，約遷以自近易以相救；昭侯私許，不與大夫計。吳人來救蔡，因遷蔡于州來。二十八年，昭侯將朝于吳，大夫恐其復遷，乃令賊利殺昭侯。已而誅賊利以解過，而立昭侯子朔，是爲成侯。|

成侯四年，宋滅曹。|十年，齊田常弒其君簡公。|弒君附見。十三年，楚滅陳。|插楚事。十九年，成侯卒，子聲侯產立。聲侯十五年卒，子元侯立。元侯六年卒，子侯齊立。

侯齊四年，楚惠王滅蔡，蔡侯齊亡，蔡遂絕祀。後陳滅三十三年。|借客映主。

伯邑考,其後不知所封。武王發,其後爲周,有本紀言。管叔鮮,作亂誅死,無後。周公旦,其後爲魯,有世家言。蔡叔度,其後爲蔡,有世家言。曹叔振鐸,其後爲曹,有世家言。成叔武,其後世無所見。霍叔處,其後晉獻公時滅霍。康叔封,其後爲衛,有世家言。冄季載,其後世無所見。前序兄弟十人,已爲創格,後復序次十人,應完前案,章法奇妙。

太史公曰:管叔作亂,無足載者。然周武王崩,成王少,天下既疑,賴同母之弟,成叔、冄季之屬十人爲輔拂,是以諸侯卒宗周,故附之世家言。丨附十人於《管蔡傳》者,以十人輔拂宗周,正形管叔作亂之不類也。

曹叔振鐸者,周武王弟也。武王已克殷紂,封叔振鐸於曹。

叔振鐸卒,子太伯脾立。太伯卒,子仲君平立。仲君平卒,子宫伯侯立。宫伯侯卒,子孝伯雲立。孝伯雲卒,子夷伯喜立。

夷伯二十三年,周厲王奔于彘。丨提綱。

三十年卒,弟幽伯彊立。幽伯九年,弟蘇殺幽伯代立,是爲戴伯。戴伯元年,周宣王已立三歲。三十年,戴伯卒,子惠伯兕立。

惠伯二十五年,周幽王爲犬戎所殺,因東徙益卑,諸侯畔之。秦始列爲諸侯。丨提綱。

三十六年,惠伯卒,子石甫立,其弟武殺之代立,是爲繆公。繆公三年卒,子桓公終生立。

桓公三十五年,魯隱公立。丨提綱。四十五年,魯弒其君隱公。丨弒君附見。四十六年,宋華父督弒其君殤公,及孔父。丨弒君附見。五十五年,桓公卒,子莊公夕姑立。

莊公二十三年,齊桓公始霸。丨插齊事。

三十一年,莊公卒,子釐公夷立。釐公九年卒,子昭公斑[1]立。昭公六年,齊桓公敗蔡,遂至楚卲陵。丨插齊事。九年,昭公卒,子共公襄立。

共公十六年,初晉公子重耳,其亡過曹,曹君無禮,欲觀其駢脅。釐負羈諫不聽,私善于重耳。二十一年,晉文公重耳伐曹,虜共公以歸,令軍毋入釐負羈之宗族閭。或説晉文公曰:"昔齊桓公會諸侯,復異姓;今君囚曹君,滅同姓,何以令於諸侯?"晉乃復歸共公。丨

二十五年,晉文公卒。丨插晉事。三十五年,共公卒,子文公壽立。文公二十三年卒,子宣公彊立。宣公十七年卒,弟成公負芻立。

成公三年,晉厲公伐曹,虜成公以歸,已復釋之。丨五年,晉欒書、中行偃,使程滑弑其君厲公。丨弑君附見。二十三年,成公卒,子武公勝立。武公二十六年,楚公子棄疾,弑其君靈王代立。丨弑君附見。二十七年,武公卒,子平公頃立。平公四年卒,子悼公午立。是歲,宋、衛、陳、鄭皆火。丨插宋、衛、陳、鄭事。

悼公八年,宋景公立。九年,悼公朝於宋,宋囚之;曹立其弟野,是爲聲公。悼公死於宋,歸葬。丨

聲公五年,平公弟通,弑聲公代立,是爲隱公。丨隱公四年,聲公弟露,弑隱公代立,是爲靖公。丨靖公四年卒,子伯陽立。

伯陽三年,國人有夢衆君子立于社宫,謀欲亡曹;曹叔振鐸止之,請待公孫彊,許之。旦求之曹,無此人。夢者戒其子曰:"我

① 斑,中華書局本《史記》作"班"。

亡,爾聞公孫彊爲政,必去曹,無離曹禍。”及伯陽即位,好田弋之事。六年,曹野人公孫彊,亦好田弋,獲白鴈而獻之,且言田弋之説,因訪政事。伯陽大説之,有寵,使爲司城,以聽政。夢者之子,乃亡去。

公孫彊,言霸説於曹伯。十四年,曹伯從之,乃背晉,干宋。宋景公伐之,晉人不救。十五年,宋滅曹執曹伯陽,及公孫彊以歸而殺之。曹遂絶其祀。

太史公曰:余尋曹共公之不用僖負羈,乃乘軒者三百人,知唯德之不建。乃振鐸之夢,豈不欲引曹之祀者哉?如公孫彊不修厥政,叔鐸之祀忽諸。丨作兩段四折。

《管蔡世家》,獨序兄弟十人,串插變化,前後照應,世家中獨爲奇肆,可爲序次碑譜之法。餘亦不過點次世系,序述簡淨而已。○《曹世家》以國小事少,益無所見長,故附于此,備員而已。

陳杞世家

陳胡公滿者，虞帝舜之後也。昔舜爲庶人時，堯妻之二女，居于嬀汭，其後因爲氏姓，姓嬀氏。｜得姓之始。舜已崩，傳禹天下，而舜子商均爲封國。｜開國之始。夏后之時，或失或續。至于周武王克殷紂，乃復求舜後，得嬀滿，封之於陳，以奉帝舜祀，是爲胡公。｜夏畧序，殷不著，至周復續。

胡公卒，子申公犀侯立。申公卒，弟相公皋羊立。相公卒，立申公子突，是爲孝公。孝公卒，子慎公圉戎立。慎公當周厲王時。慎公卒，子幽公寧立。

幽公十二年，周厲王奔于彘。提綱。

二十三年，幽公卒，子釐公孝立。釐公六年，周宣王即位。｜三十六年，釐公卒，子武公靈立。武公十五年卒，子夷公說立。是歲，周幽王即位。夷公三年卒，弟平公燮立。平公七年，周幽王爲犬戎所殺周東徙。秦始列爲諸侯。提綱。

二十三年，平公卒，子文公圉立。

文公元年，取蔡女，生子佗。十年，文公卒，長子桓公鮑立。

桓公二十三年，魯隱公初立。｜提綱。二十六年，衛殺其君州吁。丨弑君附見。三十三年,魯弑其君隱公。丨弑君附見。

三十八年,正月甲戌己丑,陳桓公鮑卒。桓公弟佗,其母蔡女,故蔡人爲佗殺五父,及桓公太子免而立佗,是爲厲公。桓公病而亂作,國人分散,故再赴。丨

厲公二年,生子敬仲完。周太史過陳,陳厲公使以《周易》筮之,卦得觀之否:"是爲觀國之光,利用賓於王。此其代陳有國乎?不在此,其在異國?非此其身,在其子孫。對句俊雅。若在異國,必姜姓。姜姓,太嶽之後。物莫能兩大,陳衰,此其昌乎?"丨序得簡畧。

厲公取蔡女,蔡女與蔡人亂,厲公數如蔡句。淫。句。七年,厲公所殺桓公太子免之三弟,遥接。長曰躍,中曰林,少曰杵臼,共令蔡人誘厲公以好女,與蔡人共殺厲公,而立躍,是爲利公。利公者,桓公子也。丨註明一句。利公立五月卒,立中弟林,是爲莊公。莊公七年卒,少弟杵臼立,是爲宣公。丨

宣公三年,楚武王卒,楚始彊。丨插楚事。十七年,周惠王取陳女爲后。

二十一年,宣公後有嬖姬,生子欵,欲立之,乃殺其太子禦寇。禦寇素愛厲公子完,遥接田完。完懼禍及己,乃奔齊。齊桓公欲使陳完爲卿,完曰:"羈旅之臣,幸得免負擔,君之惠也,不敢當高位。"桓公使爲工正。齊懿仲欲妻陳敬仲,卜之,占曰:"是謂鳳皇于飛,和鳴鏘鏘。有嬀之後,將育于姜。五世其昌,並于正卿。八世之後,莫之與京。"敬仲事作兩節寫。

三十七年,齊桓公伐蔡,蔡敗;南侵楚,至召陵,還過陳。陳大夫轅濤塗,惡其過陳,詐齊令出東道。東道惡,桓公怒,執陳轅濤

塗。|是歲晉獻公殺其太子申生。|插晉事。

四十五年,宣公卒,子款立,是爲穆公。穆公五年,齊桓公卒。|插齊事。十六年,晉文公敗楚師于城濮。|插晉事。是歲穆公卒,子共公朔立。共公六年,楚太子商臣弒其父成王代立,是爲穆王。|弒君附見。十一年,秦穆公卒。|插秦事。十八年,共公卒,子靈公平國立。

靈公元年,楚莊王即位。|插楚事。六年,楚伐陳。十年,陳及楚平。|

十四年,靈公與其大夫孔寧、儀行父,皆通於夏姬,衷其衣以戲于朝。泄冶諫曰:"君臣淫亂,民何效焉?"靈公以告二子,二子請殺泄冶,公弗禁,遂殺泄冶。十五年,靈公與二子飲于夏氏。公戲二子曰:"徵舒似汝。"二子曰:"亦似公。"徵舒怒。靈公罷酒,出,徵舒伏弩廄門,射殺靈公。孔寧、儀行父皆奔楚,靈公太子午奔晉。徵舒自立爲陳侯。自立事與他傳異。徵舒故陳大夫也。夏姬,御叔之妻,舒之母也。倒叙法好!

成公元年冬,楚莊王爲夏徵舒殺靈公,率諸侯伐陳謂陳曰:"無驚,吾誅徵舒而已。"已誅徵舒,因縣陳而有之,群臣畢賀。申叔時使於齊,來還,獨不賀。莊王問其故對曰:"鄙語有之,牽牛徑人田,田主奪之牛。徑則有罪矣,奪之牛,不亦甚乎?今王以徵舒爲賊弒君,故徵兵諸侯,以義伐之,已而取之,以利其地,則後何以令于天下!是以不賀。"莊王曰:"善。"乃迎陳靈公太子午於晉而立之,復君陳如故是爲成公。孔子讀史記至楚復陳,曰:"賢哉楚莊王!輕千乘之國而重一言。"忽閒點贊語变法。

二十八年[①],楚莊王卒。二十九年,陳倍楚盟。三十年,楚共王伐陳。是歲成公卒,子哀公弱立。楚以陳喪罷兵去。丨

哀公三年,楚圍陳,復釋之。丨二十八年,楚公子圍弒其君郟敖自立,爲靈王。丨弒君附見。

三十四年,初哀公娶鄭,長姬生悼太子師,少姬生偃。二嬖妾,長妾生留,少妾生勝。留有寵哀公,哀公屬之其弟司徒招。哀公病,三月,招殺悼太子,立留爲太子。哀公怒,欲誅招,招發兵圍守哀公,哀公自經殺。招卒立留爲陳君。四月,陳使使赴楚。楚靈王聞陳亂,乃殺陳使者,使公子棄疾發兵伐陳,陳君留奔鄭。九月,楚圍陳。十一月,滅陳。使棄疾爲陳公。丨

招之殺悼太子也,追序。太子之子名吳,出奔晉。晉平公問太史趙曰:"陳遂亡乎?"對曰:"陳,顓頊之族。陳氏得政於齊,乃卒亡。自幕至于瞽瞍無違命。舜重之以明德。至于遂,世世守之。及胡公周賜之姓,使祀虞帝。且盛德之後,必百世祀。虞之世未也,其在齊乎?"丨

楚靈王滅陳五歲,楚公子棄疾弒靈王代立,是爲平王。平王初立,欲得和諸侯,乃求故陳悼太子師之子吳,立爲陳侯,是爲惠公。惠公立,探續哀公卒時年而爲元,空籍五歲矣。探續爲元,奇創!

七年[②],陳火。丨十五年,吳王僚使公子光伐陳,取胡、沈而去。丨二十八年,吳王闔閭與子胥敗楚,入郢。丨插吳事。是年,惠公卒,子懷公柳立。

---

① 二十八年,中華書局本《史記》作"八年"。

② 七年,中華書局本《史記》作"十年"。

懷公元年,吳破楚,在郢,召陳侯。陳侯欲往,大夫曰:“吳新得意;楚王雖亡,與陳有故,不可倍。”懷公乃以疾謝吳。四年,吳復召懷公。懷公恐,如吳。吳怒其前不往,留之,因卒吳。陳乃立懷公之子越,是爲湣公。|

湣公六年,孔子適陳。吳王夫差伐陳,取三邑而去。|十三年,吳復來伐陳,陳告急楚,楚昭王來救,軍於城父,吳師去。是年,楚昭王卒于城父。時孔子在陳。|十五年,宋滅曹。|插宋事。十六年,吳王夫差伐齊,敗之艾陵,使人召陳侯。陳侯恐,如吳。楚伐陳。|二十一年,齊田常弑其君簡公。|提田常一句,竟將齊事接陳,以終周太史、晉太史之說。二十三年,楚之白公勝,殺令尹子西、子綦,襲惠王。葉公攻敗白公,白公自殺。|插楚事。

二十四年,楚惠王復國,以兵北伐,殺陳湣公,遂滅陳而有之。是歲孔子卒。|

杞東樓公者夏后禹之後苗裔也。殷時或封或絕。周武王克殷紂,求禹之後,得東樓公,封之于杞,以奉夏后氏祀。|

東樓公生西樓公,西樓公生題公,題公生謀娶公。謀娶公當周厲王時。|提綱。謀娶公生武公。武公立四十七年卒,子靖公立。靖公二十三年卒,子共公立。共公八年卒,子德公立。德公十八年卒,弟桓公姑容立。桓公十七年卒,子孝公匄立。孝公十七年卒,弟文公益姑立。文公十四年卒,弟平公鬱立。平公十八年卒,子悼公成立。悼公十二年卒,子隱公乞立。七月隱公弟遂弑隱公自立,是爲釐公。釐公十九年卒,子湣公維立。湣公十五年,楚惠王滅陳。|十六年湣公弟閼路,弑湣公代立,是爲哀公。哀公立十年卒,湣公子敕立,是爲出公。出公十二年卒,子簡公春

立。立一年,楚惠王之四十四年,滅杞。杞後陳亡三十四年。丨因附《陳世家》後,故點陳一筆。杞小微,其事不足稱述。

舜之後,周武王封之陳,至楚惠王滅之,有世家言。丨禹之後,周武王封之杞楚惠王滅之,有世家言。丨契之後爲殷,殷有本紀言。丨殷破,周封其後于宋,齊湣王滅之,有世家言。丨后稷之後爲周,秦昭王滅之,有本紀言。丨臯陶之後,或封英、六,楚穆王滅之,無譜。丨伯夷之後,至周武王復封于齊,曰太公望,陳氏滅之,有世家言。丨伯翳之後,至周平王時封,爲秦,項羽滅之,有本紀言。丨垂、益、夔、龍,其後不知所封,不見也。丨因舜、禹二後代,因列序稷、契等,篇法與《管蔡世家》同。右十一人者,皆唐虞之際名有功德臣也。其五人之後,皆至帝王,餘乃爲顯諸侯。滕、薛、騶,夏、殷、周之間封也,小,不足齒列,弗論也。

周武王時,侯伯尚千餘人。及幽、厲之後,諸侯力攻相并。江、黄、胡、沈之屬,不可勝數,故弗采著于傳上。餘波亦自跌蕩。

太史公曰:舜之德,可謂至矣!禪位于夏,而後世血食者歷三代。及楚滅陳,而田常得政于齊,卒爲建國,百世不絕,苗裔茲茲,有土者不乏焉。至禹,於周則杞,微甚,不足數也。楚惠王滅杞,其後越王勾踐興。陳事接入齊,杞事接入越,適足相配。

陳既甚微,杞復更甚,無事作料,故止點序世次而已。末以十一人後裔,及薛騶江黄之屬,詠歎一番,以爲出色。

衛康叔世家

衛康叔名封，周武王同母少弟也。丨其次尚有冉季，冉季最少。丨冉季附點虛。

武王已克殷紂，復以殷餘民封紂子武庚祿父，比諸侯，以奉其先祀勿絕。爲武庚未集，恐其有賊心，武王乃令其弟管叔、蔡叔，傅相武庚祿父，以和其民。武王既崩，成王少。周公旦代成王治，當國。管叔、蔡叔疑周公，乃與武庚祿父作亂，欲攻成周。周公旦以成王命，興師伐殷，殺武庚祿父、管叔，放蔡叔，止爲武庚餘民一句，故特附管蔡兩段。以武庚殷餘民，封康叔爲衛君，居河、岐間，故商墟。丨

周公旦懼康叔齒少，應少弟。乃申告康叔曰："必求殷之賢人君子長者，問其先殷所以興，所以亡，而務愛民。"告以紂所以亡者，以淫于酒，酒之失，婦人是用，故紂之亂自此始。爲《梓材》，示君子可法則。故謂之《康誥》《酒誥》《梓材》以命之。丨以數語簡括三誥。康叔之國，既以此命，能和集其民，民大說。對"武庚未集"。

成王長，用事，舉康叔爲周司寇，賜衛寶祭器，以章有德。丨

康叔卒，子康伯代立。康伯卒，子考伯立。考伯卒，子嗣伯

立。嗣伯卒,子庱伯立。庱伯卒,子靖伯立。靖伯卒,子貞伯立。貞伯卒,子頃侯立。

頃侯厚賂周夷王,夷王命衛爲侯。丨頃侯立十二年卒,子釐侯立。

釐侯十三年,周厲王出奔于彘,共和行政焉。提綱。二十八年,周宣王立。丨

四十二年,釐侯卒,太子共伯餘立爲君。共伯弟和有寵於釐侯,多予之賂;和以其賂賂士,以襲攻共伯于墓上,共伯入釐侯羨自殺。衛人因葬之釐侯旁,謚曰共伯,而立和爲衛侯,是爲武公。

武公即位,脩康叔之政,百姓和集。丨應"能和集其民"。四十二年,犬戎殺周幽王,武公將兵往佐周平戎,甚有功,周平王命武公爲公。丨初爲伯,次爲侯,後爲公,極有次第。五十五年卒,子莊公揚立。

莊公五年,取齊女爲夫人,好而無子。又取陳女爲夫人,生子,蚤死。陳女女弟,亦幸于莊公,而生子完。完母死,莊公令夫人齊女子之,立爲太子。莊公有寵妾,生子州吁。十八年,州吁長,好兵,莊公使將。石碏諫莊公曰:"庶子好兵使將,亂自此起。"不聽。只一句簡括。二十三年,莊公卒,太子完立,是爲桓公。

桓公二年,弟州吁驕奢,桓公絀之,州吁出奔。十三年,鄭伯弟段攻其兄,不勝,亡,而州吁求與之友。物以類聚。十六年,州吁收聚衛亡人,以襲殺桓公,州吁自立爲衛君。爲鄭伯弟段欲伐鄭,請宋、陳、蔡與俱,三國皆許州吁。州吁新立,好兵,弑桓公,衛人皆不愛。石碏乃因桓公母家於陳,詳爲善州吁。至鄭郊,石碏與陳侯共謀,使右宰醜進食,因殺州吁于濮而迎桓公弟晉于邢而立

之,是爲宣公。|

宣公七年,魯弒其君隱公。弒君附見。九年,宋督弒其君殤公,弒君附見。及孔父。|十年,晉曲沃莊伯,弒其君哀侯。|弒君附見。

十八年,初,宣公愛夫人夷姜,夷姜生子伋以爲太子,而令右公子傅之。右公子爲太子娶齊女,未入室,而宣公見所欲爲太子婦者好,說而自取之,更爲太子取他女。宣公得齊女,生子壽、子朔,令左公子傅之。太子伋母死,宣公正夫人與朔右公子、左公子、正夫人,相應成法。共讒惡太子伋。奪妻、讒惡是一節。宣公自以其奪太子妻也,心惡太子,欲廢之。追序宣公心事一句,下乃接入。及聞其惡,大怒,乃使太子伋于齊,而令盜遮界上殺之,與太子白旄,而告界盜,見持白旄者殺之。心惡、信讒是一節。且行,子朔之兄壽,太子異母弟也,知朔之惡太子,而君欲殺之,乃謂太子曰:"界盜見太子白旄,即殺太子,太子可毋行。"太子曰:"逆父命求生,不可。"遂行。子壽①諫行是一節。壽見太子不止,乃盜其白旄而先馳,至界。界盜見其驗,即殺之。壽已死,而太子伋又至,謂盜曰:"所當殺,乃我也。"盜併殺太子伋,以報宣公。宣公乃以子朔爲太子。|盜旄先行是一節。凡四節,逐節序來,簡淨明了,不支不蔓,不及《左》之古奧,而反覺近人。○自愛夫人夷姜至此是一篇。十九年,宣公卒,太子朔立,是爲惠公。

左右公子不平朔之立也,先追一句,下乃實序。惠公四年,左右公子,怨惠公之讒殺前太子伋而代立,再點一句,見罪案已定,人怨方深。乃作亂,攻惠公,立太子伋之弟黔牟爲君,惠公奔齊。

---

① 子壽,底本作"子朔",疑誤,據校本改。

衛君黔牟立，八年，齊襄公率諸侯奉王命共伐衛，納惠公，誅左右公子。衛君黔牟奔于周，惠公復立。惠公立三年，出亡，亡八年，復入，與前通年凡十三年矣。|

二十五年，惠公怨周之容舍黔牟，與燕伐周。周惠王奔溫，衛、燕立惠王弟頽[①]爲王。二十九年，鄭復納惠王。三十一年，惠公卒，子懿公赤立。

懿公即位，好鶴，淫樂奢侈。九年，翟伐衛，衛懿公欲發兵，兵或畔。大臣言曰："君好鶴，鶴可令擊翟。"翟于是遂入，殺懿公。

懿公之立也，百姓大臣皆不服。自懿公父惠公朔之讒殺太子伋代立，至于懿公，常欲敗之，| 又點一句，前後俱靈。卒滅惠公之後而更立黔牟之弟昭伯頑之子申爲君，是爲戴公。|

戴公申元年卒。齊桓公以衛數亂，乃率諸侯伐翟，爲衛築楚丘，立戴公弟燬爲衛君，是爲文公。文公以亂故奔齊，齊人入之。|

初翟殺懿公也，衛人憐之，思復立宣公前死太子伋之後，伋子又死，而代伋死者子壽，又無子。太子伋同母弟二人：其一曰黔牟，黔牟嘗代惠公爲君，八年復去；其二曰昭伯。昭伯、黔牟，皆已前死，故立昭伯子申爲戴公。戴公卒，復立其弟燬爲文公。| 又補序世系一段，甚了了。

文公初立，輕賦平罪，身自勞，與百姓同苦，以收衛民。|

十六年，晉公子重耳過，無禮。| 十七年，齊桓公卒。| 二十五年，文公卒，子成公鄭立。

---

① 頽，中華書局本《史記》作"穨"。

成公三年，晉欲假道於衛救宋，成公不許。晉更從南河度，救宋。徵師於衛，衛大夫欲許，成公不肯。大夫元咺攻成公，成公出奔。晉文公重耳伐衛，分其地與宋，討前過無禮，及不救宋患也。丨總承上。衛成公遂出奔陳。二歲，如周求入，與晉文公會。晉使人鴆衛成公，成公私于周主鴆，令薄，得不死。已而周爲請晉文公，卒入之衛，而誅元咺，衛君瑕出奔。丨君瑕突出，蓋元咺所立也。七年，晉文公卒。十二年，成公朝晉襄公。丨十四年，秦穆公卒。丨秦事插序。二十六年，齊邴歜弒其君懿公。丨弒君附見。三十五年，成公卒，子穆公遬立。

穆公二年，楚莊王伐陳，殺夏徵舒。丨三年，楚莊王圍鄭，鄭降，復釋之。丨楚事插序。十一年，孫良夫救魯伐齊，復得侵地。丨穆公卒，子定公臧立。定公十二年卒，子獻公衎立。丨

獻公十三年，公令師曹教宮妾鼓琴，妾不善，曹笞之。妾以幸，惡曹于公，公亦笞曹三百。一節。十八年，獻公戒孫文子、甯惠子食，皆往。日旰不召，而去射鴻于囿。二子從之，公不釋射服與之言。二子怒，如宿。二節。孫文子子數，侍公飲，使師曹歌巧言之卒章。師曹又怒，公之嘗笞三百，乃歌之，欲以怒孫文子，報衛獻公。三節。序得周密簡盡。文子語蘧伯玉，伯玉曰："臣不知也。"遂攻出獻公。獻公奔齊，齊置衛獻公於聚邑。孫文子、甯惠子共立定公弟秋爲衛君，是爲殤公。

殤公秋立，封孫文子林父于宿。丨十二年，甯喜與孫林父，爭寵相惡，殤公使甯喜攻孫林父。林父奔晉，復求入故衛獻公。獻公在齊，齊景公聞之，與衛獻公如晉求入。晉爲伐衛，誘與盟。衛殤公會晉平公，平公執殤公與甯喜，而復入衛獻公。獻公亡在外

十二年而入。

獻公後元年,誅甯喜。|

三年,吳延陵季子使過衛,見蘧伯玉、史鰌,曰:"衛多君子,其國無故。"過宿,孫林父爲擊磬,曰:"不樂,音大悲,使衛亂,乃此矣。"|與《吳世家》及《左氏》異。是年獻公卒,子襄公惡立。

襄公六年,楚靈王會諸侯,襄公稱病不往。|

九年,襄公卒。初襄公有賤妾,幸之,有身,夢有人謂曰:"我康叔也,令若子必有衛,名而子曰'元'。"妾恠之,問孔成子。成子曰:"康叔者,衛祖也。"及生子,男也,以告襄公。襄公曰:"天所置也。"名之曰元。襄公夫人無子,於是乃立元爲嗣,是爲靈公。|

靈公五年,朝晉昭公。|六年,楚公子棄疾弑靈王,自立爲平王。|弑君附見。十一年,火。|

三十八年,孔子來,祿之如魯。後有隙,孔子去。後復來。|

三十九年,太子蒯聵,與靈公夫人南子有惡,有惡隱。欲殺南子。蒯聵與其徒戲陽遬謀,句。朝,句。使殺夫人。戲陽後悔,不果。蒯聵數目之,夫人覺之,句。懼,句。呼曰:"太子欲殺我!"靈公怒,太子蒯聵奔宋,已而之晉趙氏。|

四十二年春,靈公游于郊,令子郢僕。郢,靈公少子也,字子南。靈公怨太子出奔,謂郢曰:"我將立若爲後。"郢對曰:"郢不足以辱社稷,君更圖之。"夏,靈公卒,夫人命子郢爲太子,曰:"此靈公命也。"郢曰:"亡人太子蒯聵之子輒在也,不敢當。"於是衛乃以輒爲君,是爲出公。|

六月乙酉,趙簡子欲入蒯聵,乃令陽虎詐命衛十餘人,衰絰歸,簡子送蒯聵。衛人聞之,發兵擊蒯聵。蒯聵不得入,入宿而保,衛人亦罷兵。

出公輒四年,齊田乞弑其君孺子。弑君附見。八年,齊鮑子弑其君悼公。丨弑君附見。

孔子自陳入衛。九年,孔文子問兵于仲尼,仲尼不對。其後魯迎仲尼,仲尼反魯。丨

十二年,初孔圉文子,取太子蒯聵之姊,生悝。孔氏之豎渾良夫,美好,孔文子卒,良夫通于悝母。太子在宿,悝母使良夫於太子。太子與良夫言曰:"苟能入我國,報子以乘軒,免子三死,毋所與。"與之盟,許以悝母爲妻。稍變《左氏》。閏月,良夫與太子,入舍孔氏之外圃。句。昏,句。二人蒙衣而乘,宦者羅御,如孔氏。孔氏之老欒甯問之,稱姻妾以告。遂入,適伯姬氏。既食,悝母杖戈而先,太子與五人介,輿猳從之。伯姬劫悝于厠,彊盟之,遂劫以登臺。欒甯將飲酒,炙未熟,聞亂,使告仲由。召護駕乘車,行爵食炙,就酒炙上寫,偏有致。奉出公輒奔魯。

仲由將入,遇子羔將出,曰:"門已閉矣。"子路曰:"吾姑至矣。"子羔曰:"不及,莫踐其難。"子路曰:"食焉不辟其難。"子羔遂出。子路入,及門,公孫敢闔門,曰:"毋入爲也!"子路曰:"是公孫也?求利而逃其難。由不然,利其祿,必救其患。"有使者出,子路乃得入。曰:"太子焉用孔悝?雖殺之,必或繼之。"且曰:"太子無勇。若燔臺,必舍孔叔。"太子聞之,句。懼,句。下,句。石乞、盂黶敵子路,以戈擊之,割纓。子路曰:"君子死,冠不免。"結纓而死。孔子聞衛亂,曰:"嗟乎!柴也其來乎?由也其死矣。"孔悝竟立太子蒯聵,是爲莊公。

莊公蒯聵者,出公父也,倒註一句。居外,怨大夫莫迎立。元

年即位，欲盡誅大臣，曰："寡人居外久矣，子亦嘗聞之乎？"群臣欲作亂，乃止。｜自"南子有惡"至此，是一段。

二年，魯孔丘卒。｜

三年，莊公上城，見戎州。曰："戎虜何爲是？"戎州病之。十月，戎州告趙簡子，簡子圍衛。十一月，莊公出奔，衛人立公子斑師爲衛君。齊伐衛，虜斑師，更立公子起爲衛君。

衛君起元年，衛石曼尃，逐其君起，起奔齊。衛出公輒自齊復歸立。初出公立十二年亡，亡在外四年，復入。出公後元年，賞從亡者。立二十一年卒。｜出公季父黔，攻出公子而自立，是爲悼公。

悼公五年卒，子敬公弗立。敬公十九年卒，子昭公糾立。是時三晉彊，衛如小侯屬之。｜

昭公六年，公子亹弒之，代立，是爲懷公。懷公十一年，公子頹[①]弒懷公而代立，是爲慎公。慎公父，公子適；適父，敬公也。世系倒序，明甚。慎公四十二年卒，子聲公訓立。聲公十一年卒，子成侯遬立。｜

成侯十一年，公孫鞅入秦。于六年[②]，衛更貶號曰侯。

二十九年，成侯卒，子平侯立。平侯八年卒，子嗣君立。

嗣君五年，更貶號曰君，獨有濮陽。｜

四十二年卒，子懷君立。懷君三十一年，朝魏，魏囚殺懷君。｜魏更立嗣君弟，是爲元君。元君爲魏壻，故魏立之。元君十四年，秦拔魏東地，秦初置東郡，更徙衛野王縣，而并濮陽爲東郡。｜

---

① 頹，中華書局本《史記》作"穨"。

② 于六年，中華書局本《史記》作"十六年"。

二十五年,元君卒,子君角立。

君角九年,秦并天下,立爲始皇帝。丨二十一年,二世廢君角爲庶人,衛絕祀。

太史公曰:余讀世家言,至于宣公之太子,以婦見誅,弟壽爭死以相讓,此與晉太子申生,不敢明驪姬之過同,俱惡傷父之志。然卒死亡,何其悲也!或父子相殺,兄弟相滅,亦獨何哉?贊語只兩調便住,淵然不盡。

世家俱用簡括法,固也。獨《衛世家》,于簡括之中,獨有疏落之致。○贊語更有餘韻。○衛于列國之中,甚小弱也,獨爲後亡。古語云:"銛者鋒,先亡;确者稜,先滅。"吾於此一歎。

宋微子世家

微子開者，殷帝乙之首子，而紂之庶兄也。紂既立，不明，“不明”二字好，自古亡國敗家之人，豈樂于禍亂哉？亦坐此不明之故也。淫亂於政，微子數諫，紂不聽。丨先虛點一句。及祖伊以周西伯昌之脩德，滅阢阢國，懼禍至，以告紂。紂曰：“我生不有命在天乎？是何能爲！”於是微子度紂終不可諫，借祖伊之告，接入微子。欲死之，及去，未能自決，乃問于太師、少師曰：“殷不有治政，不治四方。我祖遂陳於上，紂沉湎於酒，婦人是用，亂敗湯德於下。殷既小大好草竊姦宄，卿士師師非度，皆有罪辜，乃無維獲，小民乃並興，相爲敵讎。今殷其典喪！若涉水，無津涯。殷遂喪，越至於今。”曰：“太師、少師，我其發出往？吾家保于喪？今女無故告，予顛躋，如之何其？”太師若曰：“王子，天篤下菑，亡殷國，乃毋畏畏，不用老長。今殷民乃陋淫神祇之祀。以上畧改《微子》，下乃全出己裁。今誠得治國，國治身死不恨。爲死終不得治，不如去。”語亦俊。遂亡。丨微子之去，固因太師、少師之言，而去之之先，則又有感于箕子、比干二事，故下迺補出箕子、比干二事，以作附傳。

箕子者紂親戚也。箕子附傳。紂始爲象箸，箕子歎曰：“彼爲象箸,必爲玉桮;爲桮,則必思遠方珍恠之物而御之矣。輿馬宮室之漸,自此始不可振也。”丨紂爲淫泆,補一句,不止爲玉桮一事也。箕子諫,不聽。人或曰:“可以去矣。”箕子曰:“爲人臣諫不聽而去,是彰君之惡,而自説於民,吾不忍爲也。”乃披髪佯狂而爲奴,遂隱而鼓琴以自悲,故傳之曰《箕子操》。丨箕子且頓住。

王子比干者,亦紂之親戚也。比干附傳。見箕子諫,不聽而爲奴,接箕子事下。則曰:“君有過而不以死爭,則百姓何辜!”乃直言諫紂。紂怒曰:“吾聞聖人之心有七竅,信有諸乎?”乃遂殺王子比干,刳視其心。丨完比干事。

微子曰:遥接入微子。“父子有骨肉,而臣主以義屬。故父有過,子三諫不聽,則隨而號之;人臣三諫不聽,則其義可以去矣。”於是太師、少師乃勸微子去,遂行。丨直接上篇總出一筆,而中間序他事,此夾序法也。〇以上三仁是一篇。

周武王伐紂,克殷,微子乃持其祭器,造於軍門,微子以前,但出亡于外,至此乃始歸周。肉袒,面縛,左牽羊,右把茅,膝行而前,以告。“面縛”,止繫頸耳,用修四手之説太鑿。於是武王乃釋微子,復其位,如故。丨

武王封紂子武庚禄父,以續殷祀,使管叔、蔡叔傅相之。丨微子先復位。

武王既克殷,訪問箕子。又接入箕子事。

武王曰:“於乎!維天①陰定下民,相和其居,我不知其常倫所序。”

箕子對曰:“在昔鯀陻鴻水,汨陳其五行,帝乃震怒,不從鴻範

① 天,底本作“大”,疑誤,據校本改。

九等,常倫所斁。鯀則殛死禹乃嗣興。天乃錫禹鴻範九等,常倫所序。丨一正一反,兩對作總序。

"初一曰五行;二曰五事;三曰八政;四曰五紀;五曰皇極;六曰三德;七曰稽疑;八曰庶徵;九曰嚮用五福,畏用六極。丨先序總目。

"五行:一曰水,二曰火,三曰木,四曰金,五曰土。一層。水曰潤下,火曰炎上,木曰曲直,金曰從革,土曰稼穡。二層。潤下作鹹,炎上作苦,曲直作酸,從革作辛,稼穡作甘。丨三層。五行作三層寫。

"五事:一曰貌,二曰言,三曰視,四曰聽,五曰思。一層。貌曰恭,言曰從,視曰明,聽曰聰,思曰睿。二層。恭作肅,從作治①,明作智,聰作謀,睿作聖。丨三層。五事作三層寫,兩段相配,是一樣文法。

"八政:一曰食,二曰貨,三曰祀,四曰司空,五曰司徒,六曰司寇,七曰賓,八曰師。丨八政止一層。

"五紀:一曰歲,二曰月,三曰日,四曰星辰,五曰曆數。丨五紀止一層。兩段相配,是一樣文法。

"皇極:皇建其有極,斂時五福,用傅錫其庶民,維時其庶民于女極,錫女保極。總序一段。凡厥庶民,毋有淫朋,人毋有比德,維皇作極。凡厥庶民,有猷有爲有守,女則念之。不協于極,不離于咎,皇則受之。而安而色,曰予所好德,女則錫之福。時人斯其維皇之極。毋侮鰥寡,而畏高明。一段庶民。人之有能有爲,使羞其行,而國其昌。凡厥正人,既富方穀。女不能使有好于而家,時人斯其辜。于其毋好,女雖錫之福,其作女用咎。一段庶官。毋偏毋

---

① 治,底本作"冶",疑誤,據校本改。

頗,遵王之義。毋有作好,遵王之道。毋有作惡,遵王之路。毋偏毋黨,王道蕩蕩。毋黨毋偏,王道平平。毋反毋側,王道正直。會其有極,歸其有極。曰王極之傅言,是彝是訓,于帝其順。總收一段。凡厥庶民,極之傅言,是順是行,以近天子之光。曰天子作民父母,以爲天下王。|皇極獨衍作議論。

"三德:一曰正直,二曰剛克,三曰柔克。一層。平康正直,彊不友剛克,內友柔克,沉漸剛克,高明柔克。二層。句法一單兩複。維辟作福,維辟作威,維辟玉食。臣無有作福作威玉食,臣有作福作威玉食,其害于而家,凶于而國,人用側頗僻,民用僭忒。|三層三德,作三層寫,用叠句。

"稽疑:擇建立卜筮人。乃命卜筮,曰雨,曰濟,曰涕,曰霧,曰克,曰貞,曰悔,凡七。一層。卜五,占之用二,衍貣。立時人爲卜筮,三人占,則從二人之言。二層。女則有大疑,謀及女心,謀及卿士,謀及庶人,謀及卜筮。女則從,龜從,筮從,卿士從,庶民從,是之謂大同,而身其康彊,而子孫其逢吉。女則從,龜從,筮從,卿士逆,庶民逆,吉。卿士從,龜從,筮從,女則逆,庶民逆,吉。庶民從,龜從,筮從,女則逆,卿士逆,吉。女則從,龜從,筮逆,卿士逆,庶民逆,作內吉,作外凶。龜筮共違于人,用靜吉,用作凶。|三層。稽疑作三層寫,亦用叠句法與上相配,是一樣文法。

"庶徵:曰雨,曰暘,曰奥,曰寒,曰風,曰時。五者來備,各以其序,庶草繁廡。一層。一極備凶。一極無凶。總兩句,生下二層。曰休徵:曰肅,時雨若,曰治,時暘若;曰知,時奥若;曰謀,時寒若;曰聖,時風若。二層。曰咎徵:曰狂,常雨若;曰僭,常暘若;曰舒,常奥若;曰急,常寒若;曰霧,常風若。三層。王眚惟歲,卿士惟月,

師尹惟日。歲月日時毋易,百穀用成,治用明,畯民用章,家用平康。日月歲時既易,百穀用不成,治用昏不明,畯民用微,家用不寧。四層。一正一反。庶民維星,星有好風,星有好雨。日月之行,有冬有夏。月之從星,則以風雨。|五層。譬喻庶徵作五層寫,又一樣文法。

"五福:一曰壽,二曰富,三曰康寧,四曰攸好德,五曰考終命。五福止一層。六極:一曰凶短折,二曰疾,三曰憂,四曰貧,五曰惡,六曰弱。"六極只一層,兩段兩配,只此竟住,篇法古峭。

於是武王乃封箕子於朝鮮而不臣也。

其後箕子朝周,過故殷虛,感宫室毁壞,生禾黍,箕子傷之,欲哭則不可,欲泣爲其近婦人,乃作《麥秀》之詩,以歌詠之。其詩曰:"麥秀漸漸兮,禾黍油油。彼狡僮兮,不與我好兮!"所謂狡僮者,紂也。殷民聞之,皆爲流涕。|完箕子事。○以上序箕子,是一篇。

武王崩,成王少,周公旦代行政,當國。管、蔡疑之,乃與武庚作亂,欲襲成王、周公。周公既承成王命,誅武庚,殺管叔,放蔡叔,乃命微子開代殷後,奉其先祀,作《微子之命》,以申之,國於宋。微子故能仁賢,乃代武庚,故殷之餘民,甚戴愛之。|始入宋事。

微子開卒,立其弟衍,是爲微仲。微仲卒,子宋公稽立。宋公稽卒,子丁公申立。丁公申卒,子湣公共立。湣公共卒,弟煬公熙立。煬公即位,湣公子鮒祀,弑煬公而自立,曰"我當立",是爲厲公。厲公卒,子釐公舉立。

釐公十七年,周厲王出奔彘。提綱。

二十八年,釐公卒,子惠公覸立。惠公四年,周宣王即位。|

三十年,惠公卒,子哀公立。哀公元年卒,子戴公立。|

戴公二十九年,周幽王爲犬戎所殺,秦始列爲諸侯。提綱。

三十四年,戴公卒,子武公司空立。武公生女,爲魯惠公夫人,生魯桓公。|十八年,武公卒,子宣公力立。

宣公有太子與夷。十九年,宣公病,讓其弟和曰:“父死子繼,兄死弟及,天下通義也。我其立和。”和亦三讓而受之。宣公卒,弟和立,是爲穆公。

穆公九年病,召大司馬孔父謂曰:“先君宣公,舍太子與夷而立我,我不敢忘。我死,必立與夷也。”孔父曰:“群臣皆願立公子馮。”穆公曰:“毋立馮,吾不可以負宣公。”於是穆公使馮出居於鄭。八月,庚辰穆公卒,兄宣公子與夷立,是爲殤公。君子聞之,曰:“宋宣公可謂知人矣,立其弟以成義然卒其子復享之。|雖稍直,然以簡勝。

殤公元年,衛公子州吁弑其君完自立,欲得諸侯,使告于宋曰:“馮在鄭,必爲亂,可與我伐之。”宋許之,與伐鄭,至東門而還。|二年,鄭伐宋,以報東門之役。其後諸侯數來侵伐。|

九年,大司馬孔父嘉,妻好,出,道遇太宰華督,督說,目而觀之。督利孔父妻,乃使人宣言國中曰:“殤公即位十年耳,而十一戰,民苦不堪,皆孔父爲之,我且殺孔父以寧民。”|且頓住。是歲,魯弑其君隱公。|弑君附見。十年,華督攻殺孔父,取其妻。間接。殤公怒,遂弑殤公,而迎穆公子馮於鄭而立之,遙接。是爲莊公。|

莊公元年,華督爲相。|九年,執鄭之祭仲,要以立突爲鄭君。祭仲許,竟立突。|十九年,莊公卒,子湣公捷立。|

湣公七年,齊桓公即位。丨插齊事。九年,宋水,魯使臧文仲往弔水。湣公自罪,曰:“寡人以不能事鬼神,政不修,故水。”臧文仲善此言。此言乃公子子魚教湣公也。丨

十年夏,宋伐魯,戰於乘丘,魯生虜宋南宮萬。宋人請萬,萬歸宋。十一年秋,湣公與南宮萬獵,因博,爭行,湣公怒,辱之曰:“始吾敬若;今若魯虜也。”萬有力,病此言,遂以局殺湣公于蒙澤。大夫仇牧聞之,以兵造宮門。萬搏牧,牧齒著門闔死。死法奇。因殺太宰華督,乃更立公子游爲君。諸公子犇蕭公子禦說犇亳。萬弟南宮牛將兵圍亳。冬,蕭及宋之諸公子共擊殺南宮牛,弑宋新君游,而立湣公弟禦說,是爲桓公。宋萬奔陳。宋人請以賂陳。陳人使婦人飲之醇酒,以革裹之,又爲萬勇著色。歸宋。宋人醢萬也。丨“也”字用得奇。

桓公二年,諸侯伐宋,至郊而去。丨三年,齊桓公始霸。丨二十三年,迎衛公子燬於齊,立之,是爲衛文公。文公女弟爲桓公夫人。丨秦穆公即位。丨插秦事。三十年,桓公病,太子茲甫讓其庶兄目夷爲嗣。桓公義太子意,竟不聽。丨三十一年春,桓公卒,太子茲甫立,是爲襄公。以其庶兄目夷爲相。未葬,而齊桓公會諸侯于葵丘,襄公往會。丨

襄公七年,宋地霣星如雨,與雨俱下;六鶂退蜚,風疾也。丨序得簡快。

八年,齊桓公卒,宋欲爲盟會。丨十二年春,宋襄公爲鹿上之盟,以求諸侯於楚,楚人許之。公子目夷諫曰:“小國爭盟,禍也。”不聽。秋,諸侯會宋公盟于盂。目夷曰:“禍其在此乎?君欲已甚,何以堪之!”於是楚執宋襄公以伐宋。冬,會于亳,以釋宋公。

子魚曰:“禍猶未也。”十三年夏,宋伐鄭。子魚曰:“禍在此矣。”四“禍”字,四頓,作四層寫,妙! 秋,楚伐宋以救鄭。襄公將戰,子魚諫曰:“天之棄商久矣,不可。”冬,十一月,襄公與楚成王戰于泓。楚人未濟,目夷曰:“彼衆我寡,及其未濟,擊之。”公不聽。已濟,未陳,又曰:“可擊。”亦只用簡法。公曰:“待其已陳。”陳成,宋人擊之。宋師大敗,襄公傷股。國人皆怨公。公曰:“君子不困人於阨,不鼓不成列。”子魚曰:“兵以勝爲功,何常言與! 必如公言,即奴事之耳,又何戰爲?”丨數語三折,簡勁有致。

楚成王已救鄭,鄭享之。去而取鄭二姬以歸。叔瞻曰:“成王無禮,其不没乎? 爲禮卒於無別,有以知其不遂霸也。”丨

是年晉公子重耳過宋,襄公以傷於楚,欲得晉援,厚禮重耳,以馬二十乘。丨

十四年夏,襄公病傷於泓,而竟卒,子成公王臣立。丨

成公元年,晉文公即位。丨三年,倍楚盟,親晉,以有德於文公也。丨四年,楚成王伐宋,宋告急於晉。五年,晉文公救宋,楚兵去。丨九年,晉文公卒。丨十一年,楚太子商臣,弒其父成王代立。丨弒君附見。十六年,秦穆公卒。丨插秦事。

十七年,成公卒。成公弟禦,殺太子,及大[①]司馬公孫固而自[②]立爲君。宋人共殺君禦而立成公少子杵臼,是爲昭公。丨

昭公四年,宋敗長翟緣斯於長丘。丨七年,楚莊王即位。丨插楚事。

九年,昭公無道,國人不附。昭公弟鮑革,賢而下士。先襄公

---

① 大,底本作“太”,疑誤,據校本改。
② 自,底本作“目”,疑誤,據校本改。

夫人欲通於公子鮑,不可,乃助之施於國,因大夫華元爲右師。昭公出獵,夫人王姬,使衛伯攻殺昭公杵臼。弟鮑革立,是爲文公。|

文公元年,晉率諸侯伐宋,責以弑君。聞文公定立,乃去。|二年,昭公子因文公母弟須,與武、繆、戴、莊、桓之族爲亂,文公盡誅之,出武、繆之族。|

四年春,鄭命楚伐宋[①]。宋使華元將,鄭敗宋,囚華元。華元之將戰,殺羊以食士,其御羊羹不及,故怨,馳入鄭軍,故宋師敗,得囚華元。宋以兵車百乘,文馬四百匹,贖華元。未盡入,華元亡歸宋。|

十四年,楚莊王圍鄭。鄭伯降楚,楚復釋之。|插楚事。

十六年,楚使過宋,宋有前仇,執楚使。|九月,楚莊王圍宋。十七年,楚以圍宋,五月不解,宋城中急,無食,華元乃夜私見楚將子反。子反告莊王。王問:"城中何如?"曰:"析骨而炊,易子而食。"莊王曰:"誠哉言!我軍亦有三[②]日糧。"以信故,遂罷兵去。|亦用簡法。

二十二年,文公卒,子共公瑕立。始厚葬。君子譏華元不臣矣。|

共公九年[③],華元善楚將子重,又善晉將欒書,兩盟晉楚。|十三年,共公卒。華元爲右師,魚石爲左師。司馬唐山,攻殺太子肥,欲殺華元,華元奔晉,魚石止之,至河乃還,誅唐山。乃立共公

① 中華書局本《史記》作"楚命鄭伐宋"。

② 三,中華書局本《史記》作"二"。

③ 九年,中華書局本《史記》作"十年"。

少子成,是爲平公。|

平公三年,楚共王拔宋之彭城,以封宋左師魚石。四年,諸侯共誅魚石,而歸彭城於宋。|三十五年,楚公子圍弒其君自立,爲靈王。|弒君附見。四十四年,平公卒,子元公佐立。|

元公三年,楚公子棄疾弒靈王自立,爲平王。|弒君附見。八年,宋火。十年,元公毋信,詐殺諸公子,大夫華、向氏作亂。楚平王太子建來奔,見諸華氏相攻。句。亂,句。建去,如鄭。|十五年,元公爲魯昭公避季氏居外,爲之求入魯,行道卒,子景公頭曼立。|

景公十六年,魯陽虎來奔,已復去。|二十五年,孔子過宋,宋司馬桓魋惡之,欲殺孔子,孔子微服去。|三十年,曹倍宋,又倍晉,宋伐曹,晉不救,遂滅曹有之。|三十六年,齊田常弒簡公。|弒君附見。

三十七年,楚惠王滅陳。|插楚事。熒惑守心。心,宋之分野也。景公憂之。司星子韋曰:"可移于相。"景公曰:"相,吾之股肱。"曰:"可移于民。"景公曰:"君者待民。"曰:"可移于歲。"景公曰:"歲饑,民困,吾誰爲君!"序法更簡淨。子韋曰:"天高聽卑。君有君人之言三,熒惑宜有動。"於是候之,果徙三度。|

六十四年,景公卒。宋公子特攻殺太子而自立,是爲昭公。昭公者,元公之曾庶孫也。昭公父公孫糾,糾父公子褍秦,褍秦即元公少子也。補序世次詳。景公殺昭公父糾,故昭公怨殺太子而自立。

昭公四十七年卒,子悼公購由立。悼公八年卒,子休公田立。休公二十三年卒,子辟公辟兵立。辟公三年卒,子剔成立。剔成

四十一年,剔成弟偃,攻襲剔成,剔成敗奔齊,偃自立爲宋君。|

君偃十一年,自立爲王。東敗齊,取五城;南敗楚,取地三百里;西敗魏軍,乃與齊、魏爲敵國。盛血以韋囊,縣而射之,命曰"射天"。淫于酒婦人。群臣諫者,輒射之。於是諸侯皆曰"桀宋"。"宋其復爲紂所爲,不可不誅"。告齊伐宋。王偃立四十七年,齊湣王與魏、楚伐宋,殺王偃,遂滅宋而三分其地。

太史公曰:孔子稱"微子去之,箕子爲之奴,比干諫而死,殷有三仁焉"。《春秋》譏宋之亂,自宣公廢太子而立弟,國以不寧者十世。襄公之時,修仁行義,欲爲盟主。其大夫正考父美之,故追道契、湯、高宗,殷所以興,作《商頌》。襄公既敗于泓,而君子或以爲多,傷中國闕禮義,褒之也,宋襄之有禮讓也。

首段序"三仁"處夾插并序,具見章法,餘俱以簡淨勝,不爲枝蔓,可以救煩冗雜亂之病,爲作誌家法。

晉世家

唐叔虞者,周武王子,而成王弟。先提兩句。初武王與叔虞母會時,夢天謂武王曰:“余命女生子名虞,余與之唐。”及生子,文在其手曰“虞”,故遂因命之曰虞。丨應“武王子”,以夢兆起,奇。

武王崩,成王立唐有亂,周公誅滅唐。成王與叔虞戲,削桐葉爲珪,以與叔虞,曰:“以此封若。”史佚因請擇日立叔虞。成王曰:“吾與之戲耳。”史佚曰:“天子無戲言。言則史書之,禮成之,樂歌之。”添兩句佳。於是遂封叔虞於唐。唐在河、汾之東,方百里,故曰唐叔虞。應成王弟。姓姬氏,字子于。至此始點出姓字。

唐叔子燮,是爲晉侯。丨至此始名晉侯,以前曰唐也。晉侯子寧族,是爲武侯。武侯之子服人,是爲成侯。成侯子福,是爲厲侯。厲侯之子宜臼,是爲靖侯。靖侯以來,年紀可推。自唐叔至靖侯五世,無其年數。丨總結一句。

靖侯十七年,周厲王迷惑暴虐,國人作亂,厲王出奔于彘,大臣行政,故曰“共和”。丨提綱。

十八年,靖侯卒,子釐侯司徒立。釐侯十四年,周宣王初立。周事插序。十八年,釐侯卒,子獻侯籍立。獻侯十一年卒,子穆侯費王立。

穆侯四年,取齊女姜氏爲夫人。七年,伐條。生太子仇。十年,伐千畝,有功。生少子,名曰成師。晉人師服曰:"異哉,君之命子也!太子曰仇,仇者,讎也。少子曰成師,成師大號,成之者也。名自命也;物自定也。今適庶名反逆,此後晉其能無亂乎?"丨以後寫曲沃事,先提一段籠罩起。

二十七年,穆侯卒,弟殤叔自立,太子仇出奔。殤叔三年,周宣王崩。四年,穆侯太子仇,率其徒襲殤叔而立,是爲文侯。丨

文侯十年,周幽王無道,犬戎殺幽王,周東徙而秦襄公始立爲諸侯。提綱。

三十五年,文侯仇卒,子昭侯伯立。文侯迎立平王,此不序平王之命乃入于踐土①事中,蓋誤以文侯爲文公也。

昭侯元年,封文侯弟成師于曲沃。分出一曲沃,從此始爲亂晉之本,以下雙序。曲沃邑大於翼。句。翼,句。晉君都邑也。找一句明甚。成師封曲沃,號爲桓叔。靖侯庶孫欒賓,相桓叔。桓叔是時,年五十八矣,好德,晉國之衆皆附焉。君子曰:"晉之亂其在曲沃矣。末大於本,而得民心,不亂何待!"丨曲沃之亂,先于師服點一句,此又點一句,漸漸引入。

七年,晉大臣潘父,弑其君昭侯,而迎曲沃桓叔。桓叔欲入晉,晉人發兵攻桓叔。桓叔敗,還,歸曲沃。晉人共立昭侯子平爲君,是爲孝侯。誅潘父。丨兩節點明之後,以爲曲沃即并晉矣。偏是曲沃欲入晉,晉人不從而立君,此其一。

孝侯八年,曲沃桓叔卒子鱓代桓叔,是爲曲沃莊伯。曲沃夾序。

---

① 踐土,底本作"踐上",疑誤,據校本改。

孝侯十五年,曲沃莊伯弑其君晉孝侯于翼。晉人攻曲沃莊伯,莊伯復入曲沃。晉人復立孝侯子郄爲君,是爲鄂侯。曲沃欲并晉,晉人不從,二。

鄂侯二年,魯隱公初立。借《春秋》提綱。

鄂侯六年卒。曲沃莊伯聞鄂侯卒,乃興兵伐晉。周平王使虢公,將兵伐曲沃莊伯,莊伯走保曲沃。晉人共立鄂侯子光,是爲哀侯。曲沃欲并晉,周人、晉人不從,三。

哀侯二年,曲沃莊伯卒,子稱代莊伯立,是爲曲沃武公。曲沃事夾序。哀侯六年,魯弑其君隱公。弑君附見。哀侯八年,晉侵陘庭。陘庭與曲沃武公謀,九年,伐晉於汾旁,鹵哀侯。晉人乃立哀侯子小子爲君,是爲小子侯。曲沃欲并晉,晉人不從,四。

小子元年,曲沃武公,使韓萬殺所鹵晉哀侯。曲沃益彊,晉無如之何。曲沃事夾序。

晉小子之四年,曲沃武公誘召晉小子殺之。周桓王使虢仲伐曲沃武公,武公入于曲沃,乃立晉哀侯弟緡爲晉侯。丨曲沃欲并晉,周人、晉人不從,五。

晉侯緡四年,宋執鄭祭仲而立突爲鄭君。宋事插序。晉侯十九年,齊人管至父弑其君襄公。弑君附見。

晉侯二十八年,齊桓公始霸。齊事插序。曲沃武公伐晉侯緡,滅之,盡以其寶器賂獻于周釐王。前有周王不從,此先放倒周王。釐王命曲沃武公爲晉君,列爲諸侯,於是盡併晉地而有之。曲沃并晉凡五節之後,方始接入,前係分流,至此始滙。

曲沃武公,已即位三十七年矣,更號曰晉武公。晉武公始都晉國,前即位曲沃,通年三十八年。先提武公即位收。

武公稱者，先晉穆侯曾孫也，曲沃桓叔孫也。桓叔者，始封曲沃。武公，莊伯子也。再提武公世系收，直接桓叔始封再收。自桓叔始封曲沃以至武公滅晉也，凡六十七歲，而卒代晉爲諸侯。｜又通收一筆，先作五節遞入，此故作三層收束方盡。○取齊女至此爲一篇。武公代晉二歲卒。與曲沃通年，即位凡三十九年而卒。子獻公詭諸立。

獻公元年，周惠王弟穨攻惠王，惠王出奔，居鄭之櫟邑。｜周事插序。

五年，伐驪戎，得驪姬、驪姬弟，女弟也。俱愛幸之。

八年，士蔿說公曰："故晉之群公子多，不誅，亂且起。"乃使盡殺諸公子，而城聚都之，命曰絳，始都絳。九年，晉群公子既亡奔虢，虢以其故再伐晉，弗克。十年，晉欲伐虢，士蔿曰："且待其亂。"頓住。

十二年，驪姬生奚齊。獻公有意廢太子，乃曰："曲沃，吾先祖宗廟所在，而蒲邊秦，屈邊翟，不使諸子居之，我懼焉。"於是使太子申生居曲沃，公子重耳居蒲，公子夷吾居屈。獻公與驪姬子奚齊居絳。晉國以此知太子不立也。欲說廢太子事，先逗一筆。太子申生，其母齊桓公女也，曰齊姜，早死。申生同母女弟，爲秦穆公夫人。重耳母，翟之狐氏女也。夷吾母，重耳母女弟也。獻公子八人，而太子申生、重耳、夷吾，皆有賢行。及得驪姬，乃遠此三子。｜追提一段，似作閒文，實則照前文，遙伏後脉。

十六年，晉獻公作二軍。公將上軍，太子申生將下軍，趙夙御戎，畢萬爲右，伐滅霍，滅魏，滅耿。還，爲太子城曲沃，賜趙夙耿，賜畢萬魏，以爲大夫。三晉之始。士蔿曰："太子不得立矣。分之都城，而位以卿，先爲之極，又安得立！不如逃之，無使罪至。爲吳太伯，不亦可乎，猶有令名。"太子不從。丨頓住。卜偃曰："畢萬之後必大。"間接畢萬事。萬，盈數也；魏，大名也。以是始賞天開之矣。天子曰兆民，諸侯曰萬民，今命之大，以從盈數，其必有眾。"初畢萬卜仕於晉國，遇屯之比①。辛廖占之曰："吉。"屯固比入，吉孰大焉。其後必蕃昌。"丨畢萬事，亦作閒事照映。

十七年，晉侯使太子申生伐東山。里克諫獻公曰："太子奉冢祀社稷之粢盛，以朝夕視君膳者也，故曰冢子。君行則守，有守則從，從曰撫軍，守曰監國，古之制也。夫率師，專行謀也；誓軍旅，君與國政之所圖也：非太子之事也。師在制命而已，稟命則不威，專命則不孝，故君之嗣適，不可以帥師。君失其官，率師不威，將安用之？"公曰："寡人有子，未知其太子誰立。"里克不對而退，見太子。太子曰："吾其廢乎？"里克曰："太子勉之！教以軍旅，"不共是懼，何故廢乎？且子懼不孝，毋懼不得立。脩己而不責人，則免於難。"太子帥師，公衣之偏衣，佩之金玦。里克謝病，不從太子。太子遂伐東山。頓住。《左》《國》甚詳，然此紀一代之事，勢不得詳，故止取里克一說，其詞正也。

十九年，獻公曰："始吾先君莊伯、武公之誅晉亂，而虢常助晉伐我，又匿晉亡公子，果爲亂。弗誅，後遺子孫憂。"乃使荀息，以屈產之乘，假道於虞。虞假道，遂伐虢，取其下陽以歸。頓住。

獻公私謂驪姬曰："吾欲廢太子，以奚齊代之。"間接太子事。驪姬泣曰："太子之立，諸侯皆已知之，而數將兵，百姓附之，奈何

① 比，底本作"北"，疑誤，據校本改。

以賤妾之故,廢適立庶?君必行之妾自殺也。"一路寫廢太子已有端倪,乃公意逼之,而驪姬反復颺開,非颺開也,反剔一段,至後一句合轉,事勢然,文勢亦然也。驪姬詳譽太子,而陰令人譖惡太子,而欲立其子。丨恐錯認驪姬好意,故即點明帶轉。

二十一年,驪姬謂太子曰:"君夢見齊姜,映前齊姜。太子速祭曲沃,歸釐於君。"太子於是祭其母齊姜于曲沃,上其薦胙於獻公。獻公時出獵,置胙於宫中。驪姬使人置毒藥胙中。居二日,獻公從獵來還,宰人上胙獻公,獻公欲饗之。驪姬從旁止之,曰:"胙所從來遠,宜試之。"祭地,地墳;與犬,犬死;與小臣,小臣死。驪姬泣曰:"太子何忍也!其父而欲弒代之,況他人乎?即照着自己,婉而妙。且君老矣,旦暮之人,曾不能待而欲弒之!"兩"欲弒之",淋漓之甚,如聞其聲。謂獻公曰:添四句妙,前是自泣自歎之辭,至此乃謂獻公也。"太子所以然者,不過以妾及奚齊之故。妾願子母辟之他國,若早自殺,毋徒使母子爲太子所魚肉也。始君欲廢之,妾猶恨之;至於今,妾殊自失於此。"一句即打入,前颺得開,此合得重也,妙文!太子聞之,奔新城。獻公怒,乃誅其傅杜原欵。或謂太子曰:"爲此藥者,乃驪姬也,太子何不自辭明之?"太子曰:"吾君老矣,非驪姬,寢不安,食不甘。即辭之,君且怒之。《左》曰:"姬必有罪",便說煞矣,易"且怒之"妙!不必然之辭也。史公妙筆。不可。"或謂太子曰:"可奔他國。"太子曰:"被此惡名以出,人誰入我?我自殺耳。"十二月戊申,申生自殺於新城。丨

此時重耳、夷吾來朝。重耳、夷吾恰來朝,接入甚便。人或告驪姬曰:"二公子怨驪姬譖殺太子。"驪姬恐,因譖二公子:"申生之藥胙,二公子知之。"二子聞之,句。恐,驪姬恐、二子恐,相映成妙。重耳

走蒲，夷吾走屈，保其城，自備守。初獻公使士蔿爲二公子築蒲、屈城，追插一事。弗就。夷吾以告公，公怒士蔿。士蔿謝曰："邊城少寇，安用之？"退而歌曰："狐裘蒙茸，一國三公，吾誰適從！"卒就城。及申生死，二子亦歸保其城。

二十二年，獻公怒二子，不辭而去，果有謀矣，间接。乃使兵伐蒲。蒲人之宦者勃鞮，命重耳促自殺。重耳踰垣，宦者追斬其衣袪。重耳遂奔翟。使人伐屈，屈城守不可下。頓住。

是歲也，晉復假道於虞以伐虢。間接伐虢事。虞之大夫宫之奇，諫虞君曰："晉不可假道也，是且滅虞。"虞君曰："晉，我同姓，不宜伐我。"宫之奇曰："太伯、虞仲，太王之子也，太伯亡去，是以不嗣。虢仲、虢叔，王季之子也，爲文王卿士，其記勳在王室，藏於盟府。將虢是滅，何愛於虞？且虞之親，能親於桓、莊之族乎？桓、莊之族何罪，盡滅之。虞之與虢，脣之與齒，脣亡則齒寒。"虞公不聽，遂許晉。宫之奇以其族去虞。其冬，晉滅虢，虢公醜奔周。還，襲滅虞，鹵虞公，及其大夫井伯，百里奚以媵秦穆姬，而脩虞祀。荀息牽曩所遺虞屈產之乘馬，奉之獻公，獻公笑曰："馬則吾馬，齒亦老矣！"丨

二十三年，獻公遂發賈華等伐屈，間接屈成守事。屈潰。夷吾將奔翟。冀芮曰："不可，重耳已在矣，今往，晉必移兵伐翟，翟畏晉，禍且及。不如走梁，梁近於秦，秦彊，吾君百歲後，可以求入焉。"遂奔梁。丨頓住夷吾。二十五年，晉伐翟，又接入重耳。翟以重耳故，亦擊晉於齧桑，晉兵解而去。丨

當此時，晉彊，西有河西，與秦接境，北邊翟，東至河內。丨又間點數句，爲獻公構禍之階，亦爲重耳霸業之根。

驪姬弟生悼子。丨點一句伏。

二十六年,夏,齊桓公大會諸侯於葵丘。晉獻公病,行後,未至,逢周之宰孔。宰孔曰:"齊桓公益驕,不務德而務遠畧,諸侯弗平。君第無會①,毋如晉何。"獻公亦病,復還歸。病甚,乃謂荀息曰:"吾以奚齊爲後,年少,諸大臣不服,恐亂起,子能立之乎?"荀息曰:"能。"獻公曰:"何以爲驗?"對曰:"使死者復生,生者不慚,爲之驗。"死者豈能復生,"何以爲之驗?"似欺心語,實是瀝血語也,加三字妙。於是遂屬奚齊于荀息。荀息爲相,主國政。秋,九月,獻公卒。里克、邳鄭,欲內重耳,以三公子之徒作亂,謂荀息曰:"三怨將起,秦、晉輔之,子將何如?"荀息曰:"吾不可負先君言。"十月,里克殺奚齊於喪次,獻公未葬也。荀息將死之,或曰,不如立奚齊弟悼子而傅之,應前悼子。荀息立悼子,而葬獻公。十一月,里克弒悼子於朝,荀息死之。君子曰:"《詩》所謂'白圭之玷,猶可磨也,斯言之玷,不可爲也',其荀息之謂乎!不負其言。"丨初獻公將伐驪戎,卜曰"齒牙爲禍"。奇語。及破驪戎,獲驪姬,愛之,竟以亂晉。驪姬兆亂,正未已也,中間先插此句,作一束。

里克等已殺奚齊、悼子,緊接。使人迎公子重耳於翟,欲立之。重耳謝曰:"負父之命,出奔,父死,不得脩人子之禮,侍喪,重耳何敢入!大夫其更立他子。"還報里克,里克使迎夷吾於梁。夷吾欲往,呂省、郤芮曰:"內猶有公子可立者,而外求,難信。計非之秦,輔彊國之威以入,恐危。"即重耳不入意也。重耳託辭,故文,呂、郤陰謀,故實。乃使郤芮厚賂秦,約曰:"即得入,請以晉河西之地予秦。"乃

① 中華書局本《史記》作"君弟毋會"。

遺里克書曰："誠得立，請遂封子於汾陽之邑。"秦穆公乃發兵，送夷吾於晉。齊桓公聞晉内亂，亦率諸侯如晉。秦兵與夷吾亦至晉，齊乃使隰朋會秦，俱入夷吾，立爲晉君，是爲惠公。齊桓公至晉之高梁而還歸。丨四節，用四"乃"字，貫接而下。

惠公夷吾元年，使邳鄭謝秦曰："始夷吾以河西地許君，今幸得入立。大臣曰：'地者，先君之地，君亡在外，何以得擅許秦者？'寡人爭之，弗能得，故謝秦。"亦不與里克汾陽邑，而奪之權。前用兩句，"乃"字並起，此用一"亦"字側結。四月，周襄王使周公忌父，會齊、秦大夫，共禮晉惠公。惠公以重耳在外，畏里克爲變，賜里克死。謂曰："微里子寡人不得立。雖然，子亦殺二君一大夫，爲子君者，不亦難乎？"里克對曰："不有所廢，君何以興？欲誅之，其無辭乎？答殺君大夫句，帶愧色。乃言爲此！臣聞命矣。答寡人得立句，是憤懣不平。"遂伏劍而死。於是邳鄭使謝秦，未還，故不及難。丨找邳鄭一筆，明甚。伏。

晉君改葬恭太子申生。秋，狐突之下國，遇申生，申生與載而告之，曰："夷吾無禮，余得請于帝，將以晉與秦，秦將祀余。"狐突對曰："臣聞神不食非其宗，君其祀毋乃絕乎？君其圖之。"申生曰："諾，吾將復請帝。後十日，新城西偏，將有巫者見我焉。"許之，遂不見。及期而往，復見，申生告之曰："帝許罰有罪矣，弊於韓。韓原也。"兒乃謠曰："恭太子更葬矣，後十四年，晉亦不昌，昌乃在兄。"奇事，以奇語結。

邳鄭使秦，間接。聞里克誅，乃説秦繆公曰："呂省、郤稱、冀芮，實爲不從。若重賂與謀，出晉君，入重耳，事必就。"秦繆公許之，使人與歸報晉，厚賂三子。三子曰："幣厚言甘，此必邳鄭賣我於秦。"遂殺邳鄭,及里克、邳鄭之黨七輿大夫。邳鄭子豹奔秦,言伐晉,繆公弗聽。丨頓住。

惠公之立,倍秦地及里克,誅七輿大夫,國人不附。丨又提明一段,頓住。二年,周使召公過禮晉惠公,惠公禮倨,召公譏之。丨

四年,晉饑,乞糴於秦。繆公問百里奚,"百里奚曰:"天菑流行,國家代有,救菑恤鄰,國之道也。與之。"邳鄭子豹曰:"伐之。"繆公曰:"其君是惡,其民何罪!"卒與粟,自雍屬絳。

五年秦饑,請糴於晉。晉君謀之,慶鄭曰:"以秦得立,已而倍其地約。晉饑而秦貸我,今秦饑請糴,與之何疑?而謀之!"七字作兩跌,句法後。虢射曰:"往年天以晉賜秦,秦弗知取而貸我。今天以秦賜晉,晉其可以逆天乎?遂伐之。"惠公用虢射謀,不與秦粟,而發兵且伐秦。又提明兩句,正寫秦之難堪,故下接秦大怒。秦大怒,亦發兵伐晉。

六年春,秦繆公將兵伐晉。晉惠公謂慶鄭曰:"秦師深矣,奈何?"鄭曰:"秦內君,君倍其賂;晉饑,秦輸粟,秦饑,而晉倍之乃欲因其饑伐之:其深不亦宜乎!"又說一遍,前簡峭,此鋒鋩。晉卜御右,慶鄭皆吉。公曰:"鄭不孫。"乃更令步陽御戎,家僕徒爲右,進兵。九月壬戌,秦繆公、晉惠公合戰韓原。惠公馬鷙不行,秦兵至,公窘,召慶鄭爲御。鄭曰:"不用卜,句。敗句。不亦當乎!"遂去。更令梁繇靡御,虢射爲右,輅秦繆公。繆公壯士冒敗晉軍,晉軍敗,遂失秦繆公,反獲晉公以歸。秦將以祀上帝。晉君姊爲繆公夫人,衰絰涕泣。公曰:"得晉侯將以爲樂,今乃如此。且吾聞箕子見唐叔之初封,曰'其後必當大矣',晉庸可滅乎!"乃與晉侯盟王城,而許之歸。晉侯亦使呂省等報國人曰:"孤雖得歸毋面目見社

稷,卜日立子圉。”晉人聞之,皆哭。一言之善遂足感動人如此。秦繆公問呂省:“晉國和乎?”對曰:“不和。小人懼失君亡親,不憚立子圉,曰‘必報讎,寧事戎、狄’。其君子則愛君而知罪,以待秦命,曰‘必報德’。有此二故,不和。”《左傳》固妙,然在此不得不簡。於是秦繆公更舍晉惠公,餽之七牢。十一月,歸晉侯。晉侯至國誅慶鄭,修政教。謀曰:“重耳在外,諸侯多利內之。”欲使人殺重耳於狄。重耳聞之如齊。|

八年使太子圉質秦。初惠公亡在梁,梁伯以其女妻之,生一男一女。梁伯卜之,男爲人臣女爲人妾,故名男爲圉,女爲妾。|女陪,故後不見。

十年,秦滅梁。梁伯好土功,治城溝民力罷怨,其衆數相驚曰“秦寇至”,民恐惑秦竟滅之。|因圉事,併完梁事。

十三年,晉惠公病,內有數子。太子圉曰:“吾母家在梁,梁今秦滅之,我外輕於秦而內無援于國。君即不起病,大夫輕,更立他公子。”乃謀與其妻俱亡歸。秦女曰:“子一國太子,辱在此。秦使婢子侍,以固子之心。子亡矣,我不從子,亦不敢言。”子圉遂亡歸晉。十四年九月,惠公卒太子圉立,是爲懷公。|

子圉之亡,秦怨之,乃求公子重耳,欲內之。子圉之立,畏秦之伐也。乃令國中諸從重耳亡者與期,期盡不到者盡滅其家。狐突之子毛,及偃,從重耳在秦,弗肯召。懷公怒,囚狐突。突曰:“臣子事重耳,有年數矣,今召之,是教之反君也。何以教之?”懷公卒殺狐突。|秦繆公乃發兵送內重耳,使人告欒、郤之黨爲內應,殺懷公於高梁,入重耳。重耳立,是爲文公。|自伐驪戎至此是一篇。

晉文公重耳，晉獻公之子也。結完出奔、入國事，重鋪敘一番，爲文公出色。自少好士，年十七，年譜一。有賢士五人曰：趙衰；狐偃咎犯，文公舅也；賈佗；先軫；魏武子。先列諸公後列序。自獻公爲太子時，重耳固已成人矣。獻公即位，重耳年二十一。年譜二。獻公十三年，以驪姬故，重耳備蒲城守秦。獻公二十一年，獻公殺太子申生，驪姬譖之，句。恐，句。不辭獻公，而守蒲城。獻公二十二年，獻公使宦者履鞮，趣殺重耳。重耳踰垣，宦者逐斬其衣袪。重耳遂奔狄。狄，其母國也。遥應前，乃知序申生母、重耳母一段，非閑文也。是時重耳年四十三。年譜三。從此五士，其餘不名者數十人。五士頂上，不名者介推，及壺叔等也。至狄。

狄伐咎如得二女：以長女妻重耳生伯儵、叔劉；以少女妻趙衰生盾。居狄五歲，年譜四。而晉獻公卒里克已殺奚齊、悼子，乃使人迎，欲立重耳。重耳畏殺，因固謝，不敢入。已而晉更迎其弟夷吾，立之，是爲惠公。惠公七年，畏重耳，乃使宦者履鞮，與壯士，欲殺重耳。重耳聞之，乃謀趙衰等曰："始吾奔狄，非以爲可用興①，以近易通，故且休足。休足久矣，固願徙之大國。夫齊桓公好善，志在霸王，收恤諸侯。今聞管仲、隰朋死，此亦欲得賢佐，盍往乎？"於是遂行。丨以上就文公年譜，將前事重說一遍，非贅也，蓋爲重耳重立一小傳體也。大中現小，此于世家中，另出一格。〇以下詳序歷國求入，即伏下報施張本。奔狄一。重耳謂其妻曰："待我二十五年，不來，乃嫁。"其妻笑曰：句。"犂句。"犂"即"嘻"字，歎詞也。二十五年，吾家上柏大矣。雖然，妾待子。"語淨。重耳居狄凡十二年而去。年譜五。

---

① 興，中華書局本《史記》作"與"。

過衛,過衛二。衛文公不禮。去,過五鹿,句。饑,句。而從野人乞食,野人盛土器中,進之。重耳怒。趙衰曰:"土者,有土也,君其拜受之。"

至齊,至齊三。齊桓公厚禮,而以宗女妻之,有馬二十乘,重耳安之。重耳至齊二歲年譜六。而桓公卒,會豎刁等爲内亂,齊孝公之立諸侯兵數至。留齊凡五歲。年譜七。重耳愛齊女,毋去心。趙衰、咎犯,乃於桑下謀行。齊女侍者,在桑上,聞之,以告其主。其主乃殺侍者,勸重耳趣行。重耳曰:"人生安樂孰知其他!必死於此不能去。"齊女曰:"子一國公子,窮而來此,數士者以子爲命。子不疾反國,報勞臣,而懷女德,竊爲子羞之。且不求,何時得功?"轉一句更緊。乃與趙衰等謀,醉重耳,載以行。寫閨房事,與翟女對照。行遠而覺,重耳大怒,引戈欲殺咎犯。咎犯曰:"殺臣成子,偃之願也。"重耳曰:"事不成,我食舅氏之肉。"咎犯曰:"事不成,犯肉腥臊,何足食!"乃止,遂行。

過曹,過曹四。曹共公不禮,欲觀重耳駢脅。曹大夫釐負羈曰:"晉公子賢又同姓,窮來過我,奈何不禮!"共公不從其謀。負羈乃私遺重耳食,置璧其下。重耳受其食,還其璧。

去,過宋。過宋五。宋襄公新困兵於楚,傷于泓,聞重耳賢,乃以國禮禮於重耳。宋司馬公孫固,善於舅犯,曰"宋小國,新困,不足以求入,更之大國。"乃去。

過鄭,過鄭六。鄭文公弗禮。鄭叔瞻諫其君曰:"晉公子賢,而其從者皆國相,且又同姓。鄭之出自厲王,而晉之出自武王。"鄭君曰:"諸侯亡公子,過此者衆安可盡禮!"叔瞻曰:"君不禮,不如殺之,且後爲國患。"鄭君不聽。

重耳去之楚,之楚七。楚成王以適諸侯禮待之,重耳謝不敢當。趙衰曰:"子亡在外,十餘年,小國輕子,況大國乎?今楚大國,而固遇子,子其毋讓,此天開子也。"天開子一。遂以客禮見之。成王厚遇重耳,重耳甚卑。成王曰:"子即反國,何以報寡人?"重耳曰:"羽毛齒角,玉帛,君王所餘,未知所以報。"王曰:"雖然,何以報不穀?"重耳曰:"即不得已與君王以兵車會平原廣澤,請辟王三舍。"删得簡淨。楚將子玉怒曰:"王遇晉公子至厚,今重耳言不孫,請殺之。"成王曰:"晉公子賢,而困於外久,從者皆國器,此天所置,庸可殺乎?天所置二。且言何以易之!"言無以易其言,其答是也。居楚數月,而晉太子圉亡秦,秦怨之;聞重耳在楚,乃召之。成王曰:"楚遠,更數國,乃至晉。秦晉接境,秦君賢,子其勉行!"厚送重耳。

重耳至秦,至秦八。一段只逐段平序。繆公以宗女五人妻重耳,故子圉妻與往。重耳不欲受,司空季子曰:"其國且伐,況其故妻乎?且受以結秦親,而求入,子乃拘小禮,忘大醜乎!"遂受。繆公大歡,與重耳飲。趙衰歌《黍苗》詩。繆公曰:"知子欲急反國矣。"趙衰與重耳下,再拜曰:"孤臣之仰君,如百穀之望時雨。"是時晉惠公十四年秋。惠公以九月卒,子圉立。十一月葬惠公。十二月晉國大夫欒、郤等,聞重耳在秦,皆陰來勸重耳、趙衰等反國,爲內應甚眾於是秦繆公乃發兵,與重耳歸晉。經過七八節,至此乃入。晉聞秦兵來,亦發兵拒之。然皆陰知公子重耳入也。唯惠公之故貴臣呂、郤之屬,不欲立重耳。先伏一句。重耳出亡凡十九歲而得入,時年六十二矣,年譜八,至此始收。晉人多附焉。|

文公元年春,秦送重耳至河。咎犯曰:"臣從君周旋天下,過

亦多矣。臣猶知之,况於君乎?請從此去矣。”重耳曰:“若反國所不與子犯共者,河伯視之!”乃投璧河中,以與子犯盟。是時介子推從,在船中,乃笑曰:“天實開公子,天開公子三。而子犯以爲己功,而要市於君,固足羞也。吾不忍與同位。”乃自隱,渡河。子推事作兩節寫,或傳聞之異詞也。秦兵圍令狐,晉軍於廬柳。二月辛丑,咎犯與秦晉大夫盟,於郇。壬寅,重耳入於晉師。丙午,入於曲沃。丁未,朝於武宫,即位爲晉君,是爲文公。群臣皆往。應晉人多附。懷公圉奔高梁。戊申,使人殺懷公。|

懷公故大臣呂省、郤芮本不附文公,間應前。文公立,恐誅,乃欲與其徒謀燒公宫,殺文公。文公不知。始嘗欲殺文公宦者履鞮,知其謀,遥應。欲以告文公,解前罪,求見文公。文公不見,使人讓曰:“蒲城之事,女斬予祛。其後我從狄君獵,女爲惠公來求殺我。惠公與女期三日至,而女一日至,何速也?女其念之。”宦者曰:“臣刀鋸之餘,不敢以二心事君倍主,故得罪於君。君已反國其毋蒲、翟乎?且管仲射鉤,桓公以霸。今刑餘之人,以事告而君不見,禍又且及矣。”於是見之遂以呂、郤等告文公。文公欲召呂、郤,呂、郤等黨多,文公恐初入國,國人賣己,乃爲微行會秦繆公於王城,國人莫知。三月己丑,呂、郤等果反,焚公宫,不得文公。文公之衛徒與戰,呂、郤等引兵欲奔,秦繆公誘呂、郤等,殺之河上,晉國復,而文公得歸。夏,迎夫人於秦,秦所與文公妻者,卒爲夫人。至此因思待二十五年者、醉行公子者,同歸乎?棄置乎?秦送三千人爲衛,以備晉亂。|

文公脩政,施惠百姓。賞從亡者及功臣,大者封邑,小者尊爵。未盡行賞,頓。周襄王以弟帶難,出居鄭地,來告急晉。晉初定,欲發兵,恐他亂起,是以賞從亡未至隱者介子推。觀下四項受賞,則文公決不應忘介子推,故補一筆,爲前人圓謊。〇隱者則接舟中云云,乃自隱也。推亦不言祿,祿亦不及。推曰:"獻公子九人,唯君在矣。惠、懷無親,外内棄之;天未絕晉,必將有主,主晉祀者,非君而誰?天實開之,天未絕晉,天實開之。二三子以爲己力,不亦誣乎?竊人之財,猶曰是盜,況貪天之功以爲己力乎?下冒其罪,上賞其姦,上下相蒙,難與處矣!"其母曰:"盍亦求之,以死誰懟?"推曰:"尤而效之,罪有甚焉。且出怨言,不食其祿。"母曰:"亦使知之,若何?"對曰:"言,身之文也;身欲隱,安用文之?文之,是求顯也。"其母曰:"能如此乎?與女偕隱。"至死不復見。與前一意。前略此詳,豈前自隱,此不求祿,而終身不見乎?

介子推從者,憐之,乃懸書宮門曰:"龍欲上天,五蛇爲輔。龍已升雲,四蛇各入其宇,一蛇獨怨,終不見處所。"如歌如謠,詞亦奇甚。文公出見其書,曰:"此介子推也。吾方憂王室,未圖其功。"應前。使人召之,則亡。遂求所在聞其入綿上山中,於是文公環綿上山中而封之,以爲介推田,號曰介山,"以記吾過,且旌善人"。|

從亡賤臣壺叔曰:"君三行賞,賞不及臣,敢請罪。"文公報曰:"夫導我以仁義,防我以德惠,此受上賞。何以不及介推,豈真以憂王室而忘之,再求故而不得?故曰圓謊也。輔我以行,卒以成立,此受次賞。矢石之難,汗馬之勞,此復受次賞。若以力事我,而無補吾缺者,此受次賞。三賞之後,故且及子。"晉人聞之,皆說。|

二年春,秦軍河上,將入王。趙衰曰;"求霸莫如入王,尊周。周,晉同姓,晉不先入王,後秦入之,毋以令于天下。方今尊王,晉之資也。"晉文公入國後,入王以求霸,是第一事。三月甲辰,晉乃發兵

至陽樊,圍溫,入襄王于周。四月,殺王弟帶。周襄王賜晉河内陽樊之地。|

四年,楚成王及諸侯圍宋,宋公孫固如晉告急。先軫曰:"報施定霸,於今在矣。"救宋以定霸,是第二節。狐偃曰:"楚新得曹而初婚于衛,若伐曹、衛,楚必救之,則宋免矣。"於是晉作三軍。作三軍,即插于此,作救宋之事,便。趙衰舉郤縠將中軍,郤臻佐之;使狐偃將上軍,狐毛佐之,命趙衰爲卿;中又插趙衰一句,變法。欒枝將下軍,先軫佐之;荀林父御戎,魏犨爲右:往伐。冬十二月,晉兵先下山東,而以原封趙衰。

五年春,晉文公欲伐曹,假道于衛,衛人弗許。還自河南度,侵曹,伐衛。正月,取五鹿。應得土之兆。二月,晉侯、齊侯盟于斂盂。"衛侯請盟晉,晉人不許。衛侯欲予楚,國人不欲,故出其君以說晉。衛侯居襄牛,公子買守衛。楚救衛不卒。"不卒",作其過不終解亦可。晉侯圍曹。三月丙午,晉師入曹,數之以其不用釐負羈言,而用美女乘軒者三百人也。負羈應前美女乘軒,添出。令軍毋入僖負羈宗家以報德。|楚圍宋,宋復告急。晉文公欲救,則攻楚,爲楚嘗有德,不欲伐也;欲釋宋,宋又嘗有德于晉:患之。應前。先軫曰:"執曹伯,分曹、衛地,以與宋,楚急曹、衛,其勢宜釋宋。"於是文公從之,而楚成王乃引兵歸。

楚將子玉曰:"王遇晉至厚,今知楚急曹、衛,而故伐之,是輕王。"王曰:"晉侯亡在外十九年,困日久矣,果得反國,險阨盡知之,能用其民,天之所開,不可當。"天之所開五。史公于重耳之入國,用"天開"者五,蓋文公之艱難歷遍,終至于霸,豈非天乎?故三致意焉。子玉請曰:"非敢必有功,願以間執讒慝之口也。"暗應蔿、賈語。楚王

怒,少與之兵。於是子玉使宛春告晉:“請復衛侯而封曹,臣亦釋宋。”咎犯曰:“子玉無禮矣,君取一,臣取二,勿許。”先軫曰:“定人之謂禮。楚一言定三國,子一言而亡之,我則無禮。不許楚,是棄宋也。不如私許曹、衛以誘之,執宛春以怒楚,既戰而後圖之。”語亦折宕。晉侯乃囚宛春于衛,且私許復曹、衛。曹、衛告絕于楚。楚得臣怒,擊晉師,晉師退。軍吏曰:“爲何退?”文公曰:“昔在楚,約退三舍,可倍乎!”應前。楚師欲去,得臣不肯。四月戊辰,宋公、齊將、秦將,與晉侯,次城濮。己巳,與楚兵合戰,楚兵敗得臣收餘兵去。|甲午,晉師還,至衡雍,作王宮于踐土。先伏一句。

初,鄭助楚,伏。楚敗,句。懼,句。使人請盟晉侯。晉侯與鄭伯盟。|

五月丁未,獻楚俘於周,駟介百乘,徒兵千。天子使王子虎命晉侯爲伯,賜大輅,彤弓矢百,玈弓矢千,秬鬯一卣珪瓚,虎賁三千①人。晉侯三辭,然後稽首受之。周作晉文侯命:“王若曰:父義和,丕顯文、武,能慎明德,昭登于上,布聞在下,維時上帝,集厥命于文、武。恤朕身、繼予一人,永其在位。”於是晉文公稱伯。又點一句,正爲一十九年吐氣也。癸亥,王子虎盟諸侯于王庭。

晉焚楚軍,火數日不息,文公歎。左右曰:“勝楚而君猶憂,何?”文公曰:“吾聞能戰勝安者,唯聖人,是以懼。且子玉猶在庸可喜乎!”子玉之敗而歸,楚成王怒其不用其言,貪與晉戰,讓責子玉,子玉自殺。晉文公曰:“我擊其外,楚誅其內,內外相應。”於是乃喜。一喜一懼,相映成致。

---

① 千,中華書局本《史記》作“百”。

六月,晉人復入衛侯。壬午,晉侯度河北歸國。行賞,狐偃爲首。或曰:"城濮之事,先軫之謀。"文公曰:"城濮之事,偃說我毋失信。先軫曰'軍事勝爲右',吾用之以勝。然此一時之說,偃言萬世之功,奈何以一時之利,而加萬世功乎?是以先之。"|

冬,晉侯會諸侯于溫,欲率之朝周。力未能,恐其有畔者,乃使人言周襄王,狩于河陽。壬申,遂率諸侯朝王于踐土。|應前築王宮于踐土,則河陽之狩,非一時之謀也。孔子讀史記至文公,曰"諸侯無召王""王狩河陽"者,《春秋》諱之也。|

丁丑,諸侯圍許。曹伯臣或說晉侯曰:"齊桓公合諸侯而國異姓,今君爲會而滅同姓。曹叔振鐸之後;晉唐叔之後。合諸侯而滅兄弟,非禮。"晉侯說,復曹伯。|

於是晉始作三行。荀林父將中行,先縠將右行,先蔑將左行。前作三軍,此作三行。

七年,晉文公、秦繆公共圍鄭,以其無禮于文公亡過時,及城濮時鄭助楚也。雙應。圍鄭欲得叔瞻。叔瞻聞之,自殺。鄭持叔瞻告晉。晉曰:"必得鄭君而甘心焉。"鄭恐,乃間令使謂秦繆公曰:"亡鄭厚晉,于晉得矣,而秦未爲利。君何不解鄭得爲東道交?"秦伯說,罷兵。晉亦罷兵。|

九年冬,晉文公卒,晉文公重耳,晉獻公之子也,至此是一篇。子襄公歡立。是歲鄭伯亦卒。|

鄭人或賣其國於秦,秦繆公發兵往襲鄭。十二月,秦兵過我郊。|襄公元年春,秦師過周,無禮,王孫滿譏之。兵至滑,鄭賈人弦高,將市于周,遇之,以十二牛勞秦師。秦師驚而還,滅滑而去。

晉先軫曰:"秦伯不用蹇叔反其衆心,此可擊。"欒枝曰:"未報先君施于秦,擊之不可。”先軫曰:“秦侮吾孤,伐吾同姓,何德之報?”遂擊之。襄公墨衰絰。兵事不可凶服入,故以墨染衰也。四月,敗秦師于殽,鹵秦三將,孟明視、西乞秫、白乙丙,以歸。遂墨以葬文公。衰不再作,故即以墨衰葬也。文公夫人秦女,謂襄公曰:“秦欲得其三將戮之。”公許遣之。先軫聞之,謂襄公曰:“患生矣。”軫乃追秦將。秦將渡河,已在船中頓首謝,卒不反。

後三年,秦果使孟明伐晉,報殽之敗取晉汪以歸。四年,秦繆公大興兵伐我,渡河,取王官,封殽尸而去。晉恐,不敢出,遂城守。五年,晉伐秦取新城,報王官役也。丨秦殽之敗,因有報殽之役;晉王官之敗,目有報王官之役。寫秦晉之報復。

六年,趙衰成子、欒貞子、咎季子犯、霍伯,皆卒。趙盾代趙衰執政。丨

七年八月,襄公卒。太子夷皋少。晉人以難故,欲立長君。趙盾曰:“立襄公弟雍。好善而長,先君愛之;且近于秦,近在于秦也,故下秦送之。秦故好也。立善則固,事長則順,奉愛則孝,結舊好則安。”賈季曰:“不如其弟樂。辰嬴嬖于二君,立其子,民必安之。”趙盾曰:“辰嬴賤,班在九人下,其子何震之有!且爲二君嬖,淫也。爲先君子,不能求大,而出在小國,僻也。母淫子僻,無威;陳小而遠,無援:將何可乎!”此節俱以短語叠句跌落爲勝。使士會如秦,迎公子雍。賈季亦使人召公子樂于陳。趙盾廢賈季以其殺陽處父。殺陽處父事不明。十月,葬襄公。丨十一月,賈季犇翟。是歲秦繆公亦卒。丨

靈公元年四月,秦康公曰:“昔文公之入也,無衛,故有呂、郤之患。”乃多與公子雍衛。太子母繆嬴,日夜抱太子以號泣于朝,

曰:"先君何罪?其嗣亦何罪?舍適而外求君,將安置此?"一段號于朝,責諸大夫也。出朝,則抱以適趙盾所,頓首曰:"先君奉此子而屬之子曰'此子材,吾受其賜;不材,吾怨子'。今君卒,言猶在耳而棄之,若何?"一段出朝適趙盾所,責盾也。趙盾與諸大夫皆患繆嬴,雙棱。且畏誅,乃背所迎,而立太子夷皋,是爲靈公。發兵以距秦送公子雍者。趙盾爲將,往擊秦,敗之令狐。先蔑、隨會亡犇秦。秋,齊、宋、衛、鄭、曹、許君,皆會趙盾,盟于扈,以靈公初立故也。|

四年,伐秦,取少梁。秦亦取晉之郩。|六年,秦康公伐晉,取羈馬。晉侯怒,使趙盾、趙穿、郤缺擊秦,大戰河曲,趙穿最有功。|趙盾背秦遂致秦晉連兵,故接寫于此。七年,晉六卿患隨會之在秦常爲晉亂,乃詳令魏壽餘反晉降秦。秦使隨會之魏,因執會以歸晉。|

八年,周頃王崩,公卿爭權,故不赴。晉使趙盾以車八百乘,平周亂,而立匡王。|是年,楚莊王初即位。|楚事插序。十二年,齊人弒其君懿公。|弒君附見。

十四年,靈公壯,應抱太子事也。侈,句。厚斂以雕牆。"從臺上彈人,觀其避丸也。宰夫胹熊蹯不熟,靈公怒,殺宰夫,使婦人持其屍出,棄之,過朝。趙盾、隨會前數諫,不聽;前數諫"厚斂雕墻"等事也。已又見死人手,二人前諫。隨會先諫,此則見死人手而諫宰夫之事,而隨會又先諫也。不聽。靈公患之,使鉏麑刺趙盾。盾閨門開,居處節,鉏麑退,歎曰:"殺忠臣,棄君命,罪一也。"遂觸樹而死。

初,盾常田首山,見桑下有餓人。追插入,有法。餓人,示眯明也。叠一"餓人",好。盾與之食,食其半。問其故,曰:"宦三年,未知母之存不,願遺母。"盾義之,益與之飯肉。已而爲晉宰夫,趙盾弗復知也。剔得明,且頓住。九月,晉靈公飲趙盾酒,伏甲將攻盾。公宰示眯明知之,接上。恐盾,醉不能起,而進曰:"君賜臣,觴三[①]行,可以罷。"欲以去趙盾,令先,毋及難。加五字益明。盾既去,靈公伏士未會,爲縱狗之地。先縱齧狗,名敖明爲盾搏殺狗。盾曰:"棄人用狗,雖猛何爲。"然不知明之爲陰德也。又勒一句,段段頓挫。已而靈公縱伏士出,接士未會。逐趙盾,示眯明反擊靈公之伏士,伏士不能進,而竟脱盾。盾問其故,曰:"我桑下餓人。"問其名,弗告。明亦因亡去。

盾遂犇,寫得拉雜奔湊,簡淨而精悍。未出晉境。乙丑,盾昆弟將軍趙穿,襲殺靈公於桃園,而迎趙盾。趙盾素貴,得民和;靈公少,句。侈,句。民不附,應前壯侈。故爲弑易。盾復位。晉太史董狐書曰"趙盾弑其君",以視於朝。盾曰:"弑者趙穿,我無罪。"太史曰:"子爲正卿,而亡不出境,反不誅國亂,非子而誰?"孔子聞之,曰:"董狐,古之良史也,書法不隱。宣子,良大夫也,爲法受惡。惜也,出疆乃免。"丨靈公壯侈,至此是一篇。

趙盾使趙穿迎襄公弟黑臀于周,而立之,是爲成公。丨

成公者,文公少子,其母周女也。點得明。壬申,朝於武宫。丨

成公元年,賜趙氏爲公族。丨伐鄭,鄭倍晉故也。丨三年,鄭伯初立,附晉而棄楚。楚怒伐鄭,晉往救之。丨

六年,伐秦,虜秦將赤。丨

① 三,底本作"二",疑誤,據校本改。

七年,成公與楚莊王爭彊,會諸侯于扈。陳畏楚,不會。晉使中行桓子伐陳因救鄭,與楚戰敗楚師。是年成公卒,子景公據立。

景公元年春,陳大夫夏徵舒弒其君靈公。|弒君附見。二年,楚莊王伐陳,誅徵舒。|楚事插序。

三年,楚莊王圍鄭,鄭告急晉。晉使荀林父將中軍,隨會將上軍,趙朔將下軍,郤克、欒書、先縠、韓厥、鞏朔佐之。重點三軍。六月至河。聞楚已服鄭,鄭伯肉袒與盟而去,荀林父欲還。先縠曰:"凡來救鄭,不至不可,將率離心。"卒度河。楚已服鄭欲飲馬於河,爲名而去。楚與晉軍大戰。鄭新附楚,畏之,反助楚攻晉。晉軍敗走河,爭度,船中人指甚眾。楚虜我將智罃歸。而林父曰:"臣爲督將,軍敗當誅,請死。"景公欲許之。隨會曰:"昔文公之與楚戰城濮,成王歸殺子玉而文公乃喜。今楚已敗我師,又誅其將,是助楚殺仇也。"乃止。

四年,先縠以首計而敗晉軍河上,恐誅,乃犇翟,與翟謀伐晉。晉覺,乃族縠。縠,先軫子也。|著一筆,以其不肖也。

五年,伐鄭,爲助楚故也。是時楚莊王彊,以挫晉兵河上也。|

六年,楚伐宋,宋來告急晉,晉欲救之,伯宗謀曰:"楚,天方開之,不可當。"乃使解揚紿爲救宋。鄭人執與楚,楚厚賜,使反其言,令宋急下。解揚紿許之,卒致晉君言。楚欲殺之,或諫,乃歸解揚。|

七年,晉使隨會滅赤狄。|

八年,使郤克於齊。齊頃公母,從樓上觀而笑之。所以然者,郤克僂,而魯使蹇,衛使眇,故齊亦令人如之以導客。刪得簡而明,尤好。郤克怒,歸至河上曰:"不報齊者,河伯視之!"至國,請君欲伐齊。景公問知其故,曰:"子之怨,安足以煩國!"弗聽。魏文子請老休,辟郤克,克執政。

九年,楚莊王卒。丨楚事插序,應"楚莊王強""挫晉兵"句。晉伐齊,齊使太子彊爲質於晉,晉兵罷。丨

十一年春,齊伐魯,取隆。魯告急衛,衛與魯皆因郤克告急於晉。晉乃使郤克、欒書、韓厥以兵車八百乘,與魯、衛共伐齊。夏,與頃公戰於鞌,傷困頃公。頃公乃與其右易位,下取飲,以得脱去。序得明淨,是刪繁法。齊師敗走,晉追北至齊。頃公獻寶器以求平,不聽。郤克曰:"必得蕭桐姪子爲質。"《左》作"叔子"是。齊使曰:"蕭桐姪子,頃公母。頃公母,猶晉君母,奈何必得之?不義,刪亦明净。請復戰。"晉乃許與平而去。丨

楚申公巫臣,盜夏姬以犇晉,晉以巫臣爲邢大夫。丨

十二年冬,齊頃公如晉,欲上尊晉景公爲王,景公讓不敢。丨晉始作六卿,韓厥、鞏朔、趙穿、荀騅、趙括、趙旃皆爲卿。丨智罃自楚歸。丨

十三年,魯成公朝晉,晉弗敬,魯怒,去,倍晉。丨晉伐鄭,取氾。丨

十四年,梁山崩。問伯宗,伯宗以爲不足怪也。丨只一句點。

十六年,楚將子反怨巫臣,滅其族。巫臣怒,遺子反書曰:"必令子罷於犇命!"乃請使吳,令其子爲吳行人,教吳乘車用兵。吳晉使[①]通,約伐楚。丨

---

① 使,中華書局本《史記》作"始"。

十七年,誅趙同、趙括,族滅之。何以不著趙朔? 韓厥曰:"趙衰、趙盾之功,豈可忘乎? 奈何絕祀!"牽前後作一節寫。乃復令趙庶子武爲趙後,復與之邑。|

十九年夏,景公病,立其太子壽曼爲君,是爲厲公。後月餘,景公卒。|

厲公元年,初立,欲和諸侯,與秦桓公夾河而盟。歸,而秦倍盟與翟謀伐晉。三年,使呂相讓秦,讓秦事不載。因與諸侯伐秦。至涇,敗秦於麻隊,虜其將成差。|

五年,三郤讒伯宗殺之。伯宗以好直諫,得此禍,國人以是不附厲公。|

六年春,鄭倍晉,與楚盟,晉怒。欒書曰:"不可以當吾世而失諸侯。"乃發兵。厲公自將,五月渡河。聞楚兵來救,范文子請公欲還。郤至曰:"發兵誅逆,見彊辟之,無以令諸侯。"遂與戰。癸巳,射中楚共王目,楚兵敗于鄢陵。子反收餘兵,拊循,欲復戰,晉患之。共王召子反,其侍者豎陽穀,進酒,子反醉,不能見。王怒,讓子反,子反死。王遂引兵歸。晉由此威諸侯,欲以令天下,求霸。襲文公之餘威,晉至此猶彊盛。

厲公多外嬖姬,句。歸,句。欲盡去群大夫,而立諸姬兄弟。寵姬兄曰胥童,嘗與郤至有怨,及欒書又怨郤至不用其計而遂敗楚,接上。乃使人間謝楚。楚來詐厲公曰:"鄢陵之戰,實至召楚,欲作亂內子周立之。會與國不具,是以事不成。"厲公告欒書。欒書曰:"其殆有矣! 願公試使人之周,微考之。"子周入周事前不見。果使郤至於周。欒書又使公子周見郤至,郤至不知見賣也。厲公驗之,信然,遂怨郤至,欲殺之。八年,厲公獵,與姬飲,郤至殺豕奉進,宦者奪之。郤至射殺宦者。公怒,曰:"季子欺予!"將誅三郤,未發也。郤錡欲攻公,曰:"我雖死,公亦病矣。"郤至曰:"信不反君,智不害民,勇不作亂。失此三者,誰與我?我死耳!"十二月壬午公令胥童以兵八百人,襲攻殺三郤。胥童因以劫欒書、中行偃于朝曰:"不殺二子,患必及公。"公曰:"一旦殺三卿,寡人不忍益也。"對曰:"人將忍君。"一句陗險。公弗聽,謝欒書等以誅郤氏罪:"大夫復位。"二子頓首曰:"幸甚幸甚!"公使胥童爲卿。閏月乙卯,厲公游匠驪氏,欒書、中行偃,以其黨襲捕厲公囚之,殺胥童,而使人迎公子周於周而立之,是爲悼公。

悼公元年正月庚申,欒書、中行偃弒厲公,葬之以一乘車。厲公囚六日句。死,句。死十日,庚午,智罃迎公子周來至絳,刑雞與大夫盟,而立之是爲悼公。前是迎來,此則既至而立之也。辛巳,朝武宫。二月乙酉,即位。|

悼公周者,其大父捷,晉襄公少子也,不得立,號爲桓叔,桓叔最愛。桓叔生惠伯談,談生悼公周。周之立,年十四矣。立後補出世系年歲。悼公曰:"大父、句。父,句。皆不得立,而辟難於周,客死焉。公子周入周事,至此乃補序。文章不可捉模,《史記》豈易讀哉?寡人自以疏遠,毋幾爲君。今大夫不忘文、襄之意,而惠立桓叔之後,賴宗廟大夫之靈,得奉祭[1]祀,豈敢不戰戰乎?大夫其亦佐寡人!"於是逐不臣者七人,脩舊功,施德惠,收文公入時功臣後。|秋,伐鄭。鄭師敗,遂至陳。|

三年晉會諸侯。悼公問群臣可用者,祁傒舉解狐。解狐傒之

---

① 祭,中華書局本《史記》作"晉"。

仇。復問,舉其子祁午。君子曰:"祁傒可謂不黨矣!外舉不隱仇,内舉不隱子。"刪得簡淨。方會諸侯,悼公弟楊干亂行,魏絳[1]戮其僕。悼公怒,或諫公,公卒賢絳,任之政,使和戎,戎大親附。|二事虚寫。十一年,悼公曰:"自吾用魏絳,九合諸侯,和戎、狄,魏子之力也。"賜之樂,三讓乃受之。|冬,秦取我櫟。|

十四年,晉使六卿率諸侯伐秦,度涇,大敗秦軍,至棫林而去。|

十五年,悼公問治國於師曠。師曠曰:"唯仁義爲本。"|冬,悼公卒,子平公彪立。|

平公元年,伐齊,齊靈公與戰靡下,齊師敗走。晏嬰曰:"君亦毋勇,何不止戰?"遂去。晉追,遂圍臨菑,盡燒屠其郭中。東至膠,南至沂,齊皆城守,晉乃引兵歸。|

六年,魯襄公朝晉。|敗秦、敗齊,文公餘威。晉欒逞有罪,犇齊。八年,齊莊公微遣欒逞於曲沃,以兵隨之。齊兵上太行,欒逞從曲沃中反,襲入絳。不戒,平公欲自殺,范獻子止公,以其徒擊逞,逞敗,走曲沃。曲沃攻逞,逞死,遂滅欒氏宗。逞者,欒書孫也。其入絳,與魏氏謀。齊莊公聞逞敗,乃還,取晉之朝歌去,以報臨菑之役也。|

十年,齊崔杼弑其君莊公。|弑君附見。晉因齊亂伐敗齊於高唐,去,報太行之役也。|

十四年,吴延陵季子來使,與趙文子、韓宣子、魏獻子語,曰:"晉國之政,卒歸此三家矣。"|

---

① 魏絳,底本作"魏終",疑誤,據校本改。

十九年,齊使晏嬰如晉,與叔嚮語。叔嚮曰:“晉,季世也。公厚賦爲臺池而不恤政,政在私門,其可久乎!”晏子然之。丨疊虛寫二事,爲六卿擅晉之始,晉從此衰矣。

二十二年,伐燕。丨二十六年,平公卒,子昭公夷立。丨

昭公六年卒。六卿彊,公室卑。虛寫。子頃公去疾立。

頃公六年,周景王崩,王子爭立。晉六卿平王室亂,立敬王。丨

九年,魯季氏逐其君昭公,昭公居乾侯。逐君附見。十一年,衛、宋使使請晉納魯君。季平子私賂范獻子,獻子受之,乃謂晉君曰:“季氏無罪。”不果入魯君。丨

十二年,晉之宗家,祁傒孫,叔嚮子,著宗家字,見公族之衰。相惡於君。六卿欲弱公室,乃遂以法盡滅其族。而分其邑爲十縣,各令其子爲大夫。晉益弱,六卿皆大。丨六卿皆大。

十四年,頃公卒,子定公午立。丨

定公十一年,魯陽虎奔晉,趙鞅簡子舍之。丨十二年,孔子相魯。提綱。

十五年,趙鞅使邯鄲大夫午,不信,欲殺午,午與中行寅、范吉射,親,攻趙鞅,鞅走保晉陽。定公圍晉陽。荀櫟、韓不信、魏侈與范、中行爲仇,乃移兵伐范、中行。范、中行反,晉君擊之,敗范、中行。范、中行走朝歌,保之。韓、魏爲趙鞅謝晉君,乃赦趙鞅,復位。丨二十二年,晉敗范、中行氏,二子奔齊。丨

三十年,定公與吳王夫差會黄池,爭長,趙鞅時從,卒長吳。丨

三十一年,齊田常弒其君簡公,而立簡公弟鶩爲平公。丨弒君附見。三十三年,孔子卒。丨

三十七年,定公卒,子出公鑿立。|

出公十七年,”知伯與趙、韓、魏共分范、中行地以爲邑。六卿并而爲四。出公怒,告齊、魯,欲以伐四卿。四卿恐,遂反攻出公。出公犇齊,道死。故知伯乃立昭公曾孫驕爲晉君,是爲哀公。|

哀公大父雍,晉昭公少子也,號爲戴子。戴子生忌。世系亦補序。忌善知伯,早死,故知伯欲盡并晉,未敢,乃立忌子驕爲君。當是時,晉國政皆決知伯,晉哀公不得有所制。知伯遂有范、中行地,最彊。|欲寫知氏之滅,先寫其最彊。

哀公四年,趙襄子、韓康子、魏桓子共殺知伯,盡并其地。|四卿又并而爲三。

十八年哀公卒,子幽公柳立。

幽公之時晉畏,反朝韓、趙、魏之君。獨有絳、曲沃,餘皆入三晉。晉極弱。

十五年,魏文侯初立。|十八年,幽公淫婦人,夜竊出邑中,盜殺幽公。魏文侯以兵誅晉亂,立幽公子止,是爲烈公。|

烈公十九年,周威烈王賜趙、韓、魏皆命爲諸侯。|晉之諸臣智氏、郤氏、欒氏、先氏、賈氏、荀氏、范氏、中行氏相侵相併,於此遂畢,爲之一歎。

二十七年,烈公卒,子孝公頎立。|孝公九年,魏武侯初立,襲邯鄲,不勝而去。|十七年,孝公卒,子靜公俱酒立。是歲齊威王元年也。|

靜公二年,魏武侯、韓哀侯、趙敬侯滅晉後而三分其地。靜公遷爲家人,晉絕不祀。

太史公曰:晉文公,古所謂明君也,亡居外十九年,至困約,及

即位而行賞，尚亡介子推，況驕主乎？只將介推事詠歎作致。**靈公既弑，其後成、景致嚴，至厲大刻，大夫懼誅禍作。悼公以後日衰，六卿專權。故君道之御其臣下，固不易哉！**

《晉世家》比他世家加倍濃郁，蓋有曲沃事、驪姬事、文公出亡事、趙盾事，可以出色也。吾愛其中提文公另作起結，中藏小文一篇，尤爲奇格。○吾讀孫月峯批評，每嫌史公此篇删改《左傳》佳語，不知《左傳》逐篇立格，故易好；世家包羅衆事，爲難工。何也？世家事多，故不得不删煩就簡，一也。且事多則《左》不盡載，欲句句學《左》則不能。若一段《左傳》文法，一段史公筆仗，則夾插難看，故不得不改削以就我，二也。月峯此言，亦未爲設身處地耳。○悼公以後，晉既漸衰，文以漸衰，蓋無可寫，故未免草草也。

楚世家

楚之先祖，出自帝顓頊高陽。高陽者，黄帝之孫昌意之子也。丨提一句。高陽生稱，稱生卷章，卷章生重黎。重黎爲帝嚳高辛居火正，甚有功，能光融天下，帝嚳命曰祝融。丨楚之世系，自微漸盛，逐節寫來，祝融一盛。共工氏作亂，帝嚳使重黎誅之而不盡。帝乃以庚寅日誅重黎，而以其弟吳回爲重黎後，復居火正，爲祝融。丨

吳回生陸終。陸終生子六人，坼剖而產焉。奇事。其長一曰昆吾；二曰參胡；三曰彭祖；四曰會人；五曰曹姓；六曰季連芊姓，楚其後也。丨楚之世系，自高陽分出稱一枝，至重黎又分出吳回一枝，至陸終又分出季連一枝，始爲楚之祖，序法詳。昆吾氏，夏之時，嘗爲侯伯，桀之時，湯滅之。彭祖氏，殷之時嘗爲侯伯，殷之末世，滅彭祖氏。帶敘完昆吾、彭祖，以終六人之義，下乃接入季連，實序楚事。季連生附沮，附沮生穴熊。其後中微，或在中國，或在蠻夷，弗能紀其世。詳處詳，畧處亦畧。

周文王之時，季連之苗裔曰鬻熊。鬻熊子事文王蚤卒。其子曰熊麗。熊麗生熊狂，熊狂生熊繹。

熊繹當周成王之時，舉文、武勤勞之後嗣，而封熊繹于楚蠻，

封以子男之田,姓芈氏,居丹陽。|熊繹再盛。楚子熊繹,與魯公伯禽、衛康叔子牟、晉侯燮、齊太公子呂伋俱事成王。|又點出諸賢,以爲熊繹助色。

熊繹生熊艾,熊艾生熊黮,熊黮生熊勝。熊勝以弟熊楊爲後。熊楊生熊渠。

熊渠生子三人。當周夷王之時,王室微,諸侯或不朝,相伐。熊渠甚得江漢間民和,乃興兵伐庸、楊粤,至于鄂。熊渠曰:"我蠻夷也,不與中國之號謚。"乃立其長子康,爲句亶王,中子紅爲鄂王,少子執疵,爲越章王,皆在江上楚蠻之地。熊渠三盛。及周厲王之時,暴虐,熊渠畏其伐楚,亦去其王。|

後爲熊母康,母康蚤死。熊渠卒,子熊摯紅立。|熊母康,即長子康,應爲後而蚤死,故熊渠卒,而立中子紅也。摯紅卒,其弟弑而代立,曰熊延。熊延生熊勇。

熊勇六年,而周人作亂攻厲王,厲王出犇彘。提綱。熊勇十年卒,弟熊嚴爲後。|

熊嚴十年卒。有子四人,長子伯霜,中子仲雪,次子叔堪,少子季狥。熊嚴卒,長子伯霜代立,是爲熊霜。|

熊霜元年,周宣王初立。|熊霜六年卒,三弟爭立。仲雪死;叔堪亡,避難於濮;而少弟季狥立,是爲熊狥。|熊狥十六年,鄭桓公初封於鄭。|鄭事插序。二十二年,熊狥卒,子熊咢立。|熊咢九年卒,子熊儀立是爲若敖。|

若敖二十年,周幽王爲犬戎所弑,周東徙,而秦襄公始立[①]爲

① 立,中華書局本《史記》作"列"。

諸侯。丨提綱。

二十七年,若敖卒,子熊坎立,是爲霄敖。丨霄敖六年,卒,子熊眴立是爲蚡冒。丨蚡冒十三年,晉始亂,以曲沃之故。丨晉事插序。蚡冒十七年卒,蚡冒弟熊通弑蚡冒子而代立,是爲楚武王。

武王十七年,晉之曲沃莊伯,弑主國晉孝侯。丨弑君附見。十九年,鄭伯弟段作亂。鄭事插序。二十一年,鄭侵天子之田。丨鄭事插序。二十三年,衛弑其君桓公。丨弑君附見。二十九年,魯弑其君隱公。丨弑君附見。三十一年,宋太宰華督弑其君殤公。丨弑君附見。

三十五年,楚伐隨。隨曰:“我無罪。”楚曰:“我蠻夷也。今諸侯皆爲叛,相侵,或相殺。我有敝甲,欲以觀中國之政,請王室尊吾號。”寫得情態俱好。隨人爲之周,請尊楚,王室不聽,還報楚。三十七年,楚熊通怒曰:“吾先鬻熊,文王之師也,早終成王舉我先公,乃以子男田,令居楚,蠻夷皆率服,而王不加位,我自尊耳。”乃自立爲武王,與隨人盟而去。于是始開濮地而有之。武王熊通四盛。

五十一年,周召隨侯,數以立楚爲王。楚怒,以隨背己,伐隨。武王卒師中而兵罷。丨子文王熊貲立,始都郢。丨

文王二年,伐申過鄧,鄧人曰“楚王易取”,鄧侯不許也。丨六年,伐蔡,虜蔡哀侯以歸,已而釋之。丨楚彊,陵江漢間小國,小國,皆畏之。十一年,齊桓公始霸,楚亦始大。丨

十二年,伐鄧,滅之。丨十三年,卒,子熊囏立,是爲杜敖。丨杜敖五年,欲殺其弟熊惲,惲犇隨,與隨襲弑杜敖,代立,是爲成王。丨

成王惲元年，初即位，布德施惠，結舊好於諸侯。使人獻天子，天子賜胙，曰："鎮爾南方，夷越之亂，無侵中國。"於是楚地千里。成王惲五盛。

十六年，齊桓公以兵侵楚，至陘山。"楚成王使將軍屈完，以兵禦之，與桓公盟。桓公數以周之賦不入王室，楚許之，乃去。｜畧序。

十八年，成王以兵北伐許，許君肉袒謝，乃釋之。｜二十二年，伐黃。｜二十六年，滅英。｜

三十三年，宋襄公欲爲盟會召楚。楚王怒曰："召我，我將好往，襲辱之。"遂行，至盂，遂執辱宋公，已而歸之。｜三十四年，鄭文公南朝楚。｜楚成王北伐宋，敗之泓，射傷宋襄公，襄公遂病創死。｜

三十五年，晉公子重耳過楚，成王以諸侯客禮饗，而厚送之于秦。｜

三十九年，魯僖公來請兵以伐齊，楚使申侯將兵伐齊，取穀，"置齊桓公子雍焉。齊桓公七子皆犇楚，楚盡以爲上大夫。｜滅夔，夔不祀祝融、鬻熊故也。｜應前，夔即熊摯後也。

夏，伐宋，宋告急於晉，晉救宋，成王罷歸。將軍子玉請戰，成王曰："重耳亡居外久，卒得反國，天之所開，不可當。"子玉固請，乃與之少師而去。晉果敗子玉于城濮。成王怒，誅子玉。｜畧序。

四十六年，初，成王將以商臣爲太子，語令尹子上。子上曰："君之齒未也，而又多內寵，句。絀，句。乃亂也。楚國之舉，常在少者。且商臣蠭目而豺聲，忍人也，不可立也。"王不聽，立之。後又欲立子職，而絀太子商臣。商臣聞而未審也，告其傅潘崇曰：

"何以得其實?"崇曰:"饗王之寵姬江芊,而勿敬也。"商臣從之。江芊怒曰:"宜乎王之欲殺若而立職也。"商臣告潘崇曰:"信矣。"崇曰:"能事之乎?"曰:"不能。""能亡去乎?"曰:"不能。""能行大事乎?"曰:"能。"用短句三調。冬十月,商臣以宮衛兵圍成王。成王請食熊蹯而死,不聽。丁未,成王自絞殺。商臣代立,是爲穆王。

穆王立,以其太子宮予潘崇,太子宮,即商臣爲太子所居之宮也。使爲太師,掌國事。|穆王三年,滅江。|四年,滅六、蓼。六、蓼,皋陶之後。|八年,伐陳。|十三①年,卒。子莊王侶立。|

莊王即位,三年,不出號令,日夜爲樂,令國中曰:"有敢諫者,死無赦!"伍舉入諫。莊王左抱鄭姬,右抱越女,坐鐘鼓之間。故作餙色。伍舉曰:"願有進隱。"曰:"有鳥在于阜,三年不蜚不鳴,是何鳥也?"莊王曰:"三年不蜚,蜚將沖天;三年不鳴,鳴將驚人。舉退矣,吾知之矣。"翫文勢,便應罷酒聽政矣,下又作一頓,托出蘇從。居數月,淫益甚。一頓。大夫蘇從,乃入諫。王曰:"若不聞令乎?"對曰:"殺身以明君,臣之願也。"於是乃罷淫樂,聽政,所誅者數百人,所進者數百人,任伍舉、蘇從以政,國人大悅。|是歲,滅庸。|六年,伐宋,獲五百乘。|

八年,伐陸渾戎,遂至洛,觀兵于周郊。周定王使王孫滿勞楚王。楚王問鼎小大輕重,對曰:"在德不在鼎。"莊王曰:"子無阻九鼎!楚國折鉤之喙,足以爲九鼎。"添折鉤句,俊甚。王孫滿曰:"嗚呼!君王其忘之乎?昔虞夏之盛,遠方皆至,貢金九牧,鑄鼎象

---

① 三,中華書局本《史記》作"二"。

物,百物而爲之備,使民知神姦。桀有亂德,鼎遷于殷,載祀六百。殷紂暴虐,鼎遷于周。德之休明,雖小必重;其姦回昏亂,雖大必輕。文勢緊鍊。昔成王定鼎于郟鄏,卜世三十,卜年七百,天所命也。周德雖衰,天命未改。鼎之輕重,未可問也。"楚王乃歸。|

九年,相若敖氏。人或讒之王,恐誅,反攻王,王擊滅若敖氏之族。|十三年,滅舒。|

十六年,伐陳,殺夏徵舒。徵舒弑其君,故誅之也。已破陳,即縣之。羣臣皆賀,申叔時使齊,句。來,句。不賀。王問,對曰:"鄙語曰,牽牛徑人田,田主取其牛。徑者則不直矣,取之牛不亦甚乎?比《左》明白甚。且王以陳之亂,而率諸侯伐之,以義伐之而貪其縣,亦何以復令于天下!"莊王乃復陳國後。|

十七年春,楚莊王圍鄭,三月克之。入自皇門,鄭伯肉袒牽羊以逆,曰:"孤不天,不能事君,君用懷怒,以及敝邑,孤之罪也。敢不唯命是聽!賓之南海,若以臣妾賜諸侯,亦唯命是聽。若君不忘厲、宣、桓、武,不絕其社稷,使改事君,孤之願也,非所敢望也。敢布腹心。"楚羣臣曰:"王弗許。"莊王曰:"其君能下人,必能信用其民,庸可絕乎!"莊王自手旗,左右麾軍,添手旗事,助色。引兵去三十里而舍,遂許之平。潘尪入盟,子良出質。|夏六月晉救鄭,與楚戰,大敗晉師河上,遂至衡雍而歸。|

二十年,圍宋,以殺楚使也。圍宋五月,城中食盡,易子而食,析骨而炊。宋華元出告以情。莊王曰:"君子哉!"遂罷兵去。|畧序。

二十三年,莊王卒,子共王審立。|

共王十六年,晉伐鄭。鄭告急,共王救鄭。與晉兵戰鄢陵,晉敗楚，射中共王目。共王召將軍子反。子反嗜酒，從者豎陽穀進酒，句。醉。句。王怒，射殺子反，遂罷兵歸。丨畧序。

三十一年，共王卒，子康王招立。丨康王立十五年卒，子員立，是爲郟敖。丨

康王寵弟公子圍、子比、子晳、棄疾。先立三句，爲爭國張本。郟敖三年，以其季父康王弟公子圍爲令尹，主兵事。四年，圍使鄭，道聞王疾而還。十二月己酉，圍入問王疾，絞而弒之，遂殺其子莫及平夏。使使赴於鄭。伍舉問曰："誰爲後？"對曰："寡大夫圍。"伍舉更曰："共王之子，圍爲長。"赴鄭是實伍舉楚臣，代鄭設爲問詞，而使對不如法，故爲更之也。子比奔晉，而圍立，是爲靈王。丨

靈王三年六月，楚使使告晉，欲會諸侯。諸侯皆會楚于申。伍舉曰："昔夏啟有鈞臺之饗，商湯有景亳之命，周武王有盟津之誓，成王有岐陽之蒐，康王有豐宮之朝，穆王有塗山之會，齊桓有召陵之師，晉文有踐土之盟，八疊句。君其何用？"靈王曰："用桓公。"時鄭子產在焉。於是晉、宋、魯、衛不往。靈王已盟，有驕色。伍舉曰："桀爲有仍之會，有緡叛之。紂爲黎山之會，東夷叛之。幽王爲太室之盟，戎、翟叛之。上有八句，下復三句應之，以成文法。君其慎終！"丨

七月，楚以諸侯兵伐吳圍朱方。八月，克之，囚慶封，滅其族。以封狥曰："無效齊慶封，弒其君而弱其孤，以盟諸大夫！"封反曰："莫如楚共王庶子圍，弒其君兄之子員而代之立！"句亦峭峻。於是靈王使棄疾殺之。丨

七年，就章華臺，下令內亡人實之。

八年，使公子棄疾，將兵滅陳。丨十年，召蔡侯醉而殺之。使

棄疾定蔡，因爲陳蔡公。丨

十一年，伐徐，以恐吳。靈王次于乾谿以待之。王曰："齊、晉、魯、衛，其封皆受寶器，我獨不。今吾使使周求鼎以爲分，其予我乎？"析父對曰："其予君王哉！昔我先王熊繹，辟在荊山，蓽露藍蔞。以處草莽，好[①]涉山林以事天子，唯是桃弧棘矢以共王事。齊，王舅也；晉及魯、衛，王母弟也：楚是以無分，而彼皆有。周今與四國，服事君王，將唯命是從，豈敢愛鼎？"故作一颺。靈王曰："昔我皇祖伯父昆吾，舊許是宅，今鄭人貪其田，不我予，今我求之，其予我乎？"對曰："周不愛鼎，鄭安敢愛田？"又作一颺。只兩句更好。靈王曰："昔諸侯遠我而畏晉，今吾大城陳、蔡、不羹，賦皆千乘，諸侯畏我乎？"對曰："畏哉！"三颺。靈王喜曰："析父善言古事焉。"丨此段意全在後，而《史記》即此住，何也？蓋借靈王自滿之詞，以爲被弑之本，不必作悔過之詞也。史公自有剪裁，豈可輕議！

十二年春，楚靈王樂乾谿，不能去也。國人苦役。頓住。初靈王會兵于申，又追敘別事，合入，接上，頭緒不亂。僇越大夫常壽過，殺蔡大夫觀起。起子從亡在吳，乃勸吳王伐楚，爲間越大夫常壽過而作亂爲吳間。使矯公子棄疾命，召公子比於晉，至蔡，與吳、越兵欲襲蔡。令公子比見棄疾，與盟于鄧。遂入殺靈王太子祿，立子比爲王，公子子晳爲令尹，棄疾爲司馬。先除王宮，觀從從師于乾谿，令楚衆曰："國有王矣。先歸，復爵邑田室。後者遷之。"楚衆皆潰[②]，去靈王而歸。丨應國人苦役。

靈王聞太子祿之死也，自投車下，而曰："人之愛子，亦如是

① 好，中華書局本《史記》作"跋"。

② 潰，底本作"漬"，疑誤，據校本改。

乎？”侍者曰：“甚是。”王曰：“余殺人之子多矣，能無及此乎？”右尹曰：“請待于郊，以聽國人。”王曰：“衆怒不可犯。”曰：“且入大縣而乞師於諸侯。”王曰：“皆叛矣。”又曰：“且奔諸侯，以聽大國之慮。”王曰：“大福不再，祇取辱耳。”三段排句法變。於是王乘舟將欲入鄢。右尹度王不用其計，懼俱死，亦去王亡。

靈王于是獨傍徨山中，野人莫敢入王。王行，遇其故鋗人，謂曰：“爲我求食，我已不食三日矣。”鋗人曰：“新王下法，有敢饟王從王者，罪及三族，二折。且又無所得食。”兩段一長一短，變法。王因枕其股而臥。鋗人又以土自代，逃去。王覺而弗見，遂饑弗能起。故作一頓，事窮矣，下又轉出一事。芋尹申無宇之子申亥曰：“吾父再犯王命，王弗誅，恩孰大焉！”乃求王，遇王饑于釐澤，奉之以歸。夏五月癸丑，王死申亥家，申亥以二女從死，并葬之。完靈王事。

是時楚國雖已立比爲王，一段序靈王事，已將楚事丢開故一句緊接，所謂閒中忙接也。畏靈王復來，又不聞靈王死，接上事詳。故觀從謂初王比曰：“不殺棄疾，雖得國，猶受禍。”王曰：“余不忍。”從曰：“人將忍王。”王不聽，乃去棄疾歸。國人每夜驚，曰：“靈王入矣！”乙卯夜，棄疾使船人從江上走呼曰：“靈王至矣！”國人愈驚。兩“驚”字，對右尹請待于郊云云，若從之，不至是也。又使曼成然告初王比，及令尹子晳曰：“王至矣！國人將殺君，數句作兩節，此是告王比之詞。司馬將至矣！君蚤自圖，無取辱焉。衆怒如水火，不可救也。”此是告子晳之詞。初王及子晳，遂自殺。丨丙辰，棄疾即位爲王，丨改名熊居，是爲平王。

平王以詐弑兩王而自立，總收。恐國人及諸侯畔之，乃施惠百姓。復陳蔡之地，而立其後如故，歸鄭之侵地。存恤國中，修政教。丨吴以楚亂故，獲五率以歸。丨吴事虚序。平王謂觀從："恣爾所欲。"欲爲卜尹，王許之。丨

初，共王有寵子五人，無適立，乃望祭群神，請神決之，使主社稷，而陰與巴姬埋璧于室内，召五公子齊[①]而入。康王跨之，靈王肘加之，子比、子皙皆遠之。平王幼，抱而入，再拜壓紐。句法俱好。故康王以長立，至其子失之；圍爲靈王，及身而弑；子比爲王，十餘日，子皙不得立，又俱誅。四子皆絶，無後。唯獨棄疾後立爲平王，竟續楚祀，如其神符。丨爲棄疾得國事，追敘一段。

初子比自晉歸，韓宣子問叔向曰："子比其濟乎？"對曰："不就。"宣子曰："同惡相求，如市賈焉，何爲不就？"對曰："無與同好，誰與同惡？取國有五難：有寵無人，一也；有人無主，二也；有主無謀，三也；有謀而無民，四也；有民而無德，五也。"先出五"無"字。子比在晉，十三年矣，晉、楚之從，不聞通者，可謂無人矣；族盡親叛，可謂無主矣；無釁而動，可謂無謀矣；爲羈終世，可謂無民矣；亡無愛徵，可謂無德矣。又出五"無"字襯。王虐而不忌，子比涉五難以弑君，誰能濟之！有楚國者，其棄疾乎？君陳、蔡，方城外屬焉。苛慝不作，盜賊伏隱，私欲不違，民無怨心。先神命之，國民信之。芈姓有亂，必季實立，楚之常也。子比之官，則右尹也；數其貴寵，則庶子也；以神所命，則又遠之；民無懷焉，將何以立？"句法，句句頂接，一氣而下。宣子曰："齊桓、晉文，不亦是乎？"對曰："齊桓，衛姬之子也，有寵於釐公。有鮑叔牙、賓須無、隰朋以爲

① 齊，中華書局本《史記》作"齋"。

輔,有莒、衛以爲外主,有高、國以爲内主。從善如流,施惠不倦。有國不亦宜乎?又出五"有"字,與上五"無"字照映。昔我文公,狐季姬之子也,有寵于獻公。好學不倦。生十七年,有士五人,有先大夫子餘、子犯以爲腹心,有魏犨、賈佗以爲股肱,有齊、宋、秦、楚以爲外主,有欒、郤、狐、先以爲内主。又出五"有"字照映。亡十九年,守志彌篤。惠、懷棄民,民從而與之。故文公有國,不亦宜乎?齊桓、晉文,作兩比對。子比無施於民,無援於外,兩"無"字餘波。去晉,晉不送;歸楚,楚不迎。何以有國!"子比果不終焉,卒立者棄疾,如叔向言也。爲子比失國、棄疾得國事,又補序一段,上神決是一層,此又是一層,插閒事作波瀾。

平王二年,使費無忌如秦,爲太子建娶婦。婦好,句。來,句。未至,無忌先歸,説平王曰:"秦女好,可自娶,爲太子更求。"平王聽之,卒自娶秦女生熊珍。更爲太子娶。太子建事作五層寫,娶秦女是第一節。是時伍奢爲太子太傅,無忌爲少傅。無忌無寵于太子,常讒惡太子建。無忌讒太子是二節。建時年十五矣,其母蔡女也,無寵于王,王稍益疎外建也。

六年,使太子建居城父,守邊。無寵疏外是三節。無忌又日夜讒太子建於王曰:"自無忌入秦女,太子怨,亦不能無望于王,王少自備焉。且太子居城父,擅兵外交諸侯,且欲入矣。"又讒太子是四節。平王召其傅伍奢責之。伍奢知無忌讒,乃曰:"王奈何以小臣疏骨肉?"無忌曰:"今不制,後悔也。"無忌又饞是五節。曲曲引入,至是始搆。於是王遂囚伍奢。而召其二子,而告以免父死。乃令司馬奮揚召太子建,欲誅之。太子聞之,亡犇宋。

無忌曰:"伍奢有二子不殺者,爲楚國患。盍以免其父召之,必至。”於是王使使謂奢:“能致二子,則生,不能將死。”奢曰:“尚至,胥不至。”王曰:“何也?”先立“至”“不至”兩句。奢曰:“尚之爲人,句。廉,句。死節,慈孝而仁,聞召而免父,必至,不顧其死。胥之爲人,智而好謀,勇而矜功,知來必死,必不來。後出“必至”,“必不來”兩段應上。然爲楚國憂者,必此子。”又單收一句,勁。於是王使人召之,曰:“來,句。吾免爾父。”伍尚謂伍胥曰:“聞父免而莫奔,不孝也;父戮莫報,無謀也;度能任事,智也。三“也”字,一句說伍尚,一句說伍胥,一句總說。子其行矣,我其歸死。”伍尚遂歸。伍胥彎弓屬矢,出見使者,爲子胥出色。曰:“父有罪,何以召其子爲?”將射,使者還走,遂出奔吳。伍奢聞之曰:“胥亡,楚國危哉。”應前。楚人遂殺伍奢及尚。丨

十年楚太子建母在居巢,開吳。吳使公子光伐楚,遂敗陳、蔡,取太子建母而去。楚恐,城郢。丨此“城郢”,實。初吳之邊邑卑梁,與楚邊邑鍾離,小童爭桑,兩家交怒,相攻,滅卑梁人。卑梁大夫怒,發邑兵攻鍾離。楚王聞之怒發國兵,滅卑梁。吳王聞之大怒,亦發兵,使公子光因建母家攻楚,遂滅鍾離、居巢。楚乃恐而城郢。丨此因“城郢”追序,其初因卑梁爭桑而起也,總是一事,《索隱》誤矣。

十三年,平王卒。將軍子常曰:“太子珍少,且其母,乃前太子建所當娶也。”應前。欲立令尹子西。子西,平王之庶弟也,有義。先點有義,後出讓國事。子西曰:“國有常法,更立則亂,此國法不可更也。言之則致誅。”如有言立子西者,則行誅也。乃立太子珍,是爲昭王。丨

昭王元年，楚衆不說費無忌，以其讒亡太子建，殺伍奢子尚[1]，與郤宛。宛之宗姓伯氏子嚭，及子胥皆奔吳，吳兵數侵楚，楚人怨無忌甚。楚令尹子常，誅無忌以說衆，衆乃喜。丨自太子建事，至此是一段。

四年，吳三公子奔楚，楚封之以扞吳。丨五年，吳伐取楚之六、潛。丨七年，楚使子常伐吳，吳大敗楚于豫章。丨

十年冬，吳王闔閭、伍子胥、伯嚭與唐、蔡俱伐楚，楚大敗，吳兵遂入郢，辱平王之墓，說得雅。以伍子胥故也。丨此先提入郢辱墓作一案虛。吳兵之來，楚使子常以兵迎之夾漢水陣。吳伐敗子常，子常亡奔鄭。楚兵奔，吳乘勝逐之，五戰，及郢。己卯，昭王出奔。庚辰，吳人入郢。丨此乃實序吳兵初來，以至入郢之事作兩重寫。前城郢則先實後虛，此則先虛後實。

昭王亡也，至雲夢。雲夢不知其王也，射傷王。王走鄖。鄖公之弟懷曰："平王殺吾父，今我殺其子，不亦可乎？"鄖公止之，然恐其弒昭王，乃與王出奔隨。吳王聞昭王往，即進擊隨，謂隨人曰："周之子孫，封於江漢之間者，楚盡滅之。"欲殺昭王。王從臣子綦，乃深匿王，自以爲王，謂隨人曰："以我予吳。"隨人卜予吳，不吉，乃謝吳王曰："昭王亡，不在隨。"吳請入自索之，隨不聽，吳亦罷去。丨

昭王之出郢也，此時事多，故用"昭王亡也""昭王之出郢也"，提清序去便覺楚楚。使申包胥請救於秦。秦以車五百乘救楚，楚亦收餘散兵，與秦擊吳。十一年六月，敗吳於稷。丨會吳王弟夫概又插入一

---

① 尚，中華書局本《史記》作"父"。

事，以“會”字領入。見吳王兵傷敗，乃亡歸，自立爲王。闔閭聞之，引兵去楚，歸擊夫概。夫概敗，奔楚，楚封之堂谿，號爲堂谿氏。丨

楚昭王滅唐，九月，歸入郢。丨前入郢、出郢至此收。十二年，吳復伐楚，取番。楚恐，去郢，郢字餘波。北徙都鄀。丨

十六年，孔子相魯。提綱。二十年，楚滅頓，滅胡。二十一年，吳王闔閭伐越。越王句踐射傷吳王，遂死。吳由此怨越，而不西伐楚。丨

二十七年春，吳伐陳，楚昭王救之，軍城父。十月，昭王病于軍中，有赤雲如鳥，夾日而飛。昭王問周太史，太史曰：“是害於楚王，然可移于將相。”將相聞是言，乃請自以身禱于神。插入一語助色。昭王曰：“將相，孤之股肱也，今移禍，庸去是身乎！”句峭。弗聽。卜而河爲祟，大夫請禱河。昭王曰：“自吾先王受封，望不過江、漢，而河非所獲罪也。”止不許。孔子在陳，聞是言曰：“楚昭王通大道矣。其不失國，宜哉！”丨中插入孔子作論斷，俊永！

昭王病甚，乃召諸公子大夫曰：“孤不佞，再辱楚國之師，今乃得以天壽終，孤之幸也。”讓其弟公子申爲王，不可。又讓次弟公子結亦不可。乃又讓次弟公子閭，五讓，乃後許爲王。丨叠句法老。○後者，最後之讓也。將戰，庚寅，昭王卒于軍中。子閭曰：“王病甚，舍其子讓羣臣，臣所以許王，以廣王意也。今君王卒，臣豈敢忘君王之意乎！”句雋。乃與子西、子綦謀，伏師閉塗，字法好。迎越女之子章立之，是爲惠王。然後罷兵歸，葬昭王。丨

惠王二年，子西召故平王太子建之子勝於吳，以爲巢大夫，號曰白公。白公好兵而下士，欲報仇。六年，白公請兵令尹子西，伐鄭。亦先立案，下解明。初白公父建亡在鄭，鄭殺之，白公亡走吳，子

西復召之，故以此怨鄭，欲伐之。欲伐鄭，報仇註脚。子西許而未爲發兵。八年，晉伐鄭，鄭告急楚，楚使子西救鄭，受賂而去。白公勝怒，簡淨。乃遂與勇力死士石乞等，襲殺令尹子西、子綦於朝，因刼惠王，置之高府，欲弑之。惠王從者屈固，負王亡走昭王夫人宮。白公自立爲王。月餘，會葉公來救楚，楚惠王之徒，與共攻白公，殺之。惠王乃復位。｜是歲也，滅陳而縣之。｜

十三年，吳王夫差彊，陵齊、晉，來伐楚。｜十六年，越滅吳。｜四十二年，楚滅蔡。｜四十四年，楚滅杞。與秦平。｜是時越已滅吳，而不能正江、淮北；楚東侵，廣地至泗上。｜

五十七年，惠王卒子簡王中立。｜

簡王元年，北伐，滅莒。｜八年，魏文侯、韓武子、趙桓子始列爲諸侯。提綱。

三十四年[1]，簡王卒，子聲王當立。｜聲王六年，盜殺聲王，子悼王熊疑立。｜悼王二年，三晉來伐楚，至乘丘而還。｜四年，楚伐周。鄭殺子陽。｜九年，伐韓，取負黍。｜十一年，三晉伐楚，敗我大梁、榆關。楚厚賂秦，與之平。｜二十一年，悼王卒，子肅王臧立。｜

肅王四年，蜀伐楚，取茲方。於是楚爲扞關以距之。｜十年，魏取我魯陽。｜十一年，肅王卒，無子，立其弟熊良夫，是爲宣王。｜

宣王六年，周天子賀秦獻王[2]。秦始復彊，而三晉益大，魏惠王、齊威王尤彊。｜插諸侯事，作照映。三十年，秦封衛鞅于商，南侵

① 二十四年，底本作“三十四年”，疑誤，據校本改。

② 王，中華書局本《史記》作“公”。

楚。|是年，宣王卒，子威王熊商立。|

威王六年，周顯王置文武胙於秦惠王。|秦事插序，秦、楚敵國，秦之盛，楚之衰也。

七年，齊孟嘗君父田嬰欺楚，楚威王伐齊，敗之於徐州，而令齊必逐田嬰。田嬰恐，張丑僞謂楚王曰："王所以戰勝于徐州者，田盼子不用也。論下文意當曰，田盼子不用，而申紀用也，今只說田盼，因田盼帶下申紀，爲避板也。○一折。盼子者，有功于國而百姓爲之用。二折。嬰子弗善，而用申紀。三折。申紀者，大臣不附，百姓不爲用，故王勝之也。四折。今王逐嬰子，嬰子逐，盼子必用矣。五折。轉折多，故勝。復搏其士卒，以與王遇，必不便于王矣。"楚王因勿逐也。|

十一年，威王卒，子懷王熊槐立。|魏聞楚喪，伐楚，取我陘山。|

懷王元年，張儀始相秦惠王。|四年，秦惠王初稱王。|秦事插序。

六年，楚使柱國昭陽將兵而攻魏，破之于襄陵，得八邑。又移兵而攻齊，齊王患之。陳軫適爲秦使齊，齊王曰："爲之奈何？"陳軫曰："王勿憂，請令罷之。"即往見昭陽軍中，曰："願聞楚國之法，破軍殺將者，何以貴之？"先立一峯，好！是戰國常調。昭陽曰："其官爲上柱國，封上爵執珪。"陳軫曰："其有貴於此者乎？"又進一層，好！昭陽曰："令尹。"陳軫曰："今君已爲令尹矣，此國冠之上。句句斗削。臣請得譬之。人有遺其舍人一卮酒者，舍人相謂曰：'數人飲此，不足以徧，請遂畫地爲蛇，蛇先成者，獨飲之。'一層。一人曰：'吾蛇先成。'二層。舉酒而起，曰：'吾能爲之足。'三層。及其爲之足，而後成人奪之酒而飲之，曰：'蛇固無足，今爲之足，是非蛇也。' 四層。以層叠作致。今君相楚而攻魏，破軍殺將，功莫大焉，冠之上，不可以加矣。應前。今又移兵而攻齊，攻齊勝之，官爵不加於此；攻之不勝，身死爵奪，有毁于楚：此爲蛇爲足之説也。一句謦入好！不若引兵而去，以德齊，此持滿之術也。"昭陽曰："善。"引兵而去。丨

燕、韓君初稱王。丨燕、韓事插序，爲楚先稱王故也。秦使張儀，與楚、齊、魏相會盟齧桑。丨

十一年，蘇秦約從山東六國兵攻秦，楚懷王爲從長。至函谷關，秦出兵擊六國，六國兵皆引而歸齊獨後。畧序。十二年，齊湣王伐敗趙、魏軍，秦亦伐敗韓，與齊爭長。丨齊事插序。

十六年，秦欲伐齊，而楚與齊從親，秦惠王患之，乃宣言張儀免相，使張儀南見楚王，謂楚王曰："敝邑之王，所甚説者，無先大王，雖儀之所甚願爲門闌之厮者，亦無先大王。敝邑之王，所甚憎者無先齊王，雖儀之所甚憎者，亦無先齊王。兩層作四段，雙叠文致好。而大王和之，是以敝邑之王，不得事王，而令儀亦不得爲門闌之厮也。王爲儀閉關而絶齊，今使使者從儀，西取故秦所分楚商於之地，方六百里，如是，則齊弱矣。是北弱齊，西德于秦，私商於以爲富，此一計而三利俱至也。"文法謦絶，説來可聽。懷王大悦，乃置相璽於張儀，日與置酒，宣言"吾復得吾商於之地"。正爲不得商於，故先裝點高興一番，是反剔法。羣臣皆賀，而陳軫獨弔。懷王曰："何故？"陳軫對曰："秦之所爲重王者，以王之有齊也。一轉。今地未可得而齊交先絶，是楚孤也。二轉。夫秦又何重孤國哉，必輕楚矣。三轉。且先出地而後絶齊，則秦計不爲。先絶齊而後責地，則

必見欺于張儀。四轉。見欺於張儀,則王必怨之。五轉。怨之,是西起秦患,北絕齊交。六轉。西起秦患,北絕齊交,則兩國之兵必至。一段俱用疊句。臣故弔。”楚王弗聽,丨因使一將軍,西受封地。

張儀至秦,佯醉墜車,稱病不出。一頓。三月,地不可得。遲處極遲。楚王曰:“儀以吾絕齊爲尚薄邪?”乃使勇士宋遺,北辱齊王。儀傳作借宋之符。齊王大怒,折楚符而合于秦。秦齊交合,張儀乃起朝,快處極快。謂楚將軍曰:“子何不受地?從某至某,廣袤六里。”楚將軍曰:“臣之所以見命者,六百里不聞六里。”即以歸報懷王。懷王大怒,興師將伐秦。陳軫又曰:“伐秦非計也。不如因賂之一名都,與之伐齊,是我亡于秦,取償于齊也,吾國尚可全。一正。今王已絕於齊,而責欺于秦,是吾合秦齊之交,而來天下之兵也,國必大傷矣。”一反。前作六轉,此只作兩段。楚王不聽,遂絕和于秦,發兵西攻秦。秦亦發兵擊之。

十七年春,與秦戰丹陽,秦大敗我軍,斬甲士八萬,虜我大將軍屈匄、裨將軍逢侯丑等,七十餘人,遂取漢中之郡。楚懷王大怒乃悉國兵復襲秦,戰于藍田,大敗楚軍。韓、魏聞楚之困,乃南襲楚,至于鄧。楚聞,乃引兵歸。丨

十八年,秦使使約,復與楚親,分漢中之半以和楚。儀傳作“黔中”。楚王曰:“願得張儀,不願得地。”張儀聞之,請之楚。秦王曰:“楚且甘心於子,奈何?”不如儀傳詳,然儀傳一人,故宜詳,楚國事多,故應畧也。張儀曰:“臣善其左右靳尚,靳尚又能得事於楚王幸姬鄭袖,袖所言無不從者。一轉。且儀以前使,負楚以商於之約,今秦楚大戰,有惡,臣非面自謝楚,不解。二轉。且大王在,楚不宜敢取儀。三轉。誠殺儀以便國,臣之願也。”儀遂使楚。句。

至，句。懷王不見，因而囚張儀，欲殺之。儀私于靳尚，靳尚爲請懷王曰："拘張儀，秦王必怒。天下見楚無秦，必輕王矣。"又謂夫人鄭袖曰："秦王甚愛張儀，而王欲殺之，今將以上庸之地六縣賂楚，以美人聘楚王，以宫中善歌者爲之媵。楚王重地，秦女必貴，而夫人必斥矣。用兩"必"字，文勢益緊，語勢益危。夫人不若言而出之。"鄭袖卒言張儀于王而出之。儀出，懷王因善遇儀，儀因說楚王，以畔從約，而與秦合親，約婚姻。張儀已去，亦約畧序，而實意盡。屈原使，從齊來，諫王曰："何不誅張儀？"懷王悔，使人追儀，弗及。作臨去餘波。〇自秦欲伐齊，至此是一篇。是歲，秦惠王卒。丨

二十年齊湣王欲爲從長，惡楚之與秦合，前秦患楚與齊合，此齊患楚與秦合，迭相照映。乃使使遺楚王書曰："寡人患楚之不察于尊名也。只一句。今秦惠王死，武王立，張儀走魏，樗里疾、公孫衍用，而楚事秦。夫樗里疾善乎韓，而公孫衍善乎魏；楚必事秦，韓、魏恐，必因二人求合于秦，則燕、趙亦宜事秦。四國爭事秦，則楚爲郡縣矣。所謂"不察于尊名也"。王何不與寡人并力，收韓、魏、燕、趙，與爲從，而尊周室，以案兵息民，令于天下？莫敢不樂聽，則王名成矣。此所謂尊名也。王率諸侯並伐，破秦必矣。王取武關、蜀、漢之地，私吴、越之富，而擅江海之利，韓、魏割上黨，西薄函谷，則楚之彊百萬也。前誘以名，此誘以利。且王欺于張儀，亡地漢中，兵銼藍田，天下莫不代王懷怒。今乃欲先事秦！願大王孰計之。"又將張儀近事一激，文法矯健。

楚王業已欲和於秦，見齊王書，猶豫不決，一頓。下其議羣臣。羣臣或言和秦，或曰聽齊。昭雎曰："王雖東取地于越，不足以刷恥；必且取地于秦，而後足以刷恥於諸侯。一層。王不如深善齊、

韓,以重樗里疾,如是,則王得韓、齊之重以求地矣。二層。秦破韓宜陽,而韓猶復事秦者,以先王墓在平陽,而秦之武遂,去之七十里,以故尤畏秦。三層。不然,秦攻三川,趙攻上黨,楚攻河外,韓必亡。楚之救韓,不能使韓不亡,然存韓者楚也。四層。韓已得武遂于秦,以河山爲塞,所報德莫如楚厚,臣以爲其事王必疾。五層。齊之所信于韓者,以韓公子昧爲齊相也。韓已得武遂于秦,王甚善之,使之以齊、韓重樗里疾,六層。疾得齊、韓之重,其主弗敢棄疾也。今又益之以楚之重,樗里子必言秦,復與楚之侵地矣。"七層層層發議,山疊波委。於是懷王許之,竟不合秦而合齊,以善韓。|

二十四年,倍齊而合秦。倍齊事,只暗序,閒。秦昭王初立,乃厚賂於楚。楚往迎婦。|二十五年,懷王入與秦昭王盟約于黄棘。秦復與楚上庸。|二十六年,齊、韓、魏爲楚負其從親而合於秦,三國共伐楚。楚使太子入質於秦而請救。秦乃遣客卿通,將兵救楚,三國引兵去。|

二十七年,秦大夫有私與楚太子鬬,楚太子殺之,而亡歸。|二十八年,秦乃與齊、韓、魏共攻楚,殺楚將唐昧,取我重丘而去。|二十九年,秦復攻楚,大破楚,楚軍死者二萬,殺我將軍景缺。懷王恐,乃使太子爲質于齊以求平。|三十年,秦復伐楚,取八城。秦昭王貽楚王書曰:"始寡人與王約爲弟兄,盟於黄棘,大子爲質,至驩也。太子陵殺寡人之重臣,不謝而亡去,寡人誠不勝怒,使兵侵君王之邊。今聞君王乃令太子質於齊以求平。寡人與楚,接境壤界,故爲婚姻,所從相親久矣。而今秦楚不驩,則無以令諸侯。寡人願與君王會武關,面相約,結盟而去,寡人之願也。敢以聞下執事。"辭命質而直。楚懷王見秦王書,患之。欲往,恐見欺;無往,

恐秦怒。作兩調。昭雎曰:"王毋行,而發兵自守耳。秦虎狼不可信,有并諸侯之心。"懷王子子蘭,勸王行,曰:"奈何絕秦之驩心!"亦作兩調。於是往會秦昭王。昭王詐令一將軍,伏兵武關,號爲秦王。楚王至,則閉武關,遂與西至咸陽,朝章臺,如蕃臣,不與亢禮。楚懷王大怒,悔不用昭子言。結完昭子。秦因留楚王要以割巫、黔中之郡。楚王欲盟,秦欲先得地。楚王怒曰:"秦詐我,而又彊要我以地!"不復許秦。秦因留之。

楚大臣患之,乃相與謀曰:"吾王在秦,不得還,要以割地,而太子爲質于齊,齊、秦合謀,則楚無國矣。"句好。乃欲立懷王子在國者。昭雎曰:"王與太子俱困於諸侯,而今又倍王命,而立其庶子,不宜。"乃詐赴於齊,齊湣王謂其相曰:"不若留太子以求楚之淮北。"一層。相曰:"不可,郢中立王,是吾抱空質,而行不義于天下也。"二層。或曰:"不然。郢中立王,因與其新王市,曰'予我下東國,吾爲王殺太子,不然,將與三國共立之',然則東國,必可得矣。"三層。以三節作三層,逐層深入。齊王卒用其相計,而歸楚太子。太子橫至,立爲王,是爲頃襄王。乃告于秦曰:"賴社稷神靈,國有王矣。"丨頓住。

頃襄王橫元年,秦要懷王,不可得地,楚立王以應秦,接上重起。秦昭王怒,發兵出武關,攻楚,大敗楚軍,斬首五萬,取析十五城而去。丨二年,楚懷王亡,逃歸,秦覺之,遮楚道,懷王恐,乃從間道走趙,以求歸。趙主父在代,其子惠王,初立行王事,句。恐,句。不敢入楚王。楚王欲走魏,秦追至,遂與秦使復之秦。懷王遂發病。頃襄王三年,懷王卒于秦,秦歸其喪於楚。楚人皆憐之,如悲親戚。諸侯由是不直秦。秦楚絕。自昭王遺書至此,是一篇俱用短調,另一種色澤。

六年，秦使白起伐韓于伊闕，大勝，斬首二十四萬。秦乃遺楚王書曰："楚倍秦，秦且率諸侯伐楚，爭一旦之命。願王之飭士卒，得一樂戰。"遣詞奇横。楚頃襄王患之，乃謀復與秦平。｜七年，楚迎婦于秦，秦楚復平。｜

十一年，齊秦各自稱爲帝；月餘，復歸帝爲王。｜齊、秦事插序。

十四年，楚頃襄王與秦昭王好會于宛，結和親。｜十五年，楚王與秦、三晉、燕，共伐齊，取淮北。｜十六年，與秦昭王好會于鄢。其秋，復與秦王會穰。｜

十八年，楚人有好以弱弓微繳，加歸雁之上者，頃襄王聞，召而問之。對曰："小臣之好射，鶀鴈羅鸗，小矢之發也，何足爲大王道也。問弋事一句揭過。且稱楚之大，因大王之賢，所弋非直此也。進一層法。昔者三王以弋道德，五霸以弋戰國。兩句冒，"三王""道德"虛。下實接"弋戰國"事。故秦、魏、燕、趙者，鶀雁也；齊、魯、韓、魏[1]者，青首也；騶、費、郯、邳者，羅鸗也。外其餘則不足射者。見鳥六雙，以王何取？奇語。王何不以聖人爲弓，以勇士爲繳，時張而射之？更奇。此六雙者，可得而囊載也。其樂，非特朝夕之樂也，其獲，非特梟雁之實也。一段論冒，總序，下乃分序，射列國事。王朝張弓而射魏之大梁之南，加其右臂，而徑屬之於韓，則中國之路絶，而上蔡之郡壞矣。還射圉之東，解魏左肘，而外擊定陶，則魏之東外棄，而大宋、方與二郡者舉矣。且魏斷二臂，顛越矣；膺擊郯國，大梁可得而有也。王请繳蘭臺，飲馬西河，定魏大梁，此一

① 魏，中華書局本《史記》作"衛"。

發之樂也。一段繳還魏、韓、郯,文法雄奇。若王之于弋,誠好而不厭,又宕一句。則出寶弓,碆新繳,射噣鳥於東海,插弋事。還蓋長城,以爲防,朝射東莒,夕發浿丘,夜加即墨,顧據午道,則長城之東收,而泰山之北舉矣。西結境于趙,而北達於燕,三國布䎖,則從不待約而可成也。北遊目於燕之遼東,而南登望于越之會稽,此再發之樂也。若夫泗上十二諸侯,左縈而右拂之,可一旦而盡也。帶泗上諸侯一句,法變,此段繳還齊、趙、燕,其魯、騶、費、郯,暗帶于泗上十二諸侯內。今秦破韓,以爲長憂,得列城而不敢守也;伐魏而無功,擊趙顧病,"顧"字,《索隱》作"反"字解,是。則秦魏之勇力屈矣,楚之故地,漢中、析、酈,可得而復有也。王出寶弓,碆新繳,插弋事。涉鄳塞而待秦之倦也,山東、河內,可得而一也。勞民休眾,南面稱王矣。故曰秦爲大鳥,負海內而處,東面而立,左臂據趙之西南,右臂傅楚鄢郢,膺擊韓魏,垂頭中國,處既形便,勢有地利,奮翼鼓䎖,方三千里,則秦未可得獨招而夜射也。"|此段繳還秦,秦爲大鳥一段,更爲奇肆。欲以激怒襄王,故對以此言。襄王因召與語,遂言曰:"夫先王爲秦所欺,而客死于外,怨莫大焉。今以匹夫有怨,尚有報萬乘,白公、子胥是也。今楚之地,方五千里,帶甲百萬,猶足以踊躍中野也,而坐受困,臣竊爲大王弗取也。"一篇文字,只作數語收,雖魯縞之末,然勁勢未已。於是頃襄王遣使於諸侯,復爲從,欲以伐秦。秦聞之,發兵來伐楚。|自楚人"弱弓微繳",至此是一篇,此是文人虛空結撰,作文字耳,然雄奇絕世,可爲擊節。

楚欲與齊韓連和伐秦,因欲圖周。周王赧使武公謂楚相昭子曰:"三國以兵割周郊地,以便輸而南器,以尊楚,臣以爲不然。一句,即振轉,勢捷。夫弒共主,臣世君,大國不親;以眾脅寡,小國不附。一叠。大國不親,小國不附,不可以致名實。二疊。名實不得,

不足以傷民。夫有圖周之聲,非所以爲號也。”只此頓住。昭子曰:“乃圖周則無之。兩語一折。雖然,周何故不可圖也?”對曰:“軍不五,不攻,城不十,不圍。句奇峭,想當時成語。夫一周爲二十晉,公之所知也。《索隱》“周爲天下之所尊”,故二十倍于晉也。韓嘗以二十萬之衆,辱於晉之城下,鋭士死,中士傷,而晉不拔。公之無百韓以圖周,此天下之所知也。一層。夫怨結於兩周,以塞騶魯之心,交絶于齊,聲失天下,其爲事危矣。二層。夫危兩周以厚三川,方城之外,必爲韓弱矣。三層。下即正轉。何以知其然也?西周之地,絶長補短,不過百里。名爲天下共主,裂其地,不足以肥國,得其衆,不足以勁兵。雖無攻之,“無”字應作“然”字,方通。名爲弑君。然而好事之君,喜攻之臣,發號用兵,未嘗不以周爲終始。是何也?見祭器在焉,欲器之至,而忘弑君之亂。今韓以器之在楚,臣恐天下以器讐楚也。一句振轉,疾如轉丸。臣請譬之。夫虎肉臊,其兵利身,人猶攻之也。若使澤中之麋,蒙虎之皮,人之攻之,必萬之於虎。又下一譬,文法奇,句法峭。列楚之地,足以肥國;詘楚之名,足以尊主。對“周裂地,不足肥國”四句。今子將以欲誅殘天下之共主,居三代之傳器,吞三翮六翼,以高世主,非貪而何?《周書》曰‘欲起無先’,故器南則兵至矣。”收得乾淨勁捷,此段俱以明快勝。於是楚計輟不行。|

十九年,秦伐楚,楚軍敗,割上庸、漢北地予秦。二十年,秦將白起,拔我西陵。|二十一年,秦將白起遂拔我郢,燒先王墓夷陵。楚襄王兵散,遂不復戰,東北保于陳城。|二十二年,秦復拔我巫、黔中郡。|

二十三年,襄王乃收東地兵,得十餘萬,復西,取秦所拔我江旁十五邑以爲郡距秦。|二十七年,使三萬人助三晉伐燕。復與

秦平,而入太子爲質于秦。楚使左徒侍太子於秦。|

三十六年,頃襄王病,太子亡歸。秋,頃襄王卒,太子熊元代立,是爲考烈王。|考烈王以左徒爲令尹,封以吳,號春申君。|

考烈王元年,納州于秦以平。是時楚益弱。|

六年,秦圍邯鄲,趙告急楚,楚遣將軍景陽救趙。|七年,至新中。秦兵去。|十二年,秦昭王卒,楚王使春申君弔祠於秦。|十六年,秦莊襄王卒,秦王趙政立。|秦事插序。二十二年,與諸侯共伐秦,不利而去。楚東徙都壽春,命曰郢。|

二十五年,考烈王卒,子幽王悍立。李園殺春申君。|幽王三年,秦、魏伐楚。秦相吕不韋卒。|九年,秦滅韓。|十年,幽王卒,同母弟猶代立,是爲哀王。哀王立二月餘,哀王庶兄負芻之徒,襲殺哀王而立負芻爲王。|是歲,秦虜趙王遷。|

王負芻元年,燕太子丹使荊軻刺秦王。|秦事插序。二年,秦使將軍伐楚,大破楚軍,亡十餘城。|三年,秦滅魏。秦事插序。四年,秦將王翦破我軍於蘄,而殺將軍項燕。|

五年,秦將王翦、蒙武,遂破楚國,虜楚王負芻,滅楚,名爲楚郡云。以上只作序事點完。

太史公曰:楚靈王方會諸侯於申,誅齊慶封,作章華臺,求周九鼎之時,志小天下;及餓死于申亥之家,爲天下笑。操行之不得,悲夫!勢之於人也,可不慎與?棄疾以亂立,嬖淫秦女,甚乎哉,幾再亡國!單提靈王作咏歎,而末借棄疾一點雋永之極。

諸世家止序周一代之事,或不及周一代之事,趙、魏等是也。越始于禹,而楚則始于高辛,益遠矣。數尺之書,欲載二千年之事,不得不用簡法。然一用簡法,未免太羹玄酒不成文章,故前後只畧序點完。而于靈王以後襄王以前數段出色正是善角巧者也。○前序世系絕古峭有法,可爲譜牒之例。